Burn-out
für Dummies

Burn-out für Dummies – Schummelseite

Burn-out: Die wichtigsten Symptome

Von einem Burn-out spricht man, wenn dauerhafte berufliche (oder private) Belastungen zu einem längerfristigen Erschöpfungszustand führen.

Einige Eigenschaften erhöhen die Gefahr einer Burn-out-Entwicklung:

- ✔ Übermäßige Leistungsorientierung
- ✔ Idealistische Erwartungen, die im Arbeitsalltag enttäuscht werden
- ✔ Perfektionistische Ansprüche an sich selbst (und an andere Menschen)
- ✔ Probleme mit Abgrenzung und einer Umsetzung der eigenen Bedürfnisse
- ✔ Tendenz zur Selbstüberforderung
- ✔ Neigung, äußeren Druck, etwa im Beruf, durch inneren Druck weiter zu verstärken
- ✔ Grundsatz, sich nur dann zu akzeptieren und zu loben, wenn alle aktuellen Herausforderungen bewältigt worden sind
- ✔ Verzicht auf angenehme Aktivitäten und Erholung in dauerhaft stressigen Lebenslagen
- ✔ Tendenz, sich selbst zu bestrafen, wenn die Leistungen hinter den eigenen Erwartungen zurückbleiben

Normalerweise gilt, dass umso mehr Lebensbereiche beeinträchtigt werden, je länger eine starke Burn-out-Krise dauert. Dazu gehören unter anderem die Symptome dieser Liste:

- ✔ **Psychisch:** Depression, Ängste, Konzentrationsprobleme, niedriges Selbstwertgefühl, Eindruck, ständig unter Druck zu stehen, häufige Grübeleien
- ✔ **Emotional:** anhaltende Unzufriedenheit mit sich selbst; Probleme, sich und anderen Menschen mit Geduld und Respekt zu begegnen; wachsende Abstumpfung, Verbitterung und Verzweiflung; Gefühl, in einer Sackgasse zu stecken, ohne sie verlassen zu können
- ✔ **Körperlich:** Schwierigkeiten mit Erholung und Entspannung, Mobilisieren der Reserven bis zur völligen Erschöpfung, übermäßige Erregung des vegetativen Nervensystems ohne wirksamen Ausgleich, Schlafstörungen durch chronischen Stress, erhöhte Infektionsanfälligkeit, psychosomatische Erkrankungen wie Kopf-, Magen- oder Rückenschmerzen
- ✔ **Arbeit, Kollegen, Vorgesetzte und Kunden:** Verlust des Interesses am Job; Neigung, Menschen wie lästige Objekte zu behandeln; Tendenz, alles lieber selbst zu erledigen, anstatt die Mitarbeiter um Hilfe zu bitten; Unfähigkeit, die eigenen Grenzen zu erkennen und sie im Beruf zu berücksichtigen
- ✔ **Freunde und Familie:** Verringerung des Einfühlungsvermögens, sozialer Rückzug, Aggressionen, Probleme mit einer konstruktiven Bewältigung von Konflikten

Wege aus der Burn-out-Krise

Viele Ideen, die ich in diesem Buch ausführlich darstelle, können Betroffenen helfen, mittel- bis langfristig aus einer Burn-out-Sackgasse herauszufinden. Einige Beispiele:

✔ Veränderung von stressverstärkenden Einstellungen und Glaubenssätzen in eine konstruktivere Richtung

✔ Erhöhung der Selbstakzeptanz und der eigenen Zufriedenheit, auch und gerade in schwierigen Lebenssituationen

✔ Fehlertoleranz gegenüber sich selbst und im Verhältnis zu anderen Menschen, Abbau von perfektionistischen Erwartungen

✔ Bitte um ehrliche, gegebenenfalls kritische Rückmeldungen durch Angehörige oder Kollegen

✔ Besseres Organisations- und Zeitmanagement, selbstbestimmteres Arbeiten

✔ Erfolgreiche Wahrnehmung und Umsetzung der eigenen Wünsche und Grenzen, auch im Beruf

✔ Netzwerkbildung und gegenseitige kollegiale Unterstützung, Hilfe durch eine angemessene Delegierung von Arbeitsaufgaben

✔ Ausbau der individuellen Kraftquellen, etwa Gespräche mit den Angehörigen, Hobbys, Sport oder genussvolle Aktivitäten

✔ Regelmäßige Entspannung im Alltag, Erlebnisübungen zur Konzentration auf das »Hier und Jetzt«

✔ Teilnahme an einer Selbsthilfegruppe, Beratung durch einen Coach oder, bei massiven Problemen, professionelle Unterstützung im Rahmen einer ambulanten oder stationären Psychotherapie

Regelmäßige Entspannung nach einem Verfahren, das Ihnen zusagt, zum Beispiel Autogenes Training, Yoga, Fantasiereisen oder Meditation, ist besonders sinnvoll, um einem Burn-out vorzubeugen oder die Ausbrennsymptome abzubauen. Hier die wichtigsten Vorteile:

✔ Dem stressbedingten Dauererregungszustand wird systematisch Erholung entgegengesetzt, was sich unter anderem positiv auf der Ebene des vegetativen Nervensystems auswirkt.

✔ Der Bezug zum eigenen Körper verbessert sich mittelfristig ebenso wie der Zugang zu den eigenen Gefühlen.

✔ Somatische Stresssymptome wie Verspannung, Kopf-, Rücken- oder Magenschmerzen bilden sich langsam zurück.

✔ Die Gehirnwellenmuster stellen sich immer wieder auf den erholsamen, sogenannten Alphabereich um.

✔ Wenn es Ihnen in weniger stressigen Lebenssituationen gelingt, Entspannung zum festen Bestandteil Ihres Alltags zu machen, haben Sie gute Chancen, chronischen Stress wirksam auszugleichen.

✔ Sobald Ihr Körper-Seele-System die Entspannungsreaktion automatisiert hat, erleben Sie das Erholungsgefühl, regelmäßiges Üben vorausgesetzt, schon nach wenigen Minuten.

Meistens dauert es zumindest einige Monate, bis die Ausbrennsymptome wirklich zurückgehen. Sich selbst mit Geduld und Freundlichkeit zu begegnen ist die beste Grundlage für den Weg aus der Krise.

Adrian Urban

Burn-out
für Dummies

WILEY-VCH Verlag GmbH & Co. KGaA

Bibliografische Information der Deutschen Nationalbibliothek
Die Deutsche Nationalbibliothek verzeichnet diese Publikation
in der Deutschen Nationalbibliografie; detaillierte bibliografische
Daten sind im Internet über http://dnb.d-nb.de abrufbar.

1. Auflage 2009

© 2009 WILEY-VCH Verlag GmbH & Co. KGaA, Weinheim

Printed in Germany

Gedruckt auf säurefreiem Papier

Korrektur   Frauke Wilkens, München
Satz   Conrad und Lieselotte Neumann, München
Druck und Bindung   Media-Print Informationstechnologie, Paderborn
Cover-Illustration   ImageState/Alamy

ISBN 978-3-527-70470-5

Über den Autor

Adrian Urban, Jahrgang 1966, ist Diplom-Psychologe. Er arbeitet als Psychologischer Psychotherapeut in einer Praxis mit Kassenzulassung in der Nähe von München. Seit seiner Ausbildung zum Verhaltenstherapeuten in Berlin und Brandenburg hat Adrian Urban Kinder, Jugendliche und Erwachsene ambulant und stationär behandelt. Neben seiner Tätigkeit als Psychologischer Psychotherapeut verfasste Adrian Urban Artikel für Zeitungen und Zeitschriften, arbeitete als Lektor und veröffentlichte einige Sachbücher zu psychologischen, pädagogischen und psychotherapeutischen Themen.

Cartoons im Überblick

von Rich Tennant

»Also, ich möchte ja Ihre Selbstdiagnose nicht in Frage stellen.
Aber sind Sie wirklich überzeugt, dass ein Burn-out-Syndrom für
Ihre Kopfschmerzen verantwortlich ist? «

Seite 25

»Ich hatte gehofft, dass mich ein kleiner Tapetenwechsel gelassener
gemacht hätte. Aber irgendwie komme ich immer noch nicht zur Ruhe.«

Seite 105

»Zum Stressausgleich versucht es Bernd jetzt mit Meditation.
Die Kinder sind begeistert.«

Seite 165

Der große Dompteur Alexander »die Peitsche«
Magnus tritt nun ein wenig kürzer.
Statt Löwen und Tiger dressiert er jetzt
Ballontiere.

Seite 221

»Sie müssen eindeutig kürzer treten. Ihr Arbeitspensum hält niemand dauerhaft
durch … 24 Stunden pro Tag, sieben Tage die Woche …!«

Seite 261

»Mit dieser Figur erreicht man mehr innere Gelassenheit, mentale Stärke
und dieses Brötchen hinter dem Kühlschrank.«

Seite 303

Inhaltsverzeichnis

Teil IV
Selbst aus Erschöpfungskrisen herausfinden

221

Einführung

Immer mehr Menschen leiden unter einer Burn-out-Krise, im Beruf und im Privatleben. Die häufigsten Ursachen der Probleme und verschiedene Wege, die aus der Sackgasse herausführen können, werden in diesem Buch dargestellt.

Über dieses Buch

In diesem Buch erläutere ich die Hintergründe für berufliche und private Burn-out-Entwicklungen. Sie erfahren, wie Sie einen Weg aus der Krise finden können. Zahlreiche praxisorientierte Übungen aus den Bereichen Arbeitsorganisation, Stressbewältigung und Entspannung begleiten Sie dabei. Immer wieder kommen Patienten, die vom Ausbrennen betroffen waren, zu Wort und berichten, wovon sie am meisten profitiert haben. Neben wirksamen Selbsthilfemaßnahmen geht es auch um die Frage, wann eine Burn-out-Krise so massiv ist, dass sich professionelle Unterstützung empfiehlt, vom Besuch eines Coaches bis zur Psychotherapie.

Konventionen in diesem Buch

Aus Gründen der besseren Lesbarkeit habe darauf verzichtet, »Partnerinnen und Partner« (oder »Patientinnen und Patienten«, »Therapeutinnen und Therapeuten«) zu schreiben. Normalerweise verwende ich nur die männliche Form und hoffe sehr, dass sich meine Leserinnen ebenfalls angesprochen fühlen.

Die Fallgeschichten von Burn-out-Betroffenen sind als grau unterlegte Kästen formatiert.

Törichte Annahmen über den Leser

Vielleicht irre ich mich, aber ich bin beim Schreiben von *Burn-out für Dummies* davon ausgegangen, dass Sie selbst Erfahrungen mit dem Thema »Ausbrennen in Beruf und Freizeit« gemacht haben und einen angemessenen Weg finden wollen, um aus der Krise herauszukommen.

Andere Menschen, die das Buch kaufen, haben vielleicht Freunde oder Verwandte, die unter einer Burn-out-Krise leiden, und möchten ihnen beistehen oder sich umfassend über das Thema informieren.

Die Lektüre erfordert keine Vorkenntnisse. Viele Übungen sollen Sie oder Ihre Angehörigen dabei unterstützen, Burn-out-Tendenzen zu erkennen und wirksame Gegenmaßnahmen einzuleiten, von der Selbsthilfe bis zur Psychotherapie.

Was Sie nicht lesen müssen

Einige Abschnitte dieses Buches dienen der Vertiefung. Sie können sie beim Lesen überspringen, falls Sie eher praxisorientierte Anleitungen zur Burn-out-Bewältigung suchen als den theoretischen Hintergrund.

 Diese Abschnitte beschreiben meistens Theorien, aktuelle Forschungsergebnisse und medizinische Grundlagen einer Burn-out-Krise.

Manche Absätze verweisen auf Themen, die bereits an anderer Stelle dargestellt wurden. Wenn Sie das Buch von vorn bis hinten durchlesen, können Sie diese Abschnitte ignorieren.

 Sollten Sie das Buch als Nachschlagewerk verwenden, empfiehlt es sich, diese Ausführungen nicht zu überspringen. Sie erinnern an das, was ich zuvor an anderer Stelle beschrieben habe.

Wie dieses Buch aufgebaut ist

Sie können *Burn-out für Dummies* zum Nachschlagen verwenden, je nachdem, welche Abschnitte Sie spannend finden und welche Themen Sie gerne vertiefen möchten.

Sie müssen das Buch also nicht von vorn bis hinten durcharbeiten. Fremd- und Fachwörter erkläre ich Ihnen, wo sie verwendet werden. Da die sechs Teile des Buches nicht aufeinander aufbauen, lassen Sie sich bei der Lektüre am besten von Ihren Interessen leiten. Beim Vor- und Zurückblättern hilft Ihnen neben dem Inhaltsverzeichnis auch das ausführliche Stichwortverzeichnis.

Teil I: Burn-out-Warnsignale erkennen und verstehen

Nach einem Überblick zu den Kapiteln von *Burn-out für Dummies* stelle ich die Hintergründe der Probleme dar, die unter ungünstigen Bedingungen in eine Burn-out-Krise führen können. Zunächst geht es um akute Stresserfahrungen im Alltag und Beruf, um den Sinn und die wissenschaftliche Bedeutung solcher Erregungsreaktionen.

Anschließend beschreibe ich die wichtigsten Faktoren, durch die aus akutem Stress eine ungesunde chronische Belastung entstehen kann. Neben körperlichen Aspekten, die auf eine beginnende Burn-out-Problematik hinweisen, stehen Gedanken, Einstellungen und Gefühle im Mittelpunkt, die eine solche Krise verringern oder verschärfen können. Die Auswirkungen massiver beruflicher Anforderungen auf das Privatleben stelle ich Ihnen ebenfalls vor.

Ein bewährtes Burn-out-Phasenmodell und ein Fragebogen zur Selbsteinschätzung können Ihnen dabei helfen, Ihr Risiko, irgendwann auszubrennen, und Ihre persönlichen Schutzfaktoren zu erkennen.

Teil II: Vorbeugen ist besser als heilen

Der zweite Teil von *Burn-out für Dummies* befasst sich mit vorbeugenden Maßnahmen gegen einen Burn-out. Zu Beginn mache ich Sie mit einigen Überlegungen vertraut, durch die Sie sich selbst stärken und die Dauerstressempfindungen verringern können.

Danach mache ich Vorschläge zu einer besseren Arbeitsorganisation und einer Berücksichtigung der Energie, über die Sie derzeit verfügen. Ein weiteres Thema sind ehrliche Rückmeldungen und Hilfe durch die Kollegen.

Anschließend geht es um den Aufbau positiver Gegengewichte zu den Belastungen im Beruf. Hier steht der Zugang zu Ihren privaten Kraftquellen im Zentrum. Zufriedenstellende Freizeitaktivitäten und konstruktive Gespräche mit den Angehörigen werden ebenso behandelt wie Tipps zu Ernährung, Sport und Schlaf. Einige Vorschläge zum angemessenen Umgang mit »Entlastungsdrogen« wie Alkohol oder Zigaretten schließen diesen Teil ab.

Teil III: Wirksame Entspannungstechniken

Erprobte Erholungs- und Entspannungsmethoden bilden den Rahmen des dritten Teils von *Burn-out für Dummies*. Zunächst beschreibe ich, was in Ihrem Körper geschieht, wenn Sie sich entspannen, und wie wohltuend sich solche Erfahrungen im Beruf und in der Freizeit auswirken können.

Der Hauptaspekt liegt bei praktischen Übungen, die ein weites Spektrum angenehmer Erholungserlebnisse abdecken, von Fantasiereisen über das Autogene Training bis zu einer buddhistischen Meditationsform. Durchlesen allein hilft hier wenig – Neugier, Ausprobieren und Dranbleiben viel.

Abschließend stelle ich Ihnen einige Lösungsansätze für die häufigsten Schwierigkeiten vor, die beim Erlernen eines Entspannungsverfahrens und beim Versuch, die Übungen in den Alltag einzubauen, auftreten können.

Teil IV: Selbst aus Erschöpfungskrisen herausfinden

Der vierte Teil von *Burn-out für Dummies* befasst sich mit Selbsthilfemaßnahmen, durch die Sie aus einer leichten bis mittelstarken Burn-out-Krise herausfinden können. Zu Beginn stehen Ideen zu einem besseren Umgang mit dauerhaften beruflichen Belastungen im Mittelpunkt. Der Gegenwehr bei Mobbing ist ein längerer Abschnitt gewidmet.

Danach beschreibe ich unterschiedliche Möglichkeiten, durch die sich die inneren Begleiterscheinungen einer Burn-out-Entwicklung verringern lassen. Dazu gehören selbstzerstörerische Gedanken, Konzentrationsprobleme durch chronische Ablenkungen und destruktive Auseinandersetzungen mit den Angehörigen.

Teil V: Professionelle Unterstützung suchen

Dieser Teil von *Burn-out für Dummies* beschreibt einige Kriterien, durch die Sie erkennen können, wann eine Burn-out-Krise so massiv ist, dass Selbsthilfemaßnahmen nicht genügen, um aus der Sackgasse herauszukommen.

Neben stärkeren depressiven und angstbezogenen Symptomen, die für eine professionelle Begleitung sprechen, geht es hier um verschiedene Wege der Unterstützung. Abhängig von Art und Ausmaß Ihrer Probleme ist das zum Beispiel die Teilnahme an einer Selbsthilfegruppe, die Beratung durch einen Coach oder eine ambulante beziehungsweise stationäre Psychotherapie.

Ich stelle Ihnen die wichtigsten Behandlungsverfahren vor, die Finanzierung dieser Methoden durch die Kassen und den Ablauf vom ersten Vorgespräch bis zur Bewilligung der Psychotherapie. Arztbesuche, Medikamente, Rehabilitationskuren und andere Krankenhaustherapien stehen ebenfalls im Mittelpunkt des fünften Teils von *Burn-out für Dummies*.

Teil VI: Der Top-Ten-Teil

Wie in jedem … *für Dummies*-Band finden Sie hier, kurz zusammengefasst, mehrere Listen mit Informationen zum Thema des Buches zum schnellen Nachschlagen. Dazu gehören unter anderem Grundeinstellungen, die eine Ausbrennkrise verstärken oder verringern, und ausgewählte Adressen von Selbsthilfegruppen und Fachkliniken.

Symbole, die in diesem Buch verwendet werden

Dieses Symbol steht für praktische Tipps, die Sie, wenn Sie wollen, in Ihren Berufsalltag und Ihre Freizeit integrieren können, um den Burn-out-Tendenzen wirksam entgegenzutreten.

Informationen, die mit diesem Symbol markiert werden, sind besonders wichtig. Meistens sollen sie Ihnen dabei helfen, einen Burn-out zu erkennen oder Schritt für Schritt aus den Schwierigkeiten herauszukommen.

Dieses Symbol weist Sie auf mögliche Gefahren hin und rät zu besonderer Vorsicht.

Dieses Symbol steht für Aussagen, die ich zuvor, an einer anderen Stelle des Buches, bereits erwähnt habe.

 Hier geht es um Forschungsergebnisse und wissenschaftliche Hintergründe von Burn-out-Symptomen, zumeist aus dem medizinischen, psychologischen oder psychotherapeutischen Bereich.

 Dieses Symbol weist auf praktische Übungen hin, die Sie während der Lektüre oder bei einer passenden Gelegenheit durchführen können, zum Beispiel um Burn-out-Probleme zu lösen, Ihre wirklichen Lebensziele zu erkennen oder sich auf die Gegenwart zu konzentrieren.

Wie es weitergeht

Wie es jetzt weitergeht, liegt ganz bei Ihnen: Sie können das Buch von vorn bis hinten durchlesen oder mit dem Kapitel anfangen, das Sie am meisten interessiert. *Burn-out für Dummies* lässt sich auch als Nachschlagewerk zum Thema Burn-out verwenden. In diesem Fall orientieren Sie sich einfach mithilfe des Inhaltsverzeichnisses oder des Stichwortverzeichnisses am Ende des Buches.

Als Psychotherapeut habe ich festgestellt, dass berufsbedingte Burn-out-Schwierigkeiten offenbar zunehmen, sicher auch eine Folge der Veränderungen unserer Arbeitswelt in den letzten Jahren. Doch den allermeisten Patienten, die unter Ausbrennsymptomen litten, gelang es irgendwann, aus der Krise herauszufinden. Die Aussichten sind also ermutigend.

Falls Sie selbst von einem Burn-out betroffen sind, ist dieses Eingeständnis keineswegs ein Zeichen von Schwäche oder Versagen, sondern der erste Schritt auf dem Weg zur Veränderung. Denn Sie haben sich wahrscheinlich entschieden, nicht mehr alles hinzunehmen und weiter unter den ungünstigen Umständen zu leiden. Wenn ich Sie eine Zeit lang auf Ihrem Weg Richtung Gesundheit begleiten darf, freut mich das sehr.

Teil I

Burn-out-Warnsignale erkennen und verstehen

»Also, ich möchte ja Ihre Selbstdiagnose nicht in Frage stellen. Aber sind Sie wirklich überzeugt, dass ein Burn-out-Syndrom für Ihre Kopfschmerzen verantwortlich ist? «

In diesem Teil ...

In diesem Teil erfahren Sie, was akuter und chronischer Stress ist, welchen Sinn er hat und wann Sie Stress positiv oder eher negativ bewerten. Außerdem zeige ich, wie sich Stress auf Körper und Seele auswirkt, was Stressempfindungen verstärkt oder abschwächt und wie unterschiedlich Menschen mit emotionalen Belastungen umgehen. Tipps zur effektiven Selbsthilfe ergänzen den Text.

Anschließend beschreibe ich wichtige Ursachen für Dauerstress in der Arbeitswelt und im Privatleben. Ein weiterer Abschnitt dieses Teils beschäftigt sich mit der Frage, wann und wie aus chronischen Stressgefühlen ein Burn-out-Syndrom entstehen kann, bei dem die Betroffenen den Eindruck haben, durch ihre Probleme auszubrennen und zu verbittern.

Akuter Stress: Der Sinn der Sache

1

In diesem Kapitel

▶ Die Themen im Überblick

▶ Was ist Stress?

▶ Körperliche Prozesse: Wie akuter Stress entsteht und wie er sich zurückbildet

▶ Stress und Evolution

▶ Akutstress: Positive und negative Auswirkungen

Zunächst stelle ich Ihnen die Themen, die in diesem Buch behandelt werden, in einem kurzen Überblick vor.

Anschließend beschreibe ich die Hintergründe einer Burn-out-Entwicklung, bei der unter bestimmten Bedingungen aus akutem Stress eine chronische Erschöpfungsreaktion entsteht. Sie erfahren, was in Ihrem Körper geschieht, wenn Sie Akutstress erleben, und wofür eine solche Alarmreaktion gut sein kann, evolutionsgeschichtlich und im Alltagsleben. Die negativen Folgen von übermäßigen Erregungsreaktionen, die zu Dauerstressgefühlen führen können, werden ebenfalls dargestellt.

Die Themen dieses Buches im Überblick

Hier beschreibe ich, worum es in diesem Buch geht. Ich definiere den Begriff »Burn-out«, beschreibe kurz den Hintergrund einer Ausbrennsymptomatik und verschiedene Wege, durch die Sie diese Probleme mittelfristig abbauen können.

Wie entsteht ein Burn-out?

Chronische Müdigkeit, Erschöpfungsdepression, Ausbrennen am Arbeitsplatz: Alle Begriffe beschreiben eine Entwicklung, die in den letzten Jahrzehnten stark zugenommen hat, in Deutschland und anderswo. Heute hat sich die englische Bezeichnung »Burn-out« durchgesetzt.

 Worum geht es dabei? Burn-out steht für einen zunehmenden Erschöpfungszustand, der durch den Beruf ausgelöst wird und sich später oft nachteilig auf das Privatleben auswirkt. Betroffen sind zumeist Angestellte, Beamte oder Selbstständige, die sich für ihre Arbeit lange Zeit mit großen Erwartungen und starkem Engagement eingesetzt haben und irgendwann feststellen mussten, dass sich die Anstrengung nicht auszahlt.

Einige Beispiele: Ein Lehrer merkt vielleicht, dass seine pädagogischen Konzepte immer wieder an den Jugendlichen scheitern, die ihm gegenübersitzen. Ein Allgemeinarzt beschäftigt sich immer häufiger mit den ständig wechselnden bürokratischen Anforderungen seines Berufsstands und findet kaum noch Zeit für begleitende Gespräche mit seinen Patienten, die ohnehin schlecht bezahlt werden. Ein Abteilungsleiter macht täglich Überstunden und hat trotzdem den Eindruck, dass sein Vorgesetzter die wichtigen betrieblichen Entscheidungen ohne seine Mitwirkung trifft.

 Bei einer länger anhaltenden Arbeitskrise wird dann aus wiederholtem Akutstress eine chronische Belastung: Die Konzentrationskraft verringert sich ebenso wie die berufliche Leistungsfähigkeit, bittere Grübelgedanken schwächen die Lebensfreude des Betroffenen, und er kann sich in seiner Freizeit kaum noch erfolgreich vom beruflichen Stress erholen. Der Körper signalisiert immer wieder, dass seine Grenzen überschritten werden, und auch das Verhältnis zu den Angehörigen verschlechtert sich, wenn aus dem Erschöpfungsgefühl eine Depression entstanden ist, die sich auf alle Alltagsbereiche auswirkt.

Selbsthilfemaßnahmen und professionelle Unterstützung

Neben einer Darstellung der Hintergründe einer solchen unheilvollen Entwicklung, wenn akuter Stress zu einer langfristigen Burn-out-Krise führt, befasst sich dieses Buch mit erprobten Vorschlägen, die Ihnen helfen können, aus dem Burn-out herauszukommen und einen gesünderen Lebensweg zu finden.

Dazu gehört ein angemessenerer Umgang mit den beruflichen Herausforderungen, etwa durch realistische Erwartungen, durch Veränderungen der Zeit- und Arbeitsorganisation und durch eine Berücksichtigung der Kräfte, die Ihnen gerade zur Verfügung stehen. Persönliche Einstellungen, die das Ausbrennen begünstigen, zum Beispiel ein starker Perfektionismus, werden ebenso beschrieben wie Denk- und Verhaltensmuster, durch die Sie Ihre Bedürfnisse und Grenzen erfolgreicher umsetzen können als in der Vergangenheit. Viele Fallbeispiele, Fragebögen und praxisorientierte Übungen unterstützen Sie dabei.

Ein weiterer entscheidender Aspekt dieses Buches sind Ideen, die den Freizeitbereich betreffen und zu einem besseren Gleichgewicht von Beruf und Privatleben beitragen sollen, der sogenannten Work-Life-Balance. Hierzu gehören wirksame Entspannungsmethoden und angenehme Erlebnis-, Genuss- und Selbstwahrnehmungsübungen.

Auch die Frage, wie Sie etwaige Irritationen in der Beziehung zu Ihren Angehörigen klären und Auseinandersetzungen auf konstruktive Weise führen können, steht im Mittelpunkt der Darstellung.

Anschließend beschreibe ich, in welchen Fällen eine Ausbrennkrise so massiv wird, dass professionelle Unterstützung erforderlich ist. Ein Überblick zu den wichtigsten ambulanten und stationären Psychotherapieformen, zu ärztlichem Beistand und einer Behandlung mit Medikamenten hilft Ihnen bei der Orientierung.

Was ist Stress?

»Erschöpft – verbittert – ausgebrannt.« So beschreiben manche Experten das Burn-out-Syndrom in wenigen Worten. Es lässt sich auch definieren als fortschreitende Erschöpfungsreaktion nach chronischem psychosozialem Stress ohne angemessene Entlastungsmöglichkeiten.

Das englische Hauptwort »stress« steht in seiner herkömmlichen Bedeutung unter anderem für »Betonung«, »Nachdruck« und »Spannung«. Es ist also nicht in erster Linie negativ besetzt, und das gilt auch für die Aufmerksamkeitsreaktionen, die bei jedem Menschen ablaufen, wenn er sich auf etwas Wichtiges konzentriert, wenn er etwas Neues bemerkt oder etwas Ungewöhnliches wahrnimmt.

Diese körperlichen Vorgänge beschreibt die Wissenschaft als Erregungsreaktionen auf akuten Stress, wobei »Stress« hier ähnlich wertfrei verstanden wird wie beim englischen Ursprungswort. Mögliche Stressfaktoren werden auch als »Stressoren« bezeichnet.

Kurze und verlängerte Aufmerksamkeitsreaktionen

Kurzfristige Erregungsreaktionen sind ein entscheidender Teil Ihres Lebens, Vorgänge, an die Sie sich jahrzehntelang gewöhnt haben und die Ihnen wahrscheinlich eher selten auffallen. Dazu gehört zum Beispiel das Aufwachen nach dem Weckerklingeln, der Blick aus dem Fenster, um das Wetter zu beobachten, oder das tägliche Wechseln der Unterwäsche. Ein bestimmter innerlicher oder äußerlicher Reiz – der Wecker, der Wunsch, zu wissen, ob es heute regnet, oder das Bedürfnis, mit frischen Socken in den Tag zu starten – bringt Sie dazu, Ihre Aufmerksamkeit einen Moment lang auf etwas Bestimmtes zu richten und sich entsprechend zu verhalten. Normalerweise werden Sie solche Kurzerregungsreaktionen nicht als stressig empfinden, sie gehören zum Leben dazu. (Falls Sie hingegen, etwa durch chronische Belastungen, depressiv geworden sind, können selbst einfache Alltagshandlungen problematisch sein. Mehr zu diesem Thema finden Sie unter anderem in Kapitel 5.)

Von Akutstress sprechen viele Wissenschaftler bei verlängerten Erregungsreaktionen. Hier erfordern mehr oder weniger ungewohnte Situationen Ihre besondere Aufmerksamkeit. Das können Situationen sein, die Sie negativ bewerten, aber auch Anreize, die positive Gefühle auslösen.

Beispiele für Situationen, die zu Akutstress führen:

✔ Ein ungewöhnliches Geräusch im Haus reißt Sie aus dem Schlaf. Da der Rest Ihrer Familie gerade Verwandte besucht, denken Sie an einen Einbrecher, machen das Licht an, erheben sich und greifen zum Telefon. Schließlich stellen Sie fest, dass die Katze Ihres Nachbarn in Ihrem Garten ihr Unwesen treibt, und kommen wieder zur Ruhe.

✔ Ein Teil der Landstraße, auf der Sie gerade fahren, ist wegen eines Unfalls gesperrt. Ihr Navigationssystem ist defekt, und Sie kennen sich in der Umgebung nicht aus. Also parken Sie und greifen zu einer Karte, um den schnellsten Umweg zu finden.

✔ Sie konzentrieren sich auf eine Rede, die Sie bei der Geburtstagsfeier einer Freundin halten.

✔ Sie lesen einen überaus spannenden Roman, der Sie um Ihre Nachtruhe bringt.

✔ Sie sind in ein auf- und anregendes Computerspiel vertieft und wollen unbedingt die nächste Ebene erreichen.

✔ Ein kleiner Junge hat Streit mit einem größeren aus der Nachbarschaft. Als dieser Große dem Kleinen eines Tages droht, ihn nach der Schule zu verprügeln, nimmt der Jüngere einen anderen Weg nach Hause. Irgendwann vergisst der Große seine Rachewünsche, und das Bedrohungsgefühl des Kleinen geht zurück.

Diese auf den ersten Blick recht unterschiedlichen Situationen, auf die Sie (und der Junge aus dem letzten Beispiel) mit akutem Stress reagieren, haben einige Gemeinsamkeiten: Ein Reiz oder ein Reizmuster geht über die alltäglichen Routinen hinaus, regt eine Alarmreaktion an und fordert Ihre volle Aufmerksamkeit, bis Sie die Situation bewältigt haben.

Dabei spielt es keine entscheidende Rolle, ob der auslösende Reiz objektiv bedrohlich sein könnte (unklare nächtliche Geräusche, unbekannter Weg mit dem Auto, aggressiver Nachbarsjunge) oder ob es Ihnen subjektiv sehr wichtig ist, eine aufregende Situation zu einem guten Abschluss zu bringen (Jubiläumsrede halten, Krimi zu Ende lesen, nächste Ebene beim Computerspiel erreichen).

Die Bewertung kann sich unterscheiden – Angst vor Einbrechern ist ein unangenehmes Gefühl, einer guten Freundin mit einer Geburtstagsrede eine Freude zu machen, ist meistens deutlich angenehmer –, doch auf der körperlichen Ebene geschieht in all diesen Fällen das Gleiche.

Was Akutstress im Körper bewirkt

Der österreichisch-kanadische Pionier der Stressforschung Hans Selye beschrieb schon kurz nach dem Zweiten Weltkrieg Stress – diesen Begriff hatte er bereits 1936 in der heute gebräuchlichen Form verwendet – als dreistufiges »Allgemeines Adaptions- (oder Anpassungs-) Syndrom« (AAS). Das klingt, wie in der Wissenschaft nicht ganz unüblich, komplizierter, als es ist.

In diesem Modell, das seither durch Untersuchungen vielfach bestätigt wurde, reagiert der Organismus auf ungewöhnliche, bedrohliche (oder auch subjektiv an- oder aufregende) Situationen, um Mittel zu deren Bewältigung zu finden oder Gegenmaßnahmen einzuleiten.

Die erste AAS-Stufe, die Alarmreaktion, stelle ich in diesem Abschnitt dar, denn sie entspricht der körperlichen Antwort auf akuten Stress. Die folgenden beiden Stufen des Anpassungssyndroms beschreiben die Auswirkungen von chronischem Stress. Mehr über diese Auswirkungen erfahren Sie in Kapitel 2.

 Bei einer Alarmreaktion (oder auch Notfallreaktion) auf Akutstress schüttet der Körper unter anderem verstärkt die anregenden Hormone Adrenalin und Noradrenalin aus.

Durch den Ausstoß von Adrenalin und Noradrenalin kommt es zu physiologischen Veränderungen:

✔ Das Herz schlägt schneller und stärker, was auch den Blutdruck erhöht. Blut verlagert sich vom Magen Richtung Muskulatur, bei länger andauernder Erregung können Haut und Gefäßwände beschädigt werden.

✔ Energiereiche Fette strömen in den Blutkreislauf, Blutgerinnungsfaktoren werden ausgeschüttet, der Blutzuckerspiegel steigt, der Mund wird trocken. Die Pupillen vergrößern sich, die Atemfrequenz steigt und die Muskelspannung verstärkt sich. Verdauungsvorgänge werden unterbrochen.

✔ Bei der »Kampf-Wut-Reaktion« werden Oberkörper und Kopf mit mehr Blut versorgt als Unterkörper und Unterleib. Die Muskeln in Hals und Schultern spannen sich an, das Gesicht wird heiß und rot, es kann zu Schweißausbrüchen kommen. In schweren Fällen folgt darauf eine »Flucht-Angst-Reaktion«: Blut fließt aus Kopf und Oberkörper ab, das Gesicht wird blass, die Beine spannen sich an. Extremzustände führen manchmal zu Schock oder Ohnmachtsanfällen.

Aufmerksamkeits- oder Alarmreaktion?

Ob Sie eine ungewöhnliche Situation tatsächlich als alarmierend empfinden oder ob Sie ihr nur mit besonderer Aufmerksamkeit und Konzentration begegnen, hängt vor allem von den Gefühlen ab, die diese Situation in Ihnen auslöst.

Falls Sie sich etwa gerne in der Öffentlichkeit präsentieren und Freude daran haben, etwas vorzutragen, wird die Geburtstagsrede für eine Freundin keine übermäßige Herausforderung darstellen.

Vermutlich steigt zwar vorübergehend die Herz- und Atemfrequenz, und Ihr Blutdruck erhöht sich ebenso wie der Spannungszustand Ihrer Muskeln (Muskeltonus), doch von der beschriebenen »Kampf-Wut-Reaktion« sind Sie fast so weit entfernt wie von einer »Flucht-Angst-Reaktion«. Möglicherweise haben Sie ein bisschen Lampenfieber, das sich im Laufe der Rede wieder legt, mehr nicht.

Anders sieht die Sache aus, wenn Sie sehr ungern im Rampenlicht stehen oder unter massiven sozialen Ängsten leiden.

Unter diesen Umständen kann der gleiche Vortrag beim Geburtstagsfest Ihrer Freundin sehr problematisch für Sie sein, und schon der Gedanke an das Vorhaben, auf das Sie sich eingelassen haben, löst möglicherweise die komplette Notfallreaktion aus, einschließlich Schweißausbrüchen, Muskelverkrampfungen, Herumstammeln bis zum Blackout oder dem verzweifelten Wunsch, irgendwo anders zu sein als ausgerechnet auf diesem schrecklichen Fest, bei dem alle Anwesenden Sie gerade anstarren (und das bestimmt mit höchst kritischem Blick).

 Verlängerte Aufmerksamkeitsreaktionen werden also nur dann als Belastung erlebt, wenn unangenehme Gefühle mit ihnen einhergehen, wie etwa Angst, Wut, Traurigkeit, Verzweiflung oder Hilflosigkeit.

So ist es auch nicht verwunderlich, dass nicht wenige Menschen gern ein aufregendes Buch lesen, einen spannenden Film anschauen oder ein »nervenaufreibendes« Computerspiel spielen, ohne dabei in echte Panik zu geraten oder einen Wutanfall nach dem anderen zu bekommen: Sie wissen, dass das, womit sie sich gerade beschäftigen, sie nicht wirklich bedroht, da es im Freiraum der Fantasie stattfindet.

Wie sich die Erregungsreaktion zurückbildet

Wenn aus akutem Stress keine chronische Stressreaktion wird, bilden sich die körperlichen Veränderungen, die durch die Erregung ausgelöst worden sind, mit der Zeit wieder zurück.

Bezogen auf die Beispiele weiter vorn im Kapitel, merken Sie etwa, dass Sie kein Einbrecher in Ihrer Wohnung bedroht, sondern dass nur die Katze Ihres Nachbarn Sie gestört hat, und schon schlafen Sie wieder ein. Oder Sie finden bei der Autofahrt trotz des defekten Navigationssystems und der gesperrten Teilstrecke auf Ihrer Landkarte einen Umweg, der Sie sicher nach Hause bringt.

Falls Sie grundsätzlich mit öffentlicher Aufmerksamkeit zurechtkommen, gehen Nervosität und Lampenfieber beim Vortrag der Geburtstagsrede für Ihre Freundin mit der Zeit zurück, vielleicht hilft Ihnen die anfängliche Aufregung sogar dabei, sich besonders gut auf die private Herausforderung zu konzentrieren.

Den spannenden Roman können Sie an einer ruhigeren Stelle unterbrechen, und selbst wenn er Ihnen *überaus* spannend erscheint und es Ihnen einfach nicht gelingen will, ihn aus der Hand zu legen – irgendwann ist jedes Buch zu Ende. Der mögliche Schlafmangel, bedingt durch den Umstand, dass Ihnen die nächtliche Lektüre wichtiger war als das morgendliche Ausgeruhtsein, lässt sich mit der Zeit ausgleichen, und das Gleiche gilt für jedes noch so fesselnde Computerspiel.

In solchen und ähnlichen Fällen ist Ihr Körper nach dem Akutstress in der Lage, sich, häufig mit einer gewissen Verzögerung, zu regenerieren.

 Nach einer verlängerten Aufmerksamkeitsreaktion (die in objektiv oder subjektiv bedrohlichen Fällen zu einer Alarmreaktion wird) führen Entspannung oder Ablenkung häufig dazu, dass sich der Körper wieder erholt.

Wenn dies gelingt, beobachtet man auf der physiologischen Ebene unter anderem:

✔ Herzschlagfrequenz und Herzschlagstärke gehen auf Normalwerte zurück, der Blutdruck sinkt, die Atemfrequenz verringert sich.

✔ Die Muskulatur entspannt sich, Blut strömt vermehrt zu den inneren Organen.

✔ Die Leber speichert wieder Energie, Energiereserven werden aufgefüllt, der Blutzuckerspiegel sinkt.

✔ Unterbrochene Verdauungsvorgänge werden fortgesetzt.

✔ Häufig steigt das Ruhe- und Schlafbedürfnis.

✔ Das Immunsystem organisiert und regeneriert sich, um unter anderem Krankheitserreger oder Entzündungen effektiv bekämpfen zu können.

✔ Nicht selten kommen in dieser Wiederaufbauphase Intuition, Kreativität, Gelassenheit, aber auch das Bedürfnis nach Zuwendung und Geborgenheit besonders zur Geltung.

Kontrolle und Kontrollverlust

Bei einem Beispiel für Akutstress ging es um ein Kind, dem nach einer Auseinandersetzung mit einem älteren Nachbarsjungen Schläge auf dem Weg von der Schule nach Hause angedroht wurden – also um eine wirkliche Gefahr. (Allerdings können auch eingebildete Bedrohungen Akutstress auslösen, so wie bei dem vermeintlichen Einbrecher, der sich als herumstreunende Katze erwies.)

Falls dieses Kind nun aus Angst jedes Mal einen anderen, längeren Weg zur Wohnung seiner Eltern nimmt, wenn es dem größeren Jungen nicht aktiv entgegentritt und auch nicht sicher weiß, ob dieser Junge die alten Streitigkeiten wirklich irgendwann begraben hat, kann es sein, dass das Kind jedes Mal, sobald es das Schulgebäude verlässt, Angst hat, dem »bösen Jungen« zu begegnen.

Vielleicht fürchtet es sich irgendwann sogar davor, das Haus seiner Eltern ohne Begleitung zu verlassen, denn der »böse Junge« könnte ja an der nächsten Straßenecke auftauchen und die alte Drohung wahr machen.

So entwickelt sich aus akutem Stress, der sich in vielen anderen Fällen mit der Zeit zurückbildet, chronischer Stress, also eine Form lang andauernder Erregung, die Sie, wie der Junge aus dem Gedankenexperiment, als Dauerbelastung empfinden und aus der Sie möglicherweise keinen Ausweg finden.

 Ein wichtiges Stichwort ist die objektive oder subjektive Kontrolle über die Situation, wobei der subjektive Aspekt wirksamer zu sein scheint als der objektive. Um bei dem obigen Beispiel zu bleiben: Es genügt, dass sich der kleine Junge irgendwann einbildet, dass er mutig und stark genug ist, um eine Konfrontation mit dem Nachbarsbengel gut zu überstehen – selbst wenn der Größere ihm körperlich immer noch haushoch überlegen ist.

Umgekehrt gilt: Eine Bedrohung, die jederzeit über Sie hereinbrechen kann und aus der Sie keinen angemessenen Ausweg finden, die also mit deutlichem Kontrollverlust einhergeht, stellt häufig den Hintergrund für die Entwicklung chronischer Stressreaktionen dar, die im Extremfall bis zum Burn-out-Syndrom gehen.

Ihr Körper und Ihre Seele können sich dann nicht mehr regenerieren, Entspannung finden oder sich erfolgreich ablenken, denn die Bedrohung schwebt, wie bei dem kleinen Jungen mit dem Feind aus der Nachbarschaft, stets über Ihnen wie ein Damoklesschwert.

Normalerweise tut es Ihnen gut, wenn Sie potenziell belastende Situationen unter Kontrolle haben – und nicht die Situationen Sie kontrollieren.

Aber natürlich ist das nicht in allen Fällen möglich. Manchmal bleibt Ihnen nichts anderes übrig, als darauf zu vertrauen, dass es in Ordnung ist, Kontrolle abzugeben, und dass Sie bei Ihren Mitmenschen in guten Händen sind. Etwa im Flugzeug, in Bus und Bahn, oder wenn es um ärztliche Behandlungen geht, die vielleicht sogar einen operativen Eingriff notwendig machen.

Neben dieser grundsätzlichen Einschränkung gibt es im Alltag viele Faktoren, die es Ihnen erschweren können, ein Gefühl von Kontrolle über wichtige Bereiche Ihres Lebens zu behalten – auch und gerade im Beruf, der bei vielen Menschen eine entscheidende Quelle für akuten (und chronischen) Stress darstellt. Hier ist es oft sinnvoll, einen Kompromiss zu finden, der es Ihnen ermöglicht, zumindest einen Teil Ihrer Aufgaben eigenverantwortlich zu erledigen und dabei Ihre Grenzen besser berücksichtigen zu können als in der Vergangenheit.

Der Kampf mit den Stapeln

Sabine Walter, 31 Jahre alt, arbeitet in der Verwaltung einer großen Firma. Immer wieder fühlt sie sich am Morgen wie erschlagen von den vier Aktenbergen, die sie abarbeiten soll. Meistens nimmt sie sich erst einmal den größten Stapel vor und versucht, ihn in den folgenden Stunden kleiner werden zu lassen. Das führt nicht nur dazu, dass sie viele Überstunden machen muss, sondern auch zu wachsender Frustration: Der Aktenstapel verringert sich fast unmerklich, ohne dass Sabine Walter jemals das Gefühl hätte, diese Aufgabe erfolgreich erledigen zu können – und am nächsten Tag wird er von den Kollegen wieder aufgefüllt. Außerdem vernachlässigt die Sachbearbeiterin die drei kleineren Stapel, für die sie ebenfalls verantwortlich ist.

Nach Dienstschluss ist Sabine Walter erschöpft und fürchtet mittlerweile den nächsten Arbeitstag. Oft entstehen aus wiederholtem Akutstress chronische Probleme. Um eine solche Entwicklung zu verhindern, geht Sabine Walter zum Psychotherapeuten. Dort hilft ihr zunächst die Parabel vom Straßenkehrer, die ich dem Buch »Momo« von Michael Ende entnommen habe. Der Straßenkehrer Beppo berichtet darin von einem schlechten Tag, an dem er mit seinem Besen an einer schier unendlich langen Straße scheitert, immer wieder nach vorn blickt und feststellt, wie viel ihm noch zu tun bleibt. Irgendwann, die Sonne nähert sich bereits dem Horizont, kapituliert er. Doch Beppo weiß, dass er es auch anders machen kann, indem er nicht die ganze Straße im Blick hat, sondern sich immer nur auf den Schritt konzentriert, den er gerade durchführt. So wird er nicht hektisch, und am Abend ist er fast unmerklich mit seiner Arbeit fertig geworden.

In einer Therapiesitzung erstellt die Sachbearbeiterin eine Prioritätenliste: Aktenstapel 1 ist besonders wichtig, gleichzeitig erfordert jeder vollständige Arbeitsschritt in diesem Bereich besonders viel Zeit und Mühe. Stapel 2 hat ebenfalls hohe Priorität, doch die Ausführung ist weniger anstrengend. Stapel 3 und 4 sind inhaltlich einfach, aber weniger entscheidend und dürfen sich daher auch einmal auftürmen.

Anschließend berücksichtigt Sabine Walter ihre persönlichen Grenzen und ihren Biorhythmus. Morgens, wenn sie sich relativ fit fühlt, beschäftigt sie sich mit dem wichtigen und schwierigen Stapel 1, so lange, bis sie merkt, dass ihre Konzentration langsam zurückgeht. Anschließend kommt der zweitwichtigste, weniger anstrengende Stapel 2 an die Reihe.

Nach der Mittagspause ist Sabine Walter normalerweise im Leistungstief, deshalb beschäftigt sie sich zu dieser Zeit mit leichten Arbeiten (Stapel 3 oder 4), möglichst ohne sich von der Höhe der entsprechenden Aktenberge beeindrucken zu lassen. Zwischen 15 und 16 Uhr, wenn sie sich wieder besser konzentrieren kann, geht es noch einmal um den entscheidenden, aber schwierigen Stapel 1. Überstunden werden nur noch geleistet, wenn es sich nicht vermeiden lässt.

Es dauert eine Weile, bis die Sachbearbeiterin diesen neuen Ablauf in den Arbeitsalltag integriert hat. Doch der Erfolg gibt ihr recht, denn sie merkt bald, dass sie so deutlich mehr Erfolgserlebnisse hat, dass sie morgens ausgeruhter ist und gegen Feierabend weniger erschöpft. Obwohl Sabine Walter jetzt nur noch selten Überstunden macht, schafft sie inzwischen mehr als vor dem Beginn der Psychotherapie, und sie ist ein gutes Stück zufriedener mit sich selbst. Das Gefühl größerer Kontrolle über die berufliche Tätigkeit entlastet sie deutlich.

 Bei der Klärung der Frage, warum es so wichtig ist, Akutstress irgendwann subjektiv kontrollieren zu können, und warum unser Körper überhaupt auf Stressoren reagiert, hilft ein Blick in die Tierwelt und in die Evolutionsgeschichte des Menschen.

Stress und Evolution

Weshalb fährt Ihr Körper den Stoffwechsel hoch und aktiviert die Muskulatur, wenn es doch bloß darum geht, eine Geburtstagsrede zu halten, auf der Landkarte einen Umweg zu finden, oder weil Sie gerne wissen wollen, wie ein spannender Kriminalroman endet? Ganz zu schweigen von der täglichen Überforderung im stressigen Büroalltag, der nicht wenige Menschen irgendwann ausbrennen lässt. Und was soll in diesem Zusammenhang die »Kampf-Wut-Reaktion« und die »Flucht-Angst-Reaktion«? Schließlich kämpfen Sie nicht und befinden sich nicht auf der Flucht.

Guter Einwand. Doch Ihr körperlich-mentales System ist, wie das aller Menschen, nicht wirklich auf die Moderne eingestellt. Die Reaktionen auf Stressoren haben sich in Millionen Jahren vormenschlicher Entwicklung und in einigen Hunderttausend Jahren frühmenschlicher Vorgeschichte herausgebildet, da sie in diesen fernen Zeiten eine angemessene Antwort auf die damals herrschenden Gegebenheiten waren.

Archaische Reaktionsmuster

Nach Charles Darwins vielfach bestätigter Theorie bedeutet Evolution unter anderem, dass sich diejenigen Individuen einer Art am besten fortpflanzen können, die sich am erfolgreichsten an die aktuellen Umweltbedingungen angepasst haben. Bedrohungen waren während eines Großteils unserer Entwicklungsgeschichte sehr konkret, und sie ließen sich, wenn es um plötzliche Notfallreaktionen ging, am besten mit zwei Handlungsmustern beantworten: Angriff oder Flucht.

Das galt für ungewöhnliche nächtliche Geräusche (Unwetter? Gefährliche Tiere?) wie für auffälligen Lärm am Tag (Feindlicher Nachbarstamm? Gefährliche Tiere? Clan verteidigen oder besser abhauen?). Es spielte beim alltäglichen Jagen und Sammeln eine wichtige Rolle. (Spezieller Ruf des Gefährten: Mögliche Beute von vorn rechts. Bewegung, spezielle Größe und besondere Farbe: Giftiges Tier? Bestimmter Geruch nach einem Wolkenbruch: Feuer! – Flüchten oder annähern, um sich den Brand zunutze zu machen?)

 Ob in der afrikanischen Savanne, wo die meisten Vor- und Frühmenschenarten entstanden, ob im Europa der Eiszeit oder bei den Wanderungen von Homo sapiens nach Asien, Amerika und Australien: Gefahr hatte im Allgemeinen etwas Handfestes, und sinnvolle Notfallreaktionen waren meistens Varianten von Angriff oder Flucht.

Moderne Probleme im alten Reaktionskorsett

Die Jahre, in denen wir uns mit schlechten Autolandkarten, Jubiläumsreden, nervenzerreißenden Psychothrillern oder mörderischem Termindruck in der Einkaufsabteilung quälen oder stressen, sind hingegen, evolutionär betrachtet, vollkommen zu vernachlässigen.

Nachhaltige Veränderungen im menschlichen Erbgut, aufbauend auf zufälligen Mutationen, von denen manche Sie vielleicht besser dazu befähigen könnten, mit aktuellen Stressoren fertig zu werden, als im Rahmen dieser archaischen Angriff-oder-Flucht-Reaktion, werden möglicherweise bei Ihren Nachkommen in einigen Tausend oder Zehntausend Jahren zur Wirkung kommen.

Ein schwacher Trost, ich weiß, doch schneller funktioniert die Evolution bei der Entwicklung einer Art oder einer Teilpopulation leider nicht. (Und zielgerecht verläuft sie auch nicht, sie basiert auf Zufällen, die sich dann als mehr oder weniger umweltangepasst erweisen.)

Akuter Stress, Wut und Angst

Zumindest wird bei dieser Betrachtungsweise klar, warum akuter Stress so häufig zu unterdrückten oder offenen Wutgefühlen führt: Der verfluchte Computer macht einfach nicht, was er soll. Mein Chef fordert mal wieder einen Abgabetermin, den ich nie und nimmer einhalten kann. Das Baby bringt mich mit seiner Schreierei noch um den Verstand, und ich muss mich doch zu Hause auf die Prüfungsergebnisse meiner Schüler konzentrieren. Und so weiter, eben Kampf und Wut.

Auch die »Flucht-Angst-Reaktion«, die weitergehende Stufe der Alarmreaktion, erscheint sinnvoll: Wenn Wut und Kampf nicht weiterführen und sich der Eindruck, die stressige Situation wieder kontrollieren zu können, einfach nicht einstellen will, wünschen Sie sich vielleicht, lieber ganz woanders zu sein (Ski fahren in den Alpen, Badeurlaub in der Karibik, einsames Südseeatoll, Abenteuer auf dem Mars ...).

 Normalerweise helfen Fluchtfantasien jedoch nicht wirklich bei der Lösung des Problems, und spätestens wenn sich der Chef mit dringlichem Unterton erkundigt, wann die Präsentation nun endlich fertig ist, denn er bräuchte sie ja, wie Sie wissen, allerspätestens morgen früh, kann das zu massiven Angstgefühlen führen.

Nicht dass Ihnen die Panik tatsächlich dabei helfen würde, die geforderte Aufgabe schnellstens zu erledigen, eher ist das Gegenteil der Fall. Schließlich werden Sie ja nicht von einem hungrigen Löwen verfolgt, dem Sie entkommen müssen. Doch unser Aufmerksamkeits- und Notfallapparat schert sich eben, wie beschrieben, nicht um die Anforderungen und die Lösungsmöglichkeiten der modernen Welt. Vielmehr reagiert er mit Tendenzen, die sich in der Steinzeit oftmals bewährt haben: Hier ist es die Angst vor einer Bedrohung, die sich anscheinend am besten durch Flucht bewältigen lässt.

Alarmreaktionen waren lange Zeit eher die Ausnahme

Bei der evolutionsgeschichtlichen Betrachtung der Stressverarbeitung ist auch ein anderer Punkt nicht ganz unwichtig: Die meiste Zeit war das Leben unserer Vorfahren wahrscheinlich nicht besonders aufregend. Alarmreaktionen im weiter vorn beschriebenen Sinne haben zwar sicherlich die Jagd geprägt, und natürlich kam es hier und da zu Auseinandersetzungen innerhalb einer Gruppe oder zwischen zwei konkurrierenden Stämmen.

Dennoch steht zu vermuten, dass nicht jede Nacht Dutzende potenziell gefährlicher Laute zu hören waren. Die meisten bedrohlichen Tiere werden bald gemerkt haben, dass sie sich lieber auf weniger wehrhafte Beute konzentrieren sollten als auf den Vormenschen, der es immerhin gelernt hatte, mit Feuer und Waffen umzugehen. Folglich gab es im Normalfall nur gelegentlich Situationen, in denen die Notfallreaktion überlebenswichtig war. Längerfristiger Stress entstand so nur selten und für begrenzte Zeit.

Das bedeutet, dass unseren Vorfahren wahrscheinlich fast immer genügend Erholungsphasen blieben, um sich nach einer Alarmreaktion ausreichend zu regenerieren – anders als vielen unserer Zeitgenossen, die sich nicht selten vorkommen wie ein Hamster im Hamsterrad, weil sie sich von einem Erregungszustand in den nächsten getrieben sehen und sich kaum Zeit zur Erholung erlauben.

 In der Vergangenheit der Menschheit erfüllte die Alarmreaktion also genau den Zweck, für den sie evolutionär »gedacht« ist: Ein schnelles Hochfahren aller körperlichen Erregungsfunktionen für potenziell kritische Situationen, die sich am besten durch Varianten von Angriff oder Flucht lösen lassen. Nach dieser Reaktion blieb im Normalfall genug Zeit und Muße, um sich erfolgreich zu regenerieren und die Körperfunktionen zu entlasten. Für die heute verbliebenen Naturvölker gilt das Gleiche.

Ein Blick zurück in vergangene Zeiten

Zur Veranschaulichung ein Gedankenspiel aus der europäischen Eiszeit. Angenommen, einem 20-jährigen Erwachsenen aus einer Sippe von Homo sapiens wurde die ehrenvolle Aufgabe der nächtlichen Höhlenwache übertragen. Im Wesentlichen geht es hier um zwei mögliche Bedrohungen: Die Lagerfeuerglut im Eingang darf weder erlöschen noch soll der Rauch ins Innere vordringen, wo die Sippe schläft. Außerdem muss der Mann auf ungewöhnliche Tiergeräusche achten, um etwa das Eindringen eines Höhlenbären zu verhindern.

Der Wächter wird sich vermutlich einen Platz am äußeren Rand der Höhle suchen, um mit halbem Ohr mitzubekommen, was sich im Eingangsbereich und im nächsten Umfeld der Behausung tut. Man kann annehmen, dass er nicht die ganze Zeit über wach bleibt, denn das Eiszeitleben ist, was den Menschen betrifft, nicht nur relativ kurz, sondern auch körperlich anstrengend. Also döst der 20-Jährige, möglichst ohne dabei in Tiefschlaf zu sinken. Eine Technik, die auch viele Tiere beherrschen und die in der Moderne als Mittagsschläfchen (als Siesta oder, neudeutsch, »Power Napping«) wiederkehren wird.

Irgendwann reißt den Mann ein ungewöhnliches Geräusch aus seinem Schlummer. Auch wenn er nichts über die medizinischen Hintergründe wissen kann, beschleunigen sich Atmung und Puls, sein Blutdruck steigt, der Energie- und Elektrolytstoffwechsel wird hochgefahren. Reizerfassung und -bewertung beschränken sich auf wenige Objekte, hier auf die unklaren akustischen (und eventuell optischen) Signale. Die Oberkörpermuskulatur spannt sich an, was sinnvoll ist, da der Eiszeitmann möglicherweise gleich aufspringen muss, um die potenzielle Bedrohung zu vertreiben. Seine Verdauungsvorgänge werden unterbrochen, weil es im Gefahrenfall Wichtigeres gibt als die Magen-Darm-Peristaltik. Ein kurzer Blick auf das Feuer im Eingang: Es glimmt noch, ein paar Äste knacken. Hat ihn dieses Geräusch geweckt? Unwahrscheinlich. Ist irgendwo außerhalb der Höhle eine Bewegung zu sehen? Nein, auch hier nimmt der Wächter keine Veränderung wahr.

Jetzt hat er sich aufgesetzt und hüllt sich fest in sein Fellkleid, denn es ist empfindlich kalt. Seine Sippe möchte er wegen eines unklaren Geräusches nicht unbedingt wecken – noch nicht. Der Mann geht zum Höhleneingang und blickt in die Nacht. Immer noch nichts Ungewöhnliches. Plötzlich röhrt von fern ein großer Hirsch. Das Geräusch ist ziemlich laut und könnte dem entsprechen, was den Höhlenwächter eben geweckt hat. Ansonsten nimmt er nichts Besonderes wahr. Der Eiszeitmann schiebt den dicksten Ast des Lagerfeuers in die Glut und geht zu seinem Schlafplatz zurück. Langsam bildet sich die Alarmreaktion zurück. Herzschlag und Atmung werden ruhiger, der Blutdruck sinkt, die Muskulatur entspannt sich. Die Blutzucker-, Fett- und Elektrolytausschüttung geht zurück, das Magen-Darm-System kann mit der Verdauung fortfahren.

Kurz bevor der 20-Jährige wieder in leichten Schlaf fällt, denkt er vielleicht daran, wie er seiner Sippe am nächsten Tag von dem kleinen Abenteuer erzählen wird. Gemeinschaft, Anekdote und Ritual sind in seiner Welt der Weg, um Kontrolle über eine feindselige Natur zu bekommen und um sich subjektiv sicher zu fühlen. Möglicherweise wird der Mann in dieser Nacht noch ein oder zwei Mal etwas Besonderes hören, doch die vollständige Notfallreaktion löst der Hirsch wohl nicht mehr aus.

Akutstress heute: Körperliches Abreagieren hilft

In der modernen Welt mit ihren vielfältigen Akutstressoren kommt es hingegen häufig vor, dass Sie eine Notfallreaktion nach der anderen erleben:

Vielleicht hat Ihr Kind schlecht geträumt und flüchtet nachts in Ihr Bett. Der Wecker klingelt viel zu früh, und Sie sind nicht ausgeschlafen. Das Auto springt bei starkem Frost nicht an, und Sie brauchen eine Starthilfe. Da Sie trotzdem die Kleinen zum Kindergarten und zur Schule fahren müssen, sind Sie einige Minuten zu spät am Arbeitsplatz. Ihr Chef runzelt die Stirn, auch wenn er sich eines verbalen Kommentars enthält. Anzahl und Umfang der heutigen beruflichen Aufgaben gehen eigentlich weit über das hinaus, was Sie tatsächlich in acht Stunden schaffen können. Also stellen Sie sich schon einmal darauf ein, länger im Büro zu bleiben. Auch wenn Ihnen nicht wirklich danach ist, müssen Sie einen wichtigen Geschäftskunden durch die Firma führen und dabei stets freundlich, kommunikativ und gewinnend wirken. Abends beschwert sich Ihr Ehepartner oder Ihre Partnerin, dass Sie der Familie zu wenig Zeit widmen. Also unterhalten Sie sich noch ein paar Stunden über dies und das und sind wieder einmal viel zu spät im Bett. Und so fort.

Anders als den Steinzeitmenschen bleibt Ihnen nicht nur relativ wenig Zeit, sich nach einer Alarmreaktion physiologisch-seelisch zu regenerieren. Hinzu kommt, dass die körperliche Erregung, wie beschrieben, eigentlich in Angriff- oder Fluchtverhalten münden sollte. Das lässt sich natürlich am Schreibtisch oder beim Essen mit dem Lebensgefährten nur sehr begrenzt verwirklichen und ist ein wichtiger Grund dafür, warum es gerade gestressten Menschen guttut, sich regelmäßig physisch abzureagieren, sich zu bewegen oder Sport zu machen.

 Nun müssen Sie sich keineswegs unbedingt in der akuten Belastungssituation körperlich austoben, auch wenn es sinnvoll sein kann, die berufliche Tätigkeit mit einigen leichten Fitnessübungen zu verbinden, falls dies in Ihrem Arbeitsumfeld möglich ist. Regelmäßige Ausdauerübungen »entstressen« sozusagen im Voraus, was oft zu größerer Gelassenheit beiträgt.

Hier wäre es wichtig, dass Sie Bewegung eher mit Freude als mit hohen Ansprüchen verbinden und eine Herangehensweise finden, die gut zu Ihnen passt. Sie sollten dabei unbedingt Ihre Grenzen berücksichtigen und die Situation kontrollieren, anstatt sich von ihr kontrollieren zu lassen.

Alarmreaktionen bei Tieren und Menschen

Es liegt auf der Hand, dass im Tierreich, auch wenn nicht bei allen Tieren genau die gleichen Erregungsvorgänge wie beim Menschen ablaufen, Alarmreaktionen eine entscheidende Rolle spielen. Ein Tier, das nicht grundsätzlich dazu in der Lage ist, sich zu verstecken oder zu fliehen, bevor es gefressen wird, hat keine Chance, zu überleben und sich fortzupflanzen. (Giftige Tiere oder solche, die erfolgreich Giftigkeit simulieren, verwenden eine andere Strategie, und manche Tiere haben, wenn sie ausgewachsen sind, keine natürlichen Feinde.)

Fleischfresser wiederum müssen die Möglichkeit wahrnehmen, andere Tiere erfolgreich anzugreifen und zu jagen, andernfalls sterben sie. Sowohl das Jagen lebender Tiere als auch der

Versuch, sich nicht fressen zu lassen, sind extreme Stresssituationen, die mit der einen oder anderen Variante einer Notfallreaktion einhergehen, also mit der Mobilisierung aller verfügbaren körperlichen Kräfte im Rahmen von Angriff oder Flucht. Ähnliches gilt für viele Kämpfe mit Rivalen um die Gunst eines möglichen Geschlechtspartners.

Chronischer Stress bei Tieren

Neben solchen akuten Stressoren gibt es im Tierreich unter bestimmten Umständen auch so etwas wie chronischen Stress. Bei einer erhöhten Populationsdichte einer Art konkurrieren besonders viele Individuen um begrenzte Ressourcen. Dass Lemminge, kleine Nagetiere, die in den gemäßigten und subarktischen Breiten der Nordhalbkugel leben, in solchen Fällen kollektiven Selbstmord begehen, indem sie sich von Meeresklippen in die Tiefe stürzen, ist zwar nur ein Volksmärchen, dennoch lösen übergroße Populationen bei vielen Tierarten tatsächlich Dauerstress aus.

Bei ständiger Anwesenheit von übermäßig vielen Nahrungs- und Fortpflanzungskonkurrenten wird häufig mit fortwährenden Kämpfen und Vertreibungsversuchen reagiert. Schwächere Individuen sind dann krankheitsanfälliger, und sie sterben nicht selten vorzeitig – falls sie nicht ohnehin den Raubtieren zum Opfer fallen, für die eine übergroße Beutepopulation ein gefundenes Fressen ist.

Kontrollverlust bei Tieren: Die Theorie der erlernten Hilflosigkeit

Es war bereits kurz die Rede davon, dass es Menschen guttut, wenn sie das Gefühl haben, ihre Umwelt zu kontrollieren. Erstaunlicherweise spielt auch bei Tieren, was Stresserleben angeht, Kontrolle eine entscheidende Rolle.

Das Gefühl, eine Situation kontrollieren zu können, ist wahrscheinlich der wichtigste einzelne Faktor, der akuten (und chronischen) Stress auf ein erträgliches Maß reduziert.

Die erlernte Hilflosigkeit

In den 1970er Jahren entwickelte der amerikanische Lernforscher Martin Seligman die Theorie der erlernten Hilflosigkeit auf der Grundlage von wiederholten Tierversuchen.

Der Wissenschaftler sperrte einen Hund in einen speziellen Käfig. Mehr oder minder große Teile des Käfigbodens ließ er unter Strom setzen, was dem Tier einen ungefährlichen, aber schmerzhaften Schock versetzte.

Zunächst lernte der Hund, dass jedes Mal kurz nach einem bestimmten Signalton ein Elektroschock erfolgt. Wenn nur ein Teil des Käfigbodens unter Strom gesetzt wurde, sprang der Hund nach einer Weile direkt nach dem Signal, das eine Akutstress-Alarmreaktion auslöste, in den Käfigteil, der nicht elektrisch geladen war. So konnte er durch eigenes Fluchtverhalten die Bestrafung vermeiden. Ein stressiges, aber erträgliches Versuchstierleben. Falls hingegen anschließend der *ganze* Käfigboden unter Strom gesetzt wurde, nachdem dies dem armen Hund durch den Signalton angekündigt worden war, versuchte das Tier zunächst, einen schockfreien Käfigbereich zu finden oder, ebenso erfolglos, den Käfig zu verlassen. Wurde die unfreundliche Prozedur fortgesetzt, blieb der Hund irgendwann sitzen und ertrug die wiederholten Stromstöße, da er gelernt hatte, dass es nichts bringt, zu fliehen: Unabhängig von seinem Verhalten folgte auf jedes Signal ein schmerzhafter Elektroschock. Mit der Zeit wurde der Vierbeiner passiv und apathisch und bewegte sich nicht mehr von der Stelle.

Interessanterweise änderte sich dieses depressiv anmutende Verhalten auch dann nicht, wenn der Experimentator zum ersten Versuchsaufbau zurückkehrte, wenn also nach dem Signalton wieder nur ein Teil des Käfigbodens unter Strom stand. Selbst wenn man dem Hund zeigte, dass es jetzt erneut einen ungefährlichen Käfigbereich gab, ließ er normalerweise einen Elektroschock nach dem anderen über sich ergehen, ohne sich zu rühren.

Erlernte Hilflosigkeit beim Menschen

Der Forscher Seligman versuchte, dieses tierische Verhaltensmuster auf den Menschen zu übertragen. Seine These lautete: Nach wiederholten Erfahrungen mangelnder Umweltkontrolle oder fehlender Vorhersagbarkeit, also der Erkenntnis, dass sich unangenehme Erlebnisse nicht durch eigene Handlungen verhindern oder zum Positiven beeinflussen lassen, lernen Säugetiere (einschließlich des Menschen), dass sie hilflos sind. Selbst wenn sie nach einer solchen Lernerfahrung ihr Leben eigentlich wieder erfolgreich meistern könnten, verharren sie in subjektiver Ausweglosigkeit, die sich ihnen so nachhaltig eingeprägt hat.

Da ein Burn-out-Syndrom häufig auch als Erschöpfungsdepression beschrieben wird, also als depressive Grundstimmung nach langen Phasen von akutem und später chronischem Stress, bei der der Betroffene mehr und mehr den Eindruck gewinnt, dass er die unangenehmen Aspekte seines Lebens nicht kontrollieren kann, ist die erlernte Hilflosigkeit auch beim Menschen ein entscheidender Faktor.

 Beim Menschen kommen, anders als beim Tier, einige spezifische Aspekte hinzu: Hunde (oder Mäuse oder Ratten) grübeln nicht stundenlang, wie wenig sie ihr Leben auf die Reihe kriegen, wie fürchterlich die Zukunft werden mag oder wie wenig sie dazu tun können, um sich dauerhaft besser zu fühlen.

Beim Burn-out-Syndrom, wie auch bei anderen Formen der Depression, spielen solche negativistischen Erwartungen eine wichtige Rolle: Sie können eine Krise auslösen, und oft halten sie die Problematik auch aufrecht.

Positiver und negativer Stress

Positiv erlebter Stress wird von der Wissenschaft oft mit dem Wort »Eustress« bezeichnet, negativ erlebter heißt »Disstress«. Da es in der Forschung häufig vorkommt, dass ein gut eingeführter Terminus plötzlich umbenannt wird, ohne dass man hierfür einen anderen Grund ausmachen könnte als die Eitelkeit des Begriffserfinders, bleibe ich in diesem Buch bei »positiver« und »negativer Stress«.

Wovon hängt es ab, dass Sie etwas, das eine Erregungsreaktion auslöst, in manchen Fällen positiv und in anderen negativ bewerten?

Den wichtigsten Punkt, die subjektive Kontrollierbarkeit oder Unkontrollierbarkeit des Ereignisses, habe ich bereits beschrieben. Ein weiterer entscheidender Faktor ist die Frage, ob ein Stressor geeignet ist, Ihr Selbstbewusstsein aufrechtzuerhalten oder zu stärken oder ob er Ihr Selbstwertgefühl beeinträchtigt.

 Die meisten Menschen empfinden Stressoren als Belastung, deren Bewältigung sie für unwahrscheinlich halten (wieder die mangelnde Kontrolle) und bei denen sie weder von anderen Personen noch von sich selbst belohnt werden, wenn sie sie aus- oder durchhalten.

Schwerwiegende psychische Stressoren wie soziale Isolation, Trauerfälle, Scheidungen, berufliche oder private Degradierungen, Prüfungen, die Sie sich vielleicht nicht zutrauen, Terminnot, übermäßiger Leistungsdruck und andere Ereignisse, die mit Unzulänglichkeitsgefühlen einhergehen, werden häufig negativ bewertet. Normalerweise gehen sie mit Angstgefühlen einher, auf der hormonellen Ebene wird besonders viel Adrenalin gebildet – offenbar ist Adrenalin in erster Linie ein »Angsthormon«.

Körperliche Aktivitäten ohne überhöhte Ansprüche an sich selbst, Spiele und Wettkämpfe, bei denen Sie sich nicht unterlegen fühlen, bewerten Sie hingegen meistens als positiv. Oft sind Sie dermaßen daran gewöhnt, »Stress« ausschließlich negativ zu erleben, dass es Ihnen kaum auffällt, dass Ihre körperliche Reaktion in solchen Fällen ebenfalls weitgehend der oben dargestellten Alarmreaktion entspricht. Allerdings mit dem Unterschied, dass bei positivem Stress verstärkt Noradrenalin ausgeschüttet wird, ein Hormon, das man als »Aggressionshormon« bezeichnen könnte, wenn der Begriff »Aggression« bei uns nicht so negativ besetzt wäre.

Neben diesen psychischen Stressfaktoren gibt es auch einige andere Kategorien.

Nichtpsychische Stressfaktoren unterteilt man häufig in

✔ physikalische Stressoren: Kälte, Hitze, Lärm und andere stark ablenkende Sinneseindrücke

✔ chemische Stressoren: Gifte und Schadstoffe, auch Nikotin, Alkohol und andere stoffliche Drogen

✔ medizinische Stressoren: unter anderem Infektionen, Verletzungen, Nährstoffmangel und Nährstoffüberangebot

Für die allermeisten Stressoren gilt, dass sie, abhängig von der Person und vom Zusammenhang, positiv oder negativ bewertet werden können.

Einige Beispiele: Lauter Straßenlärm ist oft eine Ursache von akutem und chronischem Stress, er senkt die Konzentrationsleistung und lenkt viele Menschen von der Arbeit ab. Der Besuch eines lauten Clubs oder eines Rockkonzerts schädigt zwar ebenfalls das Gehör, doch in der

Freizeit wird diese Form von »Lärm« von vielen Jugendlichen, Männern und Frauen als Bereicherung empfunden.

Auch wenn stärkeres Übergewicht den Körper »stresst« und chronisch belastet, ist es für viele Menschen schön, etwas zu essen, was nicht in erster Linie als gesund gilt, und manchmal auch größere Mengen davon.

Die meisten freuen sich, wenn sie aus Liebe heiraten oder im Beruf befördert werden. Gleichzeitig kann sich ein solcher potenziell positiver Stressor auch negativ auswirken, da er nicht selten das ganze Leben auf den Kopf stellt (Hochzeit, Zusammenziehen und andere Umstellungen, Familienplanung) oder zu neuer Verantwortung und vielen ungewohnten Herausforderungen führt (Beförderung, andere Abteilung, ungewohnte Position in der Hierarchie, neue Aufgabenbereiche).

 Ob sich also eine Veränderung eher positiv oder negativ auswirkt und ob Sie eine Erregungsreaktion als Belastung oder als Bereicherung empfinden, hängt im Wesentlichen von Ihnen selbst ab, von Ihren Lebenserfahrungen und davon, wie Sie damit umgehen.

Auswirkungen chronischer Stressbelastung

2

In diesem Kapitel

▶ Wie aus akutem Stress chronischer Stress wird

▶ Körperliche Prozesse bei länger andauerndem Stress

▶ Dauerstress und Emotionen

▶ Wie bestimmte Gedanken Stress verstärken können

Zunächst erfahren Sie, wie und wann aus Akutstress chronischer Stress werden kann. Dann geht es um die Gefühle, die oft mit zunehmender Stressbelastung zusammenhängen, und auch um Gedanken, die Stress verstärken können. Fallbeispiele und praktische Hinweise helfen dabei, zu erkennen, wie Sie selbst mit chronischem Stress zurechtkommen.

Wie Ihr Körper auf Dauerstress reagiert

Erinnern Sie sich an das Stressmodell des Forschers Hans Selye, das das Allgemeine Anpassungssyndrom (AAS) beschreibt, dessen erste Stufe ich in Kapitel 1 vorstelle? Diese erste Stufe, die Alarm- oder Notfallreaktion, setzt ein, wenn Sie akuten Stress erleben, und entspricht evolutionär einer Angriff- oder Fluchtreaktion auf subjektive oder objektive Gefahren.

 Wenn es Ihnen gelingt, die Bedrohung abzuwehren, weil Sie den Eindruck haben, Ihr Leben nach dem Akutstress bald wieder erfolgreich kontrollieren zu können, ist alles in Ordnung. Ihr Körper regeneriert sich, Sie erholen sich und sind meist relativ schnell wieder in der Lage, die nächste Herausforderung anzunehmen.

Das Widerstandsstadium bei chronischem Stress

Falls Ihnen die Stressbewältigung hingegen weniger gut gelingt und sich der Eindruck, das eigene Leben kontrollieren zu können, einfach nicht einstellen will, falls ein belastender Faktor auf den nächsten folgt und aus akutem Stress ein chronisches Problem wird, reagiert Ihr Körper-Seele-System zunächst mit der zweiten Stufe von Selyes Anpassungssyndrom, dem sogenannten Widerstandsstadium. Physiologisch stellt sich der Organismus dabei auf harte Zeiten ein, was auch bedeutet, dass es im Vergleich zur Alarmreaktion deutlich länger dauert, bis sich das entsprechende Reaktionsmuster wieder zurückbildet.

Der biologische Sinn der Widerstandsreaktion

Der evolutionäre Sinn der Sache ist übrigens – anders als bei der akuten Notfallreaktion –, dem Menschen ein langzeitiges Überleben in Situationen zu ermöglichen, in denen er Dauerstress durch Wasser-, Nahrungs- oder Salzmangel erlebt. Solche physikalischen Stressoren treten heute in den westlichen Industrieländern nur noch selten auf, etwa bei Magersüchtigen, doch wie ich in Kapitel 1 beschreibe, sind unsere Regelungssysteme nicht auf moderne Herausforderungen eingestellt. Vielmehr entsprechen sie dem, was uns in vielen Tausend Jahren Vor- und Frühgeschichte dazu befähigte, uns möglichst gut an die herrschenden Umweltbedingungen anzupassen. Also verhält sich Ihr Stoffwechsel bei Dauerstress so, als ob Sie im wörtlichen Sinne eine lange Durststrecke vor sich hätten und außerdem weniger essen könnten, als es eigentlich erforderlich wäre.

Körperliche Veränderungen in der Widerstandsphase

Was geschieht in Ihrem Körper, wenn er versucht, sich gegen chronische Stressbelastung zu verteidigen und den länger andauernden Stressfaktoren etwas entgegenzusetzen?

 Bei der Widerstandsreaktion des Allgemeinen Anpassungssyndroms verbleiben das Gehirn und das für Erregung beziehungsweise Entspannung verantwortliche vegetative Nervensystem in dauernder Alarmbereitschaft. Der Körper verharrt bei der Notfallreaktion, allerdings kann er sich nicht mehr davon erholen.

Die Nebenniere schüttet langsam das Stresshormon Cortisol (biochemisch ähnlich dem Cortison) in den Blutkreislauf aus. Cortisol lässt den Blutzuckerspiegel ansteigen und beschleunigt den Eiweiß- und Fettabbau. Es ist sozusagen der Gegenspieler des Insulins, das für den Abbau des Blutzuckers sorgt. Außerdem schwächt Cortisol mittelfristig die körpereigene Immunabwehr, was die Bedrohung durch Infektionen und Entzündungsreaktionen erhöht. Auch die Tumorabwehrmechanismen funktionieren weniger gut als zuvor, langfristig kann sich die Krebsgefahr verstärken. Der Blutdruck steigt mit der Zeit oft an, zum Teil bis auf gesundheitsgefährdende Werte.

Zunächst erhöht sich der Spiegel des Erregungshormons Noradrenalin, anschließend sinkt die Ausschüttung des ebenfalls aktivierenden Hormons Adrenalin. Im weiteren Verlauf der Widerstandsreaktion geht neben dem Noradrenalin auch der Dopaminspiegel zurück. Dopamin ist ein Nervenüberträgerstoff (Neurotransmitter), der bei Belohnungen und positiven Selbstverstärkungen ausgeschüttet wird, sein Mangel verringert Glücks- und Zufriedenheitsempfindungen.

Ein anderer Neurotransmitter, das Serotonin, wird vermehrt verbraucht, seine Produktionsmenge sinkt. Da Forscher beobachtet haben, dass auch bei Depressiven dauerhaft zu wenig Serotonin hergestellt wird, gilt der gleiche Umstand bei chronisch Gestressten als körperlicher Hintergrund dafür, dass sie sich mit der Zeit oft müde und antriebslos fühlen.

 Neurotransmitter sind körpereigene biochemische Stoffe, die die Information von einer Nervenzelle zur anderen über die Kontaktstelle der Nervenzellen, die Synapse, transportieren.

Allgemein kann man sagen, dass bei Dauerstress die fein aufeinander abgestimmte Konzentration von Hormonen und anderen physiologischen Überträgerstoffen (Neurotransmittern) mittelfristig aus dem Gleichgewicht gerät. Entsprechend lange dauert es auch, bis sich der Körper von der Widerstandsreaktion auf sinnvollere Stressbewältigungsformen umstellen kann.

Lebenswichtige Nährstoffe, zum Beispiel Natrium, werden zurückgehalten, da Ihr Körper ja davon ausgeht, dass er lange Zeit unzureichend versorgt werden wird, und deshalb die Reserven sichert.

Der Stoffwechsel verändert sich auch in anderen Bereichen: Er schüttet energiereiche Fette und Gerinnungsfaktoren aus, langsam und kontinuierlich, da er sich eben für langfristige Phasen mit unzureichender Ernährung wappnet (und außerdem, was die Gerinnungsfaktoren betrifft, körperliche Verletzungen in dieser problematischen Zeit so schnell wie möglich verheilen lassen möchte). Auf der anderen Seite verstärkt sich hierdurch die Gefahr von Thrombosenbildung (Pfropfen im Blutkreislauf) und eines Herzinfarkts. Oft kommt es zu Kaliummangel, der Cholesterinspiegel erhöht sich. Sexualhormone werden unterdrückt, denn wer sich angeblich längere Zeit nur unzureichend ernähren kann, sollte seine Energiereserven nicht durch sexuelle Aktivitäten »vergeuden«. Nicht selten kommt es auch zu einer längerfristigen Überproduktion von Magensäure.

 Dauerstressbetroffene empfinden häufig eine chronische Überwachheit, die zu massiven Entspannungsproblemen, Konzentrations- und Schlafstörungen beitragen kann.

Widerstandsstadium: Veränderungen im Gehirn

Im Rahmen der Widerstandsphase verändert sich auch etwas Wesentliches im Gehirn: Die vermehrte Ausschüttung des Erregungshormons Noradrenalin bei Akutstress, den Sie nach der Alarmreaktion irgendwann kontrollieren können, hat Ihr Gehirn zunächst dabei unterstützt, neue Nervenbahnen zu bilden und alte Nervenverschaltungen zu stabilisieren, die Ihnen dabei helfen, angemessene Stressbewältigungsstrategien zu finden.

Anders im Widerstandsstadium nach langfristigem chronischem Stress: Hier führt die dauerhafte Erhöhung des Cortisolspiegels dazu, dass bereits gebildete Nervenbahnen im Gehirn destabilisiert werden. Das bedeutet, dass Sie nicht nur weniger gut dazu in der Lage sind, mit neuen Herausforderungen zurechtzukommen, sondern sogar, dass Sie in einigen Fällen nicht mehr auf Bewältigungsstrategien zurückgreifen können, die Ihnen in der Vergangenheit gute Dienste geleistet haben.

Dauerstress: Das Erschöpfungsstadium

Von der Intensität und der Dauer, mit der sich negative Stressfaktoren auf Körper und Seele auswirken, hängt es ab, welche Stadien des Allgemeinen Anpassungssyndroms auftreten und wie belastend sie Ihnen erscheinen.

Nach Hans Selye hält der Körper die eben beschriebene Widerstandsreaktion nur eine Zeit lang durch. Ähnlich wie Menschen nicht viele Wochen lang auf Nahrung und Salze verzichten können, was ja die evolutionsbiologische Basis der langfristigen Stressbekämpfungsreaktion darstellt, lassen sich chronische Belastungen, die mit wiederholten Erfahrungen mangelnder Kontrolle einhergehen, nicht unbegrenzt durchhalten.

Auf die Widerstandsreaktion folgt dann das Erschöpfungsstadium. Die wiederholten Versuche, sich an die Dauerstressoren anzupassen, versagen, im Extremfall bricht die hormonelle Steuerung zusammen, und die Nebennierenrinde, die viele Hormone herstellt, funktioniert kaum noch. Neben Ängsten und depressiven Symptomen macht sich das Erschöpfungsstadium häufig durch Krankheiten bemerkbar. Stressbedingte Erkrankungen können allerdings auch schon in anderen Phasen des Allgemeinen Anpassungssyndroms auftreten, vor allem im Rahmen des Widerstandsstadiums.

Erhöhte Krankheitsanfälligkeit

Die Krankheiten, die weiter hinten in diesem Kapitel aufgeführt sind, gelten nicht immer als Folge chronischen Stresses. In manchen Fällen können sie rein körperliche Ursachen haben, in anderen stehen individuelle seelische Schwierigkeiten im Hintergrund.

 Viele Menschen, die befürchten, aus dem Dauerstress nicht mehr herauszufinden, leiden unter einer (oder mehreren) Erkrankungen aus der unten stehenden Liste psychosomatischer Krankheiten.

Es scheint, als ob Ihnen Ihr Körper nachdrücklich mitteilen wollte, dass Sie endlich etwas unternehmen sollten, um Stress zu reduzieren und anders mit chronischen Belastungen umzugehen als bisher.

»Psychosomatisch« bedeutet übrigens nicht, dass Sie in irgendeiner Weise »schuld« sind an Ihren körperlichen Symptomen. Sie haben sich die Krankheit nicht ausgesucht, vielmehr versucht Ihnen Ihr Körper durch die Symptomatik mitzuteilen, dass Sie sich lange Zeit überanstrengt haben und jetzt etwas für sich selbst tun sollten.

Körperliche Krankheiten, die unter anderem von Dauerstress ausgelöst werden, sind:

✔ Erhöhte Anfälligkeit für grippale Infekte

✔ Haut- und Schleimhautentzündungen, unreine Haut

✔ Häufiges Schwitzen ohne körperliche Anstrengungen

✔ Zähneknirschen, meist nachts

✔ Wiederholtes Augenaufreißen und andere nervöse Tics (ohne neurologische Ursache)

✔ Schwindelgefühle, häufiges Zittern der Extremitäten oder Gänsehautempfindung (ohne krankhaften neurologischen Befund)

✔ Hörsturz und Tinnitus (störendes dauerhaftes Ohrensausen)

✔ Spannungskopfschmerzen und Migräne

✔ Wiederholtes »unkontrolliertes Schlucken«, Räuspern oder Würgen, häufige Mundtrockenheit

✔ Atemschwierigkeiten (nicht durch eine körperliche Krankheit bedingt), lautes und krampfhaftes Atmen

✔ Starkes Herzklopfen ohne körperliche Anstrengungen

✔ Erhöhter Magensäureausstoß, Bauchschmerzen, Magengeschwür (beim Magengeschwür kann auch eine Virusinfektion im Hintergrund stehen)

✔ Reizdarmsyndrom, häufiger Durchfall oder Verstopfung (ohne körperliche Ursache)

✔ Daueranspannung (körperlich und seelisch), unter anderem im Nackenbereich; Dauernervosität

✔ Häufige Rückenschmerzen (ohne eindeutigen körperlichen Befund) und andere chronische Schmerzsyndrome

✔ Asthma

✔ Einige Herz- und Kreislaufbeschwerden (die im Extremfall bis zum Herzinfarkt gehen können)

✔ Erhöhter Blutdruck ohne klare neurologische Ursache (»essenzielle Hypertonie«)

✔ Manche Diabeteserkrankungen (vom Typ II, Beginn meist im Erwachsenenalter)

✔ Einige Formen von Osteoporose (erhöhte Knochenbrüchigkeit)

✔ Manche Anfälligkeiten für Allergien

✔ Einige Fälle von krankhaftem Übergewicht (Adipositas)

✔ Häufige Ein- und Durchschlafstörungen, eventuell mit Morgentief und/oder wiederholten Albträumen (diese Symptome treten auch bei Depressionen auf, die nicht in erster Linie stressbedingt sind)

»Arbeitgeber-« und »arbeitnehmerfreundliche« Krankheitsverläufe

Vor allem wenn solche psychosomatischen, also seelisch mitbedingten Erkrankungen bereits im Widerstandsstadium des Anpassungssyndroms auftreten, in einer Phase, in der der Organismus dem Dauerstress noch entgegentreten kann, indem er alle verfügbaren Energiereserven mobilisiert, beobachtet man häufig etwas, das der Volksmund gelegentlich »arbeitgeberfreundliche Krankheit« nennt.

Gemeint ist damit, dass Sie, wenn Sie diesem Modell folgen, den chronischen Stress im Beruf so lange durchhalten, bis das Wochenende (oder ein Urlaub) naht. In dieser Zeit gelingt es Ihrem Körper gerade noch, gesund zu bleiben und die anstehenden Herausforderungen zu bewältigen.

Anders an den arbeitsfreien Tagen, an denen Sie dann plötzlich eine Erkältung erwischt, an denen Sie Bauchweh oder starke Kopfschmerzen bekommen, je nachdem, an welcher »Sollbruchstelle« Ihr Körper für gewöhnlich deutlich macht, dass Sie sich längerfristig überlastet haben. Da dieses Erkrankungsmuster sich auf die eigentlich hochwillkommenen beruflichen Pausen beschränkt und Sie normalerweise am Montag wieder einigermaßen fit sind, zahlen Sie selbst den Preis für diese Erkrankungsvariante: Am Wochenende und im Urlaub können Sie sich nicht so weit erholen, wie es Ihnen guttäte, doch Ihre Arbeit bleibt davon weitgehend unbeeinträchtigt, da Sie sich am Montagmorgen zusammenreißen und die Widerstandsreaktion dafür sorgt, dass Sie bis Freitagnachmittag nicht erneut krank werden. Dass solche psychosomatischen Störungsvarianten Ihrem Chef besser gefallen als Ihnen selbst, liegt auf der Hand – deshalb gelten sie als »arbeitgeberfreundlich«.

 Wenn die Widerstandsreaktion an ihre Grenzen stößt oder Sie bereits an der Erschöpfungsphase, also am dritten Stadium des Allgemeinen Anpassungssyndroms leiden, kommt es nicht selten zu einem Verlauf, der ironisch »arbeitnehmerfreundliche Krankheit« genannt wird, auch wenn Sie sich Ihr Reaktionsmuster selbstverständlich nicht aussuchen.

Bei dieser Variante treten Erkrankungen, wie ich sie weiter vorn in diesem Kapitel dargestellt habe, häufig an den Werktagen auf, wenn vor allem Ihre beruflichen Anforderungen zu Gefühlen von Dauerstress beitragen. In diesem Fall geht es Ihnen am Wochenende und im Urlaub oft etwas besser, die Regenerationsphasen reichen jedoch nicht aus, um Ihnen genügend Kraft zu geben, die Arbeitswoche ohne gesundheitliche Probleme durchzustehen.

 Welchem Muster nun Ihre Erkrankungsverläufe auch folgen: Fast immer gilt, dass die Rückbildung der Krankheitsanfälligkeit nach einer Verringerung chronischer Stressfaktoren einige Monate und manchmal sogar jahrelang dauert, denn Ihr Körper hat sich langfristig auf seinen spezifischen Umgang mit Stressoren eingestellt. Eine Umstellung zum Positiven braucht ihre Zeit, selbst wenn es Ihnen seelisch bereits deutlich besser geht.

Die scherzhafte Bezeichnung »arbeitnehmerfreundliche Krankheit« ignoriert hier den Umstand, dass es Ihnen und Ihrer beruflichen Stellung natürlich nicht wirklich guttut, eine Krankschreibung nach der anderen einreichen zu müssen.

Chronischer Stress und das Gefühlsleben

Warum gehen Stressreaktionen so häufig mit starken Emotionen einher, sowohl bei positiv empfundenen Stressfaktoren (etwa Ihrer Hochzeit) als auch bei negativen (wie Lärm am Arbeitsplatz), bei Akutstress ebenso wie bei chronischer Stressbelastung?

Einen Teil der Antwort auf diese Frage gibt die Funktionsweise des menschlichen Gehirns und dessen Umgang mit Stressoren: Bestimmte Wahrnehmungen können nicht mit den verfügbaren Gedächtnisinhalten in Übereinstimmung gebracht und durch angemessene Reaktionen beantwortet werden.

Das gilt grundsätzlich für positiven und für negativen Stress. Falls Sie zum Beispiel gerade Ihre erste Liebe erleben oder zum ersten Mal heiraten, wissen Sie wahrscheinlich noch nicht, wie Sie mit den deutlich veränderten Lebensverhältnissen umgehen sollen, denn Sie haben in diesem Bereich noch keine Routinen entwickelt. Das kann genauso stressig sein wie ständiger Lärm an Ihrem Arbeitsplatz, mit dem Sie sich innerlich immer wieder auseinandersetzen müssen, ohne daran etwas ändern zu können. Ihre Konzentrationsleistung sinkt, und vor allem aus negativ empfundenem Akutstress wird irgendwann eine dauerhafte Belastung.

Was bei Stress im Gehirn passiert

Was geschieht im Gehirn, wenn Sie unter Stress geraten? Zunächst führt der Umstand, dass Sie in einer bestimmten Situation über keine adäquaten Reaktionsmuster verfügen, dazu, dass der sogenannte assoziative Cortex aktiviert wird. Das ist eine Region der Großhirnrinde, die für den Abgleich neuer Erfahrungen mit bereits gespeicherten Gedächtnisinhalten verantwortlich ist.

Diese unspezifische Erregung geht auf das limbische System über, ein evolutionsgeschichtlich alter Teil des Gehirns, der unterhalb der Großhirnrinde liegt. Ein wichtiger Bestandteil des limbischen Systems ist der Mandelkern (Amygdala), dessen Hauptaufgabe darin besteht, sämtliche neu eintreffenden Sinnesinformationen und Erinnerungen emotional zu bewerten und sie gleichzeitig mit diesen Gefühlen zu verknüpfen.

 Falls sich ein subjektiv angemessener Lösungsweg anbietet, setzt der Mandelkern über einige andere Schaltstellen im Gehirn kurzfristig wirkende Stresshormone frei, die vor allem dazu dienen, die Aufmerksamkeit auf das akute Problem zu fokussieren, um es schließlich erfolgreich zu bewältigen. Hier lernen Sie durch Erfahrung und trainieren gleichzeitig für den Umgang mit ähnlichen Stresssituationen.

Wenn Ihnen jedoch kein angemessener Lösungsansatz zur Verfügung steht, wiederholt sich das Erregungsmuster immer wieder, wobei es sich aufschaukelt und verstärkt. Über den Hypothalamus, einen Teil des ebenfalls stammesgeschichtlich alten Zwischenhirns, wird die Hypophyse (Hirnanhangdrüse) angeregt, *längerfristig* Stresshormone auszuschütten, ohne diese Ausschüttung durch ein körperliches Stoppsignal zu beenden. Das erschwert eine einigermaßen gelassene Reaktion auf solche chronischen Stressfaktoren und trägt nicht selten zu Ängsten und depressiven Symptomen bei, wodurch Ihre Kompetenzen im Umgang mit emotionalen Belastungen weiter geschwächt werden. Auf diese Weise mündet Dauerstress auf der Ebene des Gehirns mitunter in ein Burn-out-Syndrom.

Emotional bedeutende Ereignisse und die Erinnerung

Bei der weiteren Klärung der Frage, warum Ereignisse, die mit starken positiven oder negativen Gefühlen einhergehen, sich häufig geradezu ins Gedächtnis einbrennen, hilft ein Blick auf die Evolution des Menschen, den ich mit einem Gedankenspiel über die Steinzeit veranschaulichen möchte.

Ein Blick in die Steinzeit

Schon in der menschlichen Vor- und Frühgeschichte war es für das Überleben enorm wichtig, aus den unzähligen Reizen, die ständig von den Sinnesorganen aufgenommen werden, diejenigen auszuwählen, die mit starken Gefühlen verbunden waren. (Das trifft auch auf Tiere mit einem zentralen Nervensystem und der Fähigkeit, aus Erfahrungen zu lernen, zu.)

Gelang es zum Beispiel einer Steinzeitfrau eines Tages, ein besonders schönes Amulett herzustellen, war es sinnvoll, sich diese Erfahrung nachhaltig einzuprägen, verknüpft mit positiven Emotionen wie Freude oder Glücklichsein. Vielleicht wurde durch diese spezielle Fähigkeit ein Mann auf sie aufmerksam, mit dem sie später Nachwuchs bekam.

Oder die Steinzeitfrau war irgendwann berühmt für ihr künstlerisches Talent und fertigte für den Clan ein Amulett nach dem anderen an, was sie möglicherweise von der Nahrungszubereitung freistellte, falls andere Stammesangehörige diese Aufgabe für sie übernahmen. Der Sinn dieser emotionsgestützten Erinnerung liegt auf der Hand: Zufriedenheit mit sich selbst und Bestätigung durch andere ist ein wichtiger Faktor im Zusammenleben. Zudem erhöhte eine Fähigkeit, die nicht jeder beherrschte, die Chance, einen begehrten Lebensgefährten zu finden und sich fortzupflanzen – eine entscheidende Triebfeder der Evolution.

In den folgenden Jahren konnte die Künstlerin auf die Erfahrungen mit ihrem ersten Amulett zurückgreifen, wenn sie weitere Schmuckstücke herstellte. Das wiederum trug dazu bei, dass sie sich die Herstellung des vierten, zwanzigsten oder fünfundsiebzigsten Amuletts nicht unbedingt einprägen musste, außer es geschah dabei etwas Ungewöhnliches.

Aber auch negativ besetzte Ereignisse hinterließen ihre Spuren im Gedächtnis der Betroffenen. Wenn ein Steinzeitmann im frühen Erwachsenenalter einen Zweikampf mit dem Häuptling verlor oder wenn er bei der Jagd versagte, war es durchaus sinnvoll, das unangenehme Erlebnis in Erinnerung zu behalten und sich die Faktoren einzuprägen, die – subjektiv – zu der Niederlage geführt haben. Denn dieser Mann wollte in Zukunft nicht mehr an sich selbst oder an den gegebenen Umständen scheitern und er hatte vor, den gleichen Fehler nicht noch einmal zu machen.

Falls ihm dies gelang, hatte sich die Erinnerung trotz der negativen Gefühle, die damit einhergingen, gelohnt. Problematisch wurde die Erinnerung an belastende Ereignisse nur, wenn Hilflosigkeit, unterdrückte Wut, Angst oder Traurigkeit längere Lebensabschnitte dominierten, vor allem bei einer nachhaltigen Minderung des Selbstwertgefühls. In diesem Fall entstand chronischer Stress, es kam zu einem Gefühl von Kontrollverlust und der Betroffene sah keinen gangbaren Weg, aus seinen Fehlern zu lernen.

Wann gefühlsbetonte Erinnerungen zum Problem werden

Grundsätzlich ist es durchaus sinnvoll, vor allem die Ereignisse im Gedächtnis zu behalten, die starke Emotionen auslösen, in der Steinzeit wie in der Moderne. Andernfalls würden Sie ständig durch belanglose Erinnerungen überlastet: Die Vögel heute Morgen zwitscherten diese oder jene Melodie, auf dem Weg zur Arbeit hatte das Auto, das vor Ihnen fuhr, die Zahl 378 auf dem Nummernschild, beim Abendessen kratzten Sie sich kurz am rechten Arm …

Gefühle unterstützen Sie also dabei, subjektiv bedeutsame Informationen herauszufiltern, zu bewerten und im Langzeitgedächtnis abzuspeichern. Zu Schwierigkeiten kommt es normalerweise nur, wenn die Gedanken und Empfindungen, die wichtige Erinnerungen begleiten, immer wieder suggerieren, dass es keinen Ausweg gibt, dass Sie dauerhaft die Kontrolle über wichtige Bereiche Ihres Lebens verloren haben oder dass die Angst Ihre Handlungsmöglichkeiten ebenso einschränkt wie Ihre Zufriedenheit mit sich selbst. So ähnlich wie bei dem Steinzeitmann, der sich nach einer Niederlage nicht mehr traut, zu kämpfen, oder sich nicht dazu in der Lage sieht, den mangelnden Jagderfolg durch andere Fähigkeiten (wie Schmuckproduktion oder das Erzählen spannender Anekdoten) auszugleichen.

Negative Erfahrungen, positive Erlebnisse und das Gedächtnis

Viele wissenschaftliche Untersuchungen belegen, dass wir dazu neigen, Negativerfahrungen intensiver in Erinnerung zu behalten als positive Erlebnisse. Ein finanzieller Verlust etwa betrübt uns oft mehr, als uns ein Gewinn in gleicher Höhe (oder von gleicher Qualität) erfreut. Offenbar hält es die evolutionäre Grundausstattung des Menschen für wichtiger, aus Fehlern zu lernen, als sich an den eigenen Erfolgen zu berauschen oder sich auf ihnen »auszuruhen«.

Dem steht die Tendenz entgegen, traumatische Ereignisse zu verdrängen, sie zu verleugnen oder andere für das eigene Versagen verantwortlich zu machen. Doch es gibt auch gesündere Wege, durch die Sie Fehler und Probleme anerkennen können, ohne sich selbst anzuklagen. Solche Möglichkeiten werden in Teil II und Teil IV dieses Buches dargestellt.

 Selbstverständlich können Sie die Tatsache, dass das menschliche Gehirn Gedächtnisinhalte mit Emotionen verbindet, nicht ändern. Sie gehört zu unseren Existenzbedingungen und bringt meistens deutlich mehr Vorteile als Nachteile mit sich.

Doch die Art und Weise, wie Sie mit Ihren Erinnerungen umgehen, lässt sich ändern, und das gilt auch, mittel- bis langfristig, für den Umgang mit Ihren Gefühlen. Oft nicht auf direktem Wege, sondern vermittelt durch veränderte Gedanken und eine Wiedergewinnung von Handlungsspielräumen.

Angst durch Aushalten überwinden

Neben depressiven Symptomen gehen mit chronischem Stress häufig Ängste einher, selbst wenn sie nicht zu einer mehr oder weniger umfassenden Phobie führen. Interessanterweise beschäftigen sich die allermeisten Ängste, unter denen Menschen leiden, auch wenn sie eine therapiebedürftige phobische Störung entwickeln, mit einem vermuteten Verlust von Kontrolle über das eigene Leben.

Das gilt unter anderem für soziale Angst (»Ich werde bei diesem Auftritt versagen, die anderen werden mich verspotten«) und für die Angst vor großen Plätzen oder kleinen Räumen (»Wenn ich jetzt ohnmächtig werde, hilft mir bestimmt niemand«), aber auch für die häufigen Spinnen-, Spritzen-, Höhen- oder Flugphobien, die manche Menschen befürchten lassen, dass sie gleich angegriffen werden oder sterben.

Die Erfahrung von Kontrollverlust ist ja auch ein wesentliches Merkmal chronischer Stressbelastung, die Wiedergewinnung von Kontrolle über das eigene Leben gilt als entscheidender Faktor dafür, aus einer Burn-out-Krise irgendwann herauszukommen.

 Wenn Sie es schaffen, Ihre Angst auszuhalten, ohne aus den problematischen Situationen zu fliehen, wenn Sie sich, Ihre Bedürfnisse und Begrenzungen ernst nehmen und dafür eintreten, soweit es Ihnen möglich ist, schaffen Sie damit eine gute Grundlage, die Kontrolle über Ihr Leben zurückzugewinnen. Oder wie es der Volksmund ausdrückt: »Wer sich nicht in Gefahr begibt, kommt darin um.«

Das erfolgreiche Durchhalten von Ängsten wirkt sich übrigens auch auf die physiologische Ebene aus: Mit der Zeit hemmt eine bestimmte Struktur im limbischen System des Gehirns, der sogenannte Hippocampus (»Seepferdchen«, da seine Form an diese seltsamen Tiere erinnert), die übermäßigen Angstimpulse, die vom Mandelkern (Amygdala) ausgehen, sodass sich Gefühlshaushalt und Hormone langsam wieder normalisieren können.

Stressverstärkende Gedanken

Ebenso wie Sie sich durch aufbauende Überlegungen »entstressen« können (»Ich werde diese Herausforderung schon bewältigen«, »Nach der Arbeit tue ich etwas für mich«, »Im Moment geht es mir nicht so gut, also werde ich mir heute mehr Zeit für meine Aufgaben nehmen«), tragen destruktive Gedanken eine Menge dazu bei, Dauerstress zu empfinden und sich den aktuellen Anforderungen gegenüber hilflos zu fühlen.

Ängstigende Überlegungen

Viele problemverstärkende Gedanken hängen mit Ängsten zusammen, oft verbunden mit überhöhten Ansprüchen an die eigene Person. Meistens werden die gleichen, individuell unterschiedlichen Sätze innerlich wiederholt. Die hierdurch entstehende Neigung zur Grübelei lenkt Sie dann zusätzlich von den Aufgaben ab, die Sie gerne bewältigen würden, und kostet eine Menge Kraft.

Die folgende Liste ist unvollständig, sie beinhaltet jedoch eine Auswahl typischer Stressgedanken, hier vor allem aus der Arbeitswelt.

Überlegungen, mit denen Sie Angst verstärken und verlängern können:

✔ »Das schaffe ich auf keinen Fall.« (oder nicht rechtzeitig)

✔ »Wenn ich diese Aufgabe nicht hinbekomme, bin ich bei den Kollegen (oder dem Chef) unten durch.«

✔ »Wenn das mit der Belastung so weitergeht, muss ich mich krankschreiben lassen.«

✔ »Wenn ich nicht in allem perfekt bin, versage ich.»

✔ »Ich darf mir nicht von anderen Leuten helfen lassen, ich muss es selbst schaffen, sonst gebe ich mir eine Blöße.«

Gedanken, die Depressionen fördern

Andere destruktive Überlegungen sind mit der depressiven Tendenz verbunden, sich selbst unfreundlich zu behandeln. Auch hier sind es meistens die immergleichen Gedanken, die Sie beschäftigen.

 Falls sich aus der chronischen Überlastung eine »richtige« Depression entwickelt hat, gehört das selbstquälerische Grübeln zwingend zum Störungsbild.

Solche Probleme sind besonders belastend; die Lebensfreude geht ebenso zurück wie das Vertrauen in die eigenen Fähigkeiten. Gedächtnisschwierigkeiten und Schlafstörungen, die sich ebenfalls oft beobachten lassen, sind meist eine direkte Folge der dauernden Ablenkungen durch die Grübeleien und der Neigung, sich selbst härter zu kritisieren, als es andere Menschen jemals gegenüber dem Betroffenen tun würden.

Im Gegensatz zu den in erster Linie angstbezogenen Gedanken aus der obigen Liste befürchtet jemand, bei dem die Dauerüberlastung zu depressiven Symptomen beigetragen hat, gar nicht mehr, bald die Kontrolle über sein Leben zu verlieren.

Stattdessen dominiert der Eindruck, dass er die Kontrolle schon seit Langem verloren *hat*. Außerdem geht der Depressive normalerweise davon aus, dass sich an diesem Zustand nie wieder etwas ändern wird und dass er auch nicht das Recht hat, selbst über sein Leben zu bestimmen oder glücklich zu sein. Schließlich ist er ja, wie er meint, ein ganz fürchterlicher Mensch, und hat es deshalb verdient, fortwährend zu leiden.

Auch die folgende Liste mit depressionsfördernden Gedanken ist nicht vollständig, die Überlegungen sind jedoch typisch für die Problematik.

Gedanken, mit denen Sie depressive Gefühle verstärken können:

✔ »Ich konnte diese Aufgabe nicht bewältigen, also habe ich kein Recht auf eine Pause.«

✔ »Meine Bedürfnisse und Grenzen spielen keine Rolle, ich muss erfüllen, was andere Menschen von mir verlangen.«

✔ »Ich habe einen (oder mehrere) Fehler gemacht, also bestrafe ich mich damit, dass ich mir heute nichts Gutes tue.«

✔ »Mein Chef (oder ein Kollege) hat mich heute kritisiert. Er hat ja so recht, ich bin wirklich zu nichts zu gebrauchen.« (oder zu blöd oder zu langsam für diese Arbeit)

✔ »Ich habe kein Recht, etwas von anderen Menschen zu verlangen, nur von mir selbst.«

✔ »Allen geht es gut (oder: Alle schaffen das), nur ich habe (damit) Probleme.«

Depressiver Umgang mit Erfolgen und Misserfolgen

Besonders destruktiv erscheint die Tendenz von Depressiven, ob sie nun durch chronische Überlastung oder durch andere Faktoren krank geworden sind, persönliche Misserfolge wie Erfolge in Gedanken wie durch eine dunkle Brille zu betrachten, die jeden möglichen Silberstreif am Horizont verblassen lässt.

Menschen mit einer Neigung zu einer depressiven Weltsicht bewerten ihre Misserfolge häufig

✔ internal (also durch die eigene Person bedingt): »Ich bin daran schuld.«

✔ stabil: »Ich werde immer wieder an solchen Aufgaben scheitern.«

✔ global: »Ich habe in jeder Hinsicht und bei allen Aspekten versagt.«

Dieses gedankliche Muster trägt immer wieder dazu bei, die schlechte Grundstimmung aufrechtzuerhalten und sie weiter zu vertiefen.

Ihre Erfolge bewerten depressiv Gestimmte meist

✔ external (also durch die Umstände oder die Mitmenschen bedingt): »Ich habe es nur geschafft, weil mich andere Leute unterstützt haben.« (bei beruflichen Aufgaben, Prüfungen und so weiter)

✔ instabil: »Es war reiner Zufall (oder Glück), dass ich das hinbekommen habe.«

✔ spezifisch: »Diesen kleinen Bereich beherrsche ich vielleicht, alles andere nicht.«

Gesündere Überlegungen zu eigenen Erfolgen und Misserfolgen

Auch wenn dies natürlich deutlich leichter gesagt ist als getan, liegt es auf der Hand, dass die umgekehrte Vorgehensweise viel gesünder ist (wiewohl möglicherweise ebenso unrealistisch): Es geht Ihnen besser, wenn Sie Misserfolge auf die Umstände oder auf andere Menschen zurückführen und wenn Sie davon ausgehen, dass Sie bloß einen schlechten Tag hatten beziehungsweise nur in einem kleinen Bereich gescheitert sind.

Und es tut Ihnen gut, wenn Sie sich einen Erfolg mit der eigenen Leistung erklären, wenn Sie vermuten, dass Sie in vergleichbaren Bereichen ebenso gut abschneiden werden und das ganze Aufgabengebiet beherrschen – nicht nur einen speziellen Teil davon.

Einige Ideen, wie Sie destruktive Grübeleien reduzieren und durch konstruktivere Überlegungen ersetzen können, finden Sie in Kapitel 13.

Dauerstress und Persönlichkeitsmerkmale

3

In diesem Kapitel

▶ Stress abschwächende Persönlichkeitseigenschaften

▶ Stress verstärkende Charaktermerkmale

▶ Geschlechtsunterschiede im Umgang mit chronischem Stress

▶ Was gestressten Menschen hilft, nicht abzustürzen

▶ Ein Fragebogen zur Selbsteinschätzung

Nun werden Sie einige Eigenschaften kennenlernen, die Dauerstressbelastungen abschwächen oder verstärken können. Außerdem erfahren Sie, welche Unterschiede und Gemeinsamkeiten bei Männern und Frauen im Umgang mit chronischem Stress beobachtet werden und was Ihnen helfen kann, unter dauerhaftem Stress eine Burn-out-Krise zu vermeiden.

 Neben mehreren Fallbeispielen enthält das Kapitel einen Fragebogen zur Selbsteinschätzung. Hier können Sie feststellen, ob Sie dazu neigen, Stress erfolgreich zu bewältigen, oder ob sich bei Ihnen bereits erste Burn-out-Symptome entwickelt haben.

Unterschiede im Umgang mit Belastungen

Ein nicht unerheblicher Teil dessen, was Sie beschäftigt oder belastet, hängt stärker davon ab, wie Sie Ihre Erfahrungen subjektiv interpretieren, als von den objektiven Umständen. Diese Erkenntnis hat der griechische Philosoph Epiktet vor ungefähr 2000 Jahren in einem Satz zusammengefasst: »Nicht die Dinge selbst beunruhigen die Menschen, sondern ihre Urteile und Meinungen über sie.«

Aber natürlich bestehen Wechselwirkungen zwischen beiden Bereichen: So ist es sehr wahrscheinlich, dass Sie der Tod eines nahestehenden Angehörigen stark belastet, während es eher unwahrscheinlich erscheint, dass Sie ebenso traurig und verzweifelt sind, wenn Sie erfahren, dass Sie einen sechsstelligen Betrag im Lotto gewonnen haben.

Dennoch lässt sich nicht bestreiten, dass es Männer und Frauen gibt, die im Umgang mit Dauerstress eher dünnhäutig sind, aber auch Menschen mit einem vergleichsweise dicken Fell. Woher kommen diese Unterschiede?

Vorgeburtliche Prägungen und die Reaktion auf Stress

Viele individuelle Verschiedenheiten hängen natürlich von den Umständen ab, unter denen jemand aufwächst, zum Beispiel von der Beziehung zu den Eltern, von den Geschwistern, den Bildungschancen oder den materiellen und emotionalen Lebensbedingungen. Aber auch genetische und vorgeburtliche Prägungen spielen eine wichtige Rolle, wenn geklärt werden soll, warum ein Mensch gut mit Stress umgehen kann und ein anderer deutlich schlechter.

 Einen Teil der Antwort auf diese Frage liefern wissenschaftliche Erkenntnisse darüber, wie sich das Gehirn eines ungeborenen Kindes, abhängig von der Stressanfälligkeit der Mutter, entwickelt.

Stress im Mutterleib

Ab dem zweiten Schwangerschaftsdrittel entstehen im Fötusgehirn unzählige Nervenverbindungen, unter anderem im limbischen System, das auch für die Verknüpfung von Sinneserfahrungen und Erinnerungen mit Gefühlen verantwortlich ist.

Falls die werdende Mutter in dieser Zeit unter starkem Stress leidet, wegen ihrer Schwangerschaft oder aus anderen Gründen (etwa ausgelöst durch Partnerschaftsprobleme, andere negative Lebenserfahrungen, Krankheiten oder Schwierigkeiten mit Alkohol oder Drogen), vermittelt sich diese chronische Belastung auch dem ungeborenen Kind, vor allem über die mütterlichen Stresshormone und die Nahrungsversorgung im Uterus.

Chronischer Stress wirkt sich dann auch auf die Gehirnentwicklung des Fötus aus, er »erbt« gewissermaßen eine erhöhte Bereitschaft zu destruktiven Reaktionen auf mögliche Stressoren und eine geringe Frustrationstoleranz. Mitunter setzt sich dieses Problem nach der Entbindung fort, zum Beispiel bei einer Frühgeburt oder bei anderen gesundheitlichen Komplikationen, die auch die Mutter längere Zeit betreffen.

Oft sind Kinder von stark stressbelasteten Müttern »Schreibabys«, was die Wahrscheinlichkeit verringert, dass das Kind eine sichere Bindung zu den Eltern aufbauen kann. Denn die meisten Mütter und Väter reagieren hilflos und überfordert, wenn ihr Nachwuchs sich häufig kaum oder gar nicht beruhigen lässt, wenn das Kind die halbe Nacht durchbrüllt oder jeder Fütterungsversuch zur Auseinandersetzung wird. Auch wenn sie es »eigentlich« besser wissen, interpretieren viele Eltern das Verhalten ihres Babys als unfreundlich und als gegen sich gerichtet. Urvertrauen, die vermutlich wichtigste Bindungseigenschaft für kleine Kinder, kann so kaum entstehen. Auch dieser Umstand verringert die Wahrscheinlichkeit, dass das Neugeborene später einmal gut mit Stress umgehen kann.

Sichere und unsichere Eltern-Kind-Bindungen

Statt einer sicheren Eltern-Kind-Bindung, die sich vor allem durch Geborgenheit und angemessene Unterstützung bei der Entwicklung von Selbstständigkeit auszeichnet, entsteht in solchen Fällen häufig ein ängstliches Bindungsmuster: Die betroffenen Babys reagieren extrem verunsichert, wenn sie kurz von den Eltern getrennt werden, und auch wenn die Bezugspersonen anwesend sind, spüren die Kleinen in der Nähe von Mutter und Vater zu wenig Sicherheit, sie lassen sich, wenn es ihnen schlecht geht, kaum trösten und haben Angst, die Welt Schritt für Schritt zu erforschen.

Im Hintergrund steht hier oft die Furcht der Eltern, ihrem »schwierigen« Sprössling könne etwas zustoßen oder er sei so »schwach«, dass er ständig betreut werden müsse. Überbehütung ist die Folge, die Angst der Erziehungsberechtigten überträgt sich auf den Nachwuchs. Später tendieren solche Kinder nicht selten dazu, auf Stress oder Frustrationserlebnisse mit Besorgtheit, Unsicherheit und Furcht zu reagieren. Sie verstärken den äußeren Druck, indem sie sich selbst unter Druck setzen, und vertrauen ihren Fähigkeiten nicht genug, um an eigene Erfolge zu glauben.

Anders sieht es bei Jungen und Mädchen aus, die von ihren Eltern vernachlässigt werden, die sich längerfristig unzureichend versorgt und unterstützt fühlen, zum Beispiel wegen massiven psychischen Problemen, unter denen die wichtigsten Bezugspersonen leiden. In solchen Fällen beobachten Forscher häufig ein unsicher-vermeidendes Bindungsmuster.

Man stellte fest, dass diese Kinder im Säuglingsalter scheinbar keinerlei Schwierigkeiten haben, damit klarzukommen, wenn sie von Mutter und Vater alleingelassen werden: Sie weinen oder schreien kaum, offenbar weil sie schon früh erfahren haben, dass ihre Bedürfnisse wenig zählen. Wenn die Eltern wieder im Zimmer sind, vermeiden solche Babys den Kontakt zu den Erwachsenen, so als würden sie sich sagen: »Besser keine Nähe als ständig enttäuschte Hoffnungen.« Wenn sie größer werden, haben die Kinder aus solchen Familien oft ein Problem mit Vertrauen, zu anderen Menschen und zu sich selbst, was auch die Wahrscheinlichkeit verringert, in angemessener Weise mit Stressbelastungen umgehen zu können.

 Glücklicherweise gibt es bei Jungen und Mädchen, die einem ängstlichen oder vermeidenden Bindungsmuster folgen, ebenso wie bei anderen Kindern, deren Mütter in der Schwangerschaft unter starkem Stress standen, etliche Ausnahmen von den eben beschriebenen, eher ungünstigen Entwicklungen: Schlechte Anfangsbedingungen gleichen sich nicht selten im weiteren Lebensverlauf aus.

Die Menschen sind ebenso wenig Sklaven des Fötus- und Neugeborenenalters, wie sie von ihrer ererbten Grundausstattung bestimmt werden. Bei den meisten Persönlichkeitseigenschaften gelten die Gene als etwa ebenso wichtig wie die soziale Umwelt, im späteren Leben lassen sich oft Wege aus einer vermeintlichen Sackgasse finden. Zudem können sich Gehirnstrukturen auch im hohen Alter reparieren oder weiter ausbauen, abhängig davon, wie Sie Ihr Gehirn beanspruchen und womit Sie sich beschäftigen.

Ein Fallbeispiel soll die Chancen, trotz einer schweren Kindheit als Erwachsener Stress gut zu bewältigen, veranschaulichen.

Abgrenzung gegenüber dem Partner

Marie Hauff, 24, erzählt im ersten Therapiegespräch, dass sie sich an die ersten sechs Jahre ihres Lebens praktisch nicht erinnert. Von einer ehemaligen Nachbarin hat sie irgendwann erfahren, sie sei in dieser Zeit von den drogenabhängigen Eltern stark vernachlässigt worden. Offenbar hat sie die frühen traumatischen Erlebnisse aus Selbstschutzgründen verdrängt.

Als sie sechs Jahre alt war, kam Marie in eine Pflegefamilie von ausgebildeten Sozialpädagogen. Sie machte es ihren Pflegeeltern zunächst nicht leicht, sie weinte viel, zog sich schnell zurück und fasste zu niemandem Vertrauen. Doch mit den Jahren trug die unerschütterliche Liebe der Pflegefamilie dazu bei, dass Marie ein gesundes Selbstwertgefühl aufbauen konnte.

Als junge Erwachsene ist sie beziehungsfähig und kommt mit dem Stress, den ihre Arbeit als Erzieherin mit sich bringt, gut zurecht. Ihre Bedürfnisse und Grenzen kann Marie Hauff meist berücksichtigen, und erst eine Erfahrung, die fast jedem Menschen zu schaffen macht, veranlasst sie, sich in psychotherapeutische Behandlung zu begeben:

Ein Mann, den Marie Hauff über das Internet kennengelernt und einmal getroffen hat, will nicht einsehen, dass sie sich keine Liebesbeziehung mit ihm vorstellen kann. Die Situation eskaliert, der offensichtlich schwer gestörte Verehrer belästigt die junge Frau monatelang jeden Tag mit Telefonanrufen und Suiziddrohungen.

In der Therapie gelingt es Marie Hauff schon bald, das Vertrauen zu anderen Menschen und in die eigenen Abgrenzungsfähigkeiten zurückzugewinnen. Sie lässt sich eine geheime Telefonnummer geben, nachdem sie bereits in eine andere Straße gezogen ist, und das Bedrohungsgefühl geht langsam zurück. Als die 24-Jährige schließlich erzählt, dass sie nun mit einem wirklich netten Mann zusammen ist, der sie erkennbar schätzt und respektiert, freue ich mich mit ihr.

Robustheit und Verwundbarkeit im Umgang mit Stressfaktoren

Ein wichtiges Persönlichkeitsmerkmal, dessen Grundlagen einige Monate vor und einige Jahre nach der Geburt entstehen, ist die mehr oder weniger stark ausgeprägte Fähigkeit, mit Stress und Frustration zurechtzukommen.

 Was die Patientin aus dem vorigen Beispiel im Umgang mit Stress unter zunächst widrigen Umständen aufbauen konnte, nennen viele Psychologen »Resilienz«. Das steht für Widerstandskraft, Unverwüstlichkeit, Robustheit und Flexibilität im Umgang mit Belastungen. (Wieder mal ein Begriff, den niemand auf Anhieb versteht, der aber, wenn man ihn in eine verständliche Sprache übersetzt, ganz einfache Dinge beschreibt.)

Lebenskrisen durchstehen

Hier geht es vor allem um die Fähigkeit, Lebenskrisen ohne anhaltende Beeinträchtigung der eigenen Psyche durchzustehen. Die Chancen für die Entwicklung dieses Charaktermerkmals sind deutlich höher, wenn Sie eine sichere Bindung zu den Eltern hatten, als wenn das Bindungsmuster ängstlich oder unsicher-vermeidend war. Robuste Persönlichkeiten haben häufig schon in der Kindheit erlebt, dass sich Vater und Mutter immer wieder liebevoll mit ihnen beschäftigten und dass sie ihnen zutrauten, schwierige, aber lösbare Aufgaben mit ein bisschen Unterstützung erfolgreich zu bewältigen.

Doch abgesehen davon, dass Sie sich die entsprechenden frühen Erfahrungen natürlich nicht aussuchen konnten, kann ein Grundvertrauen zur eigenen Person und zu anderen Menschen, also die Basis für eine positive Bewältigung von Stress, auch entstehen, wenn der ungünstige Lebensbeginn später durch bessere Bedingungen ausgeglichen wird, so wie im obigen Fallbeispiel.

Dazu können Sie selbst eine Menge beitragen. Forscher haben festgestellt, dass Eigenschaften wie Vitalität, hohe emotionale Intelligenz und ein eher aktiver Zugang zu Problemen die Widerstandskraft im Umgang mit chronischen Stressfaktoren erhöht.

Der Gegenbegriff zur Resilienz (oder Robustheit) ist übrigens die Vulnerabilität (oder Verwundbarkeit). Sie wird häufiger bei Menschen beobachtet, deren Bindung an die Eltern von Ängstlichkeit oder Vermeidung geprägt war, und führt dazu, dass der Betroffene schon bei Schwierigkeiten, die anderen Personen nicht so gravierend erscheinen, Krisen erlebt und mit massiveren Problemen gar nicht mehr zurechtkommt. Aber auch hier gilt, dass Sie die frühen Erfahrungen nicht ein Leben lang prägen müssen und dass Sie weder durch Ihre Gene noch durch Ihre Kindheit vorherbestimmt werden.

Andererseits gibt es Lebenssituationen, die fast jeden, der davon betroffen ist, für gewisse Zeit aus der Bahn werfen. Dazu gehört auch das, was Marie Hauff aus der obigen Geschichte erlebt hat, die objektive Gefährdung des eigenen Seelenfriedens durch einen Menschen, der ein Nein unter keinen Umständen akzeptieren will.

Frau Hauffs »Grundrobustheit« wurde deutlich, als es ihr mit etwas Hilfe bald gelang, zur früheren Selbstsicherheit zurückzukehren, nachdem sie die Bedrohung beseitigen konnte, und dass ihr Selbstwertgefühl nicht allzu lange und nicht allzu stark durch den massiven Stress beeinträchtigt war.

Andere Charaktermerkmale, die vor Dauerstress schützen

Ein weiterer wichtiger Begriff in diesem Zusammenhang ist der sogenannte Kohärenzsinn. »Kohärenz« steht für »Zusammenhang« und bedeutet hier, dass es Sie oft vor allzu destruktiven Stresserfahrungen schützt, wenn Sie davon ausgehen, dass Ihr Leben einen Sinn hat und dass Sie darin verankert und verwurzelt sind.

 Falls Sie sich erklären können, was Ihnen gerade widerfährt, falls Sie immer wieder erkennen, wie Sie am besten mit verschiedenen Lebenssituationen umgehen, und falls Sie Anforderungen zumeist als positive Herausforderungen betrachten, haben Sie langfristige Widerstandskräfte aufgebaut. Das kann Sie dabei unterstützen, aus chronischem Stress keine Burn-out-Erschöpfung entstehen zu lassen.

Manche Wissenschaftler sprechen, wenn es um Charaktereigenschaften geht, die dem Betroffenen helfen können, Dauerstress gut zu bewältigen, von »Ausdauer« und »Zähigkeit«, wofür sie das kaum bekannte englische Wort »hardiness« verwenden – höchstwahrscheinlich um zu verhindern, dass jeder versteht, was damit gemeint ist.

»Zähe« Persönlichkeiten haben die Fähigkeit entwickelt, Stresssituationen positiv umzudeuten, sie lassen sich nicht so leicht unterkriegen, handeln meistens selbstverantwortlich und kontrollieren, soweit es möglich ist, ihr Leben aktiv.

Kontrollwünsche und ihre Grenzen

Dass es Menschen guttut, wenn sie davon ausgehen, ihre Lebensumstände kontrollieren zu können, wissen wir. Doch dieses Persönlichkeitsmerkmal kann auch eine Belastung sein und Stressempfindungen erhöhen, wenn es zu einer Art Zwang wird.

 Als Forscher vor einigen Jahrzehnten untersuchten, ob es einen Zusammenhang zwischen Herz-Kreislauf-Erkrankungen, vor allem dem Herzinfarkt, und bestimmten Charaktereigenschaften gibt, stießen sie auf ein Reaktionsmuster, das sie »Typ-A-Verhalten« nannten: Die Betroffenen versuchen, ihre gesamte Umwelt unter Kontrolle zu bekommen, und gehen stets davon aus, bessere Ergebnisse in Beruf und Freizeit zu erzielen, wenn sie sich noch mehr anstrengen als bisher.

Obwohl diese Untersuchungen, was eine mögliche »Herzinfarkt-Persönlichkeit« betrifft, durchaus umstritten sind, zeigen sie doch, dass es zur Belastung werden kann, wenn jemand auf jede Herausforderung mit einem Kontrollzwang reagiert.

Auch wenn Ihnen die Überzeugung hilft, wesentliche Bereiche Ihres Lebens eher selbst zu bestimmen, als sich von ihnen bestimmen zu lassen oder ihnen ausgeliefert zu sein, lässt sich kaum bestreiten, dass Sie nicht alles kontrollieren können.

Das Wetter, eine neue Liebe oder die Entwicklung Ihrer Kinder, um nur einige Beispiele zu nennen, entziehen sich allen massiven Kontrollwünschen – oder sie scheitern sogar daran. Außerdem fehlt einem Leben im Zwang vieles von dem, was es unter anderen Umständen lebenswert macht: Spontaneität, Kreativität, Überraschung und Offenheit für neue Erfahrungen.

 Einen guten, fast idealtypischen Kompromiss zwischen sinnvollen Kontrollwünschen und realer Unkontrollierbarkeit beschreibt ein Gebet, das dem deutsch-amerikanischen Theologen Reinhold Niebuhr zugeschrieben wird und sich auch ohne religiösen Hintergrund verstehen lässt. »Gott gebe mir die Gelassenheit, Dinge hinzunehmen, die ich nicht ändern kann, den Mut, Dinge zu ändern, die ich ändern kann, und die Weisheit, das eine vom anderen zu unterscheiden.«

Stressverstärkende Persönlichkeitsfaktoren

Eine Internetseite von `sozialnetz.de` zum Burn-out-Syndrom fasst die wichtigsten Charaktermerkmale zusammen, die manche Menschen besonders stressanfällig machen. Da jedoch fast jeder eine dieser Eigenschaften bei sich selbst entdecken kann, ohne deshalb zum Burn-out zu neigen, entstehen länger anhaltende Probleme offenbar erst dann, wenn mehrere Faktoren zusammenkommen und die generelle Arbeits- und Lebenssituation zudem wenig Zufriedenheit verschafft.

Hier eine Liste von Persönlichkeitseigenschaften, die Stresserfahrungen tendenziell verstärken:

✔ Perfektionistische Erwartungen an die eigene Person, oft verbunden mit starken beruflichen Ansprüchen und hochgesteckten Zielen (Mitunter sind diese Ziele beim besten Willen nicht zu erreichen, ähnlich wie bei einem Hochspringer, der sich die Latte immer so hoch legt, dass er sie zwangsläufig reißen wird, was natürlich in jedem Fall Frustration auslöst.)

✔ Eine Tendenz, sich selbst sowohl bei Misserfolgen als auch bei Erfolgen abzuwerten und nie wirklich mit sich zufrieden zu sein

✔ Die Unfähigkeit, Kollegen oder andere Bezugspersonen gegebenenfalls um Unterstützung zu bitten oder Arbeiten zu delegieren

✔ Übermäßige Leistungs- und Erfolgsorientierung, die sich unter anderem darin äußert, dass sich der Betroffene dauerhaft zu viel aufbürdet, meist um damit das eigene Selbstwertgefühl zu verbessern (Diese Haltung gilt als Kehrseite von Helferorientierung und starkem Idealismus.)

✔ Die Neigung, ständig extrem viel Anerkennung durch andere Menschen zu brauchen, oft aus dem Grund, dass man sich selbst nicht wirklich akzeptieren kann

✔ Anhaltende Schwierigkeiten, Nein zu sagen und Grenzen zu setzen (häufig mit dem – unerfüllbaren – Anspruch verbunden, es möglichst allen Leuten recht zu machen)

✔ Der Wunsch, jedem zu helfen und sich für alles verantwortlich zu fühlen (Zunehmende Ernüchterung bis zum Eindruck, langsam auszubrennen, können die Folge sein, wenn sich dieser Anspruch nicht erfüllen lässt.)

✔ Die Einstellung, berufliche Erfolge seien das wichtigste (oder das einzige) Ziel im Leben, was oft dazu führt, dass der Betroffene seine eigenen Bedürfnisse zurückstellt oder ignoriert und auch die Warnsignale seines Körpers nach einer Überlastung nicht wahrnimmt

✔ Übermäßige berufliche Erwartungen bei hohem Einsatzwillen und einer unrealistischen idealistischen Orientierung, die vom Arbeitsalltag »aufgefressen« wird. Bittere Enttäuschung über die ausbleibende Anerkennung kann die Folge sein, Resignation und Widerwillen beschleunigen nicht selten den Weg Richtung Burn-out-Syndrom.

✔ Die Tendenz, die eigenen Fähigkeiten und Qualifikationen zu überschätzen und den starken beruflichen Anforderungen stets durch besonderen Fleiß und Ehrgeiz gerecht werden zu wollen

✔ Übersteigertes Streben nach Erfolg und Ruhm, was sich oft bei Personen feststellen lässt, die ihr geringes Selbstbewusstsein künstlich aufblähen, indem sie von anderen verlangen, dass man sie ständig maßlos bestätigt und verehrt

Optimismus, Pessimismus und Stresserleben

Eine andere Persönlichkeitseigenschaft, die beeinflusst, wie Sie Stress verarbeiten, ist die pessimistische oder optimistische Grundhaltung, mit der Sie Ihrem Leben begegnen.

 Optimisten gelingt es normalerweise besser, mit akutem oder chronischem Stress zurechtzukommen. Selbst wenn sie einen Misserfolg erleben, lassen sich solche Menschen im Allgemeinen nicht entmutigen, weil sie davon ausgehen, dass es beim nächsten Mal (oder unter erfolgversprechenderen Umständen) klappen sollte.

Pessimisten werden hingegen seltener enttäuscht, weil sie, zumindest bei einer stark pessimistischen Orientierung, ohnehin vermuten, dass sie an den Herausforderungen ihres Lebens scheitern – oder dass ihnen bei jeder Gelegenheit Knüppel zwischen die Beine geworfen werden, ohne dass sie etwas Wirksames dagegen unternehmen können.

 Auf den häufig gehörten Vorwurf, seine optimistische Grundhaltung sei zutiefst unrealistisch, hat der verstorbene Schauspieler Peter Ustinov gern mit einem Bonmot geantwortet: Der Optimist wisse, dass diese Welt manchmal ein entsetzlicher Ort sein könne, der Pessimist stelle es jeden Morgen aufs Neue fest.

Sich selbst und die eigenen Möglichkeiten eher optimistisch einzuschätzen ist also ein gutes Mittel zur Stressbewältigung, solange man dabei die Wirklichkeit nicht gänzlich aus den Augen verliert und deshalb ständig enttäuscht ist, wenn die hohen Erwartungen an den rauen Klippen der Realität zerschellen.

»Verdränger« und »Sensibilisierer«

Im Umgang mit persönlichen Problemen – und damit auch im Umgang mit Stress – werden außerdem zwei entgegengesetzte Tendenzen beobachtet. Manche Menschen gelten als »Verdränger«. Sie neigen dazu, Schwierigkeiten so lange auszublenden, bis sie sich beim besten Willen nicht mehr ignorieren lassen. Das hat den Vorteil, dass die Betreffenden selten aus der Ruhe gebracht werden, und den Nachteil, dass sie eigene Probleme oft erst erkennen, wenn eine konstruktive Lösung bereits außer Sicht zu sein scheint.

Der entgegengesetzte Charaktertyp wird »Sensibilisierer« genannt. Sensibilisierer nehmen ihre Probleme intensiv wahr und tendieren daher weniger zum Selbstbetrug als Verdränger. Normalerweise werden diese Menschen seltener von Schwierigkeiten überrascht, andererseits gelingt es ihnen oft schlecht, auch einmal »fünf gerade sein zu lassen« und sich trotz aller möglichen Stressfaktoren immer wieder selbst etwas Gutes zu tun.

 Ein Mittelweg wäre sinnvoll, bei dem Sie Ihre Probleme erkennen, ohne dass Sie von ihnen dauerhaft aus der Bahn geworfen werden und Ihre Stimmung langfristig im Keller bleibt. Selbstverständlich können Sie sich nicht um 180 Grad drehen, bei solchen und bei anderen Charaktereigenschaften, doch häufig gibt es mehr

Veränderungsmöglichkeiten zum Positiven, als Sie vielleicht auf den ersten Blick vermuten.

Männer und Frauen im Dauerstress

Einige Untersuchungen haben sich mit der Frage befasst, ob es Geschlechtsunterschiede im Umgang mit chronischen Belastungen gibt, die in manchen Fällen in ein Burn-out-Syndrom münden.

Die wichtigsten Faktoren, die dazu führen können, dass sich jemand mit der Zeit erschöpft und ausgebrannt fühlt, sind bei Männern und Frauen gleich:

✔ Übermäßige Herausforderungen in Beruf und Privatleben

✔ Soziale und kommunikative Überlastung

✔ Starker Erfolgsdruck

✔ Langfristig zu viel Arbeit

✔ Stress wegen dauerhaften Schwierigkeiten, die eigenen Bedürfnisse zu befriedigen und konsequent Grenzen zu setzen

✔ Unzufriedenheit mit den beruflichen Möglichkeiten und Anforderungen

✔ Mangel an sozialer Anerkennung

✔ Ständige zwischenmenschliche Spannungen im Arbeits- und Privatleben

✔ Soziale Isolation und chronische Besorgnis

Geschlechtsunterschiede beim Burn-out-Syndrom

Der Umstand, dass manche Berufe bei entsprechend gefährdeten Persönlichkeiten öfter zu einer dauerhaften Erschöpfungskrise führen als andere (mehr dazu finden Sie in Kapitel 12), verstärkt mitunter die gemessenen Geschlechtsunterschiede, indem er sie verzerrt: Wer sich zum Beispiel mit dem Thema »Burn-out bei Erziehern« befasst, wird bald feststellen, dass Frauen eher darunter leiden als Männer – nicht weil das wirklich stimmt, sondern weil diese Tätigkeit sehr viel häufiger von Frauen ausgeübt wird.

Umgekehrt kann man »beweisen«, dass bei der Polizei deutlich mehr Männer von Burn-out-Tendenzen betroffen werden, da dort die Frauen unterrepräsentiert sind. Wer diese systematischen Verzerrungen herausrechnet, stellt fest, dass es hier relativ wenig »echte« Geschlechtsunterschiede gibt.

 Wenn Forscher die Burn-out-Gefährdung von Männern und Frauen messen, verwenden sie häufig einen Fragebogen (»Maslach Burnout Inventory«, kurz MBI), der drei entscheidende Aspekte überprüft: emotionale Erschöpfung, reduzierte persönliche Leistungsfähigkeit und einen Bereich, der »Depersonalisierung/Dehumanisierung« genannt wird und die Tendenz beschreibt, abhängig vom Beruf des Betroffenen

Kollegen, Kunden, Schülern oder Patienten dauerhaft unfreundlich gegenüber-zutreten und sie weniger als Menschen, sondern eher wie Objekte zu behandeln.

Interessanterweise wurden bei den ersten beiden Burn-out-Skalen keine Geschlechtsunter-schiede festgestellt. Ähnlich viele Männer wie Frauen leiden, oft bedingt durch berufliche Über-lastung, an chronischer emotionaler Erschöpfung, und beide Geschlechter beklagen ungefähr ebenso oft, dass sich ihre Leistungsfähigkeit durch die Burn-out-Problematik verschlechtert hat.

Beim dritten Teilbereich lassen sich jedoch deutliche Unterschiede feststellen. Burn-out-ge-fährdete Männer berichten häufiger davon, in der Arbeit anderen Menschen ohne Einfühlung gegenüberzutreten. Das kann ein nachvollziehbarer Selbstschutz sein, um auf der emotionalen Ebene nicht immer wieder enttäuscht zu werden, doch die Medaille hat eine Kehrseite: Der Betroffene stumpft langsam ab, und das kann sich, neben der dauerhaften Frustration des Gegenübers im Beruf, auch negativ auf das Privatleben auswirken – es ist nicht leicht, in der Arbeitswelt andere Personen wie Objekte wahrzunehmen und zu Hause, in der Familie, jedes Mal erfolgreich auf Empathie und Herzlichkeit umzuschalten.

Die Internetseite der FU Berlin (`www.userpage.fu-berlin.de`) erklärt diesen Geschlechts-unterschied mit dem traditionellen Männerbild in unserer Gesellschaft: Oft wird die maskuline Rolle immer noch mit Eigenschaften wie Unabhängigkeit, Unverletzlichkeit und Stärke um jeden Preis in Verbindung gebracht. Mitgefühl und andere »Schwächen« zu unterdrücken gilt hier als typisch männlich, nicht als Problem.

Solange die subjektive Leistungsfähigkeit noch nicht nachhaltig gestört ist, haben viele Männer mit Burn-out-Tendenzen nicht den Eindruck, dass in ihrem Leben etwas falsch läuft.

 Etwas zugespitzt kann man sagen, dass viele Männer ihre seelischen Probleme so lange verdrängen oder betäuben, bis es nicht mehr geht, während sich viele Frauen früher in psychotherapeutische Behandlung begeben – und damit häufig bessere Chancen haben, dass aus einer Lebenskrise kein chronisches Burn-out-Syndrom entsteht.

Das gilt auch für andere seelische Schwierigkeiten: Frauen lassen sich deutlich häufiger psy-chotherapeutisch behandeln als Männer, obwohl beide Geschlechter insgesamt ähnlich stark unter seelischen Einschränkungen leiden.

Angststörungen und Depressionen, die nicht selten die Folge eines Burn-outs sind, werden öfter bei Frauen beobachtet, Alkohol- und andere Suchtprobleme vor allem bei Männern. Doch die meisten psychischen Schwierigkeiten treten bei beiden Geschlechtern ungefähr gleich häufig auf.

Warum nicht alle Gestressten eine Burn-out-Krise erleben

Bei der Klärung der Frage, warum dauerhafte berufliche Belastungen nur bei manchen Men-schen zu massiven Erschöpfungssymptomen oder einem ausgeprägten Burn-out-Syndrom führen, während andere – sowohl Männer als auch Frauen – solche Schwierigkeiten irgendwann konstruktiv bewältigen können, hilft ein Blick auf das, was Psychologen »Ressourcen« nennen. Das sind die inneren und äußeren Quellen, aus denen Sie Kraft schöpfen.

Einige Wissenschaftler unterteilen diese Ressourcen in drei Teilbereiche: Arbeitswelt, Liebesbeziehung/Familie, Freundschaften/Freizeitleben. Probleme auf einem Gebiet lassen sich häufig durch positive Erfahrungen in den anderen Bereichen ausgleichen.

 Wenn Sie seit Längerem darunter leiden, dass Ihnen der Beruf zu viel Energie raubt und Sie emotional auslaugt, können Sie, besonders massive Beeinträchtigungen ausgenommen, durch Familie und Freunde genug Befriedigung erleben, um die Arbeitsschwierigkeiten auszuhalten, ohne innerlich auszubrennen.

Der Körper streikt

Max Scholz, 40, verheiratet, arbeitet seit vielen Jahren als Altenpfleger. Neben der starken emotionalen Belastung, die sein Beruf mit sich bringt, wird das Desinfektionsmittel, mit dem er seine Hände immer wieder besprühen muss, zu einem Gesundheitsproblem, denn Max Scholz leidet unter einer massiven Hautallergie.

Zunächst sind nur die Arme betroffen, doch mit der Zeit entstehen Geschwüre, die fast den ganzen Oberkörper bedecken. Max Scholz weiß, dass bei seiner Krankheitsentwicklung auch psychosomatische Anteile eine wichtige Rolle spielen: Andere Menschen, die sich jahrzehntelang um Patienten mit Gesundheitsproblemen kümmern, die täglich mit schweren, teilweise tödlichen Erkrankungen konfrontiert werden, leiden vielleicht unter Kopfschmerzen oder Rückenproblemen. Max Scholz' körperliche »Sollbruchstelle« ist eben die Haut.

Der 40-Jährige hat seine persönlichen Risikofaktoren schon seit Langem erheblich vermindert: Er raucht nicht mehr, er treibt regelmäßig Sport und ernährt sich vegetarisch. Nachdem ihm ein psychotherapeutisch orientierter Kuraufenthalt nur vorübergehend Besserung verschafft hat, denkt er über berufliche Alternativen nach. Seine Freizeit und die Familie befriedigen Max Scholz sehr, auch wenn ihn die Erziehung seiner vier Kinder ganz schön auf Trab hält.

Wenn es seine sonstigen Verpflichtungen erlauben, steht er mit Freunden auf einer Theaterbühne und lebt dort den Teil seiner Persönlichkeit aus, der im Pflegeheim zu kurz kommt.

Seitdem ihm klar ist, dass die Hauterkrankung in seinem erlernten Beruf wohl nicht mehr vollständig verschwinden wird, beschäftigt sich Max Scholz mit dem Thema Umschulung. Vor einigen Monaten hat er eine Zusatzausbildung zum Gutachter im Pflegebereich begonnen. Mit dieser Entscheidung ist Max Scholz sehr zufrieden, auch wenn er weiß, dass es selbst unter den veränderten Umständen wahrscheinlich Monate oder Jahre dauern wird, bis sich die Hautgeschwüre vollständig zurückgebildet haben werden.

Persönliche Ressourcen: Hilfe bei der Stressbewältigung

Das Fallbeispiel umfasst einige wichtige Punkte, die bei der Klärung helfen können, warum manche Menschen besser mit chronischen beruflichen Belastungen zurechtkommen als andere.

Einerseits konnte Max Scholz im Laufe seines Lebens ein gutes Selbstwertgefühl entwickeln. Er lässt sich nicht so leicht von Problemen unterkriegen – sonst wäre es ihm kaum möglich, mit dem bescheidenen Gehalt eines Altenpflegers und im Wechsel mit seiner Frau vier Kinder zu versorgen und ihnen ein guter Vater zu sein. Meistens kann er Stresssituationen als Herausforderungen betrachten, die er vermutlich bewältigen wird, und er achtet, soweit es die besonderen Lebensumstände zulassen, auf seine Bedürfnisse und Grenzen.

Max Scholz hat sich ein gutes privates Umfeld aufgebaut: In seiner Ehe ist er sehr glücklich, und er genießt es, eine große Familie zu haben. Stabile Freundschaften und ein geliebtes Hobby, das Theaterspielen, ermöglichen ihm, dem beruflichen Stress regelmäßig etwas Positives entgegenzusetzen.

Nicht zuletzt betrachtet er seine psychosomatisch bedingte Hauterkrankung als Signal seines Körpers, in der Arbeit dicht an der Überlastungsgrenze zu stehen, und weniger als Hinweis, ungeeignet für die Pflegetätigkeit zu sein. Die beruflichen Probleme wirken sich nicht negativ auf sein Selbstbewusstsein aus, er arbeitet, um zu leben, und lebt nicht, um zu arbeiten. Deshalb konnte er, nachdem Maßnahmen wie ein Kuraufenthalt nicht ausreichend fruchteten, ohne schlechtes Gewissen nach anderen, weniger belastenden Arbeitsmöglichkeiten Ausschau halten, und ergriff schließlich die Chance, die sich ihm durch eine Umschulung bot.

 Das spricht für eine gewisse innere Flexibilität, die sich häufig förderlich auf die Fähigkeit auswirkt, konstruktiv mit Schwierigkeiten umzugehen und das eigene Leben auch im Beruf eher selbst zu kontrollieren, als sich vollständig davon bestimmen zu lassen.

Nur noch Arbeit?

Problematisch sieht es aus, wenn Sie Beruf und Alltag gleichsetzen, wenn Sie weitgehend auf Freizeit verzichten, allein leben und Ihre Freundschaften vernachlässigen. Die Belastung durch Ihre Arbeit wird dann nicht mehr durch andere sinnstiftende Tätigkeiten gemildert, und eine etwaige berufliche Krise wirkt sich fast automatisch belastend auf Ihre ganze Existenz aus.

Gerade Menschen mit einem eher schlechten Selbstwertgefühl neigen häufig dazu, ihre berufliche Tätigkeit als einzigen Lebenssinn zu betrachten und sich dann langfristig schlecht zu fühlen, wenn in diesem – durchaus wichtigen – Bereich chronische Schwierigkeiten entstehen. Nicht selten versuchen die Betroffenen, ihre ohnehin beeinträchtigten Kräfte ausschließlich darauf zu verwenden, die Probleme in der Arbeit »endlich« zu beseitigen: Sie strengen sich noch mehr an, sie ignorieren ihre Bedürfnisse und Grenzen immer stärker und verbieten sich häufig sogar jeden angemessenen Freizeitausgleich – ungefähr nach dem Motto: »Wenn ich meine Arbeitsschwierigkeiten schon nicht bewältigen kann, darf ich mich nach Feierabend doch nicht auch noch amüsieren (oder erholen oder mit Bekannten austauschen).« Also bestrafen sie sich selbst, anstatt, was ja auch möglich wäre, sich dafür zu belohnen, dass sie den derzeit unbefriedigenden Berufsalltag wieder einmal durchgestanden haben.

Angenehme Lebensaspekte wie Liebe, Treffen mit den Freunden, Sport oder Entspannung kommen dann dauerhaft zu kurz, die Gefahr einer Burn-out-Entwicklung steigt erheblich.

Ein Fragebogen zur Selbsteinschätzung

Die folgenden 40 Fragen sollen Ihnen dabei helfen, festzustellen, ob und wie stark Sie derzeit gefährdet sind, durch chronische Stressfaktoren auszubrennen. Da ich diesen Fragebogen selbst entwickelt habe, ohne ihn wissenschaftlich an entsprechenden Stichproben zu normieren, stellt er nur eine Tendenz dar.

 Bitte beantworten Sie möglichst alle Fragen spontan und kreuzen Sie jeweils eine der drei Antwortmöglichkeiten »selten oder nie«, »manchmal«, »oft oder immer« an, entweder mit einem Bleistift im Buch oder auf einem Zettel.

Nach dem Test beschreibe ich, wie Sie ihn, ohne Anspruch auf Exaktheit, auswerten können. In jedem Fall ist es sinnvoll, wenn Sie sich die Fragen und Ihre Antworten genau ansehen und daraus Ihre eigenen Schlussfolgerungen ziehen.

Fragen zur Selbsteinschätzung der Burn-out-Gefahr

1. Im Beruf respektieren die meisten Kollegen meine Grenzen.

   selten oder nie   manchmal   oft oder immer

2. In der Arbeit spielen meine persönlichen Wünsche keine Rolle.

   selten oder nie   manchmal   oft oder immer

3. Nach einem Arbeitstag freue ich mich über das, was ich geleistet habe.

   selten oder nie   manchmal   oft oder immer

4. Ich lasse mich schnell von den beruflichen Anforderungen unter Druck setzen.

   selten oder nie   manchmal   oft oder immer

5. Es fällt mir schwer, anderen Menschen meine Grenzen zu verdeutlichen.

   selten oder nie   manchmal   oft oder immer

6. Im Alltag kann ich meine wichtigsten Bedürfnisse verwirklichen.

   selten oder nie   manchmal   oft oder immer

7. Mein Arbeitsumfeld ist seit Langem durch zwischenmenschliche Spannungen belastet.

   selten oder nie   manchmal   oft oder immer

8. Wenn ich etwas erreichen will, setze ich mich nicht zu sehr unter Druck.

   selten oder nie   manchmal   oft oder immer

9. Im Beruf werde ich von meinen eigentlichen Aufgaben abgelenkt (zum Beispiel durch Lärm, Telefonate, E-Mails oder unerwartete Zusatzarbeiten).

   selten oder nie   manchmal   oft oder immer

10. In der Arbeit darf ich meine echten Gefühle nicht zeigen.

    selten oder nie   manchmal   oft oder immer

11. Was mögliche Ängste vor einer Kündigung oder vor beruflichem Abstieg betrifft, bin ich recht gelassen.

    selten oder nie   manchmal   oft oder immer

12. Ich fühle mich vom Chef und/oder meinen Kollegen ausgegrenzt.

    selten oder nie   manchmal   oft oder immer

13. Normalerweise kann ich vor dem Arbeitsbeginn vorhersagen, welche Aufgaben auf mich zukommen werden.

    selten oder nie   manchmal   oft oder immer

14. Um die beruflichen Anforderungen zu bewältigen, mache ich Überstunden.

    selten oder nie   manchmal   oft oder immer

15. Es fällt mir schwer, mir/meinen Aufgaben und/oder anderen Menschen mit Geduld und Toleranz zu begegnen.

    selten oder nie   manchmal   oft oder immer

16. Insgesamt bin ich mit meiner beruflichen Situation zufrieden.

    selten oder nie   manchmal   oft oder immer

17. Meine derzeitige Arbeitsbelastung führt zu resignierten, zynischen oder bitteren Gedanken.

    selten oder nie   manchmal   oft oder immer

18. Normalerweise kann ich mich gut auf meine Arbeit konzentrieren.

    selten oder nie   manchmal   oft oder immer

19. Ich neige dazu, über meine Probleme zu grübeln.

    selten oder nie   manchmal   oft oder immer

20. An meine Arbeit denke ich mit Angstgefühlen.

    selten oder nie   manchmal   oft oder immer

21. An Werktagen bin ich morgens so erschöpft, dass ich am liebsten zu Hause bleiben würde.

    selten oder nie   manchmal   oft oder immer

22. Nach Feierabend kann ich schnell abschalten und mich anderen Dingen zuwenden.

    selten oder nie   manchmal   oft oder immer

23. Am Abend dauert es lange, bis ich einschlafen kann.

    selten oder nie   manchmal   oft oder immer

24. In meiner Freizeit (Feierabend, Wochenende, Urlaub) erhole ich mich ausreichend.

    selten oder nie   manchmal   oft oder immer

25. Morgens werde ich lange vor dem Weckerklingeln wach (oder wache nachts wiederholt auf).

    selten oder nie   manchmal   oft oder immer

26. Ich neige dazu, mir in der Arbeit eigene Fehler kaum zu verzeihen.

    selten oder nie   manchmal   oft oder immer

27. In meiner Freizeit bin ich von einem gut funktionierenden sozialen Netz umgeben.

    selten oder nie   manchmal   oft oder immer

28. Zurzeit komme ich aus dem Stressgefühl kaum noch heraus.

    selten oder nie   manchmal   oft oder immer

29. Ich schaffe es, mir regelmäßig etwas Gutes zu tun

    selten oder nie   manchmal   oft oder immer

30. Ich neige innerlich dazu, mich zu bestrafen, wenn ich etwas nicht so hingekriegt habe, wie ich es mir gewünscht hätte.

    selten oder nie   manchmal   oft oder immer

31. Ich leide unter Albträumen

    selten oder nie   manchmal   oft oder immer

32. In meiner Partnerschaft/meiner Familie (oder meiner Herkunftsfamilie) fühle ich mich wohl.

    selten oder nie   manchmal   oft oder immer

33. In meiner Freizeit, am Wochenende und/oder im Urlaub leide ich unter Rückenschmerzen, Kopfweh oder anderen Schmerzsymptomen (ohne klare medizinische Ursache).

    selten oder nie   manchmal   oft oder immer

34. Ich kann mit meiner Familie und/oder meinen Freunden über das sprechen, was mich bewegt.

    selten oder nie   manchmal   oft oder immer

35. Während der Arbeitswoche leide ich unter Rückenschmerzen, Kopfweh oder anderen Schmerzsymptomen ohne klare medizinische Ursache (eventuell bis zur Krankschreibung).

    selten oder nie   manchmal   oft oder immer

36. Länger anhaltender Stress macht sich bei mir unter anderem durch Verdauungsbeschwerden (etwa Durchfall, Verstopfung, Magenprobleme oder Reizdarmsyndrom) bemerkbar.

    selten oder nie   manchmal   oft oder immer

37. Ich empfinde mein Leben alles in allem als sinnvoll.

    selten oder nie   manchmal   oft oder immer

38. Seit ich beruflich unter Druck stehe, hat sich meine Anfälligkeit für Allergien und/oder Hautprobleme verstärkt.

    selten oder nie   manchmal   oft oder immer

39. Stressgefühle gehen bei mir im Allgemeinen bald wieder zurück.

    selten oder nie   manchmal   oft oder immer

40. Meine Beziehung zur Familie und/oder Freundschaften leiden zurzeit darunter, dass ich so gestresst bin.

    selten oder nie   manchmal   oft oder immer

Anmerkungen zur Testauswertung

Für jedes »manchmal« erhalten Sie 0 Punkte.

Bei folgenden Fragen entspricht »selten oder nie« - 1 Punkt und »oft oder immer« + 1 Punkt: 1, 3, 6, 8, 11, 13, 16, 18, 20, 22, 24, 27, 29, 32, 34, 37, 39

Bei folgenden Fragen entspricht »selten oder nie« + 1 Punkt und »oft oder immer« - 1 Punkt: 2, 4, 5, 7, 9, 10, 12, 14, 15, 17, 19, 21, 23, 25, 26, 28, 30, 31, 33, 35, 36, 38, 40

Anschließend zählen Sie die Pluspunkte zusammen und ziehen die Minuspunkte davon ab. Das Ergebnis ist der Gesamtpunktwert.

Plus 17 Punkte entspricht hier einem Maximum an Lebens- und Arbeitszufriedenheit, minus 23 Punkte dem Minimum, was gleichzeitig für eine maximale Burn-out-Gefährdung steht. Beide Extremwerte werden jedoch von fast niemandem erreicht.

 Der Durchschnitt liegt grob geschätzt bei etwa +/- 0 Punkten. Wenn Ihr Punktwert deutlich zum Positiven tendiert, sind Sie wahrscheinlich besonders robust im Umgang mit Stress oder allgemein mit Ihrem Leben zufrieden. Falls Ihr Punktwert stark ins Negative geht, gibt es in Ihrem Alltag vermutlich einige spürbare Auswirkungen chronischer Stressfaktoren, und Sie sind mehr oder weniger burnout-gefährdet.

Zu einigen Testfragen noch ein paar Anmerkungen: Falls Sie die unter den Nummern 15, 17 und 40 beschriebenen Probleme ziemlich häufig erleben, sind Sie eventuell recht nahe am Burn-out, denn die seelisch-emotionale Verfassung, die in diesen Fragen beschrieben wird, schildern häufig Menschen, die sich in einer massiveren stressbedingten Erschöpfungskrise befinden.

 Wenn Sie sich und Ihre Situation in Frage 33 wiederfinden, entspricht dies dem »arbeitgeberfreundlichen« Verlauf einer psychosomatischen Erkrankung, wie er in Kapitel 2 dargestellt wird. Sollte hingegen Frage 35 eher zutreffen, steht dies für die im gleichen Kapitel beschriebene »arbeitnehmerfreundliche« psychosomatische Variante, die nicht selten auf einen weiter fortgeschrittenen chronischen Erschöpfungszustand hinweist.

Selbstverständlich können Sie den Test wiederholen, wenn Ihre psychische Grundsituation besser oder schlechter geworden ist, um festzustellen, welche Aspekte sich bei Ihnen verändert haben.

Stressige Zeiten

In diesem Kapitel

▶ Stress verstärkende Veränderungen in der Arbeitswelt

▶ Wichtige berufliche Stressfaktoren

▶ Mehr oder weniger gesunde Stressbewältigungsmodelle

▶ Stress durch Konflikte im Privatleben

*N*un stelle ich Ihnen die wichtigsten äußeren Bedingungen vor, die zu chronischen Stressempfindungen bis hin zum Burn-out-Syndrom beitragen können. Zunächst beschreibe ich kurz die Entwicklung der Arbeitswelt bis zur Globalisierungsära mit ihren massiven Leistungsansprüchen und der Forderung, in allen Bereichen flexibel und belastbar zu sein. Aktuelle Faktoren, die bei vielen Arbeitnehmern zu Überlastungsgefühlen führen, werden dargestellt und durch Fallbeispiele veranschaulicht.

Anschließend erfahren Sie etwas über verschiedene Stressbewältigungsideen, die sich positiv oder eher negativ auf Ihren Wunsch auswirken können, die Belastungen durch die Anforderungen an Ihre berufliche Tätigkeit zu reduzieren. Danach geht es um einen weiteren Bereich, der bei dauerhaften Problemen häufig Erschöpfungssymptome und ein Gefühl des Ausbrennens befördert: das private Umfeld, Familie, Beziehung und Freundschaften.

Stressfaktoren in der heutigen Arbeitswelt

Die weltweite Wirtschafts- und Finanzkrise, die Ende 2008 begann, verschärfte einige Entwicklungen deutlich, die dazu beigetragen haben, dass sich viele Arbeiter, Angestellte und Selbstständige heutzutage häufiger und anhaltender beruflich gestresst fühlen als vor einigen Jahrzehnten.

In den letzten Jahrzehnten haben sich die Arbeitsbedingungen in den Industriestaaten massiv verändert. Sicherheit, objektiv und subjektiv, ging zurück, vieles wird an anderen Orten der Welt billiger produziert, die Leistungsanforderungen stiegen, und viele Arbeitnehmer haben inzwischen Tag für Tag Angst, ihren Job zu verlieren.

Zunahme von seelischen Problemen im Beruf

Der »Spiegel« schrieb, es seien heute nach einer Umfrage zwar bis zu drei Viertel aller Arbeitnehmer mit ihrer Berufswahl nicht unzufrieden, die meisten von ihnen würden ihren Kindern jedoch nicht empfehlen, die gleiche Tätigkeit auszuüben. Zwei Drittel der Befragten machen nur noch »Dienst nach Vorschrift«, sie beschränken sich also darauf, zugeteilte Aufgaben zu erledigen, ohne sich darüber hinaus zu engagieren. Knapp ein Fünftel habe bereits »innerlich gekündigt«, heißt es weiter.

 Laut »Focus« leidet ein Drittel der deutschen Lehrer am Burn-out. Nur jede zehnte Lehrkraft arbeitet bis zur üblichen Altersgrenze, und etwa 50 Prozent der Frühpensionierten zeigen mehr oder weniger ausgeprägte Burn-out-Symptome. 40 bis 60 Prozent der Berufstätigen in Kliniken (Pflegebereich) und sozialen Einrichtungen neigen dazu, durch die Anforderungen in ihrem Tätigkeitsfeld innerlich auszubrennen.

Einerseits ist es emotional anstrengend, sich fortwährend anderen Menschen empathisch zuzuwenden und die eigenen Bedürfnisse in dieser Zeit zurückzustellen. Auf der anderen Seite gibt es nach meinen Erfahrungen als Therapeut wenige andere Arbeitsfelder, in denen manche Kollegen so massiv ausgegrenzt oder gemobbt werden, wie im sozialen Bereich – möglicherweise eine Folge des Umstands, der eigenen Klientel, den Kranken, den Behinderten, den Kindern, immer positiv und hilfreich gegenübertreten zu müssen. Die unterdrückten Aggressionen äußern sich dann im Kontakt zu Mitarbeitern, die wenig geschätzt werden.

 Es wirkt sich oft negativ aus, wenn sich Arbeitnehmer gezwungen sehen, stets zu lächeln und freundlich zu sein, unabhängig davon, wie sie sich fühlen. Einige Psychologen sprechen vom »Lächelmaskensyndrom« und verweisen darauf, dass ein langfristiges Tragen einer solchen Maske zu burn-out-ähnlichen Depressionen führen kann.

Die Zahl der Krankschreibungen wegen psychischer Leiden, dazu gehören auch Erschöpfungsdepressionen und andere Anzeichen von Burn-out, hat sich seit Beginn der 1990er-Jahre nahezu verdreifacht. Und von 1993 bis 2004 stieg der Anteil der Frühverrentungen, der mit seelischen Problemen begründet wurde, von einem Sechstel auf ein Drittel der Fälle.

Veränderungen der Arbeitswelt

Die starke Zunahme von berufsbedingten psychischen Schwierigkeiten lässt sich zum Teil durch einen Blick auf die historischen Veränderungen in der Arbeitswelt erklären, von denen einige schon vor langer Zeit stattgefunden haben.

 Vor der Industrialisierung strukturierten vor allem der Tag-Nacht-Rhythmus und die Jahreszeiten die beruflichen Abläufe. Viele Tätigkeiten hatten Zeit, und was jemand einmal gelernt hatte, konnte er im Allgemeinen ein Leben lang gebrauchen. Im Beruf gab es relativ wenig chronische Ablenkungsfaktoren, abgesehen von Doppelbelastungen wie Sorge um Kinder, Haushalt oder Hof, von denen meistens die Frauen betroffen waren. Viele andere Tätigkeiten verliefen eher linear als parallel, etwa das Schmieden eines Tors oder das Nähen von Kleidern, von modernen »Multitasking«-Anforderungen war noch keine Rede.

Außerdem wurde der Alltag von Traditionen und Ritualen beherrscht, die meisten Menschen waren in ein stabiles soziales Netz eingebunden, das ihnen Sicherheit verlieh. Das Leben in der angeblich »guten alten Zeit« möchte ich hier allerdings nicht idealisieren: Kriege, Seuchen und

Hungersnöte führten immer wieder zu massiven Krisen, die Lebenserwartung war geringer, Hierarchien und Autoritäten durften nicht hinterfragt werden, und es gab sklavereiähnliche Verhältnisse, um nur die wichtigsten chronischen Stressfaktoren zu nennen.

In der Frühindustrialisierung verschärften sich die Klassengegensätze, denn die beruflichen Bedingungen für Arbeiter waren vielerorts menschenunwürdig und alles andere als selbstbestimmt. Doch nach dem Aufbau eines funktionierenden Sozialstaats, in Deutschland seit Bismarck und deutlich ausgebaut nach den Verheerungen des Zweiten Weltkriegs, ging das Maß offener Ausbeutung stark zurück, und neue Sicherheiten entstanden.

Anstellungen währten meist bis zum Ende der beruflichen Laufbahn, die Versorgung der Alten war nicht mehr die Pflichtaufgabe der jüngeren Mitglieder einer Familie, sondern sie oblag der Rentenversicherung, und eine längere Krankheit führte nicht mehr zwangsläufig zum beruflichen und sozialen Abstieg des Betroffenen. Außerdem gab es genügend einfache Tätigkeiten, die auch Ungelernten offenstanden und es ihnen ermöglichten, ihren Lebensunterhalt zu bestreiten. Die Löhne und Gehälter ermöglichten den meisten Arbeitnehmern ein gutes Auskommen. Trotz vieler Systemunterschiede galt das im Wesentlichen in der Bundesrepublik wie in der DDR.

Berufliche Anforderungen in der globalisierten Welt: Flexibilität statt Sicherheit

Seit wenigen Jahrzehnten hat sich dieses Arbeitsmodell, das in der Rückschau fast gemütlich wirkt, radikal verändert. Der Globalisierungsdruck führt dazu, dass immer mehr Männer und Frauen befürchten, ihren Job an osteuropäische oder asiatische Arbeitnehmer zu verlieren, und die Arbeitgeber drücken mit solchen Argumenten gerne die Löhne und Gehälter in Deutschland.

Mehr Mobilität heißt mehr Stress

Die Produktivität ist erheblich gestiegen, was normalerweise bedeutet, dass in der gleichen Zeit (oder von weniger Arbeitnehmern) mehr geleistet werden muss, dass Überstunden zunehmen und Pausen reduziert werden. Außerdem sind lebenslange Anstellungsverhältnisse heute eher die Ausnahme als die Regel. Zeitarbeit, die hierzulande für ein Mehr an Beschäftigung sorgt, fordert ein Maximum an Flexibilität. Einfache Tätigkeiten werden oft von Maschinen billiger erledigt, eine wachsende sogenannte »neue Unterschicht« von Bildungsverlierern ist langfristig chancenlos.

Und auch bei vielen qualifizierten Tätigkeiten wird heute ein Maximum an Leistung bei einem Minimum an Sicherheit verlangt: Der Einsatz an verschiedenen Standorten im In- und Ausland, dauernde Umstellungen auf neue Arbeitsabläufe und wenig Urlaub sind bei den meisten großen Unternehmen gang und gäbe, gerade im Managementbereich – ungeachtet der Erfahrung, dass die meisten Menschen, wenn sie frei wählen könnten, keineswegs dazu neigen würden, als Nomaden durchs Land oder um den Globus zu ziehen.

Wurzeln und Heimatgefühl gehören zu unseren Grundbedürfnissen, doch das wird durch eine Haltung missachtet, die Beruf und Leben ausschließlich auf die ökonomischen Anforderungen der Zeit ausrichtet. Dazu gehört auch die Forderung, sich auf ständige Überstunden und zusätzliche Wochenendarbeiten einzustellen.

Multitasking-Probleme

Ein weiterer entscheidender Faktor, der die Berufswelt heute deutlich anstrengender erscheinen lässt als vor einigen Jahrzehnten, ist die Notwendigkeit, mehrere Dinge parallel zu erledigen (neudeutsch Multitasking), die sich früher auf wenige Arbeitsfelder wie Sekretärin oder Pilot beschränkte.

Inzwischen beherrscht diese Anforderung den beruflichen und privaten Raum fast flächendeckend. Das hängt auch mit dem Segen und dem Fluch zusammen, der daraus erwächst, dass wir fast ständig persönlich erreichbar sind, durch Mobiltelefon, Mailbox, SMS, E-Mails und die eigene Homepage, zusätzlich zu den »klassischen« Kommunikationswegen Telefon oder Post.

Viele Wissenschaftler gehen jedoch davon aus, dass der Mensch im Allgemeinen nur dazu in der Lage ist, sich auf *eine* Aufgabe pro Zeiteinheit zu konzentrieren, zumindest bei Arbeiten, die aktive Aufmerksamkeit erfordern.

 Eine Ausnahme sind Tätigkeiten wie das Autofahren, bei denen ein Anteil, die Bedienung des Fahrzeugs, so weit automatisiert ist, dass sich der Betroffene gleichzeitig mit wichtigen Informationen aus anderen Sinnesverarbeitungsbereichen beschäftigen kann, etwa dem Verkehrsgeschehen und den Ausführungen des Beifahrers.

Doch die meisten Ablenkungen durch Versuche, mehrere Arbeiten gleichzeitig zu erledigen, wirken sich negativ auf die Leistung aus, und sie kosten oft viel Kraft und Nerven. Die »Zeit« zitiert eine Untersuchung bei amerikanischen Angestellten einer Unternehmensberatung für Finanzdienste, die über ein Dutzend Projekte gleichzeitig bearbeiten müssen. Man stellte fest, dass durch die permanenten Ablenkungen, etwa klingelnde Telefone, E-Mails oder Kollegenanfragen, durchschnittlich 57 Prozent der Tätigkeiten nicht regulär beendet werden.

Nur elf Minuten arbeiteten die Finanzdienstleister kontinuierlich an einer Aufgabe, und nach Unterbrechungen wandten sie sich im Schnitt zwei anderen Themen zu, bevor sie zum ursprünglichen Projekt zurückkehren konnten. Je mehr Aufgaben jemand gleichzeitig angehen soll, umso höher sind die »Reibungsverluste« durch ständige Umorientierungen.

Doppelbelastungen und Stress durch Unterforderung oder Arbeitslosigkeit

Auch Doppelbelastungen durch Haushalt und Lohnarbeit bei mangelhaften Kinderbetreuungsangeboten, wie sie heute vor allem Frauen und ganz besonders Alleinerziehende erleben, gehören zu den Umständen der heutigen Zeit, die die Betroffenen dauerhaft entkräften können.

Doch nicht nur ständige Überforderungen führen häufig zu seelischen Problemen. Für den Stress, den es bedeutet, sich dauerhaft *unterfordert* zu fühlen, haben einige Wissenschaftler den Begriff »Dry-out« erfunden. An dieser Form des Austrocknens leiden vor allem Menschen, die fast ausschließlich Routinetätigkeiten ausüben, ohne Veränderung, Fortschritt oder innere Befriedigung. Auch nach erfolgter »innerer Kündigung«, wenn jemand nur noch das Nötigste tut, ohne sich von seiner Arbeit zumindest zeitweise inspirieren oder begeistern zu lassen, kann es zum Dry-out kommen.

 Der Dry-out ist kaum bekannt und fällt als vergleichsweise »stille« Problematik deutlich weniger auf als der dramatischere Verlauf eines Burn-out-Syndroms. Oft stehen depressive Symptome, ein Gefühl von Sinnlosigkeit und ein Rückgang der emotionalen Empfindungsfähigkeit im Zentrum.

Nicht nur Beschäftigte, die sich, vermeintlich aus Selbstschutzgründen, auf »Dienst nach Vorschrift« beschränken, können austrocknen, sondern auch viele Männer und Frauen, die lange Zeit arbeitslos sind. Das hängt einmal damit zusammen, dass gerade in Deutschland Arbeit einen extrem hohen Stellenwert hat, von dem viele Menschen ihr Selbstbewusstsein ableiten. Erwerbslosigkeit ist in dieser Lesart das Eingeständnis des eigenen Versagens und Ausdruck davon, dass einen die Gesellschaft nicht braucht.

Die Erfahrung, eine Bewerbung nach der anderen abzuschicken, ohne dass man auch nur zum Vorstellungsgespräch eingeladen wird, kann das Ego massiv und fortgesetzt kränken – erst recht, wenn jemand immer wieder hört, er sei für den Arbeitsmarkt schlicht zu alt oder unzureichend qualifiziert. Aus all dem zieht der Betroffene dann häufig den Schluss, dass es nichts bringt, sich zu engagieren.

 Falls es jemandem, der in einer dauerhaft unbefriedigenden beruflichen Situation verharrt, unmöglich erscheint, andere Lebensbereiche wie Freizeit, Familie und Freundschaften als Quelle persönlicher Befriedigung zu erleben, mündet dies nicht selten in eine Dry-out-Entwicklung.

Die wichtigsten berufsbedingten Belastungsfaktoren

Dass die oben dargestellten Entwicklungen bei vielen Berufstätigen – und auch bei Langzeitarbeitslosen – Stressempfindungen chronifizieren und verstärken, liegt auf der Hand.

Angelehnt an einen Artikel des Psychiaters Volker Faust von der Arbeitsgemeinschaft Psychosoziale Gesundheit, möchte ich die häufigsten Ursachen für berufsbedingte Burn-out-Entwicklungen in einer Liste zusammenfassen.

Häufige Ursachen für arbeitsbezogene Dauererschöpfungsprobleme sind:

✔ Übermäßige und dauerhafte berufliche Belastungen

✔ Schlechte Arbeitsbedingungen, die sich destruktiv auf die Mitarbeiter auswirken

✔ Starker Zeitdruck

✔ Großes Arbeitspensum, das sich im vorgesehenen Zeitrahmen nicht bewältigen lässt

✔ Längerfristig beeinträchtigtes Betriebsklima (zum Beispiel unpersönliche, bedrückende oder intrigenbelastete Stimmung)

✔ Schlechte Beziehungen zu den Kollegen und/oder zum Chef (bis hin zum Mobbing)

✔ Verantwortungszuwachs ohne objektive oder subjektive Möglichkeiten, den Anforderungen tatsächlich gerecht zu werden

✔ Nacht- oder Schichtarbeit (ohne Berücksichtigung der Funktionsweise der »inneren Uhr«)

✔ Unangemessene materielle Ausstattung des Arbeitsplatzes

✔ Schlechte Kommunikation oder unangemessene Kommunikationsmuster im Betrieb

✔ Unzureichende Unterstützung durch den Vorgesetzten (zum Teil bis zur verdeckten oder offenen Ablehnung)

✔ Zunehmende Komplexität der beruflichen Abläufe, Ziele und Zusammenhänge (bis zur Undurchschaubarkeit)

✔ Zu wenig (oder kein) Einfluss auf die Organisation der Arbeit, zu viel Fremdbestimmung

✔ Unklare Hierarchien oder Schwierigkeiten mit der bestehenden hierarchischen Struktur

✔ Starke oder zunehmende Zwänge durch Verwaltung und Bürokratie

✔ Langfristige Termin- und Zeitnot

✔ Häufige organisatorische Veränderungen (besonders belastend, wenn die Betroffenen in die Planung nicht einbezogen, aber für jeden Misserfolg der getroffenen Maßnahmen verantwortlich gemacht werden)

✔ Steigende, ständig neue beziehungsweise häufig wechselnde Arbeitsanforderungen (besonders bei Mangel an Anerkennung und Unterstützung)

✔ Zunehmende oder dauerhafte Angst vor dem Verlust des Arbeitsplatzes

✔ Ungünstige Arbeitsbedingungen, die sich nicht verändern lassen (etwa Straßenlärm von außen oder ständige Zugluft durch Klimatisierung)

✔ Berufsbedingter Zwang, ständig übermäßig freundlich sein zu müssen, egal wie es einem geht und auch, wenn man gerade beschimpft wird (etwa bei Stewardessen, Hotelangestellten oder Mitarbeitern von Callcentern)

 Während es nicht wenigen Angestellten, Beamten und Selbstständigen halbwegs gelingt, mit zwei oder drei dieser ungünstigen beruflichen Faktoren zurechtzukommen, steigt die Burn-out-Gefahr deutlich, wenn viele Aspekte betroffen sind.

Die teilweise erheblichen Belastungen, die aus den modernen Arbeitsanforderungen erwachsen können, möchte ich am Fallbeispiel einer Alleinerziehenden verdeutlichen.

Zerrissen zwischen Kindererziehung und Karriere

Franziska Toller, 38, ist vor zwei Jahren wegen einer stressbedingten Erschöpfungsdepression in psychotherapeutische Behandlung gekommen. Sie hat zwei Kinder aus einer früheren Partnerschaft, die sie seit geraumer Zeit allein erzieht. Vor allem das Verhältnis zu ihrer heute 16-jährigen Tochter Jeanette bringt Franziska Toller zur Verzweiflung: Einerseits benötigt sie immer wieder die Unterstützung ihrer Mutter, andererseits weigert sie sich, etwas für ihre Familie zu tun, und provoziert eine Auseinandersetzung nach der anderen.

Während von ihrem Exmann außer einem Minimum an Unterhaltszahlungen nur Forderungen und Vorwürfe kommen, arbeitet Franziska Toller als freiberufliche Lektorin. Wenn sie einen Auftrag erhält, ist sie damit zum Teil bis in die Nacht und an den Wochenenden beschäftigt. Außerdem singt Frau Toller im Kirchenchor, was ihr Freude macht.

Zu Franziska Tollers Bedauern hat sie von ihren Eltern nicht nur die Liebe zur klassischen Musik übernommen, sondern auch, dass Mädchen und Frauen dafür da seien, die Bedürfnisse ihrer Nächsten zu erfüllen. Franziska Tollers erste ernsthafte Abgrenzungsversuche stoßen auf Unverständnis, und ihre klaren Ansagen, dass sie bestimmte Äußerungen ihrer halbwüchsigen Tochter keineswegs tolerieren will, ignoriert Jeanette erst einmal.

Ihrem Hauptauftraggeber teilt Franziska Toller mit, was er realistischerweise von ihr erwarten kann und was nicht. Außerdem integriert Franziska Toller einige wirksame Entspannungsübungen in ihr Alltagsleben, was depressive Grübeleien und Schlafstörungen zurückgehen lässt.

Zwei Jahre nach Therapiebeginn hat sich Franziska Tollers Leben in mehrerlei Hinsicht verändert: Ein Verwandter macht ihr das Angebot, ihrer 16-jährigen Tochter einen einjährigen Aufenthalt in einem englischen Privatinternat zu finanzieren. Nach einigen Anlaufschwierigkeiten hat sich Jeanettes Verhältnis zur Mutter erheblich verbessert. Seit das Mädchen weiß, dass man ihm etwas zutraut, kommt es kaum noch zu den erbitterten Streitigkeiten früherer Jahre.

Beruflich hingegen hat der Stress für Franziska Toller stark zugenommen. Seitdem ihr der Kontakt zu einem Symphonieorchester vermittelt wurde, arbeitet sie dort als Sekretärin. Über diesen Aufstieg freut sich Franziska Toller, andererseits kann sie in den Wochen, in denen sie sich bei Tourneen im In- und Ausland um das Orchester kümmert, ihren eigenen Bedürfnisse nicht mehr nachkommen.

Einem ziemlich intriganten Kollegen, der sie eine Zeit lang herablassend behandelt hat, begegnet Franziska Toller distanziert, aber professionell. Seitdem ihr das gelingt, befürchtet sie nicht mehr, dass sie der unangenehme Mitarbeiter durch böse Gerüchte mobben könnte. Dazu trägt auch die Tatsache bei, dass sie von den anderen Kollegen erkennbar akzeptiert und geschätzt wird.

Glücklicherweise hat Franziska Toller zwischen den Tourneen immer einige Wochen für sich und ihre Familie. Im Chor singt sie immer noch. Ihre Schlafstörungen sind leider trotz Entspannung zurückgekehrt, doch depressiv fühlt sich Franziska Toller heute nicht mehr. Eines ist ihr klar: Den Beruf der Orchester-Sekretärin wird sie trotz der persönlichen Anerkennung nicht länger ausüben als ein paar Jahre. Andernfalls würde sie der Dauerstress kaputtmachen.

Gesunde und weniger gesunde Bewältigungsmodelle

Es gibt verschiedene Wege, mit chronischem Stress umzugehen. Manche dieser Wege tun dem Betroffenen gut, andere haben mehr oder weniger stark ausgeprägte Nebenwirkungen.

Das Fallbeispiel zeigt eine recht gesunde Bewältigung massiver Stressfaktoren: Franziska Toller berücksichtigt, soweit ihr das möglich ist, ihre Bedürfnisse und Begrenzungen im Beruf und im Privatleben. Sie hat die Erfahrung gemacht, dass ihr, nach einigen Anlaufproblemen, die Mitmenschen mit mehr Respekt begegnen, wenn sie wissen, dass Franziska Toller nicht dazu da ist, ausschließlich die Wünsche anderer Personen zu erfüllen, und dass sie gegebenenfalls ihre Grenzen verdeutlicht, ohne ein allzu schlechtes Gewissen zu bekommen.

Zu einem halbwegs zufriedenstellenden Berufsalltag trägt auch bei, dass Franziska Toller von sich nicht mehr verlangt, perfekt zu sein, da ihr klar ist, dass alle Menschen gelegentlich Fehler machen. Manche Probleme kann sie später korrigieren, andere nicht.

Franziska Tollers Ansprüche an ihre Leistungsfähigkeit wirken realistisch: So gut zu sein, wie es ihr möglich ist, ohne sich durch den Wunsch nach einer unerreichbaren Perfektion unter Druck zu setzen.

Sie hat festgestellt, dass sie sich nicht mit jedem Kollegen hervorragend verstehen muss. Ihr Improvisationstalent hilft ihr dabei, Zufriedenheit im Job zu erleben, jenseits von langweiligen Routinetätigkeiten und »Dienst nach Vorschrift«.

Außerdem gelingt es Franziska Toller zunehmend, einzusehen, dass es unmöglich ist, die anstrengende berufliche Tätigkeit vollständig zu kontrollieren. Leider gilt das auch für ihren Wunsch, genug Zeit für sich, ihre Familie und Freunde zu haben, dem sie nur in den Wochen wirklich nachkommen kann, in denen sie vom Orchester nicht gebraucht wird. Dann genießt sie ihre Freizeit, hat genug Zeit für ihre Kinder und ihre Freunde und unternimmt kleine Urlaubsreisen. Das Privatleben ist also zumindest an den Tagen, die Franziska Toller für sich nutzen kann, ein wichtiger Ausgleich für den stressigen Job.

Nicht zuletzt weiß Franziska Toller, dass sie diesen Job nicht ein Leben lang machen wird, da er häufig an ihre Kraftreserven geht. Diese Erkenntnis, neben der Tatsache, dass sie auch in der Lage wäre, ausschließlich in ihrem gelernten Beruf als Lektorin zu arbeiten, verringert den inneren Druck.

»Mehr desselben« als untaugliche Stressbewältigungsstrategie

Das Gegenmodell zu dieser flexiblen, selbstbewussten Haltung im Beruf und anderswo hat der kürzlich verstorbene österreichisch-amerikanische Psychologe Paul Watzlawick mit wenigen Worten zusammengefasst: »Mehr desselben«. Diese Strategie wird von vielen Menschen verwendet, die ihre persönlichen Probleme lösen möchten, doch in den allermeisten Fällen versagt sie.

»Mehr desselben« wird oft eingesetzt, wenn sich jemand sagt:

✔ Mir will diese Aufgabe einfach nicht glücken, also muss ich mich noch mehr anstrengen.

✔ Mein Vorschlag wird nicht berücksichtigt, daher wiederhole ich ihn so lange, bis sich das ändert.

✔ Ich stehe vor einer großen beruflichen Herausforderung mit einem sehr engen Zeitplan, daher verbiete ich mir Pausen und andere Ablenkungen, bis ich die Aufgabe bewältigt habe.

✔ Erst wenn ich durch vermehrte Anstrengungen alles vollkommen richtig gemacht habe, darf ich mit mir zufrieden sein.

✔ Falls unerwartete Schwierigkeiten auftreten, die ich momentan nicht in den Griff bekomme, arbeite ich an dem Problem so lange weiter, bis es gelöst ist. Mit einfacheren Arbeiten kann und will ich mich bis zur Klärung der Schwierigkeiten nicht beschäftigen.

✔ Wenn ich an einem bestimmten Tag wenig Kraft habe, zwinge ich mich eben zu den Höchstleistungen, die ich stets von mir erwarte.

✔ Falls ich mich mit jemandem streite, beruflich oder privat, wiederhole ich meine Argumente oder Ratschläge so lange, bis sie endlich auf offene Ohren stoßen.

Alternativen finden

Dieser Strategie »Mehr desselben«, die unflexibel ist und zudem den chronischen Stress eher verstärkt als vermindert, stellt der Psychologe Watzlawick eine sinnvollere gegenüber.

 Dieser Ansatz erfordert einen Blick über den eigenen Tellerrand hinaus: Sie treten innerlich einen Schritt zurück und überlegen, ob es andere, neue Wege geben könnte, die aktuellen Schwierigkeiten zu bewältigen.

Sinnvollere Problemlösungsgedanken sind:

✔ Mir will eine bestimmte Aufgabe gerade nicht gelingen, also mache ich eine Pause und beschäftige mich mit etwas Angenehmem. Vielleicht fällt mir später eine Lösung für die Schwierigkeiten ein.

✔ Mein Vorschlag wird nicht berücksichtigt, deshalb erkundige ich mich bei dem Kollegen / meinem Chef / meinem Lebenspartner, welche Ideen er bevorzugt – vielleicht finden wir ja einen guten Kompromiss.

✔ Wenn ich einer großen beruflichen Herausforderung gegenüberstehe, noch dazu mit einem knappen Zeitrahmen, ist es umso wichtiger, dass ich meine Kraft gut einteile und mich auch für kleine Schritte auf dem Weg zum Ziel lobe. Meine Freizeit und die regelmäßigen Pausen nutze ich als Ausgleich für den anstrengenden Arbeitsalltag.

✔ Völlige Fehlerfreiheit wäre ein unrealistischer Anspruch an mich selbst. Wenn ich gerade vorübergehend in einer Sackgasse stecke, ist es sinnvoll, dass ich mir ausreichend Zeit lasse, bis ich einen Weg erkenne, der mich wieder herausführt. Vielleicht hilft ein bisschen Abwechslung, damit ich einen klaren Kopf bekomme, und auf jeden Fall tut es mir gut, wenn ich anerkennen kann, dass ich mich zurzeit mit einem schwierigen Problem beschäftige, das meine Energiereserven stark beansprucht.

✔ Falls ich auf Schwierigkeiten stoße, ohne einen angemessenen Lösungsansatz zu erkennen, komme ich vermutlich eher weiter, indem ich mich zunächst mit einer anderen, einfacheren Aufgabe beschäftige oder mich während einer Pause entspanne. Irgendwann, mit weniger innerem Druck, wird mir wahrscheinlich einfallen, wie ich das Problem in den Griff bekomme.

✔ Falls es mir an einem Arbeitstag nicht so gut geht oder meine Kraftreserven fast verbraucht sind, wird jede Aufgabe zur ernsthaften Herausforderung, erst recht, wenn sie schwer zu bewältigen ist. Deshalb lobe ich mich immer wieder dafür, was ich trotz der aktuellen Umstände schaffe: Wenn ich gerade eine Erkältung mit Fieber habe, mute ich mir ja auch keinen Marathonlauf zu.

✔ Falls ich einen Konflikt austrage, ist es oft konstruktiver, mir anzuhören, wie der andere die Sache sieht oder welche Lösungsvorschläge er für die Beilegung unserer Auseinandersetzung machen kann, als meinen Standpunkt ständig zu wiederholen wie ein Papagei. Vielleicht fühlt sich mein Gegenüber durch Kritik oder unerbetene Ratschläge verletzt, das sollte ich zunächst mit ihm zusammen herausfinden. Möglicherweise hilft uns auch eine Auszeit, um später wieder vernünftig miteinander reden zu können.

 Anstatt beruflich fortwährend unter Strom zu stehen und jedes Problem mit weiterer Aktivitätssteigerung zu beantworten, empfiehlt es sich also, dass Sie immer wieder einen Gang herunterschalten, feststellen, ob sich durch vorübergehende innere Distanzierung von den momentanen Schwierigkeiten irgendwann neue Lösungswege abzeichnen, und dabei weder regelmäßige Erholungspausen noch Selbstbestätigung für die eigene Leistung vergessen.

Auch der Gedanke, dass es andere wichtige Bereiche von Lebensqualität und Zufriedenheit gibt als Ihre aktuelle Arbeit, kann Sie dabei unterstützen.

Auswirkungen beruflicher Probleme auf das Privatleben

Einige Wissenschaftler beschreiben drei Säulen für Zufriedenheit mit dem eigenen Leben: erstens den Beruf, zweitens das Verhältnis zu Liebesbeziehung und Familie, drittens Freizeitgestaltung und die Qualität von Freundschaften.

 Da eine Erschöpfungskrise mit Burn-out-Gefahren häufig von chronischen Arbeits-schwierigkeiten ausgelöst und aufrechterhalten wird, erscheint es umso wichtiger, dass Sie auf die anderen beiden Säulen bauen können, also auf Angehörige und Freundschaften, auf ein zufriedenstellendes Privatleben.

Das ist manchmal deutlich leichter gesagt als getan: Einerseits kann ein Burn-out-Syndrom auch durch massive zwischenmenschliche Konflikte ausgelöst werden, andererseits wirken sich berufliche Schwierigkeiten häufig negativ auf das Privatleben aus. Hier überträgt der Betroffene ungewollt seine Frustration, die eigentlich durch den Beruf ausgelöst wird, und seine hieraus entstandenen Selbstwertprobleme auf die Menschen, die er am meisten liebt.

In diesem Fall kann es dazu kommen, dass Sie

✔ sich fast jeden Abend über die beruflichen Belastungen bei Ihrem Partner beschweren – ohne jemals etwas an Ihren Problemen zu ändern und zu bedenken, dass sich Ihre schlechte Laune mittelfristig negativ auf die Stimmung Ihres Lebensgefährten oder Ihrer Lebens-gefährtin auswirkt.

✔ kaum noch dazu in der Lage sind, sich mit den gerade anstehenden familiären Schwierig-keiten (Ehekonflikte, Streit mit den Kindern) einigermaßen konstruktiv zu beschäftigen, und diese durchaus verständliche Schwäche dadurch kompensieren, dass Sie sich im privaten Raum besonders autoritär, unnahbar oder ignorant verhalten.

✔ anstatt Ihre Angehörigen, soweit möglich, um regelmäßige Erholungszeiten zu bitten, sich langfristig zurückziehen und Ihre sozialen Kontakte vernachlässigen, weil Ihr berufliches Projekt in jedem Fall Vorrang haben muss.

✔ stillschweigend Ihrem Partner oder, häufiger, Ihrer Partnerin sämtliche Familienange-legenheiten überlassen, da Sie ja in der Arbeit massiv unter Druck stehen und dauernd Überstunden leisten müssen, sodass Sie sich nicht auch noch mit den Alltagsproblemen Ihrer Familie befassen können.

✔ so wenig Kraft haben, dass Sie fällige Auseinandersetzungen im Privatbereich nicht mehr offen austragen, sondern Ihren Angehörigen mit Ignoranz und anderen passiven Aggres-sionen begegnen.

Aktive und passive Aggressionen

Viele Psychologen unterscheiden »aktive« und »passive Aggressionen« und gehen davon aus, dass Streitigkeiten, die jemand mit dem Mittel der passiven Aggression angeht, sich oft viel destruktiver auswirken als Auseinandersetzungen, die aktiv, also offen aggressiv ausgetragen werden – solange keine Gewalttätigkeiten stattfinden.

 Wofür steht dieser Begriff der passiven Aggression? Unter aktiver Aggression können Sie sich, wie jeder Mensch, etwas vorstellen. Vielleicht schimpfen Sie, wenn sich Ihr Kind nicht an eine Absprache hält, Sie kritisieren Ihren Lebenspartner, wenn er lieber mit Freunden in den Urlaub fährt als mit Ihnen, oder Sie streiten sich über die angemessene Rollenverteilung in der Familie.

Obwohl solche Aggressionsausbrüche für Ihr Gegenüber durchaus unangenehm sein können, erscheinen sie klar und eindeutig: Der andere weiß, dass Sie wütend, traurig oder verzweifelt sind, denn Sie haben es ihm gerade gezeigt. Auch Ihr »Opfer« kann eindeutig reagieren, etwa mit Gegenaggressionen, Beschwichtigungsversuchen oder dem Angebot eines klärenden Gesprächs.

Falls Sie Ihren Zorn irgendwann nicht mehr so stark spüren und dann bereit sind, Ihrem Angehörigen zuzuhören und seine Sicht der Dinge nachzuvollziehen, finden Sie möglicherweise einen Kompromiss, der die unterschiedlichen Positionen überbrückt.

Anders bei passiver Aggression. Die Betroffenen empfinden hier ebenfalls Wut oder andere »negative« Emotionen, trauen sich jedoch nicht, diese Gefühle offen zu zeigen. Das hat zur Konsequenz, dass die Aggression versteckt und nur indirekt deutlich wird. Zum Beispiel durch bewusstes Ignorieren, eine besonders harte Form der Bestrafung, durch das Verbreiten böser Gerüchte, »Ja, ja«-Sagen und auf Durchzug schalten oder durch depressives Jammern.

Häufig hat sich der Kontakt zu dem Menschen, mit dem man im Clinch liegt, langfristig verschlechtert, doch der passiv Aggressive findet einen Vorwand nach dem anderen, um sich vor einer wirklichen Auseinandersetzung zu drücken. Nicht selten flüchtet er auch aus der unangenehmen Streitsituation, indem er etwa, mit dem Verweis auf die berufliche Belastung, immer erst spätabends nach Hause kommt oder die Freizeit lieber mit pflegeleichten Freunden verbringt als in seiner Liebesbeziehung, in der es gerade kriselt.

So eine Reaktion ist eher typisch für männliches passiv-aggressives Verhalten. Doch Psychologen haben herausgefunden, dass sich dieses Konfliktmuster (oder Konfliktvermeidungsmuster) häufiger bei Frauen beobachten lässt als bei Männern. Vermutlich liegt das daran, dass noch heute vielen Frauen bereits in der Kindheit vermittelt wird, dass es sich für ein Mädchen »nicht gehört«, offen zornig zu sein, während aktive Aggressionen eben gut zum traditionellen Männerbild passen. Nach diesen Untersuchungen sind Frauen ebenso oft aggressiv wie Männer, doch sie verstecken häufig ihre Wut.

Was den Umgang mit passiven Aggressionen so schwierig macht, ist die Tatsache, dass das »Opfer« zwar den unterschwelligen Zorn normalerweise durchaus wahrnehmen kann.

Wenn es diese Beobachtungen jedoch in Worte fasst, wird es meistens hören: »Nein, ich bin überhaupt nicht sauer« oder »Ich weiß gar nicht, warum du meinst, dass irgendwas mit uns nicht in Ordnung ist«. Das liegt daran, dass es dem Betreffenden enorm schwerfällt, sich und anderen einzugestehen, dass er tatsächlich wütend ist.

Wer nun versucht, mit den passiven Aggressionen seines Gegenübers einigermaßen konstruktiv umzugehen, scheitert daran, dass der andere seinen Zorn ständig verleugnet. Manchmal wird er irgendwann aus Frustration auf jeden Versuch einer offenen Auseinandersetzung verzichten und selbst zu passiv-aggressiven Verhaltensweisen greifen. Damit rückt die Bewältigung des Konflikts in weite Ferne.

Ein weiteres Fallbeispiel zeigt die Schwierigkeiten, die erwachsen können, wenn sich eine berufsbedingte Burn-out-Krise auch auf den häuslichen Bereich auswirkt, und beschreibt einen Weg, der es ermöglichte, die wichtigsten familiären Konflikte, die daraus entstanden, schließlich zu klären.

Familienkrise durch Mobbing

Herbert Rogge, 53, kommt wegen unerträglicher Berufsbedingungen, die bis zum Mobbing reichen, in psychotherapeutische Behandlung. Bis vor wenigen Jahren hat er bei einem Sozialdienst als Haustechniker gearbeitet. Mit den Kollegen kam er gut zurecht. Das änderte sich radikal, als Herbert Rogge wegen seiner chronischen Krankheiten – Gelenkarthrose, Bandscheibenvorfall, ständige Rückenschmerzen, Pollenallergien, Asthma – einige Tätigkeiten nicht mehr ausüben konnte.

Wegen Herbert Rogges attestierter Schwerbeschädigung hatte sein Chef zwar kaum Chancen, ihn auf legalem Weg loszuwerden, doch er verfiel auf eine perfide Zermürbungstaktik: Ständige persönliche Beleidigungen und falsche, aber schwer widerlegbare Gerüchte führten zu Burn-out-Symptomen und einer ausgeprägten Depression. Schließlich erfolgte die Kündigung.

Herbert Rogges Unzufriedenheit mit dem eigenen Leben verschlimmert sowohl die Depression als auch die Tendenz zu Wutanfällen gegenüber Frau und Tochter. Meistens reagiert Herbert Rogges Gattin mit demonstrativem Unverständnis für seine Situation, sie zieht sich von ihm zurück und enthält sich jeder herzlichen Zuwendung. Ein dauerhaft schlechtes Gewissen kommt zu den unausgestandenen Beziehungskonflikten hinzu, und auch das Verhältnis zur Tochter ist von zerstörerischen Auseinandersetzungen geprägt.

Irgendwann sieht Herbert Rogge ein, dass es sinnvoll ist, die Therapie durch ein Antidepressivum zu ergänzen, das ihm ein Psychiater verschreibt. Auch ein Partnergespräch zu dritt bringt Erleichterung. Heute hat sich Herbert Rogges Depression stark verringert. Auch das bessere Verhältnis zur Gattin freut ihn sehr, obwohl er in seiner Ehe nicht alle Bedürfnisse verwirklicht sieht. Zu Wutanfällen ist es seit geraumer Zeit nicht mehr gekommen, und es bestehen gute Chancen, dass Herbert Rogge das antidepressive Medikament nur noch wenige Monate einnehmen muss, bis er sich so weit stabilisiert hat, dass seine Selbstheilungskräfte ausreichen, um die bestehenden Belastungen, vor allem die Arbeitslosigkeit und die chronischen Schmerzen, einigermaßen erfolgreich zu bewältigen.

Problematische Entwicklungen

5

In diesem Kapitel

▷ Wie aus chronischem Stress eine Burn-out-Krise entstehen kann

▷ Burn-out-Phasen nach Matthias Burisch

▷ Negative Auswirkungen einer Burn-out-Symptomatik auf gesunde Lebensaspekte

Zunächst erfahren Sie, unter welchen Umständen eine Erschöpfungskrise zu einer problematischen Burn-out-Erkrankung wird. Ich stelle Ihnen ein achtstufiges Modell der Burn-out-Entwicklung vor, das der Psychologe Matthias Burisch, ein Experte für dieses Syndrom, in den 1990er Jahren entwickelt hat.

Außerdem geht es in diesem Kapitel um die Frage, wie eine Burn-out-Symptomatik auch Lebensbereiche, die ursprünglich gesund waren, nachhaltig beeinträchtigen kann. Ein ausführliches Fallbeispiel eines »Ausbrenners« macht den abschüssigen Weg zu einer umfassenden Lebenskrise deutlich.

Im Hamsterrad: Vom Akutstress zum Burn-out-Syndrom

Einige Wissenschaftler beschreiben die Burn-out-Krise mit dem Bild einer Kerze, die von beiden Seiten brennt. Die meisten Menschen, die irgendwann unter einer Burn-out-Entwicklung leiden, haben sich zunächst mit großen Erwartungen und einer guten Portion Idealismus der Aufgabe gewidmet, an der sie schließlich scheitern. Oft geht es hierbei um berufliche Herausforderungen, ergänzt um den Druck, den sich der Betroffene selbst macht.

 Viele Burn-out-Kranke merken durchaus, dass sie sich seit längerer Zeit übermäßig belasten, und sie haben verschiedene Versuche unternommen, die Aufgabe, vor der sie stehen, besser zu bewältigen als bisher.

In der Sackgasse

Häufig greifen sie zur Strategie »Mehr desselben«, die ich in Kapitel 4 beschreibe: Ich muss mich eben noch mehr anstrengen. Ich sollte auf angenehme Aktivitäten verzichten, bis das Arbeitsproblem hinter mir liegt. Wenn ich mir die Frage stelle, ob es berufliche Alternativen geben könnte, kneife ich und bin ein Feigling. Je weniger Kraft ich verspüre und je schwieriger mir die aktuelle Herausforderung erscheint, umso wichtiger ist es, dass ich all meine Ressourcen auf eine Lösung verwende und meine eigentlichen Bedürfnisse ebenso ignoriere wie meine Grenzen.

Diese Entwicklung führt, solange man keine wirklich erfolgversprechenden Gegenmaßnahmen einleitet, dazu, dass der Betroffene immer weniger persönliche Erfolge erlebt, dass er sich selbst kaum noch für seine Leistungen bestätigt und erholsame Aktivitäten für Zeitverschwendung hält.

Manchmal leidet ein Burn-out-Erkrankter im fortgeschrittenen Stadium unter dermaßen starken Gewissensbissen, wenn er sich mit etwas Angenehmerem als dem beruflichen Hauptproblem beschäftigen will, dass er sich mit Freizeit- und Entspannungsentzug bestraft. Er ist dann auf seine Schwierigkeiten fixiert und wirkt auf den Beobachter ein bisschen wie ein Autofahrer, der in einer Sackgasse steckt und sich nicht erlaubt, zurückzusetzen und einen anderen Weg zum Ziel zu suchen – oder seine Ziele den eigenen Möglichkeiten anzupassen.

Irgendwann ist der Burn-out-Kranke dann so erschöpft, dass neben der eigenen Leistungsfähigkeit auch die Gefühlswelt beeinträchtigt wird und sich auch das Verhältnis zu den Kommunikationspartnern zunehmend verschlechtert.

Wege ins Burn-out-Syndrom: Das Phasenmodell von Matthias Burisch

Der Burn-out-Forscher Matthias Burisch hat ein achtstufiges Phasenmodell entwickelt, das den Verlauf der Krankheit von den ersten Warnsymptomen bis zum völligen Zusammenbruch darstellt. Die Liste sei unvollständig, schreibt Burisch. Nicht jeder Betroffene erlebt alle Punkte der Stufe, auf der er sich gerade befindet, manchmal treten einige Symptome einer Phase mit Zeichen einer anderen Stufe auf, eine Phase wird übersprungen oder vorgezogen. Dennoch kann Ihnen das Modell, das ich ein wenig verändert habe, Hinweise geben, wie erschöpft oder burn-out-gefährdet Sie derzeit sind.

Im fortgeschrittenen Stadium ist der Gefühlshaushalt des Erkrankten jedoch so nachhaltig gestört, dass es schwierig wird, auf rationalem Wege zu erkennen, womit die eigenen Probleme zusammenhängen und welche Möglichkeiten tatsächlich geeignet wären, die Sackgasse zu verlassen.

In jedem Fall kann Ihnen diese Liste nur Anhaltspunkte für die Antwort auf die Frage anbieten, ob Sie derzeit burn-out-gefährdet sind oder bereits tiefer in der Krise stecken. Die beste Richtschnur, durch die Sie normalerweise erkennen können, wie es Ihnen in Sachen Stress geht, sind – neben den Aussagen Ihrer wichtigsten Angehörigen – Ihre eigenen Gefühle.

Phase 1: Die ersten Warnsignale

Verstärktes Engagement für die auf das Hauptproblem bezogenen Ziele

- ✔ Übermäßige Aktivität
- ✔ Freiwillige, mitunter auch unbezahlte Mehrarbeit
- ✔ Eindruck, im Beruf unentbehrlich zu sein

✔ Gefühl, zu wenig Zeit zu haben

✔ Eigene Bedürfnisse werden verleugnet

✔ Misserfolge und Enttäuschungen werden verdrängt

✔ Soziale Kontakte beschränken sich mehr und mehr auf das Arbeitsumfeld

Zunehmende Erschöpfung

✔ Chronische Müdigkeit, die sich auch in der Freizeit nicht mehr abbauen lässt

✔ Längerfristige Verringerung der eigenen Energie

✔ Zu wenig Schlaf, Erhöhung der Unfallgefahr

 Diese erste Phase, der Übergang von idealistischer Begeisterung zu chronischer Erschöpfung, ist am schwierigsten zu erkennen. Hier verwandelt sich der Wunsch, den Kollegen oder dem Chef zu zeigen, wie gut man ist, in einen zunehmenden Zwang. Häufig beobachtet man eine verbissene Einstellung zum Erfolgs- und Leistungsbereich ebenso wie unrealistische Erwartungen, etwa den Anspruch, immer alles perfekt machen zu müssen.

Wenn ein Burn-out-Gefährdeter diese Warnsymptome ignoriert und sich sein Lebensradius weiter einengt, weil er sich auf den Versuch beschränkt, die beruflichen Probleme durch vermehrte Anstrengung zu bewältigen, kann dies in die zweite Burn-out-Phase münden.

Phase 2: Reduziertes Engagement

Veränderte Haltung gegenüber Kunden, Schülern oder Patienten oder im Verhältnis zu den Kollegen

✔ Desillusionierung

✔ Verringerung oder Verlust positiver Gefühle gegenüber den Klienten und/oder Mitarbeitern

✔ Beschränkung der Kontakte zu den Klienten und/oder Kollegen auf das notwendige Minimum

✔ Konzentrationsstörungen in der Kommunikation

✔ Im sozialen Bereich verlagert sich das Gewicht von sinnvoller Unterstützung zu autoritärer Beaufsichtigung; Kontrollmittel (abhängig vom Beruf zum Beispiel Strafen oder Medikamente) werden vermehrt eingesetzt

✔ Für Schwierigkeiten macht der Betroffene zunehmend die Kunden, Patienten, Schüler und/oder Kollegen beziehungsweise den Chef verantwortlich

✔ Kunden und/oder Kollegen werden vermehrt stereotypisiert (zum Beispiel »alle Ausländer sind ungebildet«, »Frauen wie Kollegin X. reden nur, um lästern zu können« oder »Schüler in der Pubertät sind unerträglich«)

✔ Verstärkter Einsatz von Fachjargon aus Machtgründen, Menschenfreundlichkeit geht zunehmend verloren (»Dehumanisierung«)

 Obwohl viele Burn-out-Krisen durch berufliche Probleme ausgelöst werden, beeinträchtigen die Arbeitsschwierigkeiten mit der Zeit auch das Privatleben, was die Kraftquellen des Betroffenen zunehmend reduziert.

Die Merkmale der unten stehenden Liste spielen auch in späteren Phasen des Burn-out-Modells eine wichtige Rolle. Sie können in dieser zweiten Phase bereits deutlich ausgeprägt sein, manchmal werden sie aber auch erst im weiteren Verlauf der Erkrankung beobachtet.

Allgemeine Auswirkungen auf die Kommunikation und die Beziehung zu anderen Menschen

✔ Unwille oder Unfähigkeit, den Mitmenschen etwas zu geben

✔ Wachsende Kälte im Verhältnis zu den Bezugspersonen

✔ Verlust des Einfühlungsvermögens

✔ Zunehmende Schwierigkeiten, über den eigenen Tellerrand hinauszublicken und sich in andere hineinzuversetzen

✔ Emotionale und mentale Verständnisprobleme

✔ Schwierigkeiten, anderen Menschen zuzuhören

✔ Sarkastische bis zynische Grundhaltung

Verringertes berufliches Engagement

✔ Negative Einstellung gegenüber der eigenen Arbeit

✔ Wachsender Widerwille und Überdruss

✔ Innere Widerstände, täglich zur Arbeit zu erscheinen

✔ Häufiges Gucken auf die Uhr

✔ Wiederholte Fluchtfantasien und Tagträumereien

✔ Übermäßige Ausdehnung von beruflichen Pausen

✔ Tendenz zu verspätetem Arbeitsbeginn und/oder vorzeitigem Arbeitsschluss

✔ Häufige Krankschreibungen und entsprechende Fehlzeiten

✔ Das Lebenshauptgewicht verlagert sich auf Freizeit, Urlaub und Wochenende, bei längeren Arbeitspausen blühen viele Betroffene regelrecht auf

✔ Materielle Bedingungen (Gehalt, Karrieremöglichkeiten und so weiter) bekommen ein höheres Gewicht, was die Zufriedenheit mit dem Beruf angeht

Verstärkte Anspruchshaltung

✔ Verringerter Idealismus

✔ Eigene Ansprüche werden für wichtiger gehalten als die Bedürfnisse anderer Menschen

✔ Zunehmendes Gefühl, in der Arbeit ausgebeutet zu werden

✔ Eifersucht und andere Partnerschaftsprobleme (häufig im Sinne eines Abreagierens der eigentlich berufsbedingten Frustrationen)

✔ Wachsende Konflikte mit den eigenen Kindern (vor allem wenn sie sich in einer ohnehin schwierigen Lebensphase wie dem Trotzalter oder der Pubertät befinden)

 In dieser zweiten Phase entsteht häufig, nach der Enttäuschung des Bedürfnisses, sich erfolgreich in der Arbeit zu beweisen, Ernüchterung und wachsender Widerwille. Die ursprünglich positive Einstellung gegenüber der beruflichen Tätigkeit geht ebenso verloren wie das Engagement und die Freude am Job. Die verstärkte Arbeitswut, von der noch, unter großen Anstrengungen, die erste Phase geprägt war, wird reduziert. Das gilt jedoch auch für den Wunsch, den Kollegen und den Kunden mit Freundlichkeit und Interesse zu begegnen.

Einige Symptome der zweiten Burn-out-Phase können auch als Selbstschutzmechanismen gegen den chronischen Stress betrachtet werden – zum Beispiel die Tendenz, die Bedürfnisse anderer Menschen gegenüber den eigenen Wünschen zurückzustellen, oder das Aufblühen des Betroffenen in der Freizeit und im Urlaub.

 Wenn der Burn-out-Gefährdete jedoch die Stressfaktoren im Beruf, unter denen er hauptsächlich leidet, nicht verringern kann, objektiv oder subjektiv, funktioniert dieser Selbstschutz in der dritten Erkrankungsphase nicht mehr.

Es ist dann kaum noch möglich, die chronischen Belastungen durch ein schönes, befriedigendes Privatleben oder ausgedehnte Ferienreisen zumindest teilweise auszugleichen. Die schlechte Stimmung im Beruf bestimmt weitgehend auch das Freizeiterleben.

Phase 3: Emotionale Reaktionen und Schuldzuweisungen

Depressive Symptome

✔ Schuldgefühle und -gedanken

✔ Verringerte Selbstachtung

✔ Unterlegenheitsempfindungen

✔ Tendenz zu fruchtlosen Grübeleien

✔ Selbstmitleidige Haltung, wiederholtes Klagen

✔ Humor und Selbstironie reduzieren sich

✔ Zunehmende Nervosität, unbestimmte Angstsymptome

✔ Schnelle und häufige Stimmungsschwankungen

✔ Reduzierte emotionale Belastungsgrenzen

✔ Wachsende Verbitterung

✔ Zunehmendes Gefühl der Abstumpfung und der inneren Leere

✔ Wiederholte Empfindungen von Schwäche und Kraftlosigkeit

✔ Häufiges Weinen (bei einer stark depressiven Symptomatik auch Wunsch, zu weinen, ohne es zu können)

✔ Wachsende innere Unruhe, Rastlosigkeit

✔ Zunehmender Eindruck, festgefahren zu sein

✔ Erlernte Hilflosigkeit (mehr dazu finden Sie in Kapitel 1), Ohnmachtempfindungen

✔ Wachsender Pessimismus oder ein (unangenehmes) Gefühl der Schicksalsergebenheit

✔ Neigung zur Apathie und zum sozialen Rückzug

✔ Selbstmord-Entlastungsfantasien (in schwereren Fällen)

Aggressionsbezogene Symptome

✔ Schuldzuweisungen an andere Menschen (zum Beispiel Chef, Kollegen, Familie) oder an die Gesellschaft

✔ Vorwurfshaltung, häufige Nörgeleien

✔ Die Einsicht, selbst für die Probleme mitverantwortlich zu sein, wird zunehmend verleugnet

✔ Ungeduld mit sich selbst und mit den Bezugspersonen

✔ Tendenz, schlecht gelaunt zu sein und andere mitleiden zu lassen

✔ Rückgang der Toleranz

✔ Wachsende Kompromissunfähigkeit

✔ Neigung, alles negativ zu sehen

✔ Schnelle Reizbarkeit

✔ Zunehmender Ärger, bleibende Ressentiments

✔ Defensive Haltung oder paranoides Grundgefühl (»Alle sind gegen mich«)

✔ Wachsendes Misstrauen

✔ Vermehrte Konflikte (im Beruf und/oder in der Familie)

 In der dritten Phase vernachlässigt der Betroffene häufig zunehmend seine Bedürfnisse, zum Beispiel Schlaf, Entspannung und das Nachdenken über die eigene Person. Konflikte und Versagensängste werden verdrängt, und schon dieses Stadium kann in einen körperlichen Zusammenbruch münden.

Falls der Burn-out-Gefährdete auf Stufe 3 keinen angemessenen Weg aus dem chronischen Stress findet, kann es in Phase 4 zu einem längerfristigen Rückgang von Motivation, Fähigkeiten und Ressourcen kommen. Doch auch dieser Abbau kann abgewendet werden, falls es dem Betroffenen irgendwann gelingt, wirksame Gegenmaßnahmen einzuleiten.

Phase 4: Abbau

Rückgang der kognitiven (geistigen) Leistungsfähigkeit

✔ Starke Konzentrations- und Gedächtnisprobleme

✔ Unfähigkeit, komplexe Aufgabenstellungen zu bewältigen

✔ Zunehmende Ungenauigkeit beim Arbeiten

✔ Organisationsschwierigkeiten (bis zur Desorganisiertheit)

✔ Wachsende Probleme, Entscheidungen zu treffen

✔ Unfähigkeit, klare Anweisungen zu geben

Rückgang der Motivation

✔ Verringerung der Eigeninitiative

✔ Produktivitätsabbau

✔ Neigung zum »Dienst nach Vorschrift«

Rückgang der Kreativität

✔ Verminderte innere und äußere Flexibilität

✔ Verringerung der Fantasie

Rückgang des differenzierten Denkens

✔ Neigung zur Schwarz-Weiß-Argumentation ohne Zwischenstufen

✔ Innerer und/oder von außen erkennbarer Widerstand gegen jegliche Veränderungen

 Der Betroffene erledigt auf dieser Stufe in der Arbeit oft nur noch das Nötigste. Alle Energiereserven sind erschöpft, die Denkvorgänge zunehmend undifferenziert, wenn nicht sogar verwirrt.

Die massiven Probleme werden weiterhin durch verschiedene seelische Abwehrmechanismen verleugnet. Dass der Betroffene seine Bedürfnisse und Grenzen dauerhaft ignoriert, führt zudem häufig zu nachhaltigen Veränderungen bei der Wahrnehmung und dem Wertesystem. Hierdurch wird es immer schwieriger, zwischen den wirklich wichtigen und den eher unwichtigen Dingen zu unterscheiden.

Bei einigen Menschen kommt es in der nächsten Phase zur nachhaltigen Verringerung der emotionalen, sozialen und mentalen Kompetenzen. Aber auch hier gilt, wie in den anderen Phasen, dass sich dieser Abbau langfristig und bei deutlich veränderten Lebensbedingungen rückgängig machen lässt.

Phase 5: Verflachung

Verflachung der Gefühlswelt

✔ Verringerung emotionaler Reaktionen

✔ Zunehmende Gleichgültigkeit

Verflachung der Kommunikation und der sozialen Kontakte

✔ Rückgang der Anteilnahme und des Interesses für andere Personen und/oder abhängigkeitsorientierte Bindung an bestimmte Menschen

✔ Vermeidung persönlicher, nicht formalisierter Kontakte

✔ Meiden von Gesprächen über die eigene Arbeit (oder ein anderes massives Problem)

✔ Eigenbrötlerische Haltung

✔ Zunehmende Beschäftigung mit der eigenen Person und den eigenen Schwierigkeiten (ohne erfolgversprechende Lösungsansätze)

✔ Wachsende Einsamkeitsgefühle

Verflachung der geistigen Welt

✔ Subjektiv wichtige Hobbys werden aufgegeben

✔ Interesselosigkeit

✔ Häufiges Gefühl der Langeweile

 Diese Phase kann auch als »desinteressierte Gleichgültigkeit« beschrieben werden. Das Gefühlsleben ist auf dem Nullpunkt, und auch die privaten Interessen gehen erheblich zurück. Intoleranz und Zynismus dominieren häufig die Weltsicht des Betroffenen, ein Gefühl innerer Leere steht im Hintergrund.

Auch den verbliebenen Bezugspersonen fallen nun spätestens auf dieser Stufe bestimmte Persönlichkeitsveränderungen auf. Etwa deutliche Rückzugstendenzen, falls sich der Erkrankte weigert, ans Telefon zu gehen oder auf E-Mails zu reagieren. Oft werden soziale Kontakte immer stärker vermieden.

 Da hier ja die persönlichen, freundschaftlichen Bindungen betroffen sind, also Kontakte, die potenziell guttun können, wirkt dies ein wenig wie das Verhalten eines Menschen, der verbissen an dem Ast sägt, auf dem er sitzt.

Die nachfolgende Phase einer vermehrten Anfälligkeit für psychosomatisch beeinflusste Krankheiten tritt nicht selten schon bei einer der weiter vorn beschriebenen früheren Stufen auf.

Phase 6: Psychosomatische Reaktionen

✔ Schwächung der körperlichen Abwehrkräfte

✔ Zunehmende Entspannungsprobleme

✔ Neigung zu Ein- und Durchschlafstörungen und/oder häufigen Albträumen

✔ Sexuelle Probleme (zum Beispiel Lustlosigkeit, Verringerung der Potenz oder Orgasmusschwierigkeiten, manchmal auch Sexsuchtverhalten)

✔ Häufige Gesichtsrötung oder Gesichtsblässe

✔ Spürbares Herzklopfen oder Herzrasen, beschleunigter Puls

✔ Engeempfindungen im Brustbereich

✔ Atembeschwerden, flaches Atmen oder zu häufiges Luftholen (Hyperventilation)

✔ Längerfristig erhöhter Blutdruck ohne klare organische Ursache

✔ Wachsende Muskelverspannungen

✔ Häufige Rückenschmerzen oder Kopfschmerzen ohne eindeutigen organischen Befund

✔ Neigung zu nervösen Tics (etwa Zucken der Augenlider oder unwillkürliche Handbewegungen)

✔ Wiederholte Verdauungsschwierigkeiten ohne organische Ursache (Durchfall, Verstopfung, Blähungen oder allgemeines Reizdarmsyndrom)

✔ Häufige Übelkeit (oft besonders stark am Morgen)

✔ Magen- oder Darmgeschwüre

✔ Auffällige Gewichtsveränderungen (starke Abnahme oder Zunahme)

✔ Veränderte Essgewohnheiten (vor allem ungesünderes Essen, ständiger Heißhunger oder Appetitlosigkeit bis zur Nahrungsverweigerung)

✔ Verstärkte Einnahme von Alkohol, Nikotin, Kaffee oder anderen Drogen

 Hier dominiert die bereits erwähnte Depersonalisation: Der Betroffene ist schon seit Längerem nicht mehr authentisch, und im Extrem funktioniert er nur noch wie ein Roboter.

Die fortwährende Selbstverleugnung geht über in eine Verneinung des eigenen Körpers, seiner Bedürfnisse und Grenzen.

In der siebten Phase nehmen Frustration und Verzweiflung weiter zu.

Phase 7: Verzweiflung

✔ Langfristig negative Lebenseinstellung

✔ Gefühl der Hoffnungslosigkeit

✔ Verlust des (subjektiven) Sinnempfindens

✔ Selbstmordabsichten (oder Suizidversuch)

In dieser Phase herrscht eine überaus negative Einstellung zum eigenen Leben vor, einhergehend mit einer schweren Depression, mit Empfindungen von Sinnlosigkeit, Hoffnungsverlust, starker Angst und einem Gefühl existenzieller Bedrohung.

Auch der Konsum von Alkohol, Nikotin, Medikamenten oder anderen Drogen kann noch einmal zunehmen. Nicht selten kommt es auf dieser Stufe zu schweren apathischen Zuständen oder zum massiven Einbruch der letzten Kräfte.

Die achte und letzte Burn-out-Phase wird von Matthias Burisch nicht näher beschrieben. Hier geht es um den vollständigen körperlichen und seelischen Zusammenbruch und das Versiegen der letzten Quellen, über die der Betroffene bisher vielleicht noch verfügt hat.

Ohne wirksame Unterstützung, oft im Rahmen einer stationär-psychotherapeutischen Behandlung (siehe Kapitel 15), ist eine Gesundung sehr unwahrscheinlich. Ambulante therapeutische Hilfe ist im Allgemeinen schon bei früheren Erkrankungsphasen erforderlich.

Um Ihre eigene Burn-out-Gefährdung zu messen, können Sie die Symptome der Phasen 1 bis 7 durchgehen und dabei ankreuzen, was Sie in der letzten Zeit bei sich selbst wahrnehmen.

Nach der Lektüre dieses Buches, wenn Sie Gegenmaßnahmen zum Burn-out eingeleitet haben, lohnt es sich, zu prüfen, was sich inzwischen verbessert hat, welche Strategien Ihnen dabei geholfen haben und was sich vielleicht als weniger wirksam erwies.

Wie ein Burn-out gesunde Lebensbereiche beeinträchtigen kann

Das oben dargestellte Phasenmodell umfasst auch einige Punkte, die zeigen, wie sich eine arbeitsbedingte Burn-out-Krise negativ auf Bereiche auswirkt, die den Betroffenen bislang stabilisiert haben.

Wenn Sie dazu neigen, Ihre Bedürfnisse und Grenzen ständig zugunsten Ihrer beruflichen Tätigkeit zurückzustellen, kann es sein, dass sich dieses Verhaltensmuster auf Ihr Privatleben überträgt.

In dem Fall erlauben Sie sich keinen wirksamen Ausgleich für die Belastungen durch Ihre Arbeit und verringern gleichzeitig Ihre Chancen, zumindest im Alltag ein Mensch mit Wünschen und Begrenzungen sein zu dürfen. Wer sich so stark selbst verleugnet, erschwert es Familie und Freunden sehr, positive zwischenmenschliche Kontakte auch in der Krise aufrechtzuerhalten.

Das andere Extrem erscheint ebenfalls problematisch: Sie fühlen sich beruflich so nachhaltig ignoriert, dass Sie im Privatleben einen massiven Ausgleich fordern. Die Bedürfnisse und Grenzen Ihrer Angehörigen spielen dann kaum noch eine Rolle, denn Familie und Freunde sollen hauptsächlich dafür da sein, Ihnen gutzutun. Diese übertriebene Egozentrik kann Ihre persönlichen Beziehungen belasten oder sogar langfristig zerstören.

Schwierigkeiten durch Erschöpfung und Gefühlsverarmung

Auch der chronische Energiemangel und die zunehmende Erschöpfung, die mit einer Burn-out-Symptomatik einhergehen, wirken sich oft nachteilig auf das Freizeitleben aus. Nicht unbedingt, wenn Sie zu Hause mehr Schlaf oder Entspannung benötigen als vor der Krise, denn darauf kann sich Ihre Familie, kleine Kinder ausgenommen, normalerweise irgendwann einstellen. Doch wenn die Erholungszeiten einfach nicht mehr ausreichen und Sie fast immer müde und schlecht gelaunt erscheinen, beeinträchtigt dies fast automatisch die Qualität Ihrer sozialen Beziehungen.

Das gilt erst recht für die Tendenz bei einer fortgeschrittenen Burn-out-Problematik, emotional abzustumpfen, sich kaum noch in andere Menschen einzufühlen und der Umwelt kalt oder zynisch zu erscheinen.

Selbst wenn Sie sich auf diese Weise einigermaßen davor schützen können, an den beruflichen Herausforderungen zu zerbrechen, liegt es auf der Hand, dass eine kühle, menschenunfreundliche Grundhaltung Ihre wichtigsten Bezugspersonen verstören muss und jede wirkliche Nähe auch da verhindert, wo sie Ihnen und Ihren Angehörigen guttäte.

 Veränderungen brauchen ihre Zeit. Es empfiehlt sich in jedem Fall, Geduld mit sich selbst zu haben. Ebenso wie es dauert, bis aus akutem Stress ein Burn-out-Syndrom entsteht, lassen sich auch Veränderungen zum Positiven nicht auf Knopfdruck erreichen. Je länger Sie unter Ihren Schwierigkeiten leiden und je umfassender Ihnen die Probleme erscheinen, umso mehr Zeit brauchen Sie, um sie schließlich aufzulösen.

Probleme durch familiäre Dauerkonflikte, Jammern und sozialen Rückzug

Falls Sie feststellen, dass Sie als Burn-out-Betroffener in Ihrer Partnerschaft zunehmend eifersüchtig werden oder immer mehr Konflikte mit der Familie austragen, ist es recht wahrscheinlich, dass Sie den beruflichen Ärger an Ihren Liebsten abreagieren. Doch die Angehörigen können nichts dafür, dass es Ihnen im Beruf so schlecht geht, und solche Verhaltensmuster zerstören mit der Zeit auch Beziehungen, die zuvor gesund und stabil waren.

Vielleicht hat sich Ihre Familie bereits von Ihnen und Ihrer desolaten seelischen Verfassung distanziert. Doch misstrauische Eifersucht, wütende Auseinandersetzungen, Schuldvorwürfe, Intoleranz und dauerhafte Ressentiments vertiefen die bestehende Distanz, anstatt sie zu aufzuheben.

Das gilt übrigens auch für die Tendenz, jeden Abend im Kreis der Angehörigen zu jammern, wie fürchterlich doch die Bedingungen sind, unter denen Sie am Arbeitsplatz leiden, ohne jemals etwas an diesen Bedingungen zu ändern.

Es kann jemandem, der sich gerade in einer Erschöpfungsdepression befindet, zwar guttun, wenn er sich traut, den Freunden oder der Familie von seiner psychischen Lage zu berichten. Doch ständige Klagewiederholungen ohne jede Aussicht auf Besserung frustrieren nicht nur den Betroffenen, sondern auch dessen Vertraute. Damit übertragen Sie ungewollt Ihr Gefühl der Hilflosigkeit auf die Menschen, die sich um Sie sorgen.

Bei einer fortgeschrittenen Burn-out-Krise kann es außerdem dazu kommen, dass Sie sich zunehmend von bislang positiven sozialen Kontakten zurückziehen. Die Arbeitsprobleme bestimmen dann Ihre gesamte Existenz, ein Freizeitausgleich findet kaum noch statt.

Falls Sie sich bereits in diesem Stadium befinden, loben und bestätigen Sie sich wahrscheinlich nur noch, wenn Ihre beruflichen Schwierigkeiten endlich hinter Ihnen liegen. Falls Ihnen das in der Krise nicht mehr gelingt, befinden Sie sich in der Sackgasse. Fällt dann der soziale Austausch weitgehend fort, verengt sich der Horizont noch mehr. Arbeit ist dann nicht mehr »das halbe Leben«, sondern das ganze. Und selbst wenn Sie Ihre berufliche Problematik irgendwann zufriedenstellend bewältigen können, sind Sie im Extremfall allein, da Sie alle wichtigen freundschaftlichen oder familiären Kontakte zu lange vernachlässigt haben.

Das Fallbeispiel eines Patienten, der eine fortgeschrittene Burn-out-Krise erlebt, veranschaulicht unter anderem die privaten Schwierigkeiten, die sich aus der Haltung ergeben können, außer dem eigenen Arbeitsproblem gebe es kaum etwas Entscheidendes, das zum Lebenssinn beitragen könnte.

Hamsterrad Doktorarbeit

Johannes Schrader, 37, ist seit einigen Jahren in psychotherapeutischer Behandlung. Die letzten acht Jahre hat er, neben einer Auseinandersetzung mit seiner Biografie, auf eine Doktorarbeit in Neurophysiologie verwendet, derzeit im dritten Anlauf an der dritten Universität.

Zwischenmenschliche Schwierigkeiten mit den Professoren, die seine Promotion bislang betreuten, haben bei Johannes Schrader zu massiven Frustrationsempfindungen beigetragen: Der erste Dozent ließ ihn bei der mündlichen Prüfung auflaufen und befand seine Untersuchung für unzureichend, obwohl der Doktorand alle gewünschten Veränderungen und Ergänzungen in jahrelanger Kleinarbeit berücksichtigt hatte. Auch nachdem er durchgefallen war, fand Johannes Schrader nicht den Mut, seinen Doktorvater für sein Verhalten zu kritisieren.

Da es für ihn völlig ausgeschlossen zu sein scheint, eine Niederlage einzuräumen oder einen einmal gefassten Plan aufzugeben, wechselte Johannes Schrader mit dem gleichen Promotionsthema an eine andere Universität. Dort hatte er, anders als zuvor, keine Möglichkeit, durch Assistenztätigkeiten Geld zu verdienen. Nach einigen Monaten, in denen er vom Ersparten lebte, war er auf Hartz IV angewiesen.

Johannes Schrader übernahm alle Änderungen der Doktorarbeit, die von seinem neuen Professor gewünscht wurden. Doch immer wieder bekam Johannes Schrader, der sich nicht traute, diesen Dozenten gegen einen anderen auszuwechseln, zu hören, die Promotion entspreche nicht den aktuellen wissenschaftlichen Anforderungen und er selbst sei unfähig, dem Anspruch zu genügen. Wieder nahm Johannes Schrader jede Kritik hin. Anstatt sich abzugrenzen, verspürte er das Bedürfnis, dem Zweitgutachter zu zeigen, dass er irrt und dass es ihm selbst irgendwann schon gelingen werde, auch den übertriebensten fachlichen Anforderungen gerecht zu werden. Da der Professor schließlich meinte, Johannes Schrader könne seine Doktorarbeit vergessen, scheiterte auch dieser zweite Anlauf, dieses Mal noch vor der Prüfung.

Gerade versucht es Johannes Schrader bei der dritten Universität und bei einem Dozenten, den er noch von seinen Studienzeiten kennt. Wieder mit der gleichen Untersuchung, die inzwischen, wie er meint, schon den Umfang einer Habilitationsarbeit hat. Ob aus diesem Projekt wirklich etwas wird, weiß Johannes Schrader noch nicht.

Bei dem 37-Jährigen lassen sich etliche Verhaltensweisen beobachten, die für eine fortgeschrittene Burn-out-Erkrankung sprechen: Die berufsbedingte Problematik möchte er auf jeden Fall lösen, egal wie massiv die Widerstände sind, denen er immer wieder begegnet. Das Gefühl, daran zu scheitern, ist für ihn so unerträglich, dass er es unbedingt vermeiden will. »In den ersten Jahren hätte ich vielleicht aufgeben können«, sagt er einmal, »aber nicht nach so langer Zeit und nach all den Kräften, die mich meine Arbeit gekostet hat.« Selbst die Vorstellung, auch die nächsten acht Jahre mit seiner unendlich erscheinenden Geschichte zu verbringen, schreckt ihn weniger als das Gefühl, eine subjektiv wichtige Sache nicht beenden zu können. In Johannes Schraders Tätigkeitsfeld ist eine Promotion eigentlich gar nicht erforderlich, für sein Selbstwertgefühl scheint sie jedoch unabdingbar zu sein. Im Hintergrund steht hier der Umstand, dass Johannes Schraders Mutter, die ihm stets mit Kälte und Rechthaberei begegnet ist, einen Doktortitel hat. Eigentlich weiß der 37-Jährige, dass ihm nicht einmal eine Professur dazu verhelfen würde, der Mutter auf Augenhöhe begegnen zu können. Der Kontakt ist schon vor langer Zeit abgerissen, und Johannes Schrader hat nie die Erfahrung gemacht, von seiner Mutter wirklich geliebt oder auch nur respektiert zu werden.

Dieses Verhaltensmuster setzt sich im Verhältnis zu den Dozenten fort, die Johannes Schrader bisher bei der Promotion betreut haben. Eine Forderung folgt auf die andere, und das Ergebnis ist niemals gut genug. Auch die Tatsache, dass sich Johannes Schrader fast unterwürfig gibt, jede Kritik außen vor lässt und seine eigenen Wünsche bis zur Selbstverleugnung missachtet, hat ihm keinerlei Anerkennung von den Professoren eingebracht. Dass devotes Verhalten Menschen mit stärkeren Machtbedürfnissen dazu bringt, den Betroffenen klein zu machen und klein zu halten, weiß Johannes Schrader zwar. Doch er kann diese Erkenntnis bisher nicht praktisch umsetzen, was mit seinem niedrigen Selbstwertgefühl zusammenhängt.

Johannes Schrader neigt zu Grübeleien, in denen er entweder sich selbst oder das »System«, das ihm so übel mitspielt, in hilfloser Wut niedermacht. Angstsymptome und depressive Krankheitszeichen, die er schon vor der aktuellen Krise kannte, haben sich, obwohl er regelmäßig Psychopharmaka einnimmt, verstärkt. Er leidet unter Schlafstörungen und Albträumen, mehr als vier Stunden Schlaf pro Nacht sind nicht drin. Chronische Erschöpfung spürt er auch tagsüber, und nur seine eiserne Selbstdisziplin hilft ihm dabei, trotz allem an der Promotion weiterzuarbeiten. Gedanken, sich am besten umzubringen, quälen Johannes Schrader. Zwar traut er sich nicht, seinem Leben ein Ende zu setzen, doch der Mut, Entscheidendes an diesem Leben zu verändern, fehlt ihm eben auch.

Unter solchen Umständen wird es sehr schwer, zumindest in der Freizeit positive Erfahrungen zu machen und sich davon aufbauen oder inspirieren zu lassen. Den Kontakt zu den meisten alten Freunden hat Johannes Schrader abgebrochen, und die verbliebenen Bezugspersonen sind darauf angewiesen, ihm zu mailen, da der 37-Jährige aus Angst vor weiteren beruflichen Auseinandersetzungen nicht ans Telefon geht. Besuche fallen ebenfalls aus, denn Johannes Schrader findet die Vorstellung unerträglich, ein paar Tage mit etwas anderem zu verbringen als mit seiner Arbeit. Außerdem befürchtet er, die letzten Freunde mit seiner miesen seelischen Verfassung endgültig zu verschrecken. Eine Liebesbeziehung hat er seit einigen Jahren nicht mehr gehabt. Ohnehin ist sein Interesse an anderen Menschen in der Krise zurückgegangen.

Zumindest gelang es Johannes Schrader, einige Hobbys aufrechtzuerhalten: Sport in einem Fitnesscenter und Singen in einem Chor. Auch wenn er sich manchmal dazu zwingen muss, die Wohnung zu verlassen und in einem festen Rahmen andere Menschen zu treffen, merkt er doch, dass ihm diese Tätigkeiten guttun.

Falls Johannes Schrader jedoch mittelfristig nichts Sinnvolles unternimmt, um seine berufliche Sackgasse hinter sich zu lassen, werden die sportlichen und musikalischen Aktivitäten vermutlich nicht ausreichen, um Leben und Arbeit wieder in eine gesunde Balance zu bringen.

 Johannes Schraders Wunsch, seinen unheilvollen Weg Richtung Burn-out zu verlassen, wird durch einige eher ungünstige Persönlichkeitseigenschaften erschwert: Dazu gehört seine Tendenz zu Depressionen und Ängsten ebenso wie sein Pflichtbewusstsein und seine übermäßige Leistungsorientierung.

»Wenn ich mich einmal entschieden habe, etwas zu machen, bleibe ich auf jeden Fall dabei, unabhängig von den Widerständen, die sich mir in den Weg stellen«, sagt Johannes Schrader einmal.

Dieses Lebensmotto, bei dem er bislang unbedingt bleiben will, kann eine gute Hilfe sein, wenn sich jemand in den Kopf gesetzt hat, einen Achttausender zu besteigen. Falls der gleiche Mensch bei der Extrembergtour jedoch bemerkt, dass seine Kräfte den Gipfelsturm eigentlich unmöglich machen, wird er es nicht mit sich vereinbaren können, zu »scheitern« – und deshalb möglicherweise sterben.

 Diese Fallgeschichte macht deutlich, wovon fast alle Burn-out-Experten ausgehen: Je massiver die Krise erscheint und je mehr Lebensbereiche sie umfasst, umso länger dauert es normalerweise, sie zu überwinden. Eine wichtige Voraussetzung ist, dass der Erkrankte wirklich aus seiner Sackgasse herausfinden will.

Alles beim Alten zu belassen und zu hoffen, dass man sich schon irgendwann besser fühlen wird, spätestens nach der Beendigung des Arbeitsprojekts, das einen in den Burn-out geführt hat, lässt Zweifel an der Motivation des Betroffenen aufkommen, sein Leben wirklich in Richtung größerer Gesundheit verändern zu wollen.

 Wenn alle Selbsthilfeversuche fruchtlos geblieben sind und sich die Problematik seit Monaten oder Jahren verschlimmert, hilft meist nur noch professionelle Unterstützung, zum Beispiel im Rahmen einer Psychotherapie oder des Besuchs einer psychotherapeutisch-psychosomatischen Klinik.

Teil II

Vorbeugen ist besser als heilen

The 5th Wave   By Rich Tennant

»Ich hatte gehofft, dass mich ein kleiner Tapetenwechsel gelassener
gemacht hätte. Aber irgendwie komme ich immer noch nicht zur Ruhe.«

In diesem Teil ...

In diesem Teil stelle ich Ihnen einige bewährte Maßnahmen vor, mit denen Sie akuten oder chronischen Stress erfolgreicher bewältigen können als bisher. Hier geht es um eine veränderte innere Haltung und darum, die eigenen Gefühle ernst zu nehmen. Anschließend mache ich Ihnen Vorschläge, die Sie dabei unterstützen sollen, Ihre beruflichen Anforderungen besser in den Griff zu bekommen. In einem weiteren Abschnitt stelle ich den Stressausgleich im Privatleben dar.

Es stehen viele praktische Übungen auf dem Programm, durch die Sie Ihre Fähigkeiten zur Selbsthilfe erweitern und neue Seiten Ihrer Persönlichkeit entdecken können.

Die eigenen Bedürfnisse und Grenzen beachten

6

In diesem Kapitel

▷ Die eigenen Bedürfnisse und Grenzen ernst nehmen

▷ Sinnvolle Unterstützung durch Freunde und Verwandte

▷ Selbsthilfe durch konstruktive Gedanken

▷ Intuition als hilfreicher Wegweiser

Zunächst werden Sie einige Selbsthilfemaßnahmen kennenlernen, die Sie dabei unterstützen können, Ihre beruflichen Probleme besser zu bewältigen als bisher. Dazu gehören Gespräche mit den Angehörigen, wobei es darum gehen wird, einen konstruktiven Weg jenseits regelmäßiger, fruchtloser Klagen und dem Ignorieren der persönlichen Schwierigkeiten zu finden.

Anschließend stelle ich Ihnen Überlegungen vor, schwierige Arbeitsprozesse erfolgreich zu begleiten, anders als durch destruktive Grübeleien, mit denen sich manche Menschen, die burn-out-gefährdet sind, zusätzlich unter Druck setzen. Ziel ist es, die individuellen Bedürfnisse und Grenzen ebenso ernst zu nehmen wie die eigene Intuition.

Diese Lösungsstrategien lassen sich am besten umsetzen, wenn Sie unter chronischem Stress leiden, ohne weitergehende Burn-out-Symptome entwickelt zu haben. Bei den Übungen des Kapitels, das Sie gerade lesen, geht es zunächst darum, dass Sie Ihre derzeitige Haltung zu Ihrer Lebens- und Arbeitssituation ermitteln. Anschließend können Sie versuchen, den einen oder anderen Aspekt zu verändern.

 Dennoch wäre es wichtig, dass Sie sich eine Tatsache klarmachen: Ihre Lage ist im Moment so, wie sie ist, und Sie sind so, wie Sie sind. Den Istzustand anzuerkennen, heißt, zu sich zu stehen und die eigenen Probleme nicht zu verleugnen. Einstellungen, Aktivitäten und Herangehensweisen zu ändern, ist ein schwieriger Prozess, und Sie müssen mit Rückschlägen rechnen – selbst wenn Sie, eine Voraussetzung für die Wirksamkeit der folgenden Vorschläge, noch nicht in einer tiefen Burn-out-Krise stecken.

Bedürfnisse und Grenzen beachten

Mittel- bis langfristige Erschöpfungszustände, die durch berufliche Probleme ausgelöst und aufrechterhalten werden, gehen fast immer damit einher, dass die Betroffenen den Eindruck haben, ihre Wünsche und Grenzen spielten im Alltagsleben eine zunehmend geringere Rolle.

 Wenn Sie wollen, können Sie sich zunächst klarmachen, welche Bedürfnisse Sie haben und welche Ihrer Begrenzungen auf keinen Fall überschritten werden sollten. Hier wäre es gut, wenn Sie die aktuellen Schwierigkeiten zunächst ausklammern und unabhängig von den Belastungen überlegen, was Ihnen wirklich wichtig ist.

Ein kleines Experiment

 Stellen Sie sich vor, ein Zauberer oder eine Fee hätte Ihnen versprochen, Ihre entscheidenden Wünsche zu erfüllen und Ihnen auch bei der Umsetzung Ihrer Grenzen zu helfen.

Greifen Sie zu Stift und Papier und schreiben Sie in einem ersten Schritt Ihre derzeitigen Bedürfnisse auf, unabhängig davon, wie leicht oder schwer es Ihnen fällt, diese Wünsche in die Tat umzusetzen – denn in diesem Gedankenspiel verfügen Sie ja über magische Unterstützung. Stellen Sie möglichst viele Wünsche zusammen und denken Sie dabei an alle Aspekte, die für Sie wichtig sind.

Häufig geht es um die Bereiche, die eine entscheidende Rolle für die Lebensqualität spielen: Arbeit, Freizeit und Freundschaften, Liebe und Familie. Falls Ihnen bei dieser Übung nur wenige Punkte einfallen, weil Sie zurzeit so stark unter Stress stehen, erinnern Sie sich an die Bedürfnisse, die Ihnen in der Vergangenheit wichtig waren, und lassen Sie sich genug Zeit für die Bearbeitung dieser Aufgabe.

In einem zweiten Schritt überlegen Sie, welche persönlichen Grenzen andere Menschen (oder Aufgabenstellungen) keinesfalls antasten sollten. Auch hier gilt, dass es erst einmal unerheblich ist, wie gut es Ihnen momentan gelingt, diese Begrenzungen im Alltag umzusetzen. Schreiben Sie möglichst alles auf ein zweites Blatt, was Ihnen in einer ruhigen Stunde zum Thema einfällt. Wenn Ihnen dabei nur wenige Stichpunkte in den Sinn kommen, denken Sie nach, welche Grenzen Sie in einem früheren Abschnitt Ihrer Biografie bei sich wahrgenommen haben.

Es folgt der dritte Schritt: Notieren Sie nacheinander auf beiden Zetteln zu jedem Einzelpunkt, wie gut es Ihnen im Augenblick gelingt, das jeweilige Bedürfnis oder die Begrenzung zu verwirklichen. Nehmen Sie sich genug Zeit für diese Aufgabe und verwenden Sie eine Skala von 0 bis 10. »0« steht hier für: »Es gelingt mir im Moment überhaupt nicht, diesen Wunsch (oder diese Grenze) umzusetzen«, »10« bedeutet: »Es gelingt mir gerade ganz gut, diesen Wunsch (oder diese Grenze) im Alltag zu berücksichtigen«. Die Werte von 1 bis 9 stehen für Einschätzungen, die zwischen den beiden Extremen liegen.

In einem weiteren Schritt schreiben Sie zu allen Bedürfnissen und Begrenzungen, die Sie zurzeit nur unzureichend umsetzen können, auf, was Ihnen, spontan oder nach längerem Nachdenken, einfällt, um die einzelnen Aspekte erfolgreich verwirklichen zu können. Etwa die Stichpunkte, die Sie eben mit Werten von 0 bis 5 (oder 6) versehen haben. Auch hier hilft Ihnen vielleicht zunächst die »Zauberer-Perspektive«, denn es soll keine Rolle spielen, wie realistisch oder unrealistisch Ihnen Ihre Ideen erscheinen.

Ein Beispiel: Es wäre Ihnen wichtig, sich nach Feierabend ausreichend zu erholen. Momentan lässt sich dieser Wunsch nicht besonders gut erfüllen, daher haben Sie ihn mit der Zahl 4 (von 0 bis 10) bewertet. Wenn Sie sich Gedanken machen, was Sie tun könnten, um dieses Bedürfnis besser umzusetzen, fällt Ihnen einiges ein:

✔ Abendstunden, in denen Sie sich nicht mit Ihrer beruflichen Tätigkeit befassen, sondern zur Ruhe kommen, unabhängig davon, was Sie »eigentlich« noch zu erledigen haben.

✔ Mit Ihrem Partner am späten Nachmittag in die Sauna gehen.

✔ Einen Volkshochschulkurs besuchen und Yoga lernen.

✔ Weiterhin viele Überstunden machen und spät nach Hause kommen, aber dafür einige Male im Jahr, immer wenn es möglich ist, ein paar Tage in Urlaub fahren.

 Da im wirklichen Leben eher selten qualifizierte Zauberer und Feen auftauchen, die Ihnen jeden Wunsch von den Augen ablesen, wäre es sinnvoll, wenn Sie im weiteren Verlauf dieser kleinen Übung feststellen können, wie gut sich Ihre Bedürfnisse und Grenzen im Alltag realisieren lassen.

Ein Wirklichkeits-Check

Bei den letzten Schritten des Experiments geht es also um die Realitätskontrolle. Sie prüfen dabei, wie gut und unter welchen Umständen sich Ihre Vorschläge verwirklichen lassen. Notieren Sie zu jeder Idee, die Ihnen in den Sinn kam, um Ihre Wünsche und Grenzen besser zu berücksichtigen, wie realistisch die einzelnen Überlegungen sind.

Auch hier können Sie Ihre Vorstellungen auf einer Skala von 0 (beim besten Willen nicht umzusetzen) bis 10 (ganz problemlos zu verwirklichen) einordnen. Schreiben Sie gegebenenfalls dazu, was nötig wäre, um den Vorschlag in die Tat umzusetzen. Manchmal geht es dabei um veränderte äußere Bedingungen, manchmal auch um eine andere innere Haltung.

Anschließend bewerten Sie Ihre an der Realität korrigierten Ideen noch einmal und stellen fest, ob sie auch wirklich dazu geeignet sind, das entsprechende Bedürfnis erfolgreich zur Geltung zu bringen. Sortieren Sie Vorschläge aus, die diesem Ziel nur unzureichend dienen, und ersetzen Sie sie durch angemessenere Strategien.

Bezogen auf die oben dargestellten Beispiele, könnte das bedeuten:

✔ Ruhige Abendstunden, unabhängig von dem, was beruflich noch zu tun wäre. Bewertet mit 5 von 10 Punkten, also mittelmäßig gut zu verwirklichen, da Ihre Familie den Abend gerne mit Ihnen verbringen würde. Erfolgversprechender wäre der Ansatz, nach Feierabend wenigstens 45 Minuten zu entspannen oder zu lesen und Partner beziehungsweise Kinder in einer Absprache freundlich auf die gemeinsamen späteren Stunden zu verweisen.

✔ Regelmäßige Saunagänge mit dem Lebensgefährten am späteren Nachmittag. Bewertet mit 8 von 10 Punkten, da Ihr Partner ebenfalls gerne in die Sauna geht, allerdings mit der Einschränkung, dass Ihr Lebensgefährte nur zweimal in der Woche Zeit dafür hat. (An den anderen Werktagen schwitzen Sie entweder allein oder unternehmen etwas anderes mit Ihrer Familie.)

✔ Yoga am späten Nachmittag an der Volkshochschule erlernen. Bewertet mit 2 von 10 Punkten, also kaum zu verwirklichen, da die Kurse zu früh anfangen. Eine gute Alternative wäre es, entweder allein oder gemeinsam mit dem ebenfalls an Erholung interessierten Partner ein Entspannungsverfahren einzuüben, etwa die Progressive Muskelentspannung (siehe Kapitel 10), und im Anschluss täglich eine halbe Stunde nach Feierabend zu üben, zum Beispiel mit einer guten Entspannungs-CD.

✔ Wie bisher viele Überstunden absolvieren und spät nach Hause kommen, dafür aber mehrmals pro Jahr einen kürzeren Urlaub machen. Zunächst bewertet mit 7 von 10 Punkten für die Verwirklichung (zwei oder drei Kurzurlaube im Jahr wären beruflich und finanziell drin).

Diese Idee scheint jedoch problematisch zu sein: Ihr Partner ist wenig begeistert von der Vorstellung, während der Arbeitswoche wenig von Ihnen zu haben und sich nur auf die Ferien zu freuen. Außerdem ginge es Ihnen nicht gut, wenn Sie Ihre Erholungswünsche nur im Urlaub verwirklichen könnten und ansonsten ständig zu viel arbeiten müssten. Also streichen Sie diesen Aspekt und überlegen, wie sich Ihr berufliches Pensum mittelfristig verringern lässt und wie es Ihnen gelingen kann, die Belastungen in der Freizeit auszugleichen, auch während der Arbeitswoche.

 Der letzte Schritt dieses kleinen Experiments ist der schwierigste: Ihre Erkenntnisse in die Praxis umzusetzen und dabei die Aspekte zu verändern, die sich nicht als alltagstauglich erweisen. Das erfordert Motivation und Durchhaltevermögen.

Mit Angehörigen über seelische Schwierigkeiten sprechen

Chronische Erschöpfungszustände, die bis zum Burn-out gehen können, führen nicht selten dazu, dass sich der Betroffene von seinen Freunden und Verwandten zurückzieht. Oft vor dem Hintergrund, dass er befürchtet, die Angehörigen mit seinen Problemen zu nerven, manchmal auch, weil ihm in der Krise die Kraft fehlt, sich im privaten Umfeld wirklich auszutauschen.

 Dadurch verringern sich die Schwierigkeiten jedoch nicht, im Gegenteil: Wenn Sie bereits längere Zeit unter Ihren beruflichen Anforderungen leiden, ist der positive Ausgleich in Ihrer Freizeit, also Gespräche und Aktivitäten mit den Menschen, die Sie mögen, noch wichtiger als in leichteren Lebensphasen.

Außerdem tut es Ihnen gut, wenn Sie feststellen, dass Ihnen Freunde und Familie auch zur Seite stehen, wenn Sie sich eher schlecht fühlen. Nicht zuletzt kann Ihnen der Austausch mit Ihren Angehörigen helfen, Ihre Probleme aus einem anderen Blickwinkel zu betrachten und vielleicht sogar gemeinsam auf neue Lösungsansätze zu kommen.

Ideen für konstruktive Problemgespräche

Wenn Sie sich mit Freunden und befreundeten Verwandten über Ihre Schwierigkeiten im Beruf unterhalten wollen, ohne Ihre Bezugspersonen stark zu belasten, kann es sinnvoll sein, einige Kommunikationsregeln im Hinterkopf zu haben.

Regeln für private Gespräche über berufliche Schwierigkeiten

Diese Richtlinien sollten Sie im Gespräch nicht übermäßig einschränken oder Ihre Spontaneität behindern, dennoch helfen sie Ihnen vielleicht, neben der eigenen Befindlichkeit auch die seelische Lage Ihrer Angehörigen zu berücksichtigen.

✔ *Unter vier Augen:* Problemgespräche mit einem Freund oder dem Lebenspartner sollten am besten zu zweit geführt werden. Kinder sind überfordert, wenn sie sich mit den Arbeitsschwierigkeiten von Vater oder Mutter auseinandersetzen müssen. Das bedeutet keineswegs, dass Sie Ihre seelische Verfassung vor den Kleinen geheim halten sollten, indem Sie ihnen etwas vormachen, aber die Details Ihrer Probleme oder mögliche Lösungsideen gehen nur die Erwachsenen etwas an.

✔ *Nehmen Sie sich genug Zeit:* Ernsthafte Gespräche sind so wichtig, dass sie nicht nebenbei stattfinden sollten, etwa zwischen Essen und Abwasch. Am besten fragen Sie Ihren Angehörigen, wann er mit Ihnen reden will, und setzen Sie ihn und sich selbst nicht unter Druck, das Gespräch bereits nach wenigen Minuten zu beenden.

✔ *Machen Sie Ihrem Freund oder Verwandten klar, welches Gesprächsverhalten Ihnen angenehm wäre:* Manchen Menschen tut es gut, wenn sie sich nach der Schilderung ihres Problems mit möglichen Lösungsansätzen beschäftigen, anderen ist es wichtig, jemanden zu haben, dem sie von den eigenen Schwierigkeiten berichten können und der sie dabei begleitet. Viele Männer gehen unbewusst davon aus, dass sie jedes Problem am besten mit einem gut gemeinten Ratschlag beantworten sollten, während sich die meisten Frauen jemanden wünschen würden, der »einfach nur zuhört« und es ihnen zutraut, die Schwierigkeiten irgendwann selbstständig zu lösen. Hier wäre es also sinnvoll, die Erwartungen im Voraus zu klären, um Frustrationen zu vermeiden.

✔ *Möglichst auf fortgesetzte Klagen verzichten:* So positiv es sich auch auswirken kann, die eigenen Leiden zum ersten Mal zu schildern, so sinnlos ist es, die gleichen Beschwerden ständig zu wiederholen. Dieses Verhalten entmutigt nicht nur jeden Menschen, der Ihnen wirklich helfen will. Außerdem führt es auch bei Ihnen selbst dazu, dass Sie zwar Ihre Probleme immer wieder beklagen, aber nichts an ihnen ändern.

 Dieses fruchtlose Verhaltensmuster gibt es auch in fast jeder Firma: frustrierte Angestellte, die sich mit den Kollegen im Pausenraum darüber verständigen, dass der Chef vollkommen unfähig ist, aber jede Kritik vermeiden, sobald der Vorgesetzte auftaucht. Diese Herangehensweise entlastet zunächst vom Stress, außerdem entsteht Nähe zu den gleich gesinnten Mitarbeitern, doch die Schwierigkeiten im Verhältnis zum Chef bleiben unverändert.

Manchmal tut es Ihnen und Ihrem Gesprächspartner vielleicht besser, wenn Sie zusammen etwas Schönes unternehmen und sich ablenken, anstatt zum x-ten Mal über die grässlichen Arbeitsbedingungen zu klagen.

✔ *Ideen sammeln:* Wenn es Ihnen tatsächlich darum geht, Lösungsvorschläge für Ihre aktuellen Probleme zu finden, bitten Sie Ihren Gesprächspartner darum, in alle Richtungen zu denken und auch ungewöhnliche Ideen mit Ihnen zu besprechen. Falls Sie kritische Rückmeldungen aushalten, sollten Sie und Ihr Gesprächspartner dabei auch die Schwierigkeiten berücksichtigen, die mit Ihren Persönlichkeitseigenschaften und Ihrer individuellen Herangehensweise zusammenhängen könnten.

✔ *Im Zweifelsfall nachfragen:* Wenn Sie unsicher sind, ob Ihr Angehöriger Ihre Problemschilderungen momentan seelisch und emotional gut ertragen kann, fragen Sie ihn einfach – und bitten Sie ihn um eine ehrliche Antwort, falls er dazu neigt, seine eigenen Bedürfnisse und Grenzen zurückzustellen.

✔ *Mögliche negative Folgen für das Privatleben ansprechen:* Da sich berufliche Schwierigkeiten nicht selten belastend auf den Alltag und auf die Bezugspersonen auswirken, kann es sinnvoll sein, sich beim Partner und bei guten Freunden zu erkundigen, ob sie im Kontakt mit Ihnen Veränderungen zum Negativen festgestellt haben. Bitten Sie hier um ein ehrliches Feedback, selbst wenn Ihnen die Aufrichtigkeit zunächst wehtut, und versuchen Sie, die Informationen im Privatleben zu berücksichtigen, falls nötig im Rahmen einer Änderung Ihres Verhaltens. Die Alternative ist im Allgemeinen schmerzhafter: Eine mehr oder weniger schleichende Entfremdung von den Menschen, die Ihnen wichtig sind.

Menschen sind keine Roboter

Ich habe bereits beschrieben, dass die Gedanken, die Sie in einer beruflichen (oder privaten) Stresssituation beschäftigen, großen Einfluss darauf haben, welche Gefühle mit der Problematik einhergehen und wie gut sich die Schwierigkeiten irgendwann lösen lassen.

Die gedankliche Verarbeitung und Bewertung der Stresssituation ist entscheidend dafür, wie belastend sie Ihnen erscheint. Sie sind potenziellen Umweltstressoren nicht hilflos ausgeliefert, sondern Sie können sie beeinflussen, indem Sie Ihre Bewertung der Probleme verändern.

Das ist allerdings kein leichter Weg, denn Sie hatten jahre- oder jahrzehntelang Zeit, Ihre typischen Gedanken und Gefühle, bezogen auf Ihr Stresserleben, zu entwickeln, und es fällt niemandem leicht, alte Gewohnheiten durch neue zu ersetzen, selbst wenn sich die herkömmliche Herangehensweise als fruchtlos oder destruktiv erwiesen hat.

 Wer seine eigenen Bedürfnisse und Grenzen im Beruf ignoriert und von sich selbst stets fehlerfreie Leistungen erwartet, muss sich nicht wundern, wenn er sich jeden äußeren Druck zu eigen macht und mit massivem inneren Druck noch verstärkt. Aber Menschen sind keine Roboter – selbst wenn einige Vorgesetzte ihre Angestellten entsprechend behandeln.

Perfektionismus schadet, Fehlertoleranz hilft

Mit einer überhöhten Erwartungshaltung tun Sie sich keinen Gefallen, und zudem wird es in diesem Fall auch für andere Menschen sehr schwer, vor Ihnen zu bestehen. Denn wer von sich selbst Fehlerfreiheit verlangt, erwartet das im Allgemeinen auch von seinem Gegenüber, beruflich oder privat.

 Fehlertoleranz gilt als wichtiger Schlüssel für erhöhte Arbeits- und Lebenszufriedenheit, sowohl sich selbst als auch den Mitmenschen gegenüber. Das bedeutet natürlich nicht, dass Ihnen eigene Fehler egal sein sollten, sondern vielmehr, dass Sie wissen, dass Sie gelegentlich etwas falsch machen werden, ohne dabei Ihren Selbstwert zu verlieren.

Neben perfektionistischen Ansprüchen wirken sich auch andere Gedanken im Beruf eher negativ auf die eigene Zufriedenheit aus. Dazu gehören Überlegungen wie »Jetzt muss ich wieder alles selbst machen, keiner unterstützt mich«, »Ich kann tun, was ich will, es funktioniert einfach nicht«, »Das schaffe ich auf keinen Fall« oder »Mir läuft die Zeit davon, und ich muss doch meinen Abgabetermin unbedingt einhalten«.

 Andererseits gibt es Gedanken, die sich bewährt haben, wenn es darum geht, berufliche oder private Probleme erfolgreich zu lösen – etwa »Die Sache interessiert mich, das ist etwas Neues« oder »Das erinnert mich an etwas Schwieriges, das ich einmal gemeistert habe, vielleicht kann ich diese Erfahrungen nutzen«.

Eine »Hitliste« der Probleme

Wenn Sie Lust haben, schreiben Sie alle stresserzeugenden Probleme, die Ihnen wichtig erscheinen und die Sie derzeit, beruflich oder im Privatleben, noch nicht lösen konnten, stichpunktartig auf einen Zettel. Möglichst mit allen Aspekten, die Ihnen einfallen, einschließlich der Faktoren, die diese Schwierigkeiten ausgelöst haben, und der Umstände, die sie aufrechterhalten. Lassen Sie sich genug Zeit für die Bearbeitung der Aufgabe.

Anschließend können Sie anhand Ihrer Aufzeichnungen eine Prioritätenliste erstellen. Das wichtigste Problem bekommt dann die Nummer 1, das zweitwichtigste die Nummer 2 und so weiter. Dann prüfen Sie, ob Ihnen der eine oder andere Gedanke aus der unten stehenden Liste dabei helfen kann, einen überzeugenden Klärungsansatz zu finden.

Schließlich versuchen Sie diese Lösung umzusetzen. Falls Ihre Idee nicht dazu geeignet sein sollte, die Stresssituation zu entschärfen, überlegen Sie, ob Ihnen vielleicht eine geeignetere Variante oder ein guter Kompromiss einfällt. (Natürlich können Sie auch einen Vertrauten fragen, was er von Ihrem Lösungsvorschlag hält oder ob ihm eine überzeugende Alternative in den Sinn kommt.)

Überlegungen, die Stress vermindern

Mithilfe dieser Fragen, die Sie sich selbst stellen, kann eine schwierige Situation deutlich entspannt werden. Eine wichtige Voraussetzung wäre, dass es Ihnen gelingt, Ihre Schwierigkeiten mit innerem Abstand zu betrachten.

✔ Was denkt möglicherweise jemand, den die Situation weniger belastet als mich, über das Problem? Kann mir diese Überlegung helfen?

✔ Wie werde ich morgen, in einem Monat oder in einem Jahr über die momentan stressige Situation denken?

✔ Was könnte schlimmer sein als dieses Problem? Unter welchen Umständen kann ich meine derzeitigen Schwierigkeiten relativieren?

✔ Habe ich schon einmal ein ähnliches Problem bewältigt? Wie ist mir das gelungen? Kann ich aus der früheren Situation sinnvolle Lösungsideen für die aktuellen Schwierigkeiten ableiten?

✔ Was würde ich einem Freund raten, der vor einem vergleichbaren Problem steht?

✔ Wenn sich eine Situation nicht verändern lässt: Was kann ich aus den Schwierigkeiten lernen? Welche Aufgabe habe ich in dieser Situation? Hilft es mir, geduldig zu sein? Kann ich mich auch dann akzeptieren, wenn mir nicht alles gelingt?

✔ Helfen mir Gedanken wie »Mit diesem Problem habe ich bereits Erfahrungen gesammelt, also werde ich es schon schaffen« oder »Ich kann ja ausprobieren, wie es geht, anschließend weiß ich mehr über die schwierige Situation und darüber, wie sie sich möglicherweise lösen lässt«?

✔ In welchen Bereichen und mit welchen Einzelschritten möchte ich meine Einstellungen oder Bewertungen verändern? Was kann mir dabei helfen? Schaffe ich das allein oder sollte mich jemand dabei unterstützen? Wer kommt dafür infrage (zum Beispiel ein Freund, ein Verwandter, der Partner, ein professioneller Coach oder Therapeut)? Wie finde ich den Mut, meine Angehörigen aktiv um Unterstützung zu bitten? Was sollten meine Vertrauten außerdem wissen, wenn es um Gespräche oder Aktivitäten geht, mit denen sie mir helfen wollen?

✔ Wie spreche ich mir überzeugend Mut zu, dass es mir irgendwann gelingen wird, die derzeitigen Probleme erfolgreich zu bewältigen? Welche Gedanken empfinde ich dabei als konstruktiv, welche eher als hinderlich? Wie gelingt es mir, hilfreiche Überlegungen verstärkt einzusetzen?

Wichtige Lebenseinstellungen

Vieles von dem, was Sie in einer Stresssituation denken, sowohl Überlegungen, die sich positiv auswirken, als auch Gedanken, die eher schaden, hängt von den Werten ab, die Sie im Laufe Ihres Lebens erlernten. Häufig haben sich solche Einstellungen schon in der Kindheit oder im Jugendalter entwickelt. Sie werden eher selten erkannt und noch seltener infrage gestellt.

Oft steht eine Art Lebensmotto oder ein Glaubenssatz im Hintergrund. Zum Beispiel die Einstellung »(Fast) jeder Mensch hat gute Seiten, man muss nur manchmal eine Zeit lang danach suchen«. Die entgegengesetzte Perspektive wäre »Alle Männer und Frauen sind Egoisten, die nur mühevoll davon abgehalten werden können, ihre selbstsüchtigen Ziele zu verwirklichen«.

Für beide Einstellungen finden sich eine Menge Belege, in der Geschichte und im Alltag. Doch meistens geht es den Menschen besser, die ihren Bezugspersonen einen Vertrauensvorschuss entgegenbringen, ohne dabei übermäßig naiv zu sein, als denen, die jedem Gegenüber zunächst einmal misstrauen.

Konstruktive und destruktive Wertesysteme

Auch die wichtigsten Werte, die Sie in Ihrem Leben leiten, haben einen starken Einfluss darauf, wie Sie mit Problemen zurechtkommen: Falls Sie etwa davon ausgehen, dass Sie möglichst in allen Situationen berücksichtigen sollten, wie andere Leute über Sie denken, hilft Ihnen dieses Wertemodell nicht besonders gut dabei, Ihre Wünsche und Grenzen zu erkennen oder sie Ihrem Gesprächspartner zu verdeutlichen. Denn die Kehrseite der Einstellung ist nun einmal, dass die eigenen Bedürfnisse dauerhaft ignoriert werden.

Eher konstruktiv wirkt sich hingegen ein anderer zentraler Wert aus: »Wenn ich den Menschen mit Freundlichkeit und Einfühlungsvermögen begegne, begegnen sie mir normalerweise genauso.« Jemand, der so denkt, wird zwar vielleicht gelegentlich vom Leben enttäuscht sein, zum Beispiel wenn er als Lehrer feststellen muss, dass sich seine pubertierenden Schüler nur sehr begrenzt für den Stoff interessieren, unabhängig davon, wie herzlich er ihnen gegenübertritt.

Doch auf Dauer geht es Ihnen mit dieser Haltung vermutlich besser als, um bei diesem Beispiel zu bleiben, einem Lehrer, der ausschließlich auf autoritäres Verhalten setzt und nicht darauf vertraut, dass ein positives Menschenbild, wenigstens zumeist, mit positiven Reaktionen beantwortet wird.

Lebenseinstellungen und Werte prüfen

Ihre Lebenseinstellung und Ihr Wertesystem können Sie in einer weiteren kleinen Übung ermitteln und prüfen. Am besten beschäftigen Sie sich damit in einer ruhigen Stunde.

Wie ist Ihre Einstellung zum Leben?

Schreiben Sie zunächst auf ein Blatt Papier, was Ihr allgemeines Lebensmotto sein könnte. Bei manchen Menschen lässt sich diese Grundhaltung in einem Satz zusammenfassen, bei anderen besteht sie aus mehreren Aspekten. Sie sollten sich für diese Aufgabe genug Zeit nehmen und dabei, wenn möglich, ungestört sein. Manchmal hilft es, sich zu vergegenwärtigen, welche Werte Ihnen Ihre Eltern einst vermittelt haben, denn die Grundlagen für die meisten zentralen Lebenseinstellungen entstehen in der Kindheit und im Jugendalter.

Dann notieren Sie Ihre wichtigsten persönlichen Werte. Hier wäre es sinnvoll, an alle möglichen Bereiche zu denken, in denen Ihre Bewertungen eine Rolle spielen könnten. Oft ist das Ihr Verhältnis zur Arbeit und Leistung, der Bezug zu Familie, zu Freunden, Kollegen und Vorgesetzten – sowie Ihre Einstellung gegenüber sich selbst.

Vielleicht helfen Ihnen dabei einige Fragen, zum Beispiel: »Wie sollte ich mich anderen Menschen gegenüber geben«, »Wie sollten sich die Leute im Kontakt zu mir verhalten«, »Was muss ich von mir erwarten, was kann mein Gegenüber von mir erwarten« oder »Was darf ich mir erlauben, was sollte ich mir verbieten«.

Falls Sie Lust haben, können Sie zu jedem Stichpunkt, sowohl beim Lebensmotto als auch bei den Werten, notieren, was Sie einst dazu veranlasst hat, sich die entsprechende Haltung zu eigen zu machen. Zum Beispiel das Vorbild der Eltern, bestimmte persönliche Erfahrungen, ein Glaube oder eine Philosophie.

Danach beurteilen Sie die einzelnen Aspekte mit einem Punktwert von 0 bis 10 auf ihre Alltagstauglichkeit. »0« steht hier für »hilft mir zurzeit überhaupt nicht und passt eigentlich nicht zu mir«, »10« für »unterstützt mich hervorragend und ist ein wertvoller Teil meiner Persönlichkeit«. Die Zahlen von 1 bis 9 beschreiben die möglichen Zwischenstufen.

Schließlich machen Sie sich bei allen Werten, die Sie eher behindern als Ihnen wirklich zu helfen, Gedanken, welche Überlegungen sinnvollerweise an deren Stelle treten könnten. Nicht selten erweisen sich Werte als hinderlich, die jemand ungeprüft von Mutter und Vater, anderen Respektpersonen oder seinem Umfeld übernommen hat. Hier kann Sie die Frage leiten, was Sie selbst wollen, mehr oder weniger unabhängig davon, wie andere Menschen Sie gerne hätten.

Der letzte Punkt ist wieder der schwierigste: Ihre neuen Erkenntnisse zu berücksichtigen, indem Sie sich immer, wenn es darum geht, Ihr Verhalten und das Ihrer Bezugspersonen zu bewerten, klarmachen, wie Sie wirklich darüber denken. Als Erwachsener haben Sie das Recht, ein eigenes Wertesystem aufzubauen, Sie dürfen dabei manches ausprobieren und müssen sich auch nicht einer Fremdbestimmung unterwerfen.

Gegengewichte zum chronischen Stress aufbauen

Neben den oben stehenden Fragen, bei denen Sie sich auf relativ direktem Weg mit Ihrer derzeitigen Erschöpfungskrise und mit Ideen zu einer Lösung dieser Probleme auseinandergesetzt haben, kann es sinnvoll sein, in Ruhe zu überlegen, welche Kraftquellen Ihnen zur Verfügung stehen, um sich regelmäßig von den beruflichen Schwierigkeiten zu entlasten. Zum Beispiel nach Feierabend, am Wochenende und im Urlaub. Das nennen manche Psychologen »Ressourcenorientierung«.

Gerade wenn Sie im Moment so gestresst sind, dass Sie auf vieles von dem verzichten, was Ihnen bislang Spaß gemacht hat, ist es an der Zeit, die eigenen Energiereserven wieder aufzufüllen.

Einerseits brauchen Sie genug Kraft, um mit den berufsbedingten Problemen zurechtzukommen und sie irgendwann aufzulösen. Andererseits besteht Ihr Leben nicht nur aus Arbeit, und es kann Ihnen vielleicht helfen, sich bewusst zu machen, dass es Bereiche in Ihrem Alltag gibt, die von der aktuellen Krise nicht oder kaum betroffen sind. Zumindest wenn Sie Ihre persönlichen Quellen reaktivieren und sich, möglichst täglich, auf das konzentrieren, was Ihnen guttut.

Doch das entspricht nur dem ersten Schritt. Ihre Erkenntnisse praktisch umzusetzen und sie in Ihr Leben zu integrieren, ist nach aller Erfahrung der deutlich schwierigere Teil der Übung.

Energiequellen für den Stressausgleich nutzen

Prüfen Sie doch einmal, über welche Ressourcen zur Stressbewältigung Sie verfügen. Auch hier hilft Ihnen wahrscheinlich eine ruhige Stunde, in der Sie möglichst ungestört sind.

✔ Wie kann ich hier und jetzt für Entlastung sorgen? (Etwa durch regelmäßige Pausen, angenehme Aktivitäten nach der Arbeit oder einen Urlaub, um Abstand zu bekommen oder neue Perspektiven zu finden.)

✔ Was hilft mir, nach der Stresssituation erfolgreich abzuschalten, ohne dabei meine Gesundheit zu gefährden?

✔ Was fällt mir ein, wenn es darum geht, mich mittelfristig körperlich und seelisch besser zu fühlen? Was stärkt nach meinen Erfahrungen das Immunsystem? Falls mir Bewegung guttut: Wie schaffe ich es, das entsprechende Bedürfnis regelmäßig in meinen Alltag einzubauen?

✔ Allgemeine Überlegungen: Wie würde ich mir mein Leben wünschen? Was kann ich jetzt dazu tun, damit der Alltag eher meinen Erwartungen entspricht?

✔ Was gibt mir Kraft, was macht mir wirklich Freude (wenn möglich ohne negative Nebenwirkungen oder Folgeprobleme)?

✔ Welche Ideen fallen mir ein, wenn es darum geht, einen wirksamen Ausgleich für meine chronischen Belastungen zu finden? Von welchen wirklich angenehmen Aktivitäten hält mich nur meine Bequemlichkeit oder meine stressbedingte Erschöpfung ab? Fällt mir etwas ein, wie ich diese Trägheit, möglichst regelmäßig, überwinden kann?

✔ Was kann ich tun, um meine Bedürfnisse im Beruf und im Privatleben besser zur Geltung zu bringen? Mit welchen Menschen möchte ich meine Freizeit gerne verbringen, wann wäre ich lieber allein? Wo und wie sollte ich mich besser abgrenzen, wenn ich mich auch mit meinen Begrenzungen ernst nehmen will?

✔ Was kann ich heute, was morgen für mich tun? Was hilft mir dabei, mich sofort (oder in ein paar Stunden) wirksam zu erholen? Wie setze ich das entsprechende Bedürfnis zeitnah in die Tat um, ohne mich durch Ausreden selbst zu betrügen?

Selbsthilfe-Ideen zum Ausstieg aus den ersten Burn-out-Phasen

Vielleicht erinnern Sie sich noch an das Burn-out-Phasenmodell aus Kapitel 5. Die ersten beiden Stufen dieses Modells entsprechen einer beginnenden, eher leichten Ausbrennsymptomatik. Einige Ideen zur Selbsthilfe, die ich Ihnen vorstelle, beziehen sich auf Publikationen von Gabriele Krypta, einer österreichischen Expertin für das Krankheitsbild.

Erste Warnsymptome berücksichtigen

Auf der ersten Burn-out-Stufe wird aus anfänglichem beruflichem Idealismus Ernüchterung und Enttäuschung. In dieser Phase sollten Sie es mit »Entschleunigung« versuchen. Hinterfragen Sie Ihre eigenen Ziele: Erfüllen Sie wirklich *Ihren* Lebensplan? Versuchen Sie, Chef, Kollegen, Eltern, dem Partner oder Ihren Freunden etwas zu beweisen? Oder gehen Sie nur davon aus, dass jemand von Ihnen erwartet, dass Sie permanent Höchstleistungen erbringen? Müssen Sie diese Erwartungen wirklich erfüllen oder verfolgen Sie eigentlich andere Ziele, etwa Zufriedenheit oder unkomplizierte Kommunikation?

Wenn es darum geht, Hektik und Beschleunigung im Arbeitsleben zu reduzieren, kann es sehr sinnvoll sein, tägliche Ruhepausen einzulegen, je nach Bedarf und Gelegenheit während Ihrer Tätigkeit oder nach Feierabend. In diesen Pausen sollten Sie auf alles verzichten, das etwas mit Ihrem Beruf oder anderen chronischen Schwierigkeiten zu tun hat, möglichst auch gedanklich.

Neben regelmäßiger Bewegung und frischer Luft kann es sinnvoll sein, sich jeden Tag eine halbe, später eine ganze Stunde hinzusetzen und überhaupt nichts zu tun. Im Anschluss können Sie sich mit der Frage beschäftigen, was in diesen Minuten mit Ihnen passiert ist, welche Gefühle und Gedanken Ihre Auszeit mit sich gebracht hat, ob Sie es aushalten oder sogar als angenehm empfinden, einmal nichts zu tun.

Reduziertes Engagement: Ideen zur Bewältigung der Schwierigkeiten

Die zweite Erkrankungsstufe geht mit zwei Tendenzen einher: dem Rückgang des beruflichen Engagements, oft verbunden mit einem Verlust von Einfühlungsvermögen, und einer Verlagerung der persönlichen Prioritäten auf Freizeit und Erholung. In dieser Phase sollten der individuelle Lebens- und Arbeitsstil überprüft und die Erkenntnisse im Alltag berücksichtigt werden. Sie können sich zum Beispiel die Frage stellen, welche Ziele Sie im Beruf verwirklichen konnten und welche sich nicht umsetzen ließen. Anschließend empfiehlt sich eine ausführliche Analyse, woran es möglicherweise liegt, dass einige Ihrer Vorhaben immer wieder zurückstehen müssen.

Hier ist eine Analyse der Stressreaktionsweisen, die Sie kennen, sinnvoll. Sie stellen zunächst fest, wie Sie Stresssituationen erleben. Meistens folgen diese Reaktionen einem bestimmten Muster. Dann suchen Sie ein Bild oder einen Sinnspruch, der gut zu Ihrer bevorzugten Stressherangehensform passt.

Jetzt konzentrieren Sie sich auf die Gedanken, Gefühle, Erinnerungen und Verhaltensweisen, die sich mit dem Versuch verbinden, problematische Situationen zu bewältigen. Außerdem empfiehlt es sich hier, einen Moment über den eigenen Tellerrand hinauszublicken und darüber nachzudenken, wie Ihre Mitmenschen im Allgemeinen auf Sie reagieren, wenn Sie in Ihrer individuellen Weise mit Stressfaktoren umgehen.

In einem weiteren Schritt können Sie überlegen, wie gut sich Ihr Verhaltensmuster dazu eignet, akuten oder chronischen Stress erfolgreich zu bewältigen. Vielleicht fällt Ihnen eine sinnvollere Alternative ein, dann probieren Sie sie aus und prüfen ihre Alltagstauglichkeit. Wenn Sie mit dem veränderten Handlungsmuster besser leben können und feststellen, dass es Ihnen tatsächlich hilft, haben Sie zwar noch den langen Weg vor sich, die neue Herangehensweise zu einer Gewohnheit zu machen, doch die ersten Schritte sind getan.

Der eigenen Intuition vertrauen

Falls Sie vorhaben, Ihre Bedürfnisse und Grenzen besser zu berücksichtigen als in der Vergangenheit, und diesem Vorsatz keine destruktiven Glaubenssätze wie »Ich muss in erster Linie darauf achten, wie es anderen Menschen geht« entgegenstehen, hilft oft ein intuitives Vorgehen.

Es ist gar nicht so leicht zu beschreiben, was Intuition bedeutet. Meist geht es dabei um ein Grundgefühl, das, übersetzt in einen Gedanken, aussagt: »Mit dieser Sache (oder dieser Person) geht es mir gut« oder »Damit geht es mir nicht gut«. Viele Menschen haben die Erfahrung gemacht, dass sich solche Intuitionen zwar ignorieren lassen, aber dass es meistens besser ist, sie ernst zu nehmen und sich nach ihnen zu richten.

Unbewusste Informationen oder selbsterfüllende Prophezeiung?

Einige Wissenschaftler meinen, dass Intuition unbewusste Informationen zusammenfasst und mit dem persönlichen Erfahrungsschatz verbindet. Auch wenn Sie keine Ahnung haben, warum Sie einer bestimmten Person auf Anhieb vertrauen und einer anderen mit größter Vorsicht gegenübertreten, erweist sich häufig im Nachhinein, dass Ihr Vertrauen oder Ihr Misstrauen durchaus gerechtfertigt war.

Allerdings kann es hier auch zu dem kommen, was Psychologen »selbsterfüllende Prophezeiung« nennen. In diesem Fall begegnen Sie jemandem so freundlich und offen, dass er genauso auf Sie reagiert – oder Sie bleiben so lange reserviert, bis Ihr Gegenüber jedes Vertrauen in Sie verloren hat.

Von solchen Mechanismen abgesehen, scheint Intuition jedoch ein wichtiges Entscheidungskriterium zu sein. Wenn es zum Beispiel um Liebesangelegenheiten geht, spricht der Volksmund davon, dass »die Chemie stimmt« oder »nicht stimmt«. Das ist nur ein anderer Ausdruck dafür, dass Sie »irgendwie« spüren, dass Sie gerne mit einem bestimmten Menschen zusammen wären, oder merken, dass Sie sich eine Beziehung oder eine Freundschaft mit ihm nicht vorstellen können.

Ein weiteres Beispiel: Wahrscheinlich haben Sie irgendwann einmal die Erfahrung gemacht, dass jemand in Ihrer Umgebung gelogen hat und Sie ihm die gegenteiligen Beteuerungen nicht glauben konnten. Vielleicht lag es an der Körpersprache, möglicherweise haben Sie eine künstliche Tonlage wahrgenommen oder bemerkt, dass Ihr Gegenüber dem Blickkontakt ausgewichen ist.

Meistens weiß man nicht genau, welche Informationen zu dem Eindruck geführt haben, dass einen jemand anschwindelt, dennoch scheint das Ergebnis eindeutig zu sein: Die Person hat gerade die Unwahrheit gesagt.

 Durch eine ausgeprägte Burn-out-Symptomatik mit deutlichen depressiven und angstbezogenen Krankheitszeichen kann die Fähigkeit, zwischenmenschliche Situationen erfolgreich intuitiv zu bewerten, erheblich zurückgehen. Die Emotionen und Gedanken sind dann so stark von den aktuellen Symptomen geprägt, dass sie die Wahrnehmung erheblich verzerren und kaum noch etwas mit den tatsächlichen Eigenschaften einer Person oder einer Aufgabe zu tun haben.

Bei weniger massiven Krisen trägt es hingegen nicht selten zum Heilungsprozess bei, wenn der Betroffene lernt, seinen Gefühlen wieder zu trauen, und die entsprechenden Erkenntnisse zur Grundlage seines Handelns macht.

Intuition, in der Liebe, im Alltag oder im Beruf, bedeutet vermutlich, dass Sie viele mehr oder weniger unterschwellige Informationen wahrnehmen und dabei spüren, ob alles gut zusammenpasst oder ob kleine Unstimmigkeiten im Hintergrund stehen, die Misstrauen bei Ihnen auslösen. Auch wenn Sie diese Informationen nicht im Einzelnen definieren oder analysieren können, lassen sie sich oft mit einem positiven oder negativen Grundgefühl umschreiben.

Wahrscheinlich kennen Sie auch Situationen, in denen Sie zunächst intuitiv gespürt haben, dass Ihnen etwas angenehm oder unangenehm war oder dass Sie jemanden mehr oder weniger vertrauenswürdig fanden – und Ihnen erst im Nachhinein rationale Argumente einfielen, die Ihre Haltung unterstützten.

Hier besteht zwar die Gefahr, dass Sie nur die Punkte berücksichtigen, die zu Ihrem Grundgefühl passen, und die gegenteiligen Einschätzungen ignorieren. Auch das wäre dann Ausdruck einer selbsterfüllenden Prophezeiung.

 Andererseits sind Emotionen häufig gute Wegweiser, und rationale Erwägungen eher nachgeordnet. Wir merken uns Erlebnisse besonders gut, die mit starken Empfindungen einhergehen, sowohl bei positiven als auch bei negativen Erfahrungen.

Es kann sein, dass Ihr Grundgefühl in vielen Zweifelsfällen stimmt und dass Ihnen die Argumente, mit denen Sie Ihre Haltung anschließend begründen, dabei helfen, Ihrer intuitiven Herangehensweise auch in Zukunft zu vertrauen.

Ein ungutes Bauchgefühl

Sylvia Wilke, 40, ist Soziologin. Vor einem Jahr hatte sie einen beruflichen Durchhänger und suchte eine neue Stelle. Ein Freund berichtete ihr von einer Einrichtung, die Abiturienten, Studenten und Doktoranden beim Verfassen schriftlicher Arbeiten berät und diese Tätigkeiten gut bezahle.

Beim Vorstellungstermin fühlte sich Sylvia Wilke zunächst wegen des Interesses und der Herzlichkeit des Institutschefs geschmeichelt. Es wurde noch am gleichen Nachmittag vereinbart, dass die Soziologin eine Zahnärztin unterstützen solle, die mit ihrer medizinhistorischen Doktorarbeit im Verzug sei. Sylvia Wilke sollte für jede Stunde 30 Euro in Rechnung stellen. Ein Gesprächstermin mit der Zahnärztin würde nach den ersten Recherchewochen vereinbart.

Sylvia Wilke nahm einige Unterlagen zum Thema mit, die sie auf einer Bahnfahrt las. »Aber ich hatte ein immer schlechteres Gefühl bei der Sache«, berichtet sie. Einerseits hätte sie von dem umfangreichen Auftrag und den möglichen Folgeprojekten gut leben können. Doch das änderte nichts daran, dass die 40-Jährige den Eindruck bekam, vom Leiter der Einrichtung nach Strich und Faden eingewickelt worden zu sein. Dieser Mann hatte ihre Fähigkeiten als Soziologin, die er eigentlich nicht beurteilen konnte, über den grünen Klee gelobt und ihr wiederholt verdeutlicht, dass niemand so hervorragend für den Zahnarztauftrag geeignet sei wie sie. Auch der Umstand, dass ihr das Projekt schon nach einer Stunde Gespräch angeboten wurde, ohne jede Bedenkzeit und ohne das Angebot eines schriftlichen Vertrags, irritierte Sylvia Wilke, je länger sie über die Sache nachdachte.

Zudem versteht sie nicht das Geringste von Zahnmedizin und Medizingeschichte, was dem Institutschef offenbar völlig egal war. Die Vorstellung, monatelang verschiedene Universitäten aufzusuchen, sich in die Thematik einzuarbeiten und die bislang gerade zwei Seiten umfassende Dissertation der Zahnärztin in eine überzeugende akademische Untersuchung zu verwandeln, fand Sylvia Wilke absurd. Schließlich ist sie Sozialwissenschaftlerin und keine Zahnmedizinhistorikerin. Dass es der Gesetzgeber verboten hat, eine Doktorarbeit von einem Ghostwriter schreiben zu lassen, wurde zwar vom Leiter der Einrichtung in einem Satz erwähnt. Doch er tat so, als sei es kein Problem, wenn *fast* die gesamte Promotionsstudie von einem Stellvertreter verfasst würde. Wirkten das Institut und dessen Chef nicht sogar ein bisschen sektiererisch? »Zuerst hatte ich ein ungutes Gefühl, erst danach sind mir tausend Argumente eingefallen, die diesem Gefühl entsprochen haben«, sagt Sylvia Wilke.

Es sei ihr nicht leichtgefallen, den Auftrag und die Zusammenarbeit mit der akademischen Einrichtung am folgenden Montag per Mail abzusagen, weil Sylvia Wilke normalerweise ein Mensch ist, der seine Versprechen einhält. Anschließend klingelte den ganzen Tag ihr Telefon, das die Nummer des Instituts anzeigte. Offensichtlich wollte dessen Chef nicht einsehen, dass Sylvia Wilkes abschlägige Entscheidung, wie sie ihm gemailt hatte, eine endgültige war. Irgendwann nahm sie den Hörer ab und ertrug es, dass noch einmal alle angeblichen Vorteile der Arbeit und des zahnmedizinischen Auftrags geschildert wurden.

Doch Sylvia Wilke vertraute ihrer Intuition und blieb bei ihrem Vorsatz, die Tätigkeit abzulehnen. Inzwischen hat sie eine Stelle mit realistischen Arbeitsbedingungen gefunden, bei der sie sich meistens wohlfühlt. Sie ist sehr froh darüber, dass sie sich nicht auf das dubiose Berufsangebot eingelassen hat, das ihr in den schillerndsten Farben ausgemalt worden war.

Die eigenen intuitiven und gedanklichen Herangehensweisen analysieren

Wenn Sie Lust haben, können Sie einige Situationen notieren, bei denen Sie Ihrer Intuition gefolgt sind, und außerdem ein paar Gelegenheiten aufschreiben, bei denen Sie Ihr erstes Gefühl in Bezug auf eine Person oder eine Aufgabe ignoriert haben. Dann überlegen Sie, welche Herangehensweise Ihnen eher geholfen hat.

Was müssen andere Leute tun, um Sie, entgegen Ihrer Intuition, von einem Vorhaben zu überzeugen? Können Sie, wie Sylvia Wilke aus dem Beispiel, diesen Überredungsversuchen manchmal auch widerstehen? Was hilft Ihnen dabei im Allgemeinen? Notieren Sie Ihre Erkenntnisse und mögliche Konsequenzen, die sich daraus ergeben.

Wie stark neigen Sie dazu, durch Ihre anfängliche emotionale und gedankliche Voreingenommenheit Personen oder Ideen in Schubladen einzusortieren, in die sie eigentlich nicht passen? (Hier geht es wieder um die Tendenz zur selbsterfüllenden Prophezeiung, die bei allen Menschen in bestimmten Situationen eine Rolle spielt.) Wie gut gelingt es Ihnen im Nachhinein, Ihre Vorurteile an der Realität zu korrigieren? Schreiben Sie auch für diesen Bereich stichpunktartig auf, was Ihnen einfällt und welche Schlussfolgerungen Sie daraus ziehen möchten.

Hilfe bei leichteren und bei schwereren Burn-out-Symptomen

Sich in die gewünschte Richtung zu verändern, bedeutet also möglicherweise, die eigenen Werte und Glaubenssätze so zu verändern, dass sie eher zu Ihnen passen. Sie können die Gedanken und Einstellungen, mit denen Sie sich in Problemsituationen begleiten, konstruktiver gestalten, Ihren Gefühlen und der Intuition vertrauen und auch Ihre persönlichen Energiequellen anzapfen, um mit den Belastungen besser zurechtzukommen.

Doch die Lösungsansätze, die ich in diesem Kapitel vorgestellt habe, finden ihre Grenze in einer fortgeschrittenen Burn-out-Symptomatik. Falls es Ihnen derzeit beim besten Willen nicht gelingt, einen wirksamen Ausgleich für Ihre Arbeitsschwierigkeiten zu finden, falls Sie sich (oder anderen Menschen) dauerhaft unfreundlich gegenüberstehen und aus den fruchtlosen Grübeleien kaum noch herausfinden, ist die Zusammenarbeit mit einem Therapeuten vermutlich eher geeignet, die unheilvolle Entwicklung zu bremsen und erfolgreiche Gegenmaßnahmen einzuleiten.

Arbeitsanforderungen besser bewältigen

7

In diesem Kapitel

▷ Tipps und praktische Übungen zur erfolgreichen Organisation von beruflichen Tätigkeiten

▷ Wie sich die eigenen Kräfte besser berücksichtigen lassen

▷ Kleine Verbesserungen anerkennen

▷ Prioritäten setzen, Überflüssiges minimieren: Zeit- und Energiemanagement

▷ Delegieren von Arbeiten und andere sinnvolle Unterstützungsmaßnahmen

▷ Feedback von Mitarbeitern nutzen

Zunächst stelle ich Ihnen Methoden vor, mit denen Sie sich selbst helfen können, wenn es darum geht, Ihre beruflichen Herausforderungen erfolgreicher zu bewältigen als bisher. Sie können die Kraft, die Ihnen derzeit zur Verfügung steht, ebenso berücksichtigen wie Ihren persönlichen Biorhythmus, soweit es Ihre äußeren Arbeitsbedingungen erlauben.

Hier geht es außerdem darum, auch kleine Verbesserungen anzuerkennen, denn es ist nun einmal nicht leicht, eingefahrene Gewohnheiten zu verändern, und die ersten Schritte sind oft die schwersten. Neben Techniken zum Zeitmanagement, durch die Sie die Organisation Ihrer individuellen beruflichen Anforderungen optimieren und dadurch Stress vermindern können, beschreibe ich auch, in welchen Fällen es angemessen ist, Kollegen um Rückmeldung oder um Hilfe zu bitten. Denn der Wunsch, alles lieber selbst erledigen zu wollen, gilt als Charaktermerkmal, das den inneren Druck erhöht und Burn-out-Tendenzen verstärkt.

 Auch in diesem Kapitel können Sie die Methoden durch verschiedene Übungen ausprobieren. Am besten prüfen Sie, welche Herangehensweisen gut zu Ihnen passen, und verändern sie da, wo es Ihnen sinnvoll erscheint.

Die eigenen Kräfte berücksichtigen

Unsere Berufswelt ist nicht wirklich gut auf die unterschiedlichen Biorhythmen und die mehr oder weniger stark ausgeprägten Energiereserven der Mitarbeiter eingestellt, was unter anderem an den zumeist festen, unflexiblen Zeitabläufen liegt.

Die unterschiedlichen Aktivitätsmuster von »Eulen« und »Lerchen«

Das gilt insbesondere für die Menschen, die von Wissenschaftlern salopp als »Eulen« bezeichnet werden, also Männer und Frauen, die zwar problemlos bis in den späten Abend tätig sein können, aber gerne länger schlafen als ihr Gegenmodell, die sogenannten »Lerchen«. Damit sind Personen gemeint, die am liebsten früh zu Bett gehen und schon früh am Morgen fit sind.

Es liegt auf der Hand, dass »Lerchen« besser mit den üblichen Bürozeiten von 9 bis 17 Uhr – oder einem noch früheren Arbeitsbeginn – zurechtkommen als »Eulen«, die ihren natürlichen Lebensrhythmus immer wieder ignorieren und sich damit abfinden müssen, dass die Berufswelt ihren zeitlichen Bedürfnissen entgegensteht. Forscher sind sich einig, dass niemand, der eine ausgeprägte »Eule« ist, zu einer »Lerche« wird, und umgekehrt. »Euleneltern« mit kleinen »Lerchenkindern« wissen, wie anstrengend es sein kann, jeden Morgen bei Sonnenaufgang aufzustehen, um zu füttern oder die Windeln zu wechseln.

 Im besten Fall können Sie sich im Beruf auf einen Ihrer Persönlichkeit entgegengesetzten Lebensrhythmus einigermaßen gut umstellen, oder Sie gleichen diese Herausforderung am Wochenende und im Urlaub durch ein Tag-Nacht-Verhalten aus, das Ihnen eher entspricht.

Selbstständige haben es, was die Organisation ihrer Arbeit betrifft, mitunter etwas leichter, doch auch hier kann es dazu kommen, dass enge Zeitpläne und Abgabetermine die Umsetzung des Wunsches erschweren, dem eigenen Aktivitätsmuster zu folgen und die berufliche Tätigkeit selbstverantwortlich zu gestalten.

Die Auswirkungen von Nachtschichten und Schichtwechseln

Es ist besonders schwierig, mit dauernden Nachtschichten zurechtzukommen, gerade wenn Sie eigentlich Frühaufsteher sind. Denn Licht von außen aktiviert, biologisch gesehen, den Organismus, und die meisten Menschen können tagsüber schlecht schlafen, abgesehen davon, dass familiäre Verpflichtungen im Allgemeinen dazu führen, dass die Betroffenen nicht so lange ruhen können, wie sie es eigentlich gern tun würden.

Wechselnde Schichtarbeit wiederum, etwa die in der Krankenpflege üblichen Drei-Schicht-Dienste, zermürben viele Männer und Frauen langfristig, denn sie müssen sich, vollkommen unabhängig von ihren Bedürfnissen, immer wieder auf ein anderes Aktivitätsmuster umstellen. Einige Ideen und praktische Übungen zum Thema Schlafqualität finden Sie in Kapitel 8.

Den eigenen Biorhythmus herausfinden

Trotz der Einschränkungen kann fast jeder Mensch etwas dazu tun, um seine täglichen individuellen Hoch- und Tiefphasen erfolgreicher zu berücksichtigen. Das bedarf zunächst, auch wenn Sie sich gut kennen, einer eingehenden Selbstanalyse.

 Die folgende Übung gelingt Ihnen vermutlich am besten, wenn Sie sie mit einer gewissen Selbstdisziplin an Ihrem Arbeitsplatz durchführen, also dort, wo Sie einen wichtigen Teil Ihrer Energie benötigen. Die Zeit, die Sie für diese Aufgabe brauchen, rentiert sich langfristig, wenn Sie bereit sind, Ihre Erkenntnisse in die Praxis umzusetzen, soweit Sie die fälligen Umstellungen in Ihren Berufsalltag einbringen können.

Wie ist Ihre Energiekurve?

Je genauer Sie Ihren Biorhythmus erkunden, umso besser. Dafür sollten Sie zumindest an einem Arbeitstag, vielleicht sogar während einer ganzen Werktagswoche, eine Uhr und einen Zettel neben Ihren Arbeitsplatz legen, den Sie zuvor in ein- bis zweistündige Abschnitte pro Tag unterteilt haben. Grundlage ist wieder die Skala von 0 bis 10. Hier steht »0« für »In dieser Zeit fühle ich mich vollkommen erschöpft« und »10« für »In dieser Zeit fühle ich mich total energiegeladen«. Ob Sie den Eintrag zu Beginn oder gegen Ende der jeweiligen Stunde (oder der beiden Stunden) vornehmen, überlasse ich Ihnen, doch bei dem einmal gewählten Muster sollten Sie dann bleiben.

Falls Sie aus Termingründen nicht jedes Mal dazu kommen, Ihr Energielevel kurz mit einer Ziffer darzustellen, wäre es sinnvoll, dieses Vorgehen an einigen aufeinanderfolgenden Werktagen zu wiederholen. Das gilt auch, wenn Sie den Eindruck haben, sich durch täglich wechselnde Anforderungen in unterschiedlichem Maße erschöpft oder kraftvoll zu fühlen. Dann empfiehlt es sich, neben die Zahl von 0 bis 10 ein Stichwort zu schreiben, das die jeweilige Situation zusammenfasst.

Nachdem Sie einen Tag oder, besser, eine ganze Arbeitswoche so protokolliert haben, übertragen Sie Ihre persönlichen »Energiewerte« in der Freizeit per Hand oder am Rechner in eine Leistungskurve. Auf der Querachse stehen, von links nach rechts, die einzelnen Tage, unterteilt in die ein- oder zweistündigen Abschnitte, die Sie mit einem Punktwert versehen haben. Die Längsachse am linken Blattrand beginnt unten mit der Ziffer 0, es folgen die Zahlen von 1 bis 10. (Aus Gründen der Übersichtlichkeit sollten die Abstände zwischen den einzelnen Ziffern gleich groß sein. Das gilt ebenso für die Stunden- oder Doppelstundenunterteilung der Werktage auf der Querachse.)

Das Ergebnis ist Ihre Berufsleistungskurve, die im Moment aus unterschiedlich hohen Punktwerten pro Zeiteinheit besteht. Falls Sie Ihre Kräfte nicht in jeder Arbeitsstunde (oder Doppelstunde) protokollieren konnten, ist das kein Problem: Die fehlenden Einträge lassen Sie auf dem Auswertungsblatt einfach weg. Wenn Sie zu Ihrer aktuellen Energie (von 0 bis 10) auch die jeweilige berufliche Situation notiert haben, schreiben Sie das Stichwort neben den entsprechenden Punktwert.

Schließlich verbinden Sie die einzelnen Punkte mit Stift und Lineal (oder einem Computerprogramm). Falls Sie einige Werte nicht eintragen konnten, wird die entstehende Kurve, die aus mehr oder weniger hoch ausschlagenden Linien besteht, nur ein bisschen ungenauer.

Wenn Sie sich auf einen Arbeitstag beschränkt haben, müssen Sie mit dieser leichten Ungenauigkeit leben. Falls Sie jedoch einige Tage oder eine ganze Woche protokollieren konnten, lässt sich vermutlich prüfen, wie es Ihnen in den fehlenden Stunden ging: Sie greifen dann auf einen anderen Werktag zurück, an dem Sie den entsprechenden Stunden-Punktwert eingetragen haben.

Das Ergebnis der, zugegeben, ein wenig mühevollen Arbeit ist Ihr Berufstag-Biorhythmus. Bei mehreren Vergleichstagen (einschließlich der jeweiligen mehr oder weniger belastenden Situation) stellen Sie nun fest, ob die Leistungskurven einander ähnlich sind, ob sich also etwa die Dienstagskurve mit der Mittwochskurve vergleichen lässt oder ob Sie deutliche Unterschiede registrieren. (Am Montag sind die meisten Arbeitnehmer bekanntlich noch mit der Umstellung vom Wochenende auf die Berufswoche beschäftigt, was viele Menschen Kraft kostet. Montagswerte sind also nur bedingt interpretationsfähig.)

Falls Ihre Kurven recht unterschiedlich aussehen, lohnt sich ein Blick auf die Arbeitssituationen, die Sie in Kurzform mitnotiert haben: Vielleicht ist die Dienstagskonferenz mit den Vorgesetzten sehr anstrengend, oder es belastet Sie der allwöchentliche Termindruck am Freitag. Hier kann es sinnvoll sein, nach Situationen, die erfahrungsgemäß besonders viel Energie rauben, eine kleine Entspannungspause einzulegen.

Wenn Sie wollen, berechnen Sie noch, falls Ihnen protokollierte Vergleichstage zur Verfügung stehen, für jeden ein- oder zweistündigen Abschnitt das durchschnittliche Kräftelevel (Summe der einzelnen Werte von 0 bis 10 zu einem bestimmten Zeitpunkt, geteilt durch die Anzahl der Messungen zu diesem Zeitpunkt). Auch die hierbei entstehende Durchschnittskurve können Sie auf einem Blatt einzeichnen.

Anschließend wissen Sie zum Beispiel, dass Sie morgens zwischen 8 und 10 normalerweise über wenig Energie verfügen (Mittelwert 2,5) und dass Sie in den folgenden beiden Stunden deutlich mehr Kraft haben. (Ihr Durchschnitt zwischen 10 und 12 Uhr liegt bei 7, außer es steht gerade ein wichtiger Kundentermin an, dann verringern sich Ihre Kräfte auf den Wert 5.) Nach dem Mittagessen fühlen Sie sich, wie die meisten Menschen, eher erschöpft und müde (der Mittelwert zwischen 12 und 14 Uhr ist 3,3), in den letzten beiden Stunden vor Feierabend haben Sie ziemlich viel Energie (Ihr Durchschnitt von 14 bis 16 Uhr liegt bei 8,5). Falls Sie im Messzeitraum an einem Tag zwei Überstunden machen mussten, kostet das Kraft (zwischen 16 und 18 Uhr bewerten Sie Ihre verfügbare Energie mit dem Wert 4).

 Um Ihre Erkenntnisse im Arbeitsalltag zu berücksichtigen, können Sie leichtere Arbeiten in der Zeit erledigen, die bei Ihnen gewöhnlich mit einem Tagestief einhergeht, und Anstrengenderes auf die Stunden legen, in denen Sie ein Leistungshoch erleben. Zudem empfehlen sich regelmäßige Kurzpausen, gerade dann, wenn Sie etwas Energieraubendes hinter sich gebracht haben und anschließend über ein paar freie Minuten verfügen.

Mit kleinen Schritten zu großen Zielen

Jede Reise, sagt ein bekanntes chinesisches Sprichwort, beginnt mit dem ersten Schritt. Eines der größten Probleme, die mit persönlichen Veränderungen einhergehen, ist der Umstand, dass sie meist in kleinen bis kleinsten Schritten erfolgen. Das kann es für Sie erschweren, Ihren Wandel zum Positiven wahrzunehmen.

Außerdem kommt es nicht selten zu Rückfällen. Wie bei allen Prozessen, bei denen es darum geht, eingefahrene Gewohnheiten zu ändern, können die alten Automatismen wiederkehren. Vor allem in besonders belastenden Situationen, die Sie lange Zeit mit einer Haltung oder einem Verhaltensmuster beantwortet haben, das Ihnen nicht wirklich guttut.

Gedanken verändern sich schneller als Gefühle

Solche Rückschritte sind völlig normal, und Sie sollten sich nicht von ihnen entmutigen lassen. Häufig wandeln sich zunächst die Gedanken chronisch gestresster Menschen ins Positive. Etwa wenn Sie versuchen, sich in einer problematischen Arbeitssituation zu sagen, dass Sie eine kleine Pause bräuchten, statt, wie bisher, Ihre Anstrengungen zu verdoppeln und doch nur in einer Sackgasse zu landen.

Falls diese neue Herangehensweise besser funktioniert als die alte, spricht zwar einiges dafür, sie im Beruf zu etablieren. Doch gedankliche Reaktionen eine Zeit lang zu verändern ist um einiges leichter als die Weiterentwicklung der eigenen Gefühlswelt – obwohl natürlich das eine mit dem anderen zusammenhängt.

 Deshalb kann es vorkommen, dass Sie zum Beispiel eine Zeit lang Kurzpausen einlegen, anstatt sich mit der früheren Überlegung zu quälen, es gäbe nichts Wichtigeres, als eine anstrengende Herausforderung so lange durchzuhalten, bis Sie sie bewältigt haben. Möglicherweise empfinden Sie jedoch in Ihrer selbst auferlegten »Zwangskurzpause« nach wie vor Unzufriedenheit mit sich selbst, vielleicht spüren Sie den Drang, »endlich« das zu leisten, was Sie von sich erwarten, was Ihren Wunsch, zwischendurch ein paar Minuten zu entspannen, unterminiert.

Vor allem wenn Sie gerade an einem besonders wichtigen Projekt arbeiten und der innere Druck, damit fertig zu werden, übermächtig wird, treten Gedanken an sinnvolle Kurzerholungsmaßnahmen oft in den Hintergrund und das alte Gefühl, sich nur respektieren zu können, wenn Sie alles erledigt haben, was Sie erledigen sollten, ist wieder da.

 Die Emotionen, die mit bestimmten Situationen einhergehen oder Ihr Selbstbild bestimmen, lassen sich zwar ebenfalls verändern, doch das dauert fast immer deutlich länger als ein gedanklicher Wandel. Lassen Sie sich nicht von Rückfällen in alte Empfindungsmuster entmutigen. Falls Sie immer wieder versuchen, das, was Ihnen gesund erscheint, zu einer Tradition zu machen, helfen Sie Ihrem Gehirn langfristig dabei, neue Verbindungen zwischen Situationen, Überlegungen und Emotionen herzustellen.

Grundlegende Verbesserungen werden nur in kleinen Schritten erreicht, vor allem im emotionalen Bereich, und Sie sollten mit – zumeist vorübergehenden – Rückschlägen rechnen.

Kleine Verbesserungen wahrnehmen

Wenn es Ihnen wichtig wäre, auch kleine oder zunächst wenig nachhaltige Veränderungen zum Positiven zu registrieren, sobald Sie erfolgversprechende Maßnahmen gegen den chronischen Stress eingeleitet haben, empfiehlt sich der Selbstbeobachtungsbogen, den ich Ihnen nun vorstellen möchte.

Beobachten Sie sich selbst

Wenn Sie sich an dieser Technik zur Selbsthilfe erproben möchten, bedarf es einer gewissen Regelmäßigkeit. Sie können den Fragebogen zu Hause nach Feierabend bearbeiten.

 Ein paar ruhige Minuten, um die Sie gegebenenfalls Ihre Familie bitten sollten, sind eine gute Voraussetzung für die Einträge. Es wäre sinnvoll, das Beobachtungsprotokoll zumindest eine Werktagswoche lang zu führen. Falls Ihr derzeitiger Dauerstress auch (oder ausschließlich) mit dem Freizeitleben zusammenhängt, verlängern Sie den Notizzeitraum bis zum Sonntagabend und tragen Ihre Selbstwahrnehmungen erst am Abend ein.

Situationen, Gedanken und Gefühle analysieren

Zunächst erstellen Sie einen Fragebogen (oder, je nach Ausführlichkeit und Beobachtungszeitraum, mehrere) mit vier Spalten, entweder mit Stift und Lineal oder am Computer.

✔ Mein Vorschlag, den Sie natürlich variieren und an Ihre Bedürfnisse anpassen können, wäre, dass Sie über die erste Spalte von links »Datum, Wochentag« schreiben, die zweite mit der Überschrift »Problematische Situationen und andere Tagesereignisse« versehen, die dritte mit »Gefühle und Gedanken zur Situation« betiteln und die vierte »Stimmung von 0 bis 10« nennen. »0« steht hier für »Stimmung auf dem Nullpunkt«, »10« für »bestens gelaunt«, die Ziffern 1 bis 9 stellen wieder die Zwischenschritte dar.

✔ Anschließend überlegen Sie nach Feierabend oder, wenn Sie die Überlegungen später nicht vom Einschlafen abhalten, vor dem Zubettgehen, was Sie am jeweiligen Tag erlebt haben. Je mehr einzelne Situationen Ihnen einfallen und je differenzierter Sie sie betrachten können, umso besser. Ihre Erlebnisse notieren Sie stichpunktartig, nachdem Sie in der ersten Spalte des Fragebogens Datum und Wochentag eingetragen haben, untereinander in der zweiten Spalte von links.

✔ Zu jeder Situation, ob problematisch oder eher erfreulich, schreiben Sie in einem weiteren Schritt auf, welche Gefühle und Gedanken sich mit ihr verbinden. Auch hier empfehlen sich knappe, aber möglichst differenzierte Einträge. »Wut« ist weniger aussagekräftig als »Wut auf meinen Chef und mich selbst«, statt »Gedanke: Scheißarbeit« könnten Sie zum Beispiel »Denke daran, mich woanders zu bewerben« notieren. Vergessen Sie hierbei möglichst nicht die Erfahrungen, die sich mit Haltungen, Überlegungen oder Verhaltensweisen verknüpfen, bei denen Sie Ihre Herangehensweise zum Positiven verändert oder dies wenigstens ausprobiert haben.

✔ Dann versuchen Sie sich daran zu erinnern, wie Ihre Stimmung in oder kurz nach der eben dargestellten Situation war, und bewerten sie mit den inzwischen sattsam bekannten Zahlen von 0 bis 10. Mit den anderen Tagesereignissen verfahren Sie genauso.

✔ Schließlich, wenn Ihnen nichts Entscheidendes mehr einfällt, trennen Sie den aktuellen Tag mit den entsprechenden Einträgen durch einen Querstrich vom nächsten. An den Folgetagen tun Sie das Gleiche.

✔ Meistens ist es emotional weniger anstrengend, einen einmal ausgefüllten Beobachtungsbogen eine Zeit lang liegen zu lassen, bevor man ihn auswertet. Aber vermeiden Sie diese Protokoll-Selbstanalyse nicht dauerhaft, denn in den meisten Fällen können Ihnen die Notizen wertvolle Hinweise geben, in welchen Bereichen Sie kleine Fortschritte erlebten, wo es zu einem Rückschlag durch das Wiederaufleben alter Reaktionsmuster gekommen ist und welche Aktivitäten Ihnen guttun, um nur die wichtigsten Punkte zu nennen.

✔ Gedanken und Gefühle in bestimmten Situationen, durch die Sie Ihre Stimmung verbessert haben oder sie zumindest nicht so stark in den Keller rutschte wie bisher, können Sie in Zukunft verstärkt einsetzen. Wie immer ist das der schwierigste Teil des Verfahrens. Außerdem lässt sich so prüfen, welche Verbesserungsversuche etwas brachten und welche Ihnen eher ungeeignet erscheinen. Aber haben Sie etwas Geduld mit sich selbst: Fast alle Veränderungen, die sich irgendwann als segensreich erweisen, brauchen viel Zeit und Übung.

Effektives Zeit- und Energiemanagement

Viele chronische Stressfaktoren, die mit dem Beruf verbunden sind, können durch angemessene Veränderungen der Arbeitsorganisation und der Zeitaufteilung verringert werden.

 »Angemessen« bedeutet unter anderem, dass Sie Prioritäten setzen, dass Sie Ihren eigenen Biorhythmus berücksichtigen und versuchen, sich nicht durch unterschiedliche oder parallel verlaufende Aufgabenstellungen aus dem Konzept bringen zu lassen.

Prioritäten setzen und dabei die eigenen Kräfte berücksichtigen

In diesem Abschnitt soll es um einige organisatorische Umstrukturierungsmaßnahmen gehen, die Sie auch abwandeln können, damit sie gut zu Ihnen und zu Ihrem Berufsalltag passen.

Den Berufsalltag umstrukturieren

Bevor Sie sich an die nächste Übung machen, sollten Sie Ihren individuellen Arbeits-Biorhythmus herausgefunden haben, also wissen, zu welchen Tageszeiten Sie über mehr oder weniger Energie verfügen.

Es wäre sinnvoll, wenn Sie sich auch für diese Übung genug Zeit einräumen würden, am besten in einer ruhigen Stunde nach Feierabend oder am Wochenende.

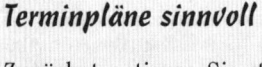

Terminpläne sinnvoll anpassen

Zunächst notieren Sie stichpunktartig alle Aufgaben, mit denen Sie zurzeit beruflich zu tun haben. Anschließend überlegen Sie beim Durchlesen, ob Sie etwas vergessen haben, und tragen es gegebenenfalls nach.

✔ Jetzt schreiben Sie Ihre festen Termine, die Sie nicht verschieben können, mit Wochentag und Uhrzeit auf ein zweites Blatt. Um dieses »Grundgerüst« herum können Sie mehr oder weniger frei disponieren und im Rahmen der nächsten Übungsschritte Prioritäten setzen, die Ihrem Biorhythmus möglicherweise eher gerecht werden, als es in der Vergangenheit der Fall war.

✔ Dann bewerten Sie die Aufgabenstellungen, die sich zeitlich umorganisieren lassen. Dieses Mal geht es nicht um die altbekannte Skala von 0 bis 10, sondern um eine Einteilung in drei Kategorien: »hohe Priorität«, »mittlere« und »niedrige Priorität«, je nach der Wichtigkeit der einzelnen Tätigkeiten für Ihren Berufsalltag.

✔ Nun stufen Sie die einzelnen Aufgaben nach ihrer subjektiven Schwierigkeit und dem Stresspotenzial ein. Dabei verwenden Sie ebenfalls drei Kategorien: »schwierig«, »mittelschwer« und »leicht«.

✔ Anschließend ordnen Sie die Tätigkeiten und deren Bewertung auf einem weiteren Blatt Papier. Sie beginnen mit den Herausforderungen, die eine hohe Priorität haben und in Ihren Augen schwer zu bewältigen sind. Darunter stehen die Aufgaben mit hoher Priorität, die Ihnen mittelschwer erscheinen, dann folgen die leichten hoch prioritären Arbeiten. Mit den Tätigkeiten, die eine mittlere Priorität haben, verfahren Sie genauso (zunächst die schweren, dann die mittelschweren, schließlich die leichten) und beenden diesen Schritt mit den Aufgaben auf der niedrigeren Prioritätsstufe (wieder in der Reihenfolge »schwer«, »mittelschwer«, »leicht«).

✔ Dann greifen Sie auf Ihre persönliche, berufsbezogene Biorhythmus-Energiekurve zurück. (Falls Sie diese Übung weggelassen haben, können Sie sie jetzt nachholen.) Nehmen Sie Ihren Terminkalender oder erstellen Sie einen Wochenplan mit ein- oder zweistündigen Abschnitten am Computer. Zunächst tragen Sie die festen Aufgaben ein, die Sie nicht verschieben können.

✔ Nun befassen Sie sich mit den wichtigsten Tätigkeiten, die auf dem Zettel mit Ihren beruflichen Prioritäten stehen. Versuchen Sie, die Herausforderungen, die Sie als »schwierig« bewertet haben, auf die Stunden zu legen, in denen Sie erfahrungsgemäß über viel Energie verfügen. Die »mittelschweren« Aufgaben passen gut zu den Zeiten, in denen Sie sich halbwegs kraftvoll fühlen, die »leichten« können Sie in den Stunden erledigen, in denen Sie normalerweise wenig Kraft haben. Wichtig wäre hier, dass Sie einigermaßen realistisch abschätzen, wie lange die Arbeiten dauern. Vergessen Sie dabei nicht, dass Sie im Regelfall länger brauchen, wenn Ihnen wenig Energie zur Verfügung steht, und denken Sie auch daran, dass Ihnen vermutlich immer wieder zusätzliche Tätigkeiten übertragen werden, was den zeitlichen Rahmen verlängert, der für die Erledigung der »eigentlichen« Aufgabe nötig ist. Regelmäßige »Pufferzeiten«, also einige Minuten, die Sie stets für solche Eventualitäten reservieren, können diesem Umstand Rechnung tragen.

✔ Mit den Arbeiten, die eine mittlere Prioritätsstufe haben, verfahren Sie ebenso: schwierige Herausforderungen für die Stunden, in denen Sie viel Kraft verspüren, mittlere für halbwegs energiegeladene Zeiten, leichte, wenn Sie sich eher erschöpft fühlen.

✔ Schließlich gehen Sie die Tätigkeiten mit niedriger Priorität nach dem gleichen Schema durch. Hier kann es außerdem sinnvoll sein, die eine oder andere Aufgabe auf einen späteren Tag zu verlegen, an dem Sie ansonsten nur wenig zu tun haben. Falls Sie diese Arbeiten nicht dauerhaft vermeiden, empfiehlt es sich durchaus, den chronischen Stress zu verringern, indem Sie sich klarmachen, dass nicht alles sofort erledigt werden muss – vor allem, wenn Sie eher kraftlos sind und Ihre Leistungskurve nach unten geht.

Die praktische Umsetzung Ihrer Erkenntnisse in den Berufsalltag ist wieder der schwierigste Teil der Übung. Rechnen Sie auch hier damit, dass sich eingefahrene Gewohnheiten oft nur mühevoll und eher langfristig verändern lassen und dass vorübergehende Rückfälle in alte Verhaltensmuster nicht unwahrscheinlich sind. Außerdem sollten Sie daran denken, dass Sie möglicherweise Ihren Chef oder Ihre Mitarbeiter von der veränderten organisatorischen Herangehensweise überzeugen müssen. Das Argument, so vermutlich besser mit den Herausforderungen Ihres beruflichen Alltags zurechtzukommen und mittelfristig weniger erschöpft zu sein, ist sicher nicht das schlechteste.

Andere organisatorische Verbesserungsvorschläge

Durch eine erfolgreichere Arbeitsorganisation lässt sich chronischer Stress, der zu einer dauerhaften Belastung geworden ist, wirksam reduzieren. Hier ein paar Vorschläge:

✔ Fassen Sie gleichartige Tätigkeiten, die außerhalb Ihrer Fixtermine liegen, zu Blöcken zusammen.

✔ Planen Sie von Block zu Block Abwechslungen ein. Lange Zeit immer das Gleiche zu tun, ermüdet. Andererseits verringern ständige Veränderungen die Konzentrationskraft und erhöhen die Wahrscheinlichkeit, Fehler zu machen. Hier wäre ein Mittelweg empfehlenswert.

✔ Jeder Arbeitsblock sollte maximal 60 Minuten dauern. Danach wäre eine kleine Pause sinnvoll.

✔ Wenn Sie wollen, können Sie Ihren Berufsalltag durch sogenannte To-do-Listen vorbereiten. Diese Listen sollten die Aufgaben des nächsten Tages umfassen, die sich schon im Vorfeld absehen lassen, ebenso den geschätzten Zeitbedarf (einschließlich der notwendigen Pufferzeiten) und den Abgabetermin. Integrieren Sie die To-do-Notizen in Ihre Tagesplanung.

✔ Falls Ihnen besonders schwierige Herausforderungen bevorstehen, empfiehlt sich die Technik der »Stressimpfung«: Nehmen Sie, in einer ruhigen Stunde zu Hause, aber nicht direkt vor dem Einschlafen, die Belastungen des folgenden Tages vorweg, indem Sie sich innerlich vorstellen, wie diese Situation voraussichtlich ablaufen wird. Berücksichtigen Sie alle Aspekte, die Ihnen einfallen, und überlegen Sie auch, was Ihnen helfen könnte, die Aufgabe erfolgreich zu bewältigen. Es wäre gut, wenn Sie hierbei nicht in destruktive Grübeleien verfallen, sondern lösungsorientiert nachdenken.

 Falls es Ihnen sehr schwerfällt, auf Grübeln zu verzichten, falls bei Ihrem Versuch, sich gegen Stress zu »impfen«, starke Ängste oder ständige Selbstabwertungen im Vordergrund stehen, verzichten Sie besser auf diese Methode und orientieren sich stattdessen an der »Gedankenstopp«-Technik, die ich Ihnen in Kapitel 13 vorstelle.

✔ Andere sinnvolle Maßnahmen: Loben Sie sich, möglichst aufrichtig und regelmäßig, für Ihre beruflichen Leistungen. Gerade in Zeiten chronischer Belastungen, wenn Sie sich weniger gut konzentrieren können als in einfacheren Lebensphasen, sollten Sie anerkennen, was Ihnen trotz dieser Umstände gelingt.

✔ Generell empfiehlt sich eine Methode, die »positive Selbstinstruktion« genannt wird. Das sind Gedanken, mit denen Sie sich und Ihre Arbeit konstruktiv begleiten. Zum Beispiel die Überlegung:»Ich habe Erfahrungen mit diesem Problem, also werde ich es wahrscheinlich irgendwann lösen«, anstatt sich zu sagen:»Ich weiß überhaupt nicht, was ich tun soll, das schaffe ich nie«.

✔ Es kann außerdem sinnvoll sein, eine Stresssituation in die angemessene Perspektive zu rücken, um sie etwas zu entschärfen. Hierzu können Sie sich ein paar Fragen stellen: Wie schlimm ist die Sache wirklich? Sterbe ich daran, wenn ich die Schwierigkeiten nicht löse? Werde ich in diesem Fall am Arbeitsplatz massiv benachteiligt? Verliere ich dadurch meine Stellung oder verarme ich?

✔ Erstellen Sie, wenn Sie vor einer ausgeprägten beruflichen Herausforderung stehen, eine Liste mit möglichen positiven Faktoren der Situation. Etwa »Ich lerne vielleicht etwas Neues, das ich später brauchen kann« oder »Wenn es mir gelingt, meine Angst zu überwinden, entwickle ich mich weiter«. Doch seien Sie dabei ehrlich zu sich selbst und reden Sie sich nichts ein, wovon Sie nicht überzeugt sind. Das viel zitierte »positive Denken« aus unzähligen Ratgebern findet seine Grenze im Selbstbetrug, nämlich immer dann, wenn alle negativen Faktoren ausgeklammert werden und jemand versucht, sich um jeden Preis zur Zufriedenheit zu zwingen.

✔ Sorgen Sie dafür, dass Ihnen die Kenntnisse und Fertigkeiten zur Verfügung stehen, die Sie bei Ihrer Arbeit benötigen. Manchmal hilft eine klärende Frage an einen Kollegen oder an den Chef, anstatt stundenlang erfolglos herumzuwerkeln, in anderen Fällen empfiehlt sich eine Fort- oder Weiterbildungsmaßnahme.

✔ Verschaffen Sie sich die nötige Übersicht bei Ihrer Tätigkeit: Eine subjektiv überzeugende Ordnung am Arbeitsplatz, bei der Sie alles, was Sie brauchen, schnell finden, erhöht die Chance, dass Sie sich nur mit einem Vorgang zur gleichen Zeit befassen müssen, und unterstützt Sie bei der Vorbereitung auf die späteren Aufgaben. Beides reduziert die Stressbelastung.

✔ Identifizieren Sie sogenannte Zeitfresser, also Arbeiten, die einen unverhältnismäßig hohen Zeitaufwand erfordern. Möglicherweise können Sie diese Aufgaben durch eine veränderte Herangehensweise oder eine andere Organisation effektiver erledigen, oder Sie beschränken sie auf Tage, an denen Sie wenig zu tun haben.

✔ Freude an Ihrem Beruf, zumindest zeitweilige, verringert die Gefahr von Erschöpfung und Burn-out-Symptomen. Hier hilft Ihnen vielleicht der Blick auf die Faktoren, die Sie vermissen würden, wenn Sie Ihrer Tätigkeit nicht mehr nachgingen, zum Beispiel das Plaudern mit einer Kollegin oder das gemeinsame morgendliche Kaffeetrinken im Pausenraum.

✔ Wirksame soziale Unterstützung und befriedigende zwischenmenschliche Kontakte schützen häufig vor Dauerstress, auch am Arbeitsplatz. Überlegen Sie, was Sie dazu tun könnten, diese Beziehungen zu pflegen und zu stärken, und setzen Sie Ihre Erkenntnisse in die Praxis um.

 Toleranz gegenüber Fehlern, die Ihnen und Ihren Kollegen irgendwann zwangsläufig unterlaufen, ist ein besonders wichtiger Faktor der Arbeitszufriedenheit. Seien Sie also nicht zu streng mit sich und Ihren Kollegen, denn das hilft weder Ihnen noch Ihrem Verhältnis zu den Mitarbeitern. Verlangen Sie von sich keine Perfektion. Schließlich sind Sie kein Roboter – und Sie wollen sich wahrscheinlich auch nicht so vorkommen.

Parallelbelastungen vermindern

In der heutigen Berufswelt wird immer wieder verlangt, mehrere Aufgaben gleichzeitig zu bearbeiten (Multitasking). Hierdurch kommt es häufig zu »Reibungsverlusten«, die den ständigen Umstellungen und der Tatsache geschuldet sind, dass wir uns normalerweise nur auf eine Herausforderung pro Zeiteinheit konzentrieren können.

Der »Flaschenhalseffekt«

Zwar haben einige Wissenschaftler festgestellt, dass es mit viel Übung möglich ist, parallele Tätigkeiten annähernd gleich schnell zu bewältigen wie nacheinander verlaufende, doch das gilt offenbar nur für sehr spezielle Aufgaben, die deutlich verschiedenartige Sinnesreize (etwa Sehen beziehungsweise Hören) mit unterschiedlichen Reaktionen (zum Beispiel Sprechen beziehungsweise die Bedienung von Computertasten mit den Fingern) beantworten. In anderen Fällen kommt ein Prinzip zur Geltung, das die Forscher »Flaschenhalseffekt« nennen: ein Engpass im Gehirn, vor dem sich die Tätigkeiten sozusagen hintereinander aufreihen, damit man sich auf jede einzelne Herausforderung möglichst gut konzentrieren kann.

Ob Kinder und Jugendliche, die einen Teil ihrer Freizeit mit Videospielen, Surfen im Internet und Kommunikation in Chatrooms verbringen, besser in der Lage sind, parallel zu arbeiten, als ihre Vorgängergenerationen, wird noch untersucht.

 Wenn auch Sie darunter leiden, dass Sie dauernd per Handy erreichbar sind, SMS beantworten müssen und parallel zu Ihrer Arbeit eine E-Mail-Mitteilung nach der anderen auf dem Computerbildschirm blinkt, hilft nur, wie das manche Psychologen formulieren, »die Konfrontationszeiten zu begrenzen«.

Gegenmaßnahmen zu Stress durch ständige Erreichbarkeit

Zwar entwickeln Softwareexperten »intelligente Programme«, die irgendwann von selbst erkennen sollen, ob ein Büromensch keinesfalls gestört werden sollte oder ob er gerade Kapazitäten für zusätzliche Informationen frei hat, doch dieses Vorhaben wird noch eine Weile andauern. Außerdem tut es wahrscheinlich jedem Betroffenen gut, wenn er selbst einen Weg findet, um potenzielle Überlastungen eigenverantwortlich zu vermindern, denn das stärkt das Gefühl, wichtige Lebensaspekte selbstständig kontrollieren zu können.

Was bedeutet es, die Konfrontationszeiten zu begrenzen? Leicht gesagt, aber schwer in die Tat umzusetzen: Reduzieren Sie die Zeit, in der Sie sich mit unerwarteter Kommunikation beschäftigen, auf das notwendige Minimum.

✔ Schalten Sie die Funktion Ihres Rechners aus, eingehende E-Mails durch einen hörbaren Ton anzuzeigen. Die Beantwortung der meisten Mails darf durchaus ein paar Stunden dauern. Nur sehr wenigen Menschen gelingt es, ein akustisches Warnsignal mit der Aussage »Wichtige Mitteilung« (egal wie wichtig sie tatsächlich ist) so lange zu ignorieren, bis sie eine aktuelle Aufgabe zu Ende gebracht haben. Es ist schwer, auf den äußeren Druck nicht mit innerem Druck zu reagieren und zumindest sofort zu prüfen, wie entscheidend Ihnen die neue E-Mail erscheint. Das gilt, in etwas geringerem Umfang, auch für optische

Hinweissignale auf dem Bildschirm. In jedem Fall kostet es Zeit und Nerven, sich augenblicklich damit zu befassen.

✔ Wenn es geht, beschränken Sie sich, was die Beantwortung Ihrer Mails in der Arbeitszeit betrifft, auf einen festen zeitlichen Rahmen, zum Beispiel morgens, mittags oder abends. Legen Sie den entsprechenden Termin möglichst auf eine Stunde, in der Sie aller Erfahrung nach weniger zu tun haben und kaum abgelenkt werden. Falls Sie in dieser Zeit Ihre elektronische Post nur teilweise bearbeiten können, reservieren Sie dafür entweder in Zukunft einige zusätzliche Minuten – oder, und das ist häufig die weniger anstrengende Variante, Sie machen sich bewusst, dass morgen auch noch ein Tag ist.

✔ Schalten Sie, wann immer Ihnen dies möglich erscheint, Ihr Handy aus. Niemand zwingt Sie dazu, ständig erreichbar zu sein, und jeder Kommunikationspartner hat die Möglichkeit, Ihnen ein paar Worte auf die Mailbox zu sprechen oder Ihnen eine SMS-Kurzmitteilung zu senden. In einer Pause oder in einer unstressigen beruflichen Situation können Sie immer noch feststellen, wer Sie heute erreichen wollte.

Falls Sie nicht selbst dafür verantwortlich sind, Festnetzanrufe am Arbeitsplatz entgegenzunehmen, teilen Sie dem zuständigen Kollegen mit, wann Sie, mit der Ausnahme von dringenden Situationen, im Allgemeinen Zeit für ein Telefongespräch haben. Wenn Ihnen keine Bürohilfe zur Verfügung steht, empfiehlt sich in stressigen Situationen die Aktivierung des Anrufbeantworters. Nachdem Sie die aktuellen Aufgaben erledigt haben, können Sie immer noch zurückrufen.

Falls Sie zum Beispiel zu Hause ein Nickerchen machen oder eine Entspannungsübung durchführen wollen, spricht eigentlich nichts dagegen, auch das Festnetztelefon eine Zeit lang auszuschalten, denn lautes Klingeln, selbst wenn Sie das Gespräch nicht persönlich entgegennehmen, verhindert zuverlässig jeden erholsamen Trancezustand. Außerdem können Sie, kleine Kinder ausgenommen, Ihre Angehörigen freundlich darum bitten, Sie 20 oder 30 Minuten in Ruhe zu lassen, wenn Sie sich entspannen. Falls Ihre Familie damit einverstanden ist, verdeutlichen Sie Ihren Wunsch nach Ruhe durch ein entsprechendes Schild an der Zimmertür.

Auswirkungen einer Erschöpfungsdepression auf das Unternehmen

Wenn ein Mitarbeiter einer Firma, bedingt durch chronischen Stress, erste Burn-out-Symptome entwickelt, die häufig mit einem depressiven Störungsbild und mit Ängsten einhergehen, kann dies für das Unternehmen negative, aber auch positive Aspekte haben.

Negativ erscheinen vor allem folgende Faktoren:

✔ Betroffene sind zunehmend schlechter in die Firma integriert.

✔ Auch die Kreativität nimmt ab.

✔ Arbeitsprozesse verlangsamen sich durch wachsende Konzentrationsprobleme.

✔ Es kommt oft zu Fehltagen, Krankschreibungen und Rehabilitationsmaßnahmen.

✔ Die Außenwirkung verschlechtert sich, etwa im Kontakt zu Kunden, Schülern oder Patienten.

✔ Der Umgang mit dem dauererschöpften Kollegen kann auch seine Mitarbeiter belasten.

Überraschend positiv hingegen, allerdings nur für den Arbeitgeber, können sich diese Faktoren auswirken:

✔ Betroffene sind, zumindest in einem frühen Stadium des Burn-out-Syndroms, stark motiviert, besonders viel zu leisten.

✔ Meistens kommt ein ausgeprägtes Harmoniebedürfnis und die Scheu vor Konflikten am Arbeitsplatz hinzu, was nicht wenigen Chefs nur recht ist.

✔ Durch Angst und ein schlechtes Selbstwertgefühl verstärken sich Solidarität und Loyalität gegenüber der Firma.

✔ Die Leidensfähigkeit motiviert Betroffene, auch unangenehme Situationen durchzuhalten oder »mindere« Arbeiten zu übernehmen, ohne zu klagen.

✔ Mitunter erhöht sich sogar, in einem frühen Burn-out-Stadium, das erbrachte objektive Leistungspensum.

✔ Gerade viele Frauen neigen wegen ihrer Sozialisation dazu, sich in der Krise noch mehr zu überfordern und sich dabei deutlich weniger Freiräume zuzugestehen als Männer.

Die »Zeit« schreibt zu diesem Thema, in einer Untersuchung des Bundesverbands Deutscher Banken kurz nach der Jahrtausendwende hätten über 50 Prozent der befragten Mitarbeiter erklärt, sie bräuchten keine Gehaltserhöhung, denn sie seien »sehr zufrieden« mit ihrem derzeitigen Einkommen. Es lässt sich vermuten, dass die meisten Bankangestellten eher aus Angst als aus Bescheidenheit auf diese Weise geantwortet haben.

Die »Zeit« stellt infrage, dass eine solche Grundhaltung einem Unternehmen tatsächlich guttut. Wenn niemand mehr wage, riskante Vorschläge zu unterbreiten oder Verantwortung zu übernehmen, werde vorauseilender Gehorsam selbstzerstörerisch. Gerade ein hoch technisiertes Land wie Deutschland könne mit rückgratlosen Arbeitnehmern wenig anfangen. Hilfreicher wären Eigenschaften wie »nonkonformistische Kreativität«, der Mut, Fehler zu machen oder, wenn nötig, auch einmal zu widersprechen.

Auf dem Weg zu gesünderen Organisationsstrukturen

Die meisten Wissenschaftler sind sich einig, welches Betriebsklima und welche Arbeitsorganisationsformen den Bedürfnissen der Mitarbeiter entgegenkommen und die Gefahr von destruktiven Burn-out-Entwicklungen minimieren würden.

✔ Eine wichtige Voraussetzung für die Bildung effektiver Mitarbeitergruppen: Der Chef sieht sich selbst als Teammitglied, anstatt den Ablauf im Detail zu bestimmen. Ein Vorteil solcher Gruppen, falls es nicht bei Absichtserklärungen bleibt, scheint zu sein, dass sie auch funktionieren, wenn der Vorgesetzte einmal nicht dabei ist.

✔ Die vertrauensvolle Zusammenarbeit der Kollegen sollte gestärkt werden, etwa in Form von Teams oder Netzwerken. Die Ermutigung zu ehrlichen Rückmeldungen, auch zu wechselseitiger Kritik, könnte verhindern, dass Aufrichtigkeit gegenüber Mitarbeitern und Chefs als unbotmäßiger persönlicher Angriff bewertet wird.

 Hierbei kann ein Training im konstruktiven Umgang mit Konflikten sinnvoll sein. Wenn ein Vorgesetzter in Sachen Burn-out-Prävention sensibilisiert ist, schafft er für seine Angestellten Handlungsspielräume, damit sie sich den Strukturen und Belastungen nicht hilflos ausgeliefert fühlen.

✔ Vorbeugend wirken Bedingungen, durch die sich Freude und Erfolg bei der Arbeit erleben lassen und bei denen den Kollegen regelmäßige kurze Erholungszeiten eingeräumt werden, die ihnen immer wieder das Gefühl vermitteln, »sie selbst« sein zu können.

✔ Achtung und Unterstützung eines Chefs im Verhältnis zu den Mitarbeitern, die ihm unterstehen, können sich nur entwickeln, wenn sich der Vorgesetzte selbst schätzt und anerkennt und wenn er darauf verzichtet, sein Ego zum Maß aller Dinge zu machen.

✔ Darüber hinaus tut es wahrscheinlich jedem Angestellten gut, wenn er den Eindruck hat, an den betrieblichen Entscheidungsprozessen teilzunehmen, anstatt sich als bloßer Befehlsempfänger zu verstehen.

✔ Ein freundlicher oder zumindest höflicher Umgangston in der Firma ist ähnlich wichtig wie ein weitgehend angstfreies Betriebsklima. Hier kann der Vorgesetzte ein Vorbild sein, was naturgemäß deutlich schwieriger ist, wenn er dazu neigt, sich selbst massiv unter Druck zu setzen und diesen Druck »nach unten« weiterzugeben.

✔ Bei strukturbedingten Burn-out-Problemen empfiehlt sich vielleicht der Besuch oder die Finanzierung eines Stressbewältigungskurses, möglichst sowohl für den Vorstand als auch für die Angestellten. Auch der Einsatz eines Coaches, eines externen Supervisors oder eines Konfliktmediators, also eines professionellen Schlichters, kann sinnvoll sein, wenn die Schwierigkeiten bereits eskaliert sind.

Lächelmaskenprobleme bewältigen

Es ist besonders problematisch für die Gefühlswelt der Mitarbeiter, wenn sie dauernd lächeln und sich freundlich geben müssen, unabhängig davon, wie es ihnen geht. Einige Wissenschaftler sprechen vom »Lächelmaskensyndrom« und diagnostizieren dabei eine deutlich erhöhte Burn-out-Gefahr.

Hier hilft es vielleicht, sich durch schöne Erinnerungen, etwa an einen Urlaub, abzulenken oder sich »auf die hübsche Krawatte« des pöbelnden Klienten zu konzentrieren. Zugegeben, eine etwas hilflos wirkende Methode, doch solange es Tätigkeiten gibt, bei denen Ehrlichkeit ausgeschlossen ist, kann eine solche Form von Selbstverleugnung ein angemessener Weg sein, mit den einschlägigen Belastungen zurechtzukommen.

Sie können die schlechte Laune in einem kontrollierten Rahmen auch herauslassen, zum Beispiel indem Sie eine Pause dazu nutzen, in einem Raum fern von jedem Kundenkontakt auf einen Sandsack einzuschlagen.

 Falls Sie einige Lösungsansätze überzeugend finden und gerne in Ihrer Firma verwirklichen würden, müssen Sie die Probleme und Ihre Ideen zu deren Bewältigung zum Thema machen. Hier hilft es, wenn Sie beruflich gut vernetzt sind und eine vertrauensvolle Beziehung zu den Kollegen pflegen. Doch in jedem Fall erfordert es Mut und Geduld, falls Sie die Verhältnisse wirklich verändern wollen.

Positive Entwicklungen

Das Beharrungsvermögen vieler Männer und Frauen im Beruf, die lieber an ungünstigen Organisationsstrukturen festhalten, als etwas Erfolgversprechenderes auszuprobieren, ist nicht zu unterschätzen. Um Sie dennoch zu ermutigen, Neues zu wagen und auch die äußeren Bedingungen Ihrer beruflichen Tätigkeit positiv zu beeinflussen, möchte ich einen weiteren »Zeit«-Artikel zitieren.

Darin wurden Unternehmen dargestellt, die einige praxisorientierte Maßnahmen umgesetzt haben, damit ihre Angestellten zufriedener sind und nach menschlichem Ermessen deutlich seltener eine Burn-out-Krise erleben als in Firmen, die sich auf herkömmliche Organisationsideen beschränken.

Das Ziel solcher Unternehmensreformen ist häufig, den Mitarbeitern etwas zu ermöglichen, das neudeutsch »eine gute Work-Life-Balance« genannt wird. Der Begriff steht für ein ausgewogeneres Verhältnis von Beruf und Freizeit mit besseren Chancen, Stressfaktoren zu begrenzen oder sie nach einer Weile angemessen auszugleichen.

Programmierer auf neuen Wegen

Die »Zeit« beschreibt die Münchner Softwarefirma Lorenzsoft, die 1991 von Antonella Lorenz gegründet wurde. Die Geschäftsfrau hatte kein Interesse daran, die branchenüblichen Gewohnheiten zu übernehmen, also ihre Programmierer in 14-Stunden-Schichten schuften zu lassen, oft bis in die Nacht hinein, um die Abgabetermine einhalten zu können. Antonella Lorenz verzichtet fast immer darauf, ihren Angestellten Überstunden aufzudrücken, und sie ist davon überzeugt, dass ihre Softwareentwickler ausbrennen würden, wenn sie ständig »bis zum Umfallen arbeiten« müssten.

Einerseits kann die Unternehmensgründerin auf ihrem Rechner online verfolgen, wie weit die aktuellen Projekte fortgeschritten sind und wer sich gerade mit welchen Tätigkeiten befasst. Schlecht für den Datenschutz, aber gut für die penible Planung und den zeitlichen Rahmen der einzelnen Aufträge.

Andererseits dürfen die Kollegen so kurz oder so lange arbeiten, wie sie wollen. Es ist auch in Ordnung, wenn sie private Einkäufe oder Cafébesuche dazwischenschieben, nur müssen sie jeweils vor Feierabend alle Punkte ihrer individuellen Aufgabenliste abgearbeitet haben.

Viele junge Väter schätzen diese Vorgehensweise, meint Antonella Lorenz, aber auch Frauen, die zu einer normalen Zeit zum Friseur gehen wollen.

Der Erfolg ihrer Firma gibt Antonella Lorenz recht, außerdem entlastet sich die Chefin selbst von chronischer Überforderung. Sie berichtet, sie werde heute viel seltener beansprucht, um ein Projekt zu retten oder einen Kunden zu besänftigen. Durch diesen Verzicht auf Selbstausbeutung könne sie hie und da drei Wochen am Stück Urlaub machen. Da das im Prinzip auch für ihre Angestellten gilt, dürfte die Arbeitszufriedenheit bei Lorenzsoft deutlich höher sein als in Unternehmen mit einer starren Organisationsform.

 Natürlich lassen sich solche positiven Veränderungen der Arbeitsorganisation und des Betriebsklimas nicht von heute auf morgen erreichen, und nicht jeder Chef ist dankbar für entsprechende Ideen seiner Mitarbeiter. Doch warum sollten Sie sich schon im Vorfeld eines solchen Vorschlags entmutigen lassen? Auch kleine Schritte können irgendwann zu großen Zielen führen.

Unterstützung suchen, Arbeit delegieren

Neben organisatorischen Verbesserungen, die sowohl Ihre individuelle Herangehensweise als auch die Struktur Ihrer Firma betreffen können, hilft auch die Fähigkeit, notfalls Arbeiten an andere abzugeben und auf die Unterstützung der Kollegen zu hoffen, wenn es darum geht, chronische Stressbelastungen erfolgreich abzubauen.

 Das ist oft leichter gesagt als getan. Gerade Menschen mit einem überstarken Kontrollbedürfnis haben oft den Eindruck, unentbehrlich zu sein, und erledigen alles Wichtige lieber allein. Hilfe in Stresssituationen ist nach dieser Sichtweise ein Eingeständnis von Schwäche, und schwach zu sein verbietet sich von selbst.

Höher, schneller, weiter: Zweifelhafte Vorbilder

Die Anforderungen im Beruf werden nach wie vor von Männern definiert. Ein zweifelhaftes Vorbild für den Umgang mit Belastungen, Erschöpfung und den Grenzen des Einzelnen, denn die Tabuisierung aller Schwächen ist vor allem in männerdominierten Tätigkeitsfeldern wie dem Management sehr ausgeprägt. Nicht nur Frauen stehen damit oft an den Grenzen ihrer Kraft, ohne sich wirksame Entlastungen zu erlauben.

Diese Herangehensweise erhöht die Burn-out-Gefahr massiv. Führungskräfte neigen dazu, sich eine Art Panzer überzustülpen, der alle echten Gefühle verdeckt. Viele Manager übertünchen ihr schlechtes Gewissen und die Sehnsucht nach einem wirklich erfüllten Leben. Erst der Burn-out-Zusammenbruch (oder eine bedrohliche Erkrankung wie ein Herzinfarkt) ist dann häufig ein Anlass, Schritt für Schritt umzudenken und den eigenen Emotionen, auch den Schwächeempfindungen, Beachtung zu schenken.

Dieses Schema beschränkt sich nicht auf den Unternehmensführungsbereich. Mitarbeiter, die wegen einer Erschöpfungskrise eine Zeit lang krankgeschrieben waren oder an einer Rehabilitationskur teilgenommen haben, werden danach oft behandelt, als seien sie psychisch krank oder grundsätzlich weniger leistungsfähig als die anderen. Das verstärkt die Tendenz des Betroffenen, sich und die eigenen Kompetenzen abschätzig zu betrachten, und kann in die Sackgasse der nächsten Burn-out-Krise führen.

 Falls Sie es anders machen wollen und sich nicht zu schade dafür sind, Ihre Gefühle ernst zu nehmen, bevor es Ihnen dauerhaft schlecht geht, bitten Sie gegebenenfalls Ihre Kollegen um Unterstützung bei der Arbeit. Eine wichtige Voraussetzung für solche Delegations- und Hilfsmöglichkeiten wäre jedoch, dass Sie sich eingestehen können, nicht in allen Fällen so stark und souverän zu sein, wie Sie es sich vielleicht wünschen würden.

Zu diesem Thema nun einige Ideen und Denkanstöße:

✔ Wenn Sie einen Kollegen fragen, ob er Sie bei einer Tätigkeit unterstützen kann, verzichten Sie möglichst darauf, ihn emotional unter Druck zu setzen. Anmerkungen wie »Wenn du mir nicht hilfst, weiß ich nicht mehr, was ich tun soll« erschweren es jedem Menschen erheblich, Nein zu sagen, und ein Nein zu akzeptieren ist eine wichtige Grundlage eines kollegialen Verhältnisses. Aber natürlich können Sie mit ein paar Worten erklären, warum Sie gerade Unterstützung bräuchten.

✔ Gegenseitige Sympathie, ob Sie nun Ihren Chef oder einen gleichrangigen Mitarbeiter um Hilfe bitten, sollte dabei eine Voraussetzung sein. Je vielfältiger und stabiler Ihnen das Netzwerk erscheint, das Sie sich in Ihrem Betrieb aufgebaut haben, desto besser sind Ihre Chancen, im Notfall Unterstützung zu bekommen.

✔ Für solche Netzwerkbildungen ist es nie zu spät, falls Sie sich wirklich für Ihre Kollegen interessieren und dies nicht nur vorgeben, weil Sie sie irgendwann brauchen könnten. Hier hilft Kreativität: Vertrauensbildende Maßnahmen können von einem mitgebrachten leckeren Gemeinschaftsfrühstück bis zum freundlichen Angebot gehen, einem gleichgestellten Mitarbeiter, wenn es einmal nötig sein sollte, selbst zu helfen.

✔ Dauernd Unterstützung einzufordern, ohne dem anderen etwas Sinnvolles zurückzugeben, zermürbt zuverlässig jedes gute Arbeitsverhältnis, denn Ihr Gegenüber fühlt sich ausgenutzt. Dank allein genügt hier nicht, vielmehr sollte Ihr Kollege davon ausgehen können, sich in wichtigen Fällen genauso auf Sie verlassen zu können, wie Sie auf seine Hilfe bauen.

✔ Wenn Sie eine Tätigkeit an jemand anderen übertragen haben, empfiehlt es sich noch mehr als sonst, die Resultate nicht mit perfektionistischen Erwartungen zu überfrachten. Der Mitarbeiter ist, anders als Sie, nicht seit Langem mit dieser Sache beschäftigt, was die Wahrscheinlichkeit von Fehlern erhöht, selbst wenn Sie ihm genaue Verfahrensregeln vermitteln konnten. Darüber hinaus geht jeder Mensch in einer Firma ein bisschen anders mit den jeweiligen Herausforderungen um, und dieses Recht sollten Sie Ihrem Kollegen auch lassen. Nur wenig demotiviert jemanden, der Sie ja eigentlich unterstützen wollte, so sehr, wie eine anschließende Kritik im Detail, die vielleicht noch mit mehreren unerbetenen Ratschlägen garniert worden ist.

Um ehrliche Rückmeldungen bitten

Der Erfahrung nach sind Mitarbeiter häufig nur selten aufrichtig, wenn es darum geht, Haltungen oder Verhaltensweisen, die ihnen an einem gleichrangigen Kollegen missfallen, zurückzumelden.

Probleme mit offener Kritik am Arbeitsplatz

Selbstverständlich wäre völlige Offenheit in allen Situationen der Todesstoß für jedes gute Betriebsklima. Andererseits führt die Scheu vieler Menschen vor Konflikten dazu, dass auch notwendige kritische Äußerungen ausgeklammert werden, die dem Betroffenen vielleicht helfen würden, angemessener mit den sachlichen oder kommunikativen Anforderungen seiner Arbeit zurechtzukommen.

 Nicht selten verlegen sich die Kollegen stattdessen auf das angenehme, aber folgenlose und ein bisschen billige »Lästern im Pausenraum«, das natürlich augenblicklich abbricht, sobald das »Opfer« durch die Zimmertür tritt. Manchmal endet ein solcher destruktiver Prozess, wenn das Kind bereits in den Brunnen gefallen ist, im verdeckten oder offenen Mobbing.

Der Umstand, dass es vielen Vorgesetzten schon aufgrund ihrer Leitungsfunktion leichter fallen muss, Kritik an einem Untergebenen zu äußern, hilft hier nur sehr begrenzt. Denn oft kommt es erst dann zu einem klärenden Gespräch, wenn die Probleme schon so lange andauern, dass der Betroffene eigentlich kurz vor einer Abmahnung oder sogar vor der Kündigung steht.

Was also können Sie tun, falls Sie das Gefühl nicht loswerden, am Arbeitsplatz eher geduldet als wirklich akzeptiert zu sein, wenn Sie immer wieder merkwürdige Signale wahrnehmen oder die Unterhaltung abrupt verstummt, sobald Sie den Gemeinschaftsraum betreten?

Hier empfiehlt es sich, selbst aktiv zu werden und einen informierten Kollegen um eine möglichst ehrliche Rückmeldung zu bitten, selbstverständlich unter vier Augen. Wenn Sie sich mit diesem Mitarbeiter zumindest einigermaßen gut verstehen, umso besser. (Vom Chef ein kritisches Feedback zu verlangen, ist zwar keineswegs ausgeschlossen, doch zumeist bedeutet dies, die Angelegenheit vorschnell an die große Glocke zu hängen.)

Vielleicht helfen Ihnen dabei ein paar Ideen. Mut erfordert das Vorgehen in jedem Fall.

 Denken Sie daran, dass Ihr Gegenüber wahrscheinlich zunächst zögern wird, die Karten auf den Tisch zu legen. Die wenigsten Menschen kritisieren andere gerne offen. Haken Sie freundlich nach, wenn Sie etwas nicht wirklich verstehen, machen Sie deutlich, dass Ihnen an Aufrichtigkeit gelegen ist, um sich in Zukunft besser in das Kollegium zu integrieren. Und verzichten Sie, auch wenn es schwerfällt, auf alle Rechtfertigungsversuche, selbst wenn Sie sich unfair beurteilt fühlen.

Verdeckte Konflikte durch Rückmeldung auflösen

Thomas Mayer, 38, arbeitet als Facharzt für Allgemeinmedizin in einer Praxis. Während seiner Ausbildung absolvierte er sein Praktisches Jahr zum Teil auf einer orthopädischen Klinikstation in einem der neuen Bundesländer.

Nach einigen Wochen hatte Thomas Mayer den Eindruck, von den meisten Mitarbeitern geschnitten und wenig respektvoll behandelt zu werden. Als »Wessi« führte er das auf unterschiedliche Ost-West-Traditionen zurück, doch dieser Erklärungsversuch schien ihm wenig schlüssig zu sein.

Einen Monat später beschloss Thomas Mayer, eine Krankenschwester, die er mochte, in einem privaten Gespräch um ein ehrliches Feedback zu bitten. Irgendwann rückte die Pflegerin damit heraus, dass das Personal darin übereinstimme, dass sich Thomas Mayer immer wieder »verhalte, als ob er der Chef wäre«. Deshalb sei er in der Klinik eher unbeliebt.

»Auch wenn mich diese Kritik damals ziemlich gekränkt hat«, resümiert der 38-Jährige, »war ich doch froh, dass ich endlich etwas Greifbares erfahren konnte.« Zu Hause fiel Thomas Mayer auf, dass er sich am Stationstisch tatsächlich von Anfang an »stark eingebracht hatte«, dass er über Diagnosen und Erkrankungsverläufe ebenso redete wie der Chefpfleger und der Oberarzt. »Das ist im Osten eher noch weniger üblich als im Westen«, stellt Thomas Mayer heute fest, »und ich bin einfach nicht auf den Gedanken gekommen, dass sich ein Neuer besser erst mal zurückhält, bis er weiß, worum es geht, und einen guten Stand bei den Kollegen hat.« Im Nachhinein sei er der aufrichtigen Krankenschwester sehr dankbar gewesen.

Während der folgenden Monate berücksichtigte Thomas Mayer die Kritik, sodass sich seine Beziehung zu Ärzten und Pflegekräften deutlich verbesserte. Das machte sich auch im Verhalten der Kollegen bemerkbar. »Als man mir zum Abschied sogar ein paar liebevoll gestaltete Geschenke überreicht hat«, erinnert sich Thomas Mayer, »war ich total gerührt.«

Stressausgleich im Alltag

8

In diesem Kapitel

▶ Gegengewichte zur Arbeitsbelastung aufbauen

▶ Beziehungen und Freundschaften pflegen

▶ Konzentrations- und Wahrnehmungsübungen zum Ausgleich von chronischen Stressbelastungen

▶ Tipps zu gesunder Ernährung, Bewegung und Schlafqualität

▶ Zigaretten, Alkohol und andere problematische Entlastungsmittel

▶ Zwischenpausen und Selbstbelohnungen

Zunächst stelle ich Ihnen einige Ideen vor, durch die Sie in der Freizeit die Belastungen Ihres Arbeitsalltags ausgleichen können. Neben Aktivitäten, Liebe und Freundschaften wird es hier auch um Konzentrationsübungen gehen, die Sie zum Teil allein und zum Teil mit einem Vertrauten durchführen können und die sich dazu eignen, das Verhältnis zum eigenen Körper und die Wahrnehmung der Gegenwart zu stärken. Danach beschreibe ich sinnvolle Wege, durch die Sie Ihre Lebensqualität weiter verbessern können: gesunde Ernährung, Sport und Schlaf. Auch vergleichsweise problematische Entlastungsmöglichkeiten, die oft nur kurzfristig helfen und langfristig zu unerwünschten Nebenwirkungen führen, etwa Nikotin und Alkohol, werden näher dargestellt. Anschließend stehen praxisorientierte Hinweise zum Thema Selbstverstärkung, zum Beispiel der Einbau regelmäßiger Pausen in den Arbeits- und Freizeitalltag, im Fokus.

Private Quellen: Liebe, Freundschaft, Freizeit

Die meisten chronischen Stressfaktoren, die zur Belastung werden und manchmal in eine Burn-out-Krise münden können, hängen mit den beruflichen Bedingungen zusammen.

Deshalb empfiehlt es sich in vielen Fällen, den Freizeitbereich auszubauen und die eigene Genussfähigkeit zu stärken, um den Arbeitsschwierigkeiten etwas Wirksames entgegenzusetzen. Wenn die Erschöpfung noch nicht so massiv ist, dass sie auch das Privatleben weitgehend dominiert, gelingt das normalerweise am besten.

Angenehme Erfahrungen reaktivieren

Dennoch gilt auch für frühe, eher geringfügig ausgeprägte Burn-out-Krankheitszeichen häufig, dass der Betroffene in seiner Freizeit dazu neigt, Erlebnisse, die ihm bislang gutgetan haben, zu reduzieren.

Da man eine Burn-out-Krise auch als mehr oder weniger starke Erschöpfungs-depression betrachten kann und jede Depression mit Antriebsstörungen, Selbst-zweifeln und einem Verlust an Lebensfreude einhergeht, ist diese Reaktion durch-aus verständlich. Doch sie verschlimmert die aktuelle Symptomatik, denn der soziale Rückzug und das Aufgeben von angenehmen Aktivitäten führt zwangsläufig dazu, dass den beruflichen Problemen immer weniger Positives, Entlastendes ent-gegengesetzt wird. Davon sind oft auch die zwischenmenschlichen Beziehungen betroffen, also die vermutlich wichtigste Quelle der Lebenszufriedenheit.

Was tut Ihnen gut?

Gerade bei einer weniger massiven Burn-out-Problematik lässt sich dieser Trend oft ohne professionelle Hilfe umkehren, was jedoch etwas Selbstdisziplin voraussetzt. Hierzu stelle ich Ihnen eine kleine Übung vor.

✔ Wenn Sie Lust haben, überlegen Sie zunächst in einer ruhigen Stunde zu Hause, von welchen Aktivitäten und von welchen genussvollen Erlebnissen Sie derzeit trotz Ihrer Erschöpfung profitieren können. Notieren Sie auf einem Zettel, was Ihnen hilft, und machen Sie sich bei Bedarf Gedanken, wie sich diese positiven Erfahrungen ausbauen lassen. Eine gewisse Regelmäßigkeit erscheint hier sinnvoller als das Bestreben, die gesamte Freizeit mit ange-nehmen Tätigkeiten zuzupflastern. Schließlich wollen Sie vermutlich neben den beruflichen Belastungen nicht noch an starkem Freizeitstress leiden.

✔ Falls Sie bei der Bearbeitung dieser Aufgabe feststellen, dass Ihnen derzeit nur wenige Wege zur Verfügung stehen, um sich zu erholen und das Leben zu ge-nießen, schreiben Sie in einem weiteren Schritt auf, welche Erlebnisse Ihnen früher gutgetan haben, also vor den ersten Burn-out-Symptomen. Lassen Sie sich genug Zeit, bis Ihnen möglichst viel eingefallen ist, und denken Sie dabei auch an vermeintliche Kleinigkeiten, zum Beispiel den Gesang der Vögel oder das Blühen der Bäume im Frühling.

✔ Einige dieser schönen Erfahrungen haben Sie vermutlich am liebsten allein gemacht, andere zusammen mit einem oder mehreren Vertrauten. Markieren Sie jedes Ereignis, das Sie damals ohne Begleitung erlebten, mit dem Zusatz »allein«. Notieren Sie bei den übrigen kurz und konkret, mit wem Sie die ent-sprechende Aktivität derzeit gerne durchführen würden. Wahrscheinlich wird es hier oft um Ihre Liebesbeziehung, um Ihre Kinder, um einen guten Freund oder einen Kreis von Bekannten gehen.

✔ Tätigkeiten, die Ihnen allein Freude bereitet haben, können Sie in einem wei-teren Schritt erneut in Ihr Leben integrieren. Hier empfiehlt sich ein Blick in den Terminkalender. Doch berücksichtigen Sie dabei, dass es zumeist nicht ganz einfach ist, alte Gewohnheiten wieder aufzunehmen, erst recht in einer chronischen Erschöpfungssituation.

Auf jeden Fall wären Regelmäßigkeit und ein Vorgehen in kleinen Schritten sinnvoll. Nehmen Sie sich also nicht unbedingt vor, in Zukunft jeden Abend, um ein Beispiel zu nennen, in Ihrem Hobbykeller zu basteln, wenn Sie das längere Zeit nicht getan haben. Einmal wöchentlich genügt zunächst. Erst wenn Sie feststellen, dass Ihnen die jeweilige Aktivität auch heute noch gefällt und dass es Ihnen irgendwann ohne größere Probleme gelingt, sie dauerhaft an einem Wochentag in Ihr Freizeitleben einzubauen, sollten Sie die Häufigkeit dieser angenehmen Erfahrung ausweiten.

Sonst besteht die Gefahr, dass Sie eine Zeit lang eine Menge unternehmen, bis es Ihnen zu viel wird oder die berufliche Belastung einen Großteil Ihrer Kräfte bindet, was dann dazu führen kann, dass Ihr Freizeitaktivitätspegel wieder auf ein unbefriedigend geringes Niveau absinkt.

Was Erlebnisse angeht, die Sie früher gerne mit anderen Leuten geteilt haben, bedarf es natürlich, falls Sie sie wieder aufnehmen wollen, einer Absprache mit Ihren Angehörigen. Selbst wenn es hierbei um Vertraute geht, mit denen Sie in den letzten Monaten wegen Ihrer chronischen Erschöpfung und den damit einhergehenden Rückzugstendenzen kaum etwas unternommen haben, spricht eigentlich nichts dagegen, nachzufragen, ob diese Menschen Lust haben, Sie zu begleiten.

Ein Vorteil solcher Aktivitäten ist zudem, dass Sie Ihr berufsbedingtes Leid nicht wiederholt beklagen müssen, wenn Sie festgestellt haben, dass Ihnen solche Problemgespräche manchmal nicht wirklich guttun. Denn gemeinsame positive Erfahrungen verbinden nicht nur, sie lenken, mit der Ausnahme von massiven Burn-out-Symptomen, oft auch eine Zeit lang erfolgreich von den eigenen Schwierigkeiten ab. Das kann einem Kraft für den nächsten Arbeitstag oder die nächste Arbeitswoche mitgeben.

Auch hier empfehlen sich eher kleine Schritte und eine gewisse Regelmäßigkeit. So beugen Sie dem Freizeitstress ebenso vor wie einer Neigung, zunächst privat sehr viel zu tun und Ihren Aktivitätspegel bei stärkeren Stresserlebnissen wieder übermäßig zu verringern.

Vielleicht helfen Ihnen Einträge in Ihren Kalender beziehungsweise direkte Terminabsprachen mit den Leuten, die Ihnen wichtig sind, dabei, Ihre erschöpfungsbedingte Trägheit erfolgreich zu überwinden und in festen Abständen etwas Schönes zu unternehmen. Aber denken Sie auch daran, dass es gerade bei etwas stärker ausgeprägten depressiven oder angstbezogenen Krisenzeichen eine Weile dauern kann, bis es Ihnen gelingt, positive Erfahrungen tatsächlich als etwas Angenehmes zu empfinden. Bleiben Sie also möglichst so lange dabei, bis Sie spüren, dass Ihnen das Erlebnis guttut.

Nicht zuletzt können gemeinsame Aktivitäten und wiederbelebte freundschaftliche Kontakte Menschen in einer chronischen Erschöpfungssituation dabei helfen, über den eigenen Tellerrand hinauszublicken und nicht nur die eigene schwierige Lage wahrzunehmen, sondern auch die Bedürfnisse und Grenzen der Angehörigen.

Beruflichen Stress im Privatleben abbauen

Arno Faber, 39, arbeitet als IT-Experte in einer mittelständischen Firma. Vor drei Jahren litt er unter starkem berufsbedingtem Stress, wozu unter anderem beitrug, dass Arno Faber nur anderthalb Wochen Urlaub pro Jahr nehmen konnte, dass er ständig Überstunden anhäufte und sich meistens auch am Wochenende um Computerprobleme kümmern musste.

Die Beziehung zu seiner Frau Bettina hatte sich in dieser Zeit verschlechtert. Es kam oft zu häuslichen Auseinandersetzungen, die meist auf dem Weg der passiven Aggression ausgetragen wurden, also durch wachsende Distanz, unfreundliche Blicke oder wechselseitiges Ignorieren. Arno Faber beobachtete bei sich sogar die Tendenz, noch länger am Arbeitsplatz zu verweilen, als es eigentlich nötig gewesen wäre, und dachte immer wieder daran, sich von seiner Frau zu trennen, sobald Alex, ihr gemeinsamer, inzwischen 13-jähriger Sohn, »alt genug ist, um die Folgen zu verkraften«.

Bettina Faber war damals ziemlich verzweifelt über den Zustand ihrer Ehe. Um die Beziehung zu retten, verfiel sie auf die Idee, mit Arno ein weiteres Kind zu bekommen. »Das war im Grunde eine Schnapsidee«, meint Arno Faber heute und grinst, »so etwas kann eigentlich gar nicht funktionieren.« Doch entgegen jeder Erfahrung verstand er sich mit Bettina nach der Geburt ihrer Tochter Tatjana mit der Zeit deutlich besser. Nicht nur die Sorge um das kleine Kind, das heute vier Jahre alt ist, gab der Ehe neuen Schwung, sie war auch so etwas wie eine Initialzündung. »Ich habe mich gefragt, was mir wirklich wichtig ist«, berichtet Arno Faber, »und da dachte ich eben in erster Linie an meine Familie.«

Arno Faber reduzierte die betrieblichen Überstunden auf ein erträgliches Maß, und er arbeitete mit Verweis auf die Kleine kaum noch an den Wochenenden. Seine finanzielle Lage könnte besser sein, obwohl auch Bettina halbtags berufstätig ist, doch im Vergleich zu dem, was er gewonnen hat, scheint dies ein akzeptabler Preis zu sein.

Inzwischen streiten sich die Eheleute kaum noch, sie verzichten weitgehend auf passive Aggressionen und genießen oft den Umgang mit ihrem Nachwuchs – auch wenn es nicht ganz einfach ist, »drei Generationen gerecht zu werden«, wie es Arno Faber formuliert, also den Bedürfnissen von zwei Erwachsenen, einem Teenager und einem Kleinkind.

Auf dieser Grundlage konnte Arno Faber aufbauen, als er überlegte, was er zusätzlich tun könne, um den chronischen Stressfaktoren in seiner Firma etwas Wirksames entgegenzusetzen. Heute fährt er fast bei jedem Wetter mit dem Fahrrad zur Arbeit, was sein Körpergefühl ebenso verbessert hat wie seine Kondition. Außerdem setzt sich Arno Faber ab und zu erfolgreich durch, wenn er Urlaub machen möchte, anstatt, wie früher, eher den Interessen seines Arbeitgebers gerecht zu werden als den eigenen Wünschen und den Bedürfnissen seiner Familie.

Konzentrations- und Wahrnehmungsübungen

Chronische Stressbelastungen führen fast immer zu Konzentrationsstörungen und zu einer Einengung der Wahrnehmung auf die problematische Situation. Das ist oft der Hintergrund für die Erfahrung von Menschen in einer Burn-out-Krise, auch in eigentlich angenehmen Lebenslagen immer wieder an das denken zu müssen, was ihnen zurzeit Schwierigkeiten bereitet.

Wenn Sie dabei irgendwann auf gute Ideen kommen, durch die Sie den Stress besser bewältigen können als in der Vergangenheit, haben sich diese Überlegungen gelohnt. Falls Sie hingegen feststellen, dass Sie eher zu destruktiven Grübeleien neigen, die Ihnen nicht wirklich weiterhelfen und trotzdem Ihre Konzentrationskraft einschränken, können Sie die nachfolgenden Übungen ausprobieren, die gut dazu geeignet sind, den Kopf frei zu machen und sich selbst und die unmittelbare Umgebung wahrzunehmen.

 Die kleinen Experimente dieses Abschnitts empfehlen sich, wenn die Burn-out-Symptome noch nicht besonders stark ausgeprägt sind. Intensives, dauerhaftes Grübeln, das Ihnen einen Großteil Ihrer Energie entzieht, lässt sich besser durch eine Methode verringern, die »Gedankenstopp« genannt wird und die ich Ihnen in Kapitel 13 vorstelle.

Die unmittelbare Umgebung bewusst beobachten

Für diese Sinneswahrnehmungsübung, die Sie am besten zu Hause durchführen, brauchen Sie ca. 20 bis 30 Minuten, in denen Sie möglichst ungestört sein sollten. Bitten Sie also gegebenenfalls Ihre Angehörigen, Ihnen ein bisschen Zeit und Ruhe zu gewähren, schließen Sie die Zimmertür und schalten Sie das Festnetztelefon ebenso aus wie Ihr Handy.

Setzen Sie sich zunächst auf eine Couch oder einen bequemen Stuhl. Wenn Sie nicht zu müde sind, können Sie sich auch hinlegen.

Atmen Sie ein paarmal tief ein und aus. Beim Einatmen hebt sich Ihre Bauchdecke etwas und beim Ausatmen senkt sie sich wieder. Dann überlassen Sie Ihren Atem sich selbst, ohne ihn langsamer oder schneller zu machen. Die Augen können Sie offen halten.

Falls Ihnen bei der Übung ein Gedanke durch den Kopf geht, der nichts mit den aktuellen Sinneseindrücken zu tun hat, oder wenn Sie sich an etwas Bestimmtes erinnern, ist das kein Problem. Meistens verschwinden solche Gedächtnisinhalte nach kurzer Zeit ganz von selbst, ohne dass Sie sie festhalten oder loswerden müssten.

Jetzt konzentrieren Sie sich zunächst auf Ihren Gesichtssinn. Beobachten Sie alle Aspekte Ihres Zimmers, die Sie aus der sitzenden oder liegenden Position wahrnehmen können, ohne den Kopf oder den Körper zu drehen.

Vermutlich fallen Ihnen mit der Zeit einige Details auf, die Sie bisher noch nicht bemerkt haben, zum Beispiel ein Schatten an der Wand, ein markant gemasertes Parkettstück oder eine ausgebleichte Tapetenbahn. Lassen Sie sich ausreichend Zeit, um diese visuellen

Sinneseindrücke in sich aufzunehmen. Die bewusste Konzentration auf Nebenaspekte der Alltagswahrnehmung lässt wahrscheinlich etliche Einzelheiten zum Vorschein kommen, die sonst unbemerkt bleiben.

Falls Sie Lust haben, können Sie nun Ihre Augen schließen und sich dabei erinnern, wie die Objekte, Hintergründe und Details in Ihrem Zimmer aus der Perspektive, die Sie einnehmen, gerade ausgesehen haben. Sobald Ihnen nichts mehr einfällt, öffnen Sie die Augen erneut und überprüfen Ihr Gedächtnis. Es wäre nicht ungewöhnlich, wenn Sie dabei feststellten, dass Sie sich nur an einen Teil der visuellen Beobachtungen erinnern können.

Machen Sie die Augen wieder zu und konzentrieren Sie sich in einem weiteren Schritt auf Ihren Gehörsinn. Möglicherweise nehmen Sie den Straßenlärm von draußen intensiv wahr oder Sie hören Vogelgezwitscher. Wahrscheinlich klingen die Umgebungsgeräusche umso vielschichtiger und facettenreicher, je länger Sie sie beobachten. Versuchen Sie, die einzelnen Klänge zu identifizieren, ohne die Augen zu öffnen, und nehmen Sie wahr, wie einige akustische Reize anschwellen und wieder abklingen, während andere vermutlich ungefähr gleich laut bleiben.

Richten Sie Ihre Aufmerksamkeit nun, ebenfalls mit geschlossenen Augen, auf den Geruchssinn. Wie riecht oder duftet Ihre nähere Umgebung? Ändern sich die olfaktorischen Eindrücke mit der Zeit oder sind sie einigermaßen konstant? Achten Sie auch hier auf mögliche Details, die der Wahrnehmung in anderen Situationen häufig entgehen.

Anschließend konzentrieren Sie sich, ohne die Augen zu öffnen, auf den Tastsinn und Ihre aktuellen Körperempfindungen. Wie fühlt sich Ihr Kopf an, wie der Rücken, der Unterleib und der Bauch? Was spüren Sie im Bereich von Händen und Armen, was in den Beinen und Füßen? Sind Sie gerade eher locker oder etwas verkrampft? Welche Körpergegenden wirken angenehm entspannt, wenn Sie in diese Empfindung eintauchen? Wo genau nehmen Sie gegebenenfalls eine Verspannung wahr, wie fühlt sie sich an?

Falls Sie die Übung demnächst wiederholen möchten, merken Sie vielleicht, dass sich Ihre Konzentration auf die Einzelheiten der unmittelbaren Umgebung und auf Ihre Körperprozesse ein bisschen verbessert hat. Möglicherweise ist es Ihnen sogar gelungen, eine Zeit lang nicht an Ihr Belastungsproblem zu denken, also an Aspekte aus Ihrer Vergangenheit oder aus der Zukunft. Die Wahrnehmung des »Hier und Jetzt«, um einen grässlichen Begriff aus dem Psychogruppen-Jargon der 1970er Jahre zu verwenden, war das Ziel des Experiments, das Sie bei passendem Wetter auch in der freien Natur durchführen können.

Konzentration auf angenehme Lebensereignisse

Diese letzte Übung empfiehlt sich, wenn sie regelmäßig wiederholt wird, für entlastende Zwischenpausen in anstrengenden Situationen, in der Freizeit und, wenn Sie ein paar ruhige Minuten haben, am Arbeitsplatz.

Das gilt auch für das nächste Experiment, das ich Ihnen vorstellen möchte. Da sich destruktive Grübeleien oft auf problematische Lebenslagen beziehen, können Erinnerungen, die sich stattdessen mit angenehmen Ereignissen befassen, dieser Neigung etwas Positives entgegensetzen, vor allem wenn die unfruchtbaren Gedanken noch nicht so stark ausgeufert sind, dass sie einen Großteil Ihrer Kraft beanspruchen.

Ein Blick in die Vergangenheit

Für diese Übung brauchen Sie ebenfalls Zeit und Ruhe. Setzen Sie sich in Ihrer Freizeit in einen bequemen Sessel oder auf Ihr Sofa oder legen Sie sich für ein paar Minuten hin. Dann atmen Sie einige Male tief in den Bauch hinein und wieder heraus, bevor Sie Ihren Atem sich selbst überlassen, und schließen die Augen.

Erinnern Sie sich an eine Situation, in der es Ihnen wirklich gut ging. Entweder an die letzte, die Ihnen in den Sinn kommt, oder an eine Lebenslage aus der ferneren Vergangenheit.

Was hat damals zu Ihrem positiven Grundgefühl beigetragen? Waren Sie allein oder mit einem oder mehreren Menschen zusammen? Was haben Sie getan, worüber unterhielten Sie sich? Wie war der genaue Ablauf des Treffens, wenn es um ein gemeinschaftliches Ereignis ging? Was haben Sie erzählt, was sagten die Beteiligten? Welche nonverbalen, körperlichen Signale wurden ausgesandt?

Wo fand dieses Erlebnis statt? Wie sah die Umgebung aus, was haben Sie gehört, gerochen, geschmeckt oder ertastet? Konzentrieren Sie sich so lange auf die schöne Situation, bis Ihnen möglichst viele Einzelheiten eingefallen sind.

Wissen Sie noch, welche Kleidung Sie getragen haben und was Ihre Gesprächspartner anhatten, falls Sie nicht allein waren? Wer drückte optisch welchen Stil oder welche Lebenshaltung aus? Passte alles gut zusammen? Gab es etwas zu essen oder zu trinken? Wenn ja: Was haben Sie zu sich genommen, was der oder die anderen? Wie hat es Ihnen geschmeckt?

Welche Tageszeit, welche Jahreszeit und welches Wetter ist mit der angenehmen Situation verknüpft?

Ging es Ihnen und den anderen Beteiligten rundum gut oder kam es auch zu offenen oder verdeckten Auseinandersetzungen? Was half den Betroffenen, was hätte ihnen helfen können, das zwischenmenschliche Problem zu lösen?

Gibt es weitere Details, die Ihnen in den Sinn kommen, wenn Sie an das Ereignis denken? Manchmal ist hier ein nochmaliges Durchgehen der einzelnen Sinneserfahrungen sinnvoll. Das führt nicht selten dazu, dass Ihnen einige Nebenaspekte einfallen, die Sie bislang für eher irrelevant gehalten haben.

Schließlich öffnen Sie Ihre Augen, strecken und rekeln sich ein bisschen, um wieder ganz in der Alltagsgegenwart anzukommen, und überprüfen, ob Sie sich nach der Übung wohlfühlen. Möglicherweise hat Ihnen die schöne Erinnerung ein bisschen Ruhe und Energie vermittelt, sodass Sie wieder dazu in der Lage sind, sich auf anstrengendere Dinge zu konzentrieren. Bei Bedarf wiederholen Sie das kleine Experiment, wobei Sie, je nach Ihren Bedürfnissen, die gleiche oder eine andere angenehme Lebenssituation verwenden können.

Mit verbundenen Augen die Welt beobachten

Wenn Sie das nächste Wahrnehmungsexperiment ausprobieren wollen, brauchen Sie die Unterstützung Ihres Partners oder eines guten Freundes – und ein bisschen Mut. Diese Übung lässt sich zu Hause oder, in einer etwas spannenderen Variante, in der Natur durchführen.

Eine Voraussetzung wäre, dass Sie sich trauen, die Kontrolle über Ihr Leben für einige Minuten an einen Vertrauten abzugeben. Auch hier geht es um Wahrnehmungen, die dem Bewusstsein häufig entgehen und die Ihnen dabei helfen können, die Gegenwart aufmerksam zu beobachten, anstatt sich mit fruchtlosen Grübeleien über Vergangenes oder Zukünftiges zu beschäftigen.

1. Zunächst lassen Sie sich von Ihrem Vertrauten die Augen mit einem Tuch verbinden, sodass Sie die Außenwelt nicht mehr sehen. Dieser Mensch hat nun die Aufgabe, Sie 10 oder 15 Minuten sicher am Arm durch Ihre Wohnung oder durch die Natur zu führen, als wären Sie blind. Der Partner oder Freund sollte möglichst nur dann mit Ihnen sprechen, wenn irgendwo ein Hindernis auftauchen könnte. (Falls Sie die Übung vorzeitig beenden wollen, nehmen Sie einfach die Augenbinde ab.)

2. Richten Sie Ihre Aufmerksamkeit auf Ihren Gehörsinn. Welche unterschiedlichen akustischen Signale registrieren Sie? Von wo kommen sie? Können Sie sie richtig zuordnen? Mit der Zeit machen Sie wahrscheinlich die Erfahrung, dass Sie viele Hörsignale weniger differenziert wahrnehmen würden, wenn bei Ihnen, wie in anderen Lebenslagen, der Gesichtssinn dominierte.

3. Konzentrieren Sie sich anschließend auf Ihre Nase. Welche Düfte und Gerüche beobachten Sie? Welche Quellen kommen dafür infrage? Empfinden Sie diese Sinneseindrücke als angenehm oder sind auch weniger angenehme dabei?

4. Wenn Sie wollen, geben Sie Ihrem »Blindenführer« ein vorher vereinbartes Signal, damit er Sie ein paar interessante und ungefährliche Objekte ertasten lässt. Das mag zum Beispiel eine Holztür in Ihrer Wohnung sein oder, beim Üben in der Natur, ein Baum oder eine Blume. Überprüfen Sie beim behutsamen Tasten, um welchen Gegenstand es sich handeln könnte, und stellen Sie fest, wie er sich anfühlt. Auch solche Wahrnehmungen werden oft deutlich differenzierter, wenn der Gesichtssinn vorübergehend ausfällt.

5. Wie ist Ihre Stimmungslage in dieser ungewohnten Situation? Halten Sie es aus, Ihr Leben eine Zeit lang nicht selbst kontrollieren zu können und auf jemanden angewiesen zu sein, den Sie schätzen? Falls Sie zunächst Bedenken hatten: Verringert sich die Angst im Verlauf des Experiments, macht Ihnen die Übung nach einer Weile vielleicht sogar Spaß? Fühlen Sie sich in jedem Moment bei Ihrem Vertrauten gut aufgehoben oder gibt es auch kritische Situationen?

 Sprechen Sie, nachdem Sie die Binde abgenommen haben, mit demjenigen, der Sie eben geführt hat. Wie ging es Ihrem Gegenüber, wie Ihnen selbst? Wenn Sie beide Lust dazu haben, können Sie anschließend die Rollen tauschen.

Gesunde Ernährung, Bewegung und Schlaf

Dieser Abschnitt befasst sich mit Bereichen, die gerade von chronischen Stresssituationen häufig negativ beeinflusst werden, obwohl sie für die Lebenszufriedenheit sehr wichtig sind: Essen, sportliche Betätigung und Schlafen.

Ernährungsfragen

Was Ideen zu einer gesunden Ernährung betrifft, sind die entsprechenden Sachbücher, die Untersuchungen von Experten und die Darstellungen in den Frauenzeitschriften angefüllt mit zumeist genussfeindlichen Ratschlägen zu »Ernährungspyramiden« oder Diätplänen, mit Ausführungen zum Körperfettgehalt und den Cholesterinwerten bei diesem oder jenem Essverhalten.

 Neben dem aktuellen Gesundheitsimage in den Massenmedien, das, je nach Zielgruppe, von der Werbung mit jungen, superschlanken und überaus gut aussehenden Models bis zum sportlichen, hervorragend mit Naturheilmitteln ausgestatteten Senior reicht, hat dieser gesellschaftliche Trend einiges dazu beigetragen, dass immer weniger Menschen ein halbwegs unneurotisches Verhältnis zur natürlichsten Sache der Welt haben: der eigenen Ernährung.

Ich möchte Sie daher gerne mit den x-ten Hinweisen in der Art von »Verzichten Sie auf Zucker und gesättigte Fettsäuren« oder »Sie können so viel Rohkost zu sich nehmen, wie Sie wollen, und es macht trotzdem nicht dick« verschonen und Sie stattdessen ermutigen, Essen – neben seiner Lebensnotwendigkeit – vor allem als Genusssache zu betrachten.

Schmeckt's?

Wolfram Siebeck, Gastro-Kritikerpapst, erwähnt gelegentlich wissenschaftliche Studien, die offenbar belegen, dass es am gesündesten (und in jedem Fall am genussvollsten) ist, den eigenen Bedürfnissen zu folgen und das zu essen, was einem wirklich schmeckt. Nun müssen Sie keineswegs, wie Siebeck, zum absoluten Feinschmecker werden und in Zukunft nur noch in den teuersten Restaurants tafeln oder täglich mindestens zwei Stunden für das Zubereiten häuslicher Mahlzeiten aufwenden. Schon aus finanziellen beziehungsweise zeitlichen Gründen. Doch als Prinzip hat dieses eher lässige Verhältnis zum Essen einiges für sich.

Es gibt sogar einige seriöse Studien, die feststellen, dass in den Industrieländern kein Faktor einen größeren Einfluss auf die jeweilige Lebenserwartung hat als die Zufriedenheit mit dem eigenen Leben, nicht einmal der mehr oder weniger schädliche Umgang mit Ernährung, Alkohol und Nikotin. Diese Beobachtung soll Sie nicht unbedingt zum Kettenrauchen und

Komasaufen animieren, denn beides hat bekanntlich mit Genuss wenig zu tun und das Leben verlängern solche Gewohnheiten, milde formuliert, wohl kaum. Aber beim Essen können Sie durchaus auf das achten, was Ihnen mundet und guttut.

Der Unsinn des Diätwahns

Viele Deutsche – und die meisten Frauen – haben mindestens einmal im Leben eine Diät gemacht. Die einschlägigen Angebote sind Legion und gehen vom »Friss die Hälfte«-Prinzip bis zur Zucker- und Fett-Reduktion. Doch anders als bei Allergikern, Menschen mit Laktoseintoleranz oder Diabetikern, die ihr Ernährungsverhalten tatsächlich mühevoll umstellen müssen, führen Diäten beim »Normalverbraucher« fast zwangsläufig zum sogenannten Jo-Jo-Effekt:

Sie essen längere Zeit weniger kalorienreiche Nahrung als zuvor. Ihr Körpergewicht geht für ein paar Wochen zurück. Anschließend stellt sich Ihr Stoffwechsel, wie in einer naturgegebenen Mangelsituation, darauf ein, das Vorhandene besser zu verwerten. Also nehmen Sie bald wieder zu, obwohl Sie immer noch kaum etwas essen und Ihre Ernährung vermutlich als wenig genussvoll empfinden.

 Die einzige Ausnahme von dieser Regel ist regelmäßige sportliche Betätigung, mit oder ohne Diät, wodurch Ihr Körper mehr von dem verbrennt, was Sie ihm zuführen, und mit hinreichend Selbstdisziplin irgendwann auch die Fettreserven reduzieren kann.

Einige Ideen zum Essen mit Genuss

Es ist ganz einfach, aus einfacher Nahrungsaufnahme ein genussvolles Essen zu machen. Hier ein paar Tipps für den Alltag, die Sie gerne an Ihre Bedürfnisse anpassen können:

✔ Frische Lebensmittel schmecken praktisch immer besser als Tiefkühl- oder Dosenwaren, und nicht selten sind sie sogar billiger.

✔ Wenn Ihnen ökologische und soziale Aspekte der Nahrungsherstellung wichtig sind, achten Sie eher auf anerkannte Gütekriterien wie »Bio« oder »Trans Fair« und, falls möglich, auf den Anbau in Ihrer Region als auf den niedrigsten Preis.

✔ Gemeinsame Mahlzeiten sind eine schöne Sache. Falls Sie allein leben, laden Sie doch gelegentlich Ihre Freunde zum Essen ein.

✔ Warum nicht hie und da ein bisschen experimentieren und etwas Neues ausprobieren, wenn Sie Zeit haben? Sie können sich zum Beispiel von einer der unzähligen TV-Kochshows oder einem Rezeptbuch inspirieren lassen. Der eine oder andere Fehlschlag sollte Sie nicht aus der Bahn werfen.

✔ Kochen muss kein sternewürdiger Hochleistungssport sein. Kartoffeln mit Leinöl und Quark im eigenen Heim, um ein Beispiel zu nennen, können so gut schmecken wie Poularde à l'Estragon im Restaurant.

Essprobleme

Schwierigkeiten in diesem Lebensbereich entstehen, wenn das Ernährungsverhalten seelische Probleme ausdrückt oder überdeckt. Das gilt unter anderem für Magersucht (Anorexie) und Ess-Brech-Anfälle (Bulimie), die oft bei jungen Frauen auftreten und psychologisch oft als misslungener Versuch einer Ablösung vom Elternhaus bewertet werden. Diese Erkrankungen sind potenziell lebensbedrohlich und bedürfen einer ambulanten oder stationären psycho-therapeutischen Behandlung.

Appetitlosigkeit in emotionalen Belastungssituationen ist ziemlich normal. Meistens bildet sie sich von selbst zurück, wenn der Betroffene irgendwann spürt, dass er seine Probleme bewältigen kann.

Extremes Übergewicht (Adipositas), wissenschaftlich definiert als Body-Mass-Index gleich oder höher als 30, schadet der Gesundheit.

 Der eigene Body-Mass-Index (BMI) lässt sich problemlos mit dem Taschenrechner ermitteln, auch wenn ich Sie keineswegs dazu verleiten will, täglich auf der Waage zu stehen. Hier die Formel: Gewicht in Kilogramm geteilt durch (Körpergröße in Meter) hoch 2. Ein BMI unter 18,5 gilt bei Erwachsenen als Untergewicht; unter 17,5 kommt es zu irreversiblen Gehirnschäden. Der Normbereich liegt bei Männern unter 65 Jahren bei 20 bis 25, bei Frauen unter 65 Jahren bei 19 bis 21. Ein Body-Mass-Index von 25 bis 30 definiert leichtes bis mittleres Übergewicht, jenseits der 30 wird Fettsucht (Adipositas) diagnostiziert.

Den meisten stark Übergewichtigen mangelt es an einem inneren Stoppsignal, das anderen Menschen deutlich macht, dass sie an einem bestimmten Punkt genug gegessen haben. Außerdem gibt es bei vielen krankhaft Adipösen genetisch bedingt keine Grenze, über die das Körpergewicht keinesfalls ansteigt. Bei normal- bis leicht übergewichtigen Männer und Frauen existiert dieses Limit.

 Falls Sie dazu neigen, in schwierigen Lebenssituationen Schokolade in sich hinein-zustopfen oder jedes Mal etwas zu essen, wenn es Ihnen schlecht geht, empfiehlt sich die Überlegung, ob Sie eigentlich etwas anderes bräuchten, das durch Ihr aktuelles Ernährungsverhalten überdeckt wird. Etwa Zuwendung, Anerkennung oder ein Gespräch mit einem Vertrauten.

Leichtes Übergewicht scheint übrigens nicht ungesund zu sein. Im Vergleich zu Normalgewich-tigen, behaupten einige Untersuchungen, liegt die Lebenserwartung in dieser Gruppe sogar etwas höher.

 Was spricht dagegen, einem Bedürfnis nachzukommen, anstatt es durch das Essen wegzuschieben? Natürlich ist es schwierig, eingefahrene Gewohnheiten zu ver-ändern, gerade wenn Suchtaspekte eine Rolle spielen. Doch warum nicht einmal ausprobieren, ob Sie sich besser fühlen, wenn Sie Ihren Kontaktwunsch ernst nehmen, anstatt Ihre Kühlschrankvorräte in einer emotional unbefriedigenden Situation zu plündern? Falls diese neue Vorgehensweise funktionieren sollte, kön-nen Sie sie schrittweise in Ihr Leben integrieren. Auch hier müssen Sie nach aller

Erfahrung mit vorübergehenden Rückschlägen rechnen, von denen Sie sich nicht entmutigen lassen sollten.

Bewegung und Sport

Regelmäßig Sport zu treiben hilft nicht nur bei der Gewichtsreduktion. Auch Ihr Immunsystem wird dadurch gestärkt, da Ihr Körper nach der Anstrengung kleine bis winzige Verletzungen, die zum Beispiel die Muskelfasern betreffen können, ausgleicht und heilt. Diese Vorgänge unterstützen die Abwehrkräfte, ein wenig wie bei einer Impfung gegen eine Infektionskrankheit, bei der abgetötete Erreger eine milde körperliche Reaktion auslösen und den Organismus gegen die entsprechende Problematik immunisieren.

 Wer sich dauerhaft zu wenig bewegt, hat nach aktuellen Studien ein deutlich erhöhtes Risiko, irgendwann an Depressionen, Parkinson oder Alzheimer-Demenz zu erkranken.

Leichte bis mittelschwere Depressionen, die auch erschöpfungsbedingt sein können, lassen sich durch regelmäßige Bewegung sogar ebenso gut abbauen wie durch moderne Psychopharmaka, ohne dass es zu unerwünschten Nebenwirkungen käme. Dabei reicht es schon, an den meisten Wochentagen einen flotten, etwa halbstündigen Spaziergang zu unternehmen, wie der »Spiegel« schreibt.

 Im Hintergrund steht hier die evolutionäre Grundausstattung des Menschen, bei der wir uns an ein Dasein als Jäger und Sammler angepasst haben. Schätzungen zufolge war zum Beispiel der Neandertaler, ein entfernter Verwandter des Homo sapiens, zu Fuß etwa 40 Kilometer pro Tag unterwegs. Die seit ein paar Jahrzehnten übliche sitzende Bürotätigkeit hat sich im Vergleich zu den bewegten Hunderttausenden von Jahren, die ihr vorangegangen sind, stammesgeschichtlich nicht auf die Ansprüche unseres Organismus ausgewirkt.

Sportempfehlungen zu Bewegungsdauer und Frequenz

Professor Klaus Völker vom Sportmedizinischen Institut der Universität Münster rät zu einem *sanften* Ausdauertraining und meint: »Weniger bringt mehr«. Zwei- bis dreimal in der Woche eine halbe Stunde Sport genügten, auch zum Schlankwerden.

Am besten trainieren Sie, abgesehen von Spaziergängen oder vom Schwimmen, jedes Mal so lange, bis Sie merklich schwitzen. Ihr Puls sollte dabei, so eine Empfehlung, möglichst nicht über 130 Schläge pro Minute steigen. Andernfalls schalten Sie einen Gang herunter. Beim Joggen gilt die Faustregel, stets so langsam zu laufen, dass Sie sich mit einem Joggingpartner unterhalten könnten, ohne sich dabei anzustrengen.

 Regelmäßige sportliche Betätigung begünstigt das Wachstum neuer Nervenzellen im Gehirn, zum Beispiel im Hippocampus, der fürs Lernen und für andere Gedächtnisfunktionen wichtig ist. Auch die Hirndurchblutung wird gestärkt, zusätzliche Blutgefäße entstehen und die erhöhte Produktion von Proteinen (Eiweißstoffen)

stabilisiert das neuronale Netzwerk im Gehirn. Bei einem langfristigen Ausdauer-training kommt es mit der Zeit zur Ausschüttung körpereigener Stoffe (Endor-phine), die Euphorie auslösen, ohne zu Suchtproblemen zu führen.

Ausdauersportarten wie Laufen, Wandern, Radfahren oder Schwimmen sind oft am effektivsten, doch das soll Ihre persönliche Sportwahl nicht einschränken.

Hier noch einige allgemeine Hinweise für den Fall, dass Sie planen, Ihre Stressbelastung durch körperliche Bewegung auszugleichen:

So kann Sport Spaß machen

Steigern Sie den Umfang der körperlichen Betätigung in jedem Fall langsam und schritt-weise, anstatt sofort sportliche Höchstleistungen zu erwarten.

Ohnehin sollte der Leistungsgedanke nicht unbedingt im Vordergrund stehen. Schließlich sind Sie im Leistungsbereich sowieso ausreichend beansprucht, und dieser Umstand hat vermutlich einiges zu Ihrem derzeitigen Stressempfinden beigetragen.

Regelmäßigkeit ist normalerweise wichtiger als die Dauer der körperlichen Bewegung. Realismus hilft: Falls Sie nur an zwei Tagen pro Woche wirklich Zeit für Ihren Sport haben, wäre es sinnlos, wenn Sie von sich verlangen würden, fünfmal wöchentlich zu trainieren. Enttäuschungen sind auf diese Weise vorprogrammiert.

Suchen Sie sich eine Sportart aus, die Ihnen Freude macht oder dies, falls Sie sehr er-schöpft sind, zumindest potenziell vermag. Sie müssen sich keineswegs den joggenden Massen in den Stadtparks anschließen oder lange Fahrradtouren unternehmen, nur weil das viele Ihrer Bekannten tun. Ausgiebige Spaziergänge oder Freibadbesuche, um nur zwei Beispiele zu nennen, erfüllen den gleichen Zweck.

Manche Menschen treiben lieber allein Sport, anderen hilft die Begleitung des Partners oder eines Freundes dabei, die eigene Trägheit zu überwinden. Wieder andere gehen gerne in ein Fitnessstudio oder einen Verein. Orientieren Sie sich auch hier an dem, was Ihnen gefällt und Ihnen am besten entspricht.

Trotz Stressbelastung besser schlafen

Chronische Stressfaktoren wirken sich, hierin vergleichbar mit nicht erschöpfungsbedingten Depressionen, häufig negativ auf die Schlafqualität aus. Sie können dann oft schlecht ein- oder durchschlafen, mitunter kommt es auch zu einem vermehrten Auftreten von Albträumen.

 Da wir im Schlaf zwangsläufig die Kontrolle an unser Unbewusstes abgeben, liegt es auf der Hand, dass sich Dauerstress in diesem Lebensbereich besonders stark manifestiert. Außerdem werden viele Menschen durch subjektiv wichtige, aber dennoch störende Gedankengänge vom Einschlafen abgehalten.

Bei massiven Problemen lässt sich darüber hinaus nicht selten ein Ablauf beobachten, der als sehr belastend gilt und von der Forschung »Früherwachen mit Morgentief« genannt wird: Der Betroffene wacht regelmäßig einige Stunden vor der geplanten Weckzeit auf, beginnt zu grübeln und fühlt sich dann am Vormittag müde und schlecht.

Ideen zur Schlaf-Selbsthilfe

In solchen extremen Fällen ist die ärztliche Verordnung eines speziellen Antidepressivums wesentlich sinnvoller als die Einnahme eines Schlafmittels, denn Schlaftabletten haben ein gewisses Suchtpotenzial.

 Viele stressbedingte Schlafprobleme lassen sich auch – und deutlich nachhaltiger – durch ein paar bewährte, nebenwirkungsfreie Methoden selbst behandeln:

✔ Regelmäßige Entspannungsübungen (siehe Kapitel 10) vor dem Schlafengehen können die Zeit, die Sie benötigen, bis Sie einschlummern, deutlich verkürzen und auch die Neigung zu unfruchtbaren Grübeleien reduzieren. In diesem Fall wirken Entspannungstechniken häufig besonders gut, wenn Sie sie liegend im Bett durchführen und darauf verzichten, anschließend wieder richtig wach zu werden.

✔ Manchmal helfen abendliche sportliche Aktivitäten dabei, wirklich müde zu werden und danach erfolgreich zu schlafen. Das gilt auch für genussvolle Erlebnisse, etwa ein Vollbad oder eine Massage.

✔ Falls Sie dazu neigen, sich durch lange Gedankenketten vom Einschlafen oder vom Durchschlafen abzuhalten, kann es sinnvoll sein, sich einen Papierblock und einen Stift neben das Bett zu legen. Notieren Sie Ihre Überlegungen in Stichpunkten, sobald sie Ihnen bewusst werden, und machen Sie sich klar, dass Sie diese Gedanken innerlich abhaken können, sobald Sie sie aufgeschrieben haben. Dann drehen Sie sich um und schlafen.

✔ Eine andere Möglichkeit ist das bewusste Verwirren ursprünglich zielgerichteter Überlegungen Ihres inneren Monologs: Denken Sie die Sätze möglichst nicht bis zum Ende durch. Dabei würde Ihre Aufmerksamkeit längere Zeit gefesselt, was das Einschlafen zuverlässig verhindert. Stattdessen brechen Sie Ihre Gedanken immer wieder ab oder Sie »konzentrieren« sich auf sinnlose Silben und Wörter. Im Regelfall ist Ihr Gehirn bald mit der Interpretation dieser Überlegungen überfordert, was Sie in den Schlaf führt. (Bei hartnäckigen Grübeleien hilft möglicherweise die »Gedankenstopp«-Methode aus Kapitel 13.)

✔ Häufig wechselnde Bett- und Aufstehzeiten fordern vom Körper ständige Umstellungsprozesse. So schön es auch sein kann, am Wochenende später aufzustehen als an den Werktagen: Wenn Sie unter Schlafproblemen leiden, empfiehlt sich, soweit möglich, ein fester Rhythmus. Zudem kann es sinnvoll sein, das Bett, neben sexuellen Aktivitäten, wirklich nur zum Schlafen zu verwenden, anstatt dort zum Beispiel zu lesen oder fernzusehen. Dadurch verbindet Ihr Körper einen Ort, eben Ihr Bett, stets mit einem bestimmten

Zweck, der Nachtruhe, und verknüpft beides nach einer gewissen Zeit ganz automatisch.

✔ Falls Sie immer wieder feststellen, dass Sie vor dem Einschlafen zunächst stundenlang wach liegen, versuchen Sie einmal, ein oder zwei Stunden später ins Bett zu gehen, ohne morgens länger zu schlafen. Nicht selten sind Sie dann am nächsten Abend so müde, dass Sie problemlos einschlummern können.

Bei ausgeprägten Depressionen raten Psychiater sogar dazu, eine ganze Nacht durchzumachen, damit sich der Wach-Schlaf-Rhythmus in den folgenden Tagen wieder normalisiert.

✔ Um Albträume gut zu verarbeiten, empfiehlt es sich, diese Träume gleich nach dem Erwachen, soweit sie Ihnen noch im Gedächtnis sind, in Kurzform auf ein Blatt Papier zu schreiben. Wenn Sie tagsüber ein bisschen Ruhe und Zeit haben, nehmen Sie den Zettel zur Hand und erinnern sich an die unangenehme Traumsituation. Danach können Sie sich, etwas Mut vorausgesetzt, mit geschlossenen Augen noch einmal in das Albtraumbild hineinversetzen und versuchen, diese Situation in einer subjektiv befriedigenden Weise aufzulösen. Hier ist Ihre Fantasie gefordert: Vielleicht hilft Ihnen ein Freund dabei, den bösen Geist, der Sie verfolgt hat, zu vertreiben, oder Sie fragen das Traummonster, warum es Sie eigentlich fressen will. Nach aller Erfahrung tritt die belastende Situation, nachdem Sie sie auf diese Weise durchgearbeitet haben, oft in den folgenden Nächten kaum noch auf. (Falls Ihnen das bewusste Wiedererleben Ihres Albtraums irgendwann zu unheimlich sein sollte, öffnen Sie einfach die Augen und befassen sich stattdessen mit etwas Angenehmerem.)

Umgang mit Alkohol und anderen »Entlastungsdrogen«

Tabak, Alkohol und andere Drogen wurden lange Zeit vor allem aus rituellen, religiösen und gemeinschaftlichen Gründen konsumiert. Das lässt sich immer noch bei vielen Naturgesellschaften beobachten, zum Beispiel wenn ein sibirischer Schamane zusammen mit seinem Stamm bei einem speziellen Anlass Fliegenpilze zu sich nimmt, um mit den Ahnen zu kommunizieren oder die Geister zu besänftigen. Dieser rituelle Hintergrund lässt sich mitunter auch in westlichen Gesellschaften wiedererkennen, etwa in den alljährlichen Besäufnissen, die beim Münchner Oktoberfest stattfinden.

Moderne Suchtprobleme

Leider jedoch werden viele Rauschmittel heutzutage ganz anders eingesetzt: Die Zigarette begleitet für nicht wenige Menschen jede Arbeitspause, Alkohol dient der abendlichen Entlastung für den anstrengenden Tag und wer oft Angst hat vor den Kollegen und den Anforderungen seiner beruflichen Tätigkeit, findet bestimmt einen Arzt, der ihm einen Angstlöser in Pillenform verschreibt.

Viele dieser »Mittelchen« führen zu seelischen oder, zusätzlich, körperlichen Suchterscheinungen. »Seelische Abhängigkeit« bedeutet, dass sich der Betroffene kaum noch vorstellen kann, eine Zeit lang ohne seine Droge zu leben; »körperliche Abhängigkeit« löst außerdem mehr oder weniger ausgeprägte Entzugserscheinungen aus, wenn jemand versucht, auf den »Stoff« zu verzichten. Körperliche Abhängigkeit entsteht nicht nur bei einigen illegalen Rauschmitteln wie Heroin, sondern in manchen Fällen auch bei einer dauerhaften Einnahme von bestimmten Medikamenten und bei langjährigem, maßlosem Alkoholkonsum.

Anders als handelsübliche Antidepressiva (und Neuroleptika, die zur Behandlung von Wahnerkrankungen eingesetzt werden), haben einige Psychopharmaka ein mehr oder weniger stark ausgeprägtes seelisches und körperliches Suchtpotenzial, wenn sie über einen längeren Zeitraum eingenommen werden. Das gilt vor allem für

✔ Tranquilizer, die oft bei Angst, Unruhe, Spannungszuständen, Gereiztheit oder Schlafstörungen verordnet werden,

✔ Schlafmittel (Hypnotika) und Beruhigungsmittel (Sedativa), die, neben der Behandlung von Ein- und Durchschlafstörungen, auch Ängste und emotionale Spannungen dämpfen,

✔ Psychostimulanzien, oft vom Amphetamintyp, durch die Wachheit und Antrieb erhöht werden sollen. (Diese Präparate machen zwar häufiger seelisch als körperlich abhängig, aber auch die allgemeine Suchtgefahr dieser Stoffklasse ist nicht zu unterschätzen.)

Medikamente zur Leistungsoptimierung

Besonders problematisch erscheint eine verbreitete Tendenz der letzten Jahre, Psychopharmaka einzunehmen, um die eigene Leistungsfähigkeit zu steigern und dabei die mit dem chronischen Stress einhergehenden »negativen« Gefühle möglichst auszublenden. Das gilt für Medikamente mit körperlichem, aber auch für solche mit »nur« seelischem Abhängigkeitspotenzial.

Einige Medien sprechen von »Dopen« und vom »Optimierungswahn«, der diesem Trend zugrunde liege, und formulieren drastisch: Der fatale Irrtum liege in dem vermeintlich professionellen Image, das Medikamente und Dopingmittel, die ursprünglich aus dem Sport kommen, für viele Menschen hätten – sie wollen Brillanz, nicht Rausch, wollen Erfolg, nicht Spaß.

Angst, depressive Symptome oder Unzulänglichkeitsgefühle haben in einer solchen Welt keinen Platz. Wozu auch, es gibt ja für fast jeden unkomfortablen Seelenzustand das passende Präparat.

Dass »negative« Gefühle durchaus sinnvoll sind, etwa während der Trauer über einen persönlichen Verlust, dass es oft nachhaltiger ist, sich mit solchen Emotionen auseinanderzusetzen und dabei eigene Wege zu finden, um sich aus den Fesseln einer chronisch gedrückten Stimmung zu befreien, dass wahrer Mut nur entstehen kann, wenn jemand seine Ängste kennenlernt und sie schließlich in einem längeren Prozess überwindet, diese Erfahrungen fehlen zunehmend in einer Gesellschaft, die Leistung um jeden Preis fordert und alle Schwächen für unverzeihlich hält.

Alkohol

Was den täglichen Pro-Kopf-Alkoholverbrauch betrifft, gehört Deutschland zur absoluten Weltspitze. Ein zweifelhafter Rekord, denn nicht weniger als 2,5 Millionen Menschen gelten hierzulande als körperlich süchtig.

Die Weltgesundheitsorganisation WHO definiert eine körperliche Alkoholsucht durch drei Kriterien:

✔ Über ein Jahr anhaltender Alkoholmissbrauch

✔ Dauerhafter Verlust der Trinkkontrolle bis zum allabendlichen Vollrausch (oder, beim sogenannten »Spiegeltrinken«, das den Betroffenen noch schneller ruiniert, regelmäßiger Alkoholkonsum am Tag, bis jeweils ein bestimmter Promillespiegel erreicht ist)

✔ Alkoholbedingte somatische, psychische und soziale Schädigungen

 Wer körperlich alkoholabhängig ist, wer zittert oder andere Entzugserscheinungen erlebt, wenn er versucht, auf die Zufuhr geistiger Getränke zu verzichten, braucht dringend medizinisch-psychiatrische Hilfe. Nach der Entgiftung in der Klinik, bei der das mitunter lebensbedrohliche Delirium tremens durchgestanden werden muss, und der nachfolgenden Entwöhnungsbehandlung auf einer spezialisierten Station beginnt der schwerste Teil: Ein Leben ohne das frühere Suchtmittel, denn es gibt fast keine Alkoholkranken, die es irgendwann schaffen, kontrolliert zu trinken. In dieser Phase kommt es am häufigsten zu einem Rückfall.

Gesundheitsexperten empfehlen übrigens, pro Tag nicht mehr als »zwei Einheiten« zu trinken, wenn Sie ein Mann sind, und nicht mehr als »eine Einheit«, wenn Sie eine Frau sind, denn Frauen bauen Alkohol im Stoffwechsel nur etwa halb so schnell ab wie Männer. Eine Einheit entspricht acht Gramm reinem Alkohol, das sind umgerechnet ca. 250 Milliliter Bier oder 100 Milliliter Wein oder 25 Milliliter Spirituosen.

Unregelmäßiges Trinken ist normalerweise besser als regelmäßiges, und ritualisierter, aber zurückhaltender Alkoholkonsum in geselliger Runde bringt oft weniger Probleme mit sich, als allein zu trinken. Das gilt umso mehr, wenn damit unangenehme Gefühle wie Einsamkeit, Depression oder Angst überdeckt werden.

 Zu den körperlich Alkoholsüchtigen müssen noch etliche Millionen seelisch Abhängige hinzugezählt werden. Falls Sie sich die Frage stellen sollten, ob Sie zu dieser Gruppe gehören, versuchen Sie am besten, für ein paar Tage auf Alkohol zu verzichten, und beobachten Sie, wie es Ihnen dabei geht. Wenn Sie sich in dieser Zeit genauso fühlen wie zuvor und wenn Sie das Trinken kaum vermissen, spricht einiges dafür, dass Sie Ihren Alkoholkonsum kontrollieren und nicht von ihm kontrolliert werden.

Rauchen

Die gesundheitlichen Schäden des Rauchens haben sich inzwischen herumgesprochen. Zum Beispiel, dass etwa jeder zweite Raucher an den Folgen seiner Gewohnheit stirbt. Weniger bekannt ist der Umstand, dass Zigaretten ein extrem hohes Suchtpotenzial aufweisen: Ungefähr ein Drittel der Männer und Frauen, die sie irgendwann ausprobieren, werden von ihnen abhängig. Dazu trägt die Tatsache bei, dass Tabakwaren fast überall verfügbar sind, dass sie den Tag und seine Pausen langfristig strukturieren können und dass ein regelmäßiger Raucher, anders als jemand, der stündlich aus seinem Flachmann trinkt, nicht unbedingt zum gesellschaftlichen Außenseiter wird.

 Gelegenheitsrauchen, also der Konsum von höchstens fünf Zigaretten pro Tag, ist weniger problematisch, sowohl bezogen auf die körperliche Schädigung als auch auf das geringer ausgeprägte Gefühl eines Verlustes persönlicher Freiheit. Doch wer einmal vom Rauchen abhängig geworden ist, gibt sich fast immer einer Illusion hin, wenn er glaubt, zum gelegentlichen Genussrauchen zurückkehren zu können.

Falls Sie als Gewohnheitsraucher mit dem Gedanken spielen, aufzuhören, wäre es sinnvoll, einige weitere Aspekte zu beachten:

✔ In chronischen Stresssituationen fällt es jedem Menschen besonders schwer, auf das bevorzugte Entlastungsmittel zu verzichten. Hierfür empfehlen sich eher Gelegenheiten wie ein unbeschwerter Urlaub oder eine Kur.

✔ Die mäßigen, aber unangenehmen körperlichen Entzugserscheinungen gehen nach wenigen Tagen zurück, etwa eine Woche nach dem Rauchstopp sind sie nicht mehr zu spüren. Bei starken Rauchern können Nikotinpflaster und ähnliche Hilfsmittel diese erste Zeit überbrücken.

✔ Die schwierigste Phase beginnt jedoch danach: Sie müssen alle Situationen, die bisher mit dem Rauchen verbunden waren, auf andere Weise bewältigen. Dazu können Kurzentspannungen in den Pausen gehören, aber auch sportliche Aktivitäten, Kaugummikauen oder der Verzehr von Karotten.

✔ Rechnen Sie nach dem Abgewöhnen mit einer Gewichtszunahme von bis zu sechs Kilogramm. Regelmäßig Sport zu treiben hilft auch hier.

✔ Wenn jemand aus Ihrem nächsten Umfeld weiterraucht, wird die Sache besonders problematisch. Den allermeisten »Kurzzeit-Nichtrauchern« geht es besser, wenn sie Freunde und Verwandte darum bitten, in der eigenen Wohnung auf den Zigarettenkonsum zu verzichten. (Umgekehrt können Sie Ihren Angehörigen den Gefallen tun, die üblichen Belehrungen in der Art von »Was, du rauchst noch, willst du dich umbringen?« für sich zu behalten.)

✔ Nicht selten dauert es einige Jahre, bis die Lust auf Nikotin, zumindest in bestimmten Situationen, wirklich verschwunden ist. Lassen Sie sich von vorübergehenden Rückfällen nicht entmutigen: Sie haben es ja schon einmal geschafft, vom Rauchen wegzukommen, warum sollte es beim nächsten Mal nicht wieder funktionieren? Außerdem: Unabhängig von Ihren Erfolgen oder Misserfolgen beim Abgewöhnen sind Sie kein schwacher oder schlechter Mensch. Alte Gewohnheiten umzustellen ist eben ein schwieriger, langfristiger Prozess.

Das Leben genießen:
Pausen und andere Selbstbelohnungen

Gerade in anstrengenden Lebenslagen braucht man eher mehr Zeit, um erfolgreich aufzutanken. Wirksame Erholung ist dann noch wichtiger als in weniger belastenden Situationen.

 Es war bereits die Rede davon, dass sich regelmäßige Entlastungspausen bei jeder subjektiv anstrengenden Tätigkeit sehr empfehlen. Experten raten zu einigen Minuten Ruhe nach einer bis höchstens anderthalb Stunden Arbeit, wenn das beruflich möglich ist.

Manchmal muss der Betroffene diese Pausen von anderen einfordern, etwa vom Arbeitgeber, häufiger jedoch sich selbst zunächst einmal das Recht auf Erholung zugestehen, vor allem in chronischen Stresssituationen. Was hilft dabei?

✔ Je weniger Sie sich in Ihrer Pause mit beruflichen oder anderen Problemen beschäftigen, umso erholsamer wirkt sie sich aus. Nicht selten empfiehlt sich ein vorübergehender Ortswechsel, etwa vom Schreibtisch in die freie Natur, um an etwas anderes denken zu können als an das, was Sie derzeit belastet.

✔ Körperliche Bewegung macht den Kopf frei. Aber auch kurze Entspannungen können, wenn Sie sie einmal automatisiert haben, sehr angenehm sein (mehr dazu finden Sie in Kapitel 10). Das gilt auch für die meisten Wahrnehmungsübungen, die ich Ihnen im Verlauf des Kapitels vorgestellt habe, das Sie gerade lesen.

✔ Manchmal hilft auch ein kleines Nickerchen in einem bequemen Sessel. Dabei richtig einzuschlafen kostet jedoch meistens mehr Kraft, als es Ihnen gibt. Um nur ein wenig zu dösen, empfiehlt es sich, nicht länger als 15 oder 20 Minuten zu ruhen.

✔ Wenn Sie sich regelmäßig nach Feierabend etwas Gutes tun wollen, auch als Belohnung für das, was Sie geleistet haben, müssen Sie dabei nicht unbedingt aktiv sein, also Sport machen, sich unterhalten oder einem Hobby nachgehen. Freizeitaktionismus unterfüttert die eigenen Leistungsansprüche eher, als ihnen etwas Wirksames entgegenzusetzen, zumindest wenn er zu einer Art Zwang wird. Vielleicht ist es für Sie ab und zu schöner, Ihren Körper passiv zu spüren oder sich verwöhnen zu lassen. In diesem Fall bieten sich zum Beispiel Saunabesuche, Schaumbäder zu Hause, Musikhören, Massagen durch den Partner oder Wellnessangebote im Rahmen einer Urlaubsreise an.

 Vergessen Sie möglichst nicht, sich immer wieder für das zu loben, was Sie geschafft haben. Gerade Erschöpfungszustände, die zu einer Burn-out-Krise führen können, gehen oft mit der Tendenz einher, dass Sie Ihre Leistungen für selbstverständlich halten und sich für alles, was Ihnen nicht perfekt gelungen ist, verurteilen. Dem können Sie begegnen, wenn Sie freundlich zu sich sind und sich auch in schwierigen Lebenssituationen akzeptieren. Eigenlob stinkt in solchen Fällen kein bisschen.

Teil III

Wirksame
Entspannungstechniken

The 5th Wave   By Rich Tennant

*»Zum Stressausgleich versucht es Bernd jetzt mit Meditation.
Die Kinder sind begeistert.«*

In diesem Teil ...

In diesem Teil erfahren Sie, wie wohltuend sich Entspannung auf Körper und Seele auswirkt und was dabei im Gehirn und im autonomen Nervensystem geschieht. Danach stelle ich Ihnen einige Entspannungsmethoden wie Meditation, Fantasiereisen und das Autogene Training vor. Falls Sie eine der Techniken ausprobieren möchten, finden Sie viele praktische Anleitungen. Regelmäßige Entspannung, die zu angenehmen Trancezuständen führt, kann ein hervorragendes Mittel sein, um akuten oder chronischen Stress langfristig zu reduzieren. Zum Schluss beschreibe ich die häufigsten Probleme, die bei der Entspannung auftauchen, und Ideen, wie Sie diese Schwierigkeiten erfolgreich bewältigen können.

Entspannung als »kleiner Urlaub zwischendurch«

In diesem Kapitel

▷ Körperliche und seelische Auswirkungen regelmäßiger Entspannung

▷ Wie der Körper Entspannung lernt

▷ Erholung und Entspannung: Viele Wege führen zum Ziel

▷ Hypnose, Yoga und Co: Einige Methoden und ihre Grundlagen

Zunächst geht es darum, was auf der psychischen und körperlichen Ebene geschieht, wenn Sie sich erfolgreich entspannen. Gerade in chronischen Belastungssituationen kann regelmäßige Erholung ein gutes Gegengewicht zum Alltagsstress darstellen. Außerdem erfahren Sie einiges über die Prozesse, die gezielte Entspannungsübungen in Ihrem Körper auslösen, und was im Gehirn passiert, wenn Sie sich Zeit für die Wahrnehmung Ihrer Innenwelt nehmen.

Alle Verfahren, die ich in diesem Kapitel beschreibe, führen mittelfristig zu angenehmen Trancezuständen zwischen Wachsein und Schlaf. Anschließend geht es um einige populäre Methoden, die sich am besten in einer Gruppe oder mit der Unterstützung eines Experten durchführen lassen, zum Beispiel Yoga, Tai Chi oder Hypnose. Manche dieser Techniken werden im Überblick dargestellt, einschließlich einiger Kriterien, woran Sie erkennen können, ob das jeweilige Angebot seriös oder weniger seriös erscheint.

Wie der Körper auf Entspannung reagiert

Entspannung ist Stressabbau – und da der Mensch kaum zugleich gestresst und entspannt sein kann, ist Entspannung der natürlichste Weg zur Stressbewältigung. Alltagsstress gehört zu unserem Leben; er macht uns leistungs- und anpassungsfähig.

Gelegentlicher Stress ist normal und gesund; wir müssen allerdings darauf achten, uns bewusste Erholungsphasen zu gönnen. Falls wir uns nicht oder nur unzureichend entspannen, kann chronischer Stress die Folge sein, der längerfristig gesundheitliche Auswirkungen hat. Zum Beispiel körperliche und seelische Erschöpfung, Verspannungen, Konzentrationsstörungen, Antriebslosigkeit, Herz-Kreislauf-Erkrankungen oder Schlaflosigkeit.

»Relaxen« ist nicht gleich Entspannung

Da wir die stressauslösenden Verhaltensmuster oft auch in unserer Freizeit nicht ablegen, ist es wichtig, immer wieder bewusst Pausen zu machen und zu entspannen. Entspannungstraining ist also viel mehr als nur »Relaxen«. Durch regelmäßiges Üben werden das vegetative Nervensystem und das Hormonsystem in einen ausgeglichenen Zustand gebracht und die Atmung beruhigt und vertieft. Außerdem fördert Entspannung die Durchblutung der Haut, Puls und Blutdruck sinken, Magen-, Darm- und Sexualfunktionen werden angeregt und das Immunsystem gestärkt. Entspannung verändert die Gehirnstromfrequenz und schafft so einen Zustand der Gelassenheit auf einer körperlich-seelischen Ebene, die der Verstand allein nicht erreichen kann.

Entspannung kann man nicht erzwingen

Entspannung kann über die Psyche (Konzentration) oder über den Körper (Muskulatur, Atmung) eingeleitet werden. Wenn die Gedanken zur Ruhe kommen, folgt in der Regel auch eine körperliche Entspannung – und andersherum.

Das autonome Nervensystem ermöglicht es nicht, willentlich und auf direktem Weg von »Erregung« auf »Entspannung« umzuschalten, so wie Sie etwa Ihre Oberarmmuskeln anspannen und wieder lockern können.

Mit Ausnahme der Atmung, die sowohl autonom als auch willkürlich gesteuert wird, lassen sich vegetative Abläufe nur indirekt beeinflussen, zum Beispiel über erholsame Schlafphasen, aber auch durch Entspannungstechniken. Mit der Zeit entsteht so ein wohltuendes Gegengewicht zu Stress und Überforderung, denn die körperlich-seelische Anspannung wird, zusätzlich zum Schlaf, durch regelmäßige Erholungszeiten ausgeglichen. Hierbei stellt sich das autonome Nervensystem immer wieder vom Erregungszustand, den die Wissenschaft »Sympathikus« nennt, auf den Ruhezustand (»Parasympathikus«) um, was dazu beiträgt, unheilvolle Dauerstressentwicklungen aufzuhalten und wieder abzubauen.

 Das sogenannte autonome (oder vegetative) Nervensystem reguliert unter anderem den allgemeinen Erregungs- oder Entspannungszustand des Körpers. Es wird »autonom« genannt, weil es innere Prozesse weitgehend ohne Kontrolle des Bewusstseins durchführt. Das ist lebensnotwendig, denn ohne diese Selbststeuerung müssten Sie sich auf jede Ausschüttung von Hormonen und auf alle Organe gleichzeitig konzentrieren, um deren Funktion zu gewährleisten. Spätestens im Schlaf würde ein solcher Mechanismus nicht mehr funktionieren.

Wenn das vegetative Sympathikus-System angeregt wird, führt das unter anderem zur

✔ Erhöhung von Puls und Blutdruck

✔ Erweiterung der Arterien

✔ Verstärkung von Schweißsekretion und Atemfrequenz

✔ Erhöhung der Ausschüttung von Stresshormonen

✔ Verringerung der Verdauungsfunktionen

Falls das Parasympathikus-System angeregt ist, kommt es unter anderem zur

✔ Verringerung von Puls und Blutdruck

✔ Verengung der Arterien

✔ Abschwächung von Schweißbildung und Atemfrequenz

✔ Verringerung des Stresshormonspiegels

✔ Verstärkung der Verdauungsfunktionen

Sympathikus und Parasympathikus arbeiten im Wechsel, die Funktionen der beiden autonomen Nervensysteme überschneiden sich nicht. Das bedeutet, dass wir im vegetativen Bereich nicht gleichzeitig, sondern nur abwechselnd erregt und entspannt sein können. Für die willkürlich einsetzbaren Muskelgruppen gilt das nicht.

Entspannungsübungen verbessern häufig das Verhältnis zum eigenen Körper. Die Konzentrationskraft steigt, das Immunsystem wird gestärkt, und oft regenerieren sich auch innere Organe und Gewebe schneller als zuvor.

Eine wichtige Voraussetzung für diese positiven Entwicklungen ist, dass Ihr Körper ausreichend Gelegenheit hat, die Erholungsreaktion zu erlernen. Hier hilft nur regelmäßiges Training.

Nachdem Sie ein Verfahren gefunden haben, das gut zu Ihnen passt, empfiehlt es sich, mindestens zweimal pro Woche, besser jedoch täglich zu üben, jeweils etwa 15 bis 30 Minuten. Da es ja auch viele Monate oder Jahre gedauert hat, bis Ihr vegetatives Nervensystem »wusste«, dass es auf äußere Anforderungen mit übermäßiger, lang anhaltender Erregung reagieren muss, sollten Sie ihm genügend Möglichkeiten einräumen, den »kleinen Urlaub zwischendurch« in sein Repertoire aufzunehmen. Nach aller Erfahrung wird dies einige Monate dauern. Haben Sie also ein wenig Geduld mit sich selbst.

Ist Entspannung messbar?

Die Wirksamkeit von Entspannungstechniken kann tatsächlich belegt werden – die Hauttemperatur ist beispielsweise während des Autogenen Trainings (siehe Kapitel 10) durch eine suggestiv verstärkte Durchblutung erhöht. Das belegt die Infrarotthermografie. Organe wie Blase, Darm, Lunge und das Gefäßsystem entspannen sich, was röntgenologisch nachweisbar ist. Der Blutdruck sinkt – dies soll Menschen mit Kreislaufproblemen jedoch nicht in Sorge versetzen, denn eine lebensnotwendige Sperre im Kreislaufsystem sorgt dafür, dass der Blutdruck nicht lebensbedrohlich sinken kann. Andernfalls würden wir im Schlaf kollabieren.

Mittels eines Elektroenzephalogramms (EEG) ist zudem die Veränderung der Gehirnwellen Richtung Alpha-Bereich (dem Zustand wohliger Entspannung), zum Beispiel während einer Progressiven Muskelentspannung oder eines Autogenen Trainings, nachweisbar.

Gehirnwellen-Frequenzbereiche

Alpha-Bereich: Der Alpha-Gehirnwellenbereich umfasst die Frequenzen zwischen 8 und 13 Hertz (Hz), also 8 bis 13 Ausschläge pro Sekunde. Kennzeichnend für diesen Zustand ist wohlige Entspannung. Die Aufmerksamkeit wird hierbei häufig nach innen gerichtet; eine erhöhte Empfänglichkeit für Suggestionen geht mit diesem Zustand einher und lässt sich zum Beispiel während des Autogenen Trainings irgendwann automatisch einleiten.

Beta-Bereich: Dieser Gehirnwellenbereich betrifft die Frequenzen 14 bis 30 Hz und repräsentiert den wachen, konzentrierten, nach außen gerichteten Bewusstseinszustand, in dem der Mensch sich tagsüber während des größten Teils der Zeit befindet. Der Beta-Bereich ist gekennzeichnet durch mentale Aktivität und logisches, analytisches Denken, kann aber auch Unruhe, Sorge, plötzliche Angst, Anspannung oder Alarmbereitschaft bedeuten.

Gamma-Bereich: Der Gamma-Gehirnwellenbereich betrifft die Frequenzen von 31 bis 70 Hz. Er wird bei starker Konzentration und einem hohen Informationsfluss beobachtet, zum Beispiel beim Lernen oder bei anderen Vorgängen, die durch das Wachbewusstsein gesteuert werden.

Delta-Bereich: Der Delta-Wellenbereich umfasst die Frequenzen 1 bis 3 Hz und tritt normalerweise nur während des traumlosen Tiefschlafs auf. Von großer Bedeutung sind diese Wellen für Heilungsprozesse und die Funktionstüchtigkeit des Immunsystems.

Theta-Bereich: Der Theta-Bereich betrifft die Frequenzen von 4 bis 7 Hz und kennzeichnet den Zustand, in dem wir uns üblicherweise während des Traumschlafs befinden. Es ist eine ruhige Verfassung, die durch ein gesteigertes, plastisches Erinnerungsvermögen, bildhafte Vorstellung, Fantasie und Kreativität geprägt ist. Dieser Zustand lässt sich auch durch Tiefenmeditation erreichen.

»Flow«-Erfahrungen im Alpha-Gehirnwellenbereich

Der Alphazustand, der mit Entspannung, aber auch mit erhöhter Kreativität einhergeht und dann von einigen Psychologen »Flow«, also »Fließen« genannt wird, lässt sich nicht erzwingen. Man kann den »Flow« auch als Gegensatz zu einer akuten oder chronischen Stressbelastung beschreiben, da er nichts mit subjektiver Anstrengung zu tun hat und trotzdem zu messbaren Erfolgen führt. Etwa wenn jemand wie in einer Art von Rausch stundenlang im Internet recherchiert oder in seinem Hobbykeller ein Werkstück bearbeitet.

 Falls Sie im Rahmen Ihrer beruflichen Tätigkeit häufig solche »Flow«-Erfahrungen machen, werden Sie die Aufgaben, die gerade anstehen, im Allgemeinen nicht als stressig, sondern als Quelle der Befriedigung erleben. Ihre Wahrnehmung richtet sich dann ausschließlich auf das, was Sie gerade tun, Sie werden nicht von Grübeleien abgelenkt und sind voll bei der Sache. Viele Künstler oder Wissenschaftler, aber auch andere Menschen, die selbstbestimmt arbeiten, kennen diesen Zustand, und er erklärt manche Höchstleistungen. Wiederholte »Flow«-Erlebnisse helfen dabei, sich problemlos zu motivieren, ohne sich dabei zu etwas zu zwingen.

Erholsame Trancezustände

Wenn Sie hingegen das Gefühl haben, dass die Herausforderungen, denen Sie gegenüberstehen, immer wieder zu starker Erschöpfung und anderen Burn-out-Symptomen beitragen, was im Gehirn normalerweise mit vielen Beta-Wellen einhergeht, empfiehlt es sich, einen angemessenen Ausgleich für den lang dauernden, übermäßigen Erregungszustand zu suchen.

So gut wie alle wirksamen Entspannungsverfahren führen mittelfristig zu einem verstärkten Auftreten von Alpha-Gehirnwellen während der Erholungsphase und zu einer vorübergehenden Umstellung des autonomen Nervensystems vom Sympathikus-Erregungszustand zum Parasympathikus-Entspannungsmodus.

Auf der mentalen Ebene wird dieser Zielzustand, der auftritt, sobald Ihr Körper den Erholungsvorgang erlernt hat, »Trance« genannt. Trance ist kein Schlaf, sondern ein Zustand der Bewusstheit und des Gewahrseins. Die Aufmerksamkeit wird verstärkt und ausschließlich auf das gerichtet, was sich in ihrem Brennpunkt befindet.

Bei vielen Entspannungsverfahren ist das die Wahrnehmung des eigenen Körpers. Einige Meditationstechniken verwenden auch ein äußeres Objekt, auf das sich der Meditierende fokussiert, um seiner Aufmerksamkeit ein Ziel zu geben, statt sich von Gedanken oder Erinnerungen ablenken zu lassen. Unabhängig von der gewählten Methode treten irgendwann vermehrt Alpha-Gehirnwellen auf, bei besonders tiefen Tranceerfahrungen kommt es zur Verstärkung des Theta-Wellenbereichs. In beiden Fällen stellt sich eine Art erholsamer Zwischenzustand jenseits von Wachsein und Schlafen ein.

 In der Trance entwickelt sich ein Zustand der körperlichen und geistigen Gelöstheit, in dem die üblichen Denkmuster und die stressorientierten physiologischen Vorgänge in den Hintergrund treten. Stattdessen erleben Betroffene ein Gefühl des »sinnlich orientierten Da-Seins«, bei dem sich die Wahrnehmung öffnet und in vielen Fällen einen direkten Zugang zu den eigenen Emotionen und den inneren Bildern erlaubt.

Viele Wege führen zum Ziel

Erholsame Trancezustände können sich unter zwei Voraussetzungen entwickeln: Ihr Körper braucht ausreichend Zeit, um die neue Herangehensweise zu erlernen, und Sie sollten regelmäßig üben, um das, was Sie erreicht haben, zu stabilisieren und weiter auszubauen.

Dieser Prozess lässt sich mit dem Autofahren vergleichen: Zunächst hat es eine Weile gedauert, bis Sie, in der Fahrschule und danach, die entscheidenden motorischen Prozesse automatisieren konnten. Mit der Zeit gelang es Ihnen, Vorgänge wie Lenken, Bremsen oder Gangschalten nur noch in speziellen Situationen bewusst einzusetzen und sich ansonsten auf den Verkehr, die Orientierung in unbekanntem Gelände oder auf plötzliche Gefahren zu konzentrieren.

Entspannung als automatisierte Reaktion

Übertragen auf eine Entspannungsmethode bedeutet das, dass Sie irgendwann den Erholungsprozess nur noch einleiten müssen, ohne dass dies mit besonderen Anstrengungen einherginge. Die Entspannungsreaktion ist dann auf der physiologischen Ebene zu einem Automatismus geworden, sodass Sie sich zum Beispiel problemlos auf eine schöne Erinnerung, auf die Wärme Ihres Körpers oder auf Ihre Atmung konzentrieren können.

 Falls Sie jedoch einmal längere Zeit auf die Übungen verzichtet haben, etwa in einer starken Stresssituation, wird es im Allgemeinen eine Weile dauern, bis Sie, nach einer Wiederaufnahme Ihrer Entspannungstechnik, den gleichen Effekt erzielen, denn Ihr Körper muss sich die Erholungsreaktion zumindest zum Teil neu erschließen. Ähnlich wie es, wenn Sie monate- oder jahrelang nicht Auto gefahren sind, etwas dauert, bis die alten Routinen wieder da sind.

Unterschiedliche Wege zur Entspannung

Sie können, wenn Sie sich einmal entschieden haben, ein Entspannungsverfahren zu erlernen, aus vielen Methoden etwas Passendes auswählen. Dazu gehören einfache Techniken, bei denen Sie sich von angenehmen Außenreizen »davontragen« lassen, zum Beispiel von schöner Musik oder einer Fantasiereise.

Hinzu kommen etliche Verfahren, bei denen Sie sich bewusst auf Vorgänge im Körperinneren konzentrieren und versuchen, möglichst wenig von diesen Wahrnehmungen abgelenkt zu werden. Das gilt für viele Atemübungen und andere Meditationen, aber auch für die Progressive Muskelentspannung und das Autogene Training. Die beiden letztgenannten Methoden und eine buddhistische Meditation beschreibe ich näher in Kapitel 10.

Außerdem gibt es manche Techniken, die oft erholsam wirken, obwohl sich der Organismus eigentlich nicht in einer gänzlich entspannten Verfassung, sondern in einem kontrollierten, leichten Anspannungszustand befindet, etwa beim Yoga oder beim Tai Chi. Vor allem für diese Verfahren empfiehlt sich ein qualifizierter Lehrer und eine gute Gruppe, bis Sie die ungewohnten Körperhaltungen und die aufeinander aufbauenden Übungen in einer gesunden Weise erlernt haben, ohne sich dabei übermäßig zu beanspruchen.

Ohne jeden Anspruch auf Vollständigkeit stelle ich Ihnen nun verschiedene Ideen und Hintergründe zu einigen Entspannungsmethoden vor. Ausprobieren müssen Sie sie selbst, um vielleicht irgendwann Ihren eigenen Weg zur Erholung zu finden.

Passive Entspannungstechniken

Eher einfache, passiv orientierte Methoden wirken besonders gut bei Menschen, denen es nicht besonders schwerfällt, eine Weile abzuschalten und sich angenehm »berieseln« zu lassen. Falls Sie jedoch dazu neigen, bei solchen »Abschaltversuchen« intensiv Ihre körperlichen Verspannungen zu spüren oder in fruchtlose Grübeleien zu verfallen, ist eine strukturiertere Technik wie die Progressive Muskelentspannung wahrscheinlich besser für Sie geeignet.

Konzentration auf schöne akustische Erlebnisse

Für folgende Übung benötigen Sie neben einer ruhigen, ungestörten Atmosphäre nur ein Sofa oder einen Sessel, einen Kopfhörer, der die Außenwelt abschirmt, und Musik, die Sie wirklich erholsam finden.

Es empfiehlt sich, eine Komposition oder eine Zusammenstellung von Songs zu verwenden, die Sie bereits gut kennen, damit sich Ihre Aufmerksamkeit nicht mit etwas Neuem beschäftigen muss. Allzu aggressive Musik ist hier meist weniger geeignet als harmonische, denn Sie wollen sich ja von den Klängen davontragen lassen.

Entspannen mit Musik

Wenn Sie nicht zu müde sind, legen Sie sich in einer bequemen Position hin, am besten auf den Rücken mit den Armen neben dem Körper und den Handinnenflächen nach unten. Bei Schläfrigkeit setzen Sie sich in einen komfortablen Sessel, sodass Sie Ihre Haltung als angenehm empfinden. In diesem Fall bleiben Ihre Füße auf dem Boden, die Oberschenkel stehen zu den Unterschenkeln ungefähr in einem rechten Winkel. Ihr Kopf wird ohne Anstrengung von der Lehne gestützt, die Hände liegen auf den Oberschenkeln oder auf den Armlehnen. Ihre Telefone haben Sie für die Übung abgeschaltet und, wenn nötig, Ihre Angehörigen um eine halbe Stunde Ruhe gebeten.

Bestücken Sie Ihre Anlage, Ihren MP3-Player oder Ihren Computer mit der ausgewählten Musik, stellen Sie eine angenehme, nicht zu hohe Lautstärke ein und drücken Sie auf »Abspielen«. Setzen Sie den Kopfhörer auf und schließen Sie Ihre Augen. (Bei Bedarf können Sie sie jederzeit wieder öffnen.)

Wenn Sie wollen, können Sie zunächst ein paarmal tief in den Bauch atmen, sodass sich Ihre Bauchdecke beim Einatmen hebt und beim Ausatmen wieder senkt. Dann überlassen Sie Ihren Atem wieder sich selbst, ohne ihn bewusst langsamer oder schneller zu machen. Mit der Zeit und mit dem zunehmenden Erholungsgefühl wird sich Ihre Atmung vermutlich ohne Ihr Zutun verlangsamen.

Vertiefen Sie sich in die Musik, die Sie gerade hören, während Ihre Außen-Gesichtswahrnehmung durch die geschlossenen Augen reduziert ist. Konzentrieren Sie sich auf die Melodien oder den Gesang. Wahrscheinlich werden Sie eine Fülle von Einzelheiten hören und nebenbei spüren, wie sich Ihr Körper immer stärker entspannt.

Falls Sie Ihre Aufmerksamkeit irgendwann nicht mehr einigermaßen problemlos auf die akustischen Eindrücke richten können, beenden Sie die Sitzung. Andernfalls lassen Sie die Musik bis zum Ende durchlaufen.

Durch Wiederholung, am besten mit der gleichen, angenehmen Musik, wird sich das Erholungsgefühl weiter vertiefen. Ihr Körper verbindet dann die Melodien mit der Entspannung, was immer wieder zu einer Umstellung des vegetativen Nervensystems vom Sympathikus-Erregungszustand auf den Parasympathikus-Erholungszustand führt.

Passive Entspannungsvarianten

Die vorige Übung können Sie, wenn Ihnen das passive »Berieseltwerden« zusagt, ein bisschen variieren. Dazu eignet sich zum Beispiel ein nicht allzu aufregendes Hörbuch, das Ihnen gefällt. Sie sollten den Text ebenfalls gut kennen, bevor Sie ihn zum Entspannen verwenden.

Etwas schwieriger zu erlernen sind visuelle Abwandlungen der Musik-Methode. In diesem Fall üben Sie ausschließlich im Sitzen. Ungestört zu sein ist hier wahrscheinlich noch wichtiger. Sie lassen den Kopfhörer weg, halten die Augen offen und konzentrieren sich auf einen beruhigenden optischen Reiz, der sich nur langsam verändert und nicht viel Aufmerksamkeit verlangt.

Das kann unter anderem eine brennende Kerze sein, eine Lavalampe oder ein Sonnenuntergang Ein Patient mit chronischen körperlichen Schmerzen berichtete mir, er habe Schwierigkeiten gehabt, das Entspannungsverfahren, das er bei mir gelernt hatte, in sein Alltagsleben zu integrieren. Stattdessen säße er abends immer wieder vor seinem offenen Kamin und sähe den Flammen beim Flackern zu. Zusammen mit den Knackgeräuschen und dem Duft der Holzscheite sei dies ein wunderbares Erlebnis, das er häufig verwende, um sich erfolgreich zu erholen.

Natürlich können Sie ein bisschen experimentieren, bis Sie eine Situation gefunden haben, die Sie entspannt, ohne dass Sie sich anstrengen müssten. Ihrer Fantasie sind hier keine Grenzen gesetzt, doch auch für potenziell beruhigende visuelle Erfahrungen gilt, dass Ihr Körper Zeit braucht, um den Erholungszustand an den entsprechenden Reiz zu koppeln. Übung und eine gewisse Regelmäßigkeit helfen sehr.

Fantasiereisen

Zu den passiven Entspannungsmethoden, bei denen die Aufmerksamkeit auf angenehme äußere Reize gerichtet wird, gehören auch die sogenannten Fantasiereisen. Hier konzentrieren Sie sich auf eine Geschichte, die Sie hören, am besten liegend oder sitzend mit einem Kopfhörer und in einer ungestörten Alltagssituation, und lassen sich von Ihrer Vorstellungskraft leiten.

In vielen Läden finden Sie CDs mit verschiedenen Fantasiereisen, bei denen im Allgemeinen nur die Rahmenhandlung vorgegeben wird und genug Raum bleibt für Ihre Kreativität. Die meisten Geschichten sind archetypisch angelegt: Sie beziehen sich auf symbolische Grundsituationen, die bei Menschen aus ganz unterschiedlichen Kulturen etliche Assoziationen zur eigenen Lebenswelt und zur persönlichen Entwicklung auslösen und auch in Märchen oder Sagen eine wichtige Rolle spielen.

Das kann zum Beispiel ein tiefer Wald sein, durch den Sie spazieren, eine Höhle, die Sie erforschen, oder eine Bergbesteigung.

Wenn Sie wollen, können Sie folgende Fantasiereise selbst durchführen, indem Sie den Text – oder eine Variante, die besser zu Ihnen passt – auf eine Kassette sprechen oder eine Datei für Ihren MP3-Player auf dem Computer anlegen. Die Fantasiegeschichte ist in der Ich-Form formuliert, da sich auf diese Weise häufig in kurzer Zeit ein guter Zugang zur Innenwelt herstellen lässt.

Nachdem Sie die CD eingelegt und den Kopfhörer angeschlossen haben, suchen Sie sich wieder eine möglichst bequeme Sitz- oder Liegeposition, wobei sich Sitzen vor allem empfiehlt, wenn Sie müde sind und nicht beim Hören einschlafen wollen. Absehbare Ablenkungen, etwa das Telefon, haben Sie zuvor auf ein Minimum reduziert. Die Augen können Sie schließen. Falls Sie sich während der inneren Reise irgendwann unwohl fühlen sollten, öffnen Sie einfach die Augen und beenden die Sitzung.

Die Tauchfahrt: Eine kleine Fantasiereise

Ich befinde mich auf einem Forschungsschiff, das den Ozean untersucht, und bin schon sehr gespannt auf das, was mich unter Wasser erwartet.

Meine Kollegen bereiten gerade das kleine Unterseeboot vor, das mich sicher nach unten und wieder hinauf befördern wird. Da dieses U-Boot noch keinen Namen hat, denke ich mir einen aus, der gut zu mir und der bevorstehenden Reise passt.

Während die Mitarbeiter die Vorräte in der Kapsel verstauen, schaue ich mich um: Auf dem Forschungsschiff herrscht Betriebsamkeit, jeder erfüllt eine wichtige Aufgabe. Die Sonne scheint, es ist angenehm warm und die See fast windstill. Ich überlege kurz, bis mir einfällt, welches Meer wir gerade befahren.

Dann ist es so weit. Ich krieche zunächst in einen Taucheranzug, wobei ich den Helm erst einmal weglasse, und anschließend in die Tauchkapsel. Nur der Eingang ist etwas unbequem, innen habe ich genug Platz und setze mich gemütlich vor das große Bullauge, durch das ich später ins Meer schauen kann.

Nun prüfe ich das U-Boot-Lebenserhaltungssystem, das hervorragend funktioniert, und die Kommunikationsanlage, die mich mit dem Forschungsschiff verbindet. Alles in Ordnung. Bevor ich an einem kleinen Kran ins Wasser gelassen werde, verabschieden sich die Kolleginnen und Kollegen herzlich von mir. Jetzt geht es los. Die Ausstiegsluke verriegele ich von innen. Ich beobachte, wie der Kran die Kapsel nach oben hebt und ein Stück Richtung See ausfährt. Schließlich koppelt sich das U-Boot, in dem ich sitze, vom Greifarm ab.

Langsam taucht das Unterseeboot ins Meer ein. Falls ich Lust habe, kann ich die Mitarbeiter auf dem Schiff über Funk über meine Erlebnisse unterrichten.

Nun bin ich vollständig unter Wasser. Die anfängliche Aufregung hat sich inzwischen gelegt und einem Gefühl von Neugier und Interesse Platz gemacht. Zunächst sehe ich glitzernde Fischschwärme, die meine Tauchkapsel offenbar für einen ungewöhnlichen Vertreter der eigenen Art halten und das U-Boot umschwimmen. Ich filme meine Beobachtungen mit einer an der Kapsel befestigten Kamera.

Allmählich wird es dunkler, daher schalte ich die Beleuchtung des U-Boots ebenso ein wie die Außenscheinwerfer. Auch die Tiere, die ich erkennen kann, erscheinen zunehmend seltsamer. Könnte dies eine Leuchtqualle sein? Und das eine riesige Krake? Noch ein Stückchen weiter in die Tiefe, bis der Meeresgrund erreicht ist. Eine unglaubliche Welt öffnet sich vor meinen Augen: Rauchende Schlote, umgeben von blassen Tiefseegarnelen, merkwürdige Fische in den absurdesten Formen, die teilweise von selbst leuchten – und ein uraltes Schiffswrack, über und über mit Muscheln bewachsen. Wenn ich mich traue, kann ich dieses unterseeische Schiff mit einem Taucheranzug selbst erkunden. Andernfalls bleibe ich noch ein paar Minuten in der Kapsel und nehme von innen wahr, was sich draußen tut.

Vorausgesetzt, ich bin mutig genug für einen Tauchgang, befestige ich den Helm an meinem Kopf, bis der Sicherungsmechanismus einrastet. Die Kapsel wird im Meeresboden verankert, und ich greife zu einer seewassertauglichen Handkamera. Dann öffne ich einen Zugang zum zweiten Kapselteil, in dem sich eine kleine Druckkammer befindet. Hier muss ich eine Weile warten, bis sich die Druckverhältnisse an die Tiefe angepasst haben.

Anschließend öffne ich die Schleuse, die von der Druckkammer ins Wasser führt. Nachdem ich hindurchgeschwommen bin, schließt sie sich automatisch. Ein Schalter wird später genügen, damit ich wieder in die Kapsel zurückkomme.

Vor mir liegt das Schiffswrack, erleuchtet von den U-Bootscheinwerfern und von einer hellen Lampe, die an meinem Taucherhelm befestigt ist.

Jetzt konzentriere ich mich auf die Tiefseetiere, die das Wrack zu ihrem Lebensraum gemacht haben. Keines von ihnen ist für Menschen gefährlich, doch es gibt einige Exemplare, die vollkommen anders wirken als alles, was ich jemals gesehen habe.

Ich erkenne langsam, wie das Wrack einmal aufgebaut war, wo die inzwischen abgeknickten Masten standen und welcher Weg vermutlich unter Deck führte. Mit viel Fantasie kann ich sogar einige verrostete Kanonen wahrnehmen, die Fischen und Krebsen als Lebensraum dienen.

Mit der Hand berühre ich eine Holzklappe in der Mitte des Schiffes, die sich wider Erwarten ohne jede Anstrengung öffnen lässt. Meine Kollegen sind mit der kleinen Zusatzexpedition einverstanden, also schwimme ich langsam durch die Klappe ins Innere des Wracks.

Hier befinden sich Krüge und Fässer, die zu schwer sind, um sie aufzumachen oder zu bergen. Was sie wohl enthalten könnten?

In der Tiefe der Kajüte, ganz hinten, erkenne ich eine Holztruhe mit eisernen Beschlägen. Probehalber berühre ich das Vorhängeschloss, mit dem sie gesichert ist, und freue mich sehr, als ich sehe, dass das rostige Schloss unter meinen Händen zerbricht. Jetzt lässt sich die Truhe öffnen.

Ein Schatz!

Ich betrachte den Inhalt der Kiste im Schein der Taucherhelmlampe, der, so wirkt es, ausschließlich für mich bestimmt ist. Was befindet sich im Inneren?

Vielleicht nehme ich eines der Fundstücke nach oben mit, vielleicht filme ich das, was in der Truhe ist, auch nur mit meiner Kamera.

Dann schwimme ich durch den Bauch des Wracks zur Klappe, die nach außen führt, erstaunt beglotzt von den Tiefseebewohnern. Langsam kehre ich zum U-Boot zurück, das immer noch sicher im Meeresboden verankert ist. Ich öffne die Schleuse und krieche ins Innere der Kapsel zurück.

Schließlich nehme ich den Taucherhelm ab und unterrichte die Kollegen auf dem Forschungsschiff. Den U-Boot-Anker lichte ich selbst, und auf dem Weg zur Meeresoberfläche beobachte ich, wie es immer heller wird und wie sich die Tierwelt fast unmerklich verändert.

Oben angelangt, beglückwünschen mich die Kollegen für meinen Mut, das Wrack selbstständig erkundet zu haben, und freuen sich mit mir über die spektakulären Filmaufnahmen, die wir gemeinsam ansehen. Anschließend beginnt die lange Heimreise zur Küste, bei schönem Wetter und ohne Zwischenfälle.

Hypnotherapie

Einige Aspekte dieser Fantasiereise erinnern an Hypnose, die in den letzten Jahrzehnten zu einer eigenen Psychotherapieform, der sogenannten Hypnotherapie, weiterentwickelt wurde: Suggestive Geschichten, die leichte bis mittlere Trancezustände auslösen, einen Raum für die eigene Kreativität öffnen und mit mehr oder weniger unterschwelligen Botschaften verbunden werden. In diesem Fall lassen sie sich durch Aussagen wie »Erkunde dein Inneres ohne Angst vor der Tiefe« oder »Was immer du in dir entdeckst, hat seine Berechtigung, du musst dich nicht davor fürchten« zusammenfassen. Mehr darüber können Sie im Band *Hypnotherapie für Dummies* von Mike Bryant und Peter Mabbutt erfahren (ebenfalls im Verlag Wiley-VCH erschienen).

Dass solche Botschaften jedoch nicht ausformuliert werden, sondern in der Geschichte ganz nebenbei mitschwingen, macht den hypnotherapeutischen Ansatz aus. Der amerikanische Psychiater Milton Erickson (1901 bis 1980) ging davon aus, dass sich in einer kontrollierten Trance das Unbewusste seiner Patienten direkt ansprechen lasse, ohne Umweg über das Bewusstsein und deshalb ohne die einschlägigen Widerstände gegen eine Veränderung zum Positiven, die bei vielen anderen Therapieformen immer wieder auftreten. Erickson versuchte mit seinen Methoden, die weit über einfache Fantasiereisen hinausgingen, für jeden Patienten intuitiv den passenden Behandlungsansatz zu finden.

 Hypnotherapie hat das Ziel, die Fähigkeiten des Bewusstseins, das oft durch starre Denk- und Verhaltensmuster eingeschränkt wird, zu erweitern, indem der Therapeut das Unbewusste durch verschiedene verbale und nonverbale Techniken anregt, freier zu werden und seelische Probleme, etwa stressbedingte, im Anschluss wie von selbst zu bewältigen.

Milton Erickson hat einmal eine Lehrerin, die verzweifelt war, weil ihr das Leben festgefahren vorkam, in einer hypnotischen Trance dazu aufgefordert, in Zukunft jeden Tag einen anderen Weg zur Arbeitsstelle zu nehmen. Mit dieser »Hausaufgabe« sprach er zugleich die inneren Möglichkeiten seiner Patientin an, sich zu verändern und diese Veränderungen als etwas Positives zu erleben. Auch einige Spitzensportler nutzen die Hypnotherapie, um sich auf Wettkämpfe vorzubereiten.

Wenn Ihnen der eher passive hypnotherapeutische Ansatz zusagt, sollten Sie berücksichtigen, dass solche Therapien normalerweise nicht von den Krankenkassen übernommen werden, da sie, anders als tiefenpsychologische oder verhaltenstherapeutische Behandlungen, nicht zu den kassenfinanzierten, sogenannten Richtlinienverfahren gehören (mehr dazu finden Sie in Kapitel 15). Allerdings haben nicht wenige Hypnotherapeuten eine solche Richtlinien-Therapieausbildung durchlaufen. Dann können sie hypnotherapeutische Sitzungen häufig mit den Krankenversicherungen abrechnen, allerdings als Zusatzverfahren, parallel zu den »konventionellen« psychotherapeutischen Gesprächen.

 Ähnlich wie bei anderen Psychotherapien und wie bei Methoden, die in einer Gruppe erlernt werden, ist es hier besonders wichtig, einen Experten zu suchen, zu dem Sie volles Vertrauen haben. Immerhin begeben Sie sich ja in die Hände eines Menschen, der Ihr Unbewusstes ansprechen will, was die Kontrollmöglichkeiten durch Ihr Bewusstsein deutlich verringert. (Allerdings brauchen Sie keine Angst zu haben, dass Sie ein Hypnotherapeut, wie in vielen Filmen, zu etwas bringt, das Sie nicht tun wollen, denn das funktioniert keinesfalls.)

Neben Sympathie, Vertrauen und einer angemessenen beruflichen Qualifikation Ihres Hypnotherapeuten ist es sinnvoll, jemanden zu finden, der eine Ausbildung in einem eher gesprächsorientierten Therapieverfahren absolviert hat. Wenn einmal in oder nach einer Hypnosesitzung etwas in Ihnen auftaucht, das Sie verwirrt oder ängstigt, können Sie in diesem Fall sicher sein, dass sich das Erlebnis in den nächsten Stunden mit dem Therapeuten aufarbeiten lässt – im Dialog, nicht im Trancezustand.

Meditation

Bei den meisten Meditationstechniken geht es ebenfalls um einen vergleichsweise passiven Zugang zur Entspannung. Anders als bei Hypnose oder dem erholsamen Musikhören beschränken Sie sich dabei allerdings nicht darauf, von angenehmen Worten oder Klängen in einen Trancezustand versetzt zu werden.

Vielmehr strukturieren Sie Ihre Wahrnehmung selbst, während Sie meditieren. Dabei fokussieren Sie sich auf ein äußeres oder inneres Objekt, etwa ein Mantra, also ein beruhigendes, in Gedanken wiederholtes Wort (wie das bekannte »Om«), oder auf eine bestimmte Körperempfindung. Durch spezielle Techniken sollte es Ihnen dann irgendwann gelingen, Ihre Aufmerksamkeit immer wieder auf dieses Objekt zurückzuführen, anstatt, wie zum Beispiel bei einer Fantasiereise, Ihre Sinneswahrnehmung in verschiedene Richtungen lenken zu lassen.

Konzentrationskraft und Entspannungsfähigkeiten werden durch regelmäßige Meditation erheblich gestärkt. Um diesen Effekt zu erzielen, bedarf es jedoch einer gewissen Selbstdisziplin, bis Sie einen guten Zugang zur gewählten Methode gefunden haben und schließlich die Veränderungen zum Positiven spüren können.

Viele Meditationstechniken entstammen religiösen Traditionen, etwa dem Buddhismus, der christlichen Mystik des Mittelalters oder dem Sufismus, einer ekstatischen Richtung des sunnitischen Islams. Das bedeutet, dass diese Methoden keineswegs in erster Linie zur Entspannung oder zur Stressbewältigung gedacht waren, sondern der religiösen Reinigung, dem Erleben Gottes oder dem Pfad zur Erleuchtung dienen sollten.

Allerdings können Sie, falls Sie andere Lebensziele verfolgen, durchaus losgelöst von diesen Ursprüngen meditieren. Wirksame Verfahren helfen mittel- bis langfristig, einen besseren Bezug zum eigenen Körper herzustellen, die Konzentration zu stärken, gelassener zu werden und das autonome Nervensystem wiederholt vom Erregungsmodus (Sympathikus) auf den Entspannungsmodus (Parasympathikus) umzustellen, um nur die wichtigsten Punkte zu nennen. Gottessuche oder das Bestreben, das »Rad der Wiedergeburt« zu verlassen, können Sie dabei ausklammern – außer Ihnen liegt dieser traditionelle Bezug und Sie finden eine Technik, die sich mit Ihrem Glaubenssystem verbindet.

Einige Meditationsformen

Die Methoden, die ich Ihnen jetzt kurz darstellen möchte, lehnen sich an das Buch *Meditation für Dummies* von Stephan Bodian an, das ebenfalls im Verlag Wiley-VCH erschienen ist.

Atemmeditation

1. Finden Sie eine bequeme Sitzhaltung, die Sie 10 bis 15 Minuten beibehalten können, ohne sich dabei anzustrengen. Schließen Sie Ihre Augen und atmen Sie einige Male tief in den Bauch und wieder heraus, bevor Sie Ihren Atem ganz sich selbst überlassen, ohne den Atemrhythmus bewusst zu verändern.

2. Nehmen Sie Ihre Atemzüge wahr und richten Sie Ihre Aufmerksamkeit auf die Empfindungen in Ihren Nasenlöchern, die mit dem Ein- und Ausatmen verbunden sind.

3. Falls sich Ihre Konzentration irgendwann auf Erinnerungen oder Fantasien richtet, führen Sie Ihre Aufmerksamkeit behutsam auf die Atemempfindungen, also das Ein- und Ausströmen der Luft in der Nase, zurück. Machen Sie sich dabei möglichst keine Vorwürfe, denn es ist völlig normal, dass es eine Weile dauert, bis Ihre Wahrnehmung längere Zeit bei einem inneren (oder äußeren) Objekt verweilt. Auch vorübergehende Rückschläge sind nichts Ungewöhnliches.

4. Nach der Meditation strecken Sie sich, um wieder wach zu werden und im Alltag anzukommen, und öffnen Ihre Augen.

Eine Meditation zur Bauchentspannung

Wie die letzte Übung ist auch die folgende Meditation besonders geeignet für Anfänger, die sich mit bewussten Tranceerfahrungen noch nicht näher beschäftigt haben.

1. Suchen Sie sich zunächst eine bequeme Sitzposition, schließen Sie die Augen und atmen Sie einige Male tief ein und aus, bevor Sie Ihren Atem ohne Anstrengung fließen lassen. 10 bis 15 Minuten genügen auch hier.

2. Richten Sie Ihre Aufmerksamkeit auf Ihr Inneres und konzentrieren Sie sich anschließend auf die Empfindungen im Bauchbereich. Versuchen Sie, diese Körpergegend durch bewusste Beobachtung sanft zu entspannen. Dabei lassen Sie immer wieder jede Anspannung aus dem Bauch verschwinden, während Sie ausatmen.

3. Wahrscheinlich spüren Sie mit der Zeit, wie der Atem ruhig in Ihren Bauch hinein- und anschließend wieder herausfließt. Bei jedem Atemzug entspannen sich Ihre Bauchmuskeln etwas stärker, ohne dass Sie Ihre Atmung bewusst verändern müssten.

4. Schließlich strecken Sie sich, konzentrieren sich auf das Wachwerden und öffnen die Augen. Sobald Sie, nach regelmäßigem Training, diese 10 oder 15 Minuten Meditation als angenehm empfinden, können Sie den zeitlichen Rahmen schrittweise erweitern.

Die Rückführung in den Alltagszustand lassen Sie weg, falls Sie unter Einschlafproblemen leiden und durch die Meditation einen Weg finden wollen, um besser einzuschlummern.

Die Meditationsübung »Der Himmel des Geistes«

Während bei den letzten beiden Meditationen eine Konzentration auf innere Vorgänge im Zentrum stand – das Ein- und Ausströmen der Atemluft beziehungsweise die fortschreitende Entspannung im Bauchbereich –, richtet sich Ihre Aufmerksamkeit bei der nächsten, etwas anspruchsvolleren Meditationsübung auf ein beruhigendes Objekt der Außenwelt.

1. Setzen oder legen Sie sich an einem schönen Tag mit Wärme und klarem Wetter in die Natur. Eine Gegend, die selten von Menschen frequentiert wird, wäre hier optimal. Ihre Augen bleiben bei dieser Meditationsform geöffnet.

2. Blicken Sie zum Himmel, möglichst ohne Bewertungen oder Interpretationen. Falls Sie gedanklich abschweifen, kehren Sie behutsam zur visuellen Wahrnehmung zurück. Lassen Sie die Eindrücke auf sich wirken.

3. Nehmen Sie sich ein paar Minuten, um die Weite des Himmels und die Wolken zu betrachten. Registrieren Sie dabei die langsamen, fast unmerklichen Verän-

derungen des Panoramas, das sich Ihnen darbietet, und auch die Eindrücke, die mehr oder weniger gleich bleiben.

4. Vielleicht spüren Sie sogar, wie sich Ihr Geist allmählich erweitert, so als ob er den Himmel füllen wollte. Während diesen Empfindungen lassen Sie alle inneren Grenzen los und konzentrieren sich eine Zeit lang auf das angenehme Erlebnis.

5. Anschließend kehren Sie langsam zu Ihrer üblichen Körpererfahrung zurück, bewegen sich ein bisschen und kommen wieder ganz in der Alltagswelt an.

In Kapitel 10 finden Sie eine detaillierte Beschreibung der buddhistischen »Vipassana«-Meditation. Kapitel 11 befasst sich mit den häufigsten Problemen beim Meditieren und bei der Anwendung anderer Entspannungsmethoden.

Erholung und kleine Bewegungen: Aktivere Entspannungsansätze

Neben der Progressiven Muskelentspannung, die ich in Kapitel 10 näher vorstelle, gibt es einige andere Verfahren, die Erholungsreaktionen an gewisse, vergleichsweise langsame Körperbewegungen koppeln und häufig in Gruppenkursen gelehrt werden.

Einige dieser Techniken stammen aus Asien, andere haben europäische oder amerikanische Wurzeln. Ursprünglich hatten viele Methoden, ähnlich wie die meisten Meditationsformen, eine religiöse Bedeutung, die weit über Entspannungserfahrungen hinausgeht. Doch auch hier können Sie den rituellen Zusammenhang ignorieren und trotzdem angenehme, erholsame Minuten und Stunden erleben.

Die folgende Darstellung, ebenfalls ohne jeden Anspruch auf Vollständigkeit, behandelt einige dieser Verfahren in Kürze, ohne die einzelnen Übungspositionen, etwa beim Yoga, näher zu beschreiben.

In Deutschland werden an Volkshochschulen und privaten Instituten etliche Kurse angeboten, die sich auf eine oder mehrere Methoden spezialisiert haben. Die meisten dieser Techniken lassen sich allein deutlich schlechter erlernen als in einer Gruppe, außerdem kann Ihnen ein qualifizierter Lehrer weiterhelfen, wenn es an einem bestimmten Punkt zu unerwünschten körperlichen Nebenwirkungen, zum Beispiel Schmerzempfindungen, kommen sollte.

Yoga

Yoga-Techniken wurden bereits im Indien des 2. Jahrhunderts v. Chr. als hinduistische Lehre zur »Selbstvervollkommnung« schriftlich festgehalten. Ziel ist die Loslösung von der eigenen Persönlichkeit durch eine Harmonisierung von Leib, Seele und Geist. Außerdem geht es darum, entgegengesetzte Polaritäten, etwa männlich und weiblich oder Sonne und Mond, zu einer Einheit zu verbinden. Yoga steht in der altindischen Sprache Sanskrit für »Einheit«, »Zusammenkommen« und »Disziplin«.

Der Yogi, der diese Methode praktiziert, durchläuft verschiedene Entwicklungsstufen. Neben körperorientierten Stellungen, den Asanas, geht es traditionell vor allem um die Zügelung der eigenen Begierden, eine Beachtung von speziellen Reinigungsvorschriften, die Kontrolle des Atems (Pranayama), um Konzentrationsübungen und meditative Versenkung. Zu den auch in Deutschland verbreiteten Übungspositionen gehört der sogenannte »Sonnengruß«, der »Pflug« und der »Schulterstand«.

 In den letzten beiden Jahrtausenden haben sich unterschiedliche Yoga-Schulen gebildet, die in Europa und Amerika oft mit westlichen Denkformen vermischt werden. Die im Abendland meistverbreitete Form wird Hatha-Yoga genannt, wobei »Hatha« das Sanskrit-Wort für »Kraft« ist und für den manchmal anstrengenden Weg steht, dem sich der Yogi gegenübersieht.

Wenn Sie sich für Yoga interessieren, finden Sie in *Yoga für Dummies* (ebenfalls Wiley-VCH) viele praktische Übungen.

Qi Gong

Qi Gong hat seinen Ursprung im chinesischen Taoismus (oder Daoismus) des 3. Jahrhunderts v. Chr. Hier verbindet sich eine auf Ausgleich bedachte Lebensphilosophie mit Meditations- und Behandlungstechniken aus der Traditionellen Chinesischen Medizin (TCM).

 Neben Übungen zum bewussten Atmen und Methoden zur Lenkung der Vorstellungskraft geht es um spezifische, zumeist langsame Bewegungen, durch die Körperbeherrschung und Konzentrationsfähigkeit gestärkt werden sollen. Diese Bewegungstechniken entstanden aus einer alten Kampfkunstform und wurden anschließend reduziert. Qi Gong lässt sich im Stehen, Liegen, Sitzen oder Gehen praktizieren. Anwendungen in der freien Natur gelten als besonders erholsam. Überliefert sind zum Beispiel die Übungen der »Fünf Tiere« Tiger, Kranich, Hirsch, Affe und Bär, die in der chinesischen Tradition symbolisch für die »fünf Elemente« stehen.

Ziel ist die Anreicherung und Harmonisierung der Lebenskraft, die man in China »Qi« (oder auch »Chi«) nennt. »Gong« bedeutet Fähigkeit, Übung oder Arbeit. Die Bezeichnung Qi Gong wurde übrigens erst in den 1950er Jahren von einem chinesischen Arzt geprägt, der die traditionellen Methoden weiterentwickelte, sowohl zur Stabilisierung und Förderung des Energiehaushalts als auch zur Behandlung von Krankheiten.

Besondere Aufmerksamkeit wird den »Meridianen« gewidmet, körperlichen »Leitungsbahnen«, durch die nach der Lehre der TCM die Lebensenergie mehr oder weniger ungestört fließt.

T'ai Chi-Ch'uan (oder Tai Chi)

Auch Tai Chi entstand zunächst als chinesische Kampfkunstform mit dem Ziel, das »Chi« (oder Qi), also die Lebenskraft, zu stärken. Diese Technik wird auch »chinesisches Schattenboxen« genannt und am Morgen in vielen Städten des Landes in der Gruppe geübt. Der Name des Verfahrens bedeutet auf Deutsch »oberstes Prinzip des Faustkampfs«.

Im Westen stehen seltener Kampfkunst und Selbstverteidigung im Mittelpunkt. Häufiger geht es hier um gesundheitsförderliche Varianten, um Persönlichkeitsentfaltung und eine Meditation, die sich mit langsamen, kontrollierten Körperbewegungen verbindet und den individuellen Energiehaushalt stabilisieren soll.

Auch in China spielen diese Aspekte eine Rolle, allerdings häufig eher als willkommene Nebenwirkungen. Eine Übungseinheit wird »Form« genannt und besteht aus bestimmten symbolischen Bildern, die in Bewegungsmuster umgesetzt werden.

Die langsamen, grazil wirkenden motorischen Übungen sollen zur Muskelentspannung, einer erhöhten Beweglichkeit der Gelenke und einer Verbesserung von Haltung und Körperwahrnehmung beitragen. Wie beim Qi Gong steht auch beim Tai Chi die Idee einer Lebensenergie im Mittelpunkt, die mit der Zeit besser durch die »Meridian-Leitungsbahnen« fließen soll als bisher.

Wenn Sie sich für Tai Chi interessieren: Ausführliche Informationen finden Sie in *T'ai Chi für Dummies* (Wiley-VCH).

Bewegungsorientierte Entspannungsmethoden: Eine gute Gruppe finden

Für alle Methoden, die sich am besten in einer Gruppe erlernen lassen, gilt, dass Sie zunächst einen guten Dozenten und den passenden Rahmen für Ihre Übungen suchen müssen. Zu diesem Thema folgen nun einige Hinweise.

Wenn Sie sich, ob beim Yoga, bei Qi Gong oder anderen Gruppenverfahren, auch für die traditionellen philosophischen oder religiösen Hintergründe interessieren, empfiehlt sich ein Lehrer aus dem jeweiligen Ursprungsland oder ein Westler, der bei einem solchen Meister umfassende Erfahrungen machen konnte. Allerdings müssen Sie dann damit rechnen, dass Sie wegen der unterschiedlichen kulturellen Prägungen nicht alles verstehen werden und dass es schwierig sein kann, die fremde Philosophie in Ihr abendländisches Weltbild zu integrieren.

Sollte es Ihnen eher um ein praktikables, einigermaßen ideologiefreies Entspannungs- und Erholungsverfahren gehen, wenden Sie sich am besten an eine Übungsgruppe, die ohne allzu viele religiöse oder esoterische Versatzstücke auskommt. Nicht selten wird der Lehrer, der eine solche Gruppe leitet, eher der westlichen Tradition entstammen. Auch die Gefahr einer sektiererischen Entwicklung dürfte in diesem Fall häufig geringer sein. Eine Internetrecherche, bei der Sie verschiedene Angebote sorgfältig miteinander vergleichen, kann helfen.

Misstrauen Sie Dozenten, die sich allzu sehr als Guru inszenieren und kritische Nachfragen mit dem Verweis auf »heilige Wahrheiten« abbügeln. Ein guter Lehrer zeichnet sich dadurch aus, dass es ihm in erster Linie um die freundliche Begleitung seiner Schüler und nicht um Selbstdarstellung geht. Falls man Sie drängt, unbedingt bald wiederzukommen, oder wenn es Ihnen schwer gemacht wird, die Gruppe bei Bedarf zu verlassen, seien Sie vorsichtig: Vielleicht handelt es sich um eine Sekte, die eher schadet, als Sie bei der Persönlichkeitsentwicklung zu unterstützen.

Bewährte Entspannungsmethoden

10

In diesem Kapitel

▶ Übungen in Progressiver Muskelentspannung (PMR)

▶ Autogenes Training (AT): Die Grundstufe

▶ Einen inneren Ruheort finden

▶ Fernöstliche Meditationsübungen

Zunächst werden Sie zwei der effektivsten und populärsten Entspannungstechniken kennenlernen – die Progressive Muskelentspannung und das Autogene Training. Außerdem stelle ich Ihnen eine Methode vor, bei der Sie eine Situation in Ihrer Vorstellungswelt suchen, in der es Ihnen gut geht und durch die Sie sich, bei regelmäßiger Anwendung, schnell erholen können: den sogenannten Ruhe- oder Kraftort.

Eine Einführung in eine Meditationstechnik, die aus dem Buddhismus kommt, beschließt das Kapitel. Bei diesen Übungen sollen Ihnen viele praktische Hinweise helfen, Ihren eigenen Weg zur Entspannung zu finden.

Progressive Muskelentspannung (PMR)

Die Progressive Muskelentspannung (oder -relaxation, PMR) wurde in den 1930er Jahren von dem amerikanischen Physiologen Edmund Jacobson entwickelt. »Progressiv« steht hier für »fortschreitend«. Diese Methode ließ sich in ihrer Wirksamkeit wissenschaftlich immer wieder erfolgreich überprüfen.

 Im Gegensatz zu anderen Verfahren wie dem Autogenen Training eignet sich die PMR auch für Menschen, denen es schwerfällt, ein paar Minuten loszulassen und sich auf ihre Innenwelt zu konzentrieren. Das liegt vor allem daran, dass die Entspannung verschiedener Muskelgruppen einer bewussten Anspannung folgt, die eigentlich jedem gelingt. Beim anschließenden Lockern der Muskeln kann man das Erholungsgefühl dann bewusst und auch relativ schnell erleben. Die regelmäßige Übung führt dazu, dass das vegetative Nervensystem innerhalb kurzer Zeit vom Erregungs- zum Entspannungsmodus wechselt, es wird also indirekt beeinflusst.

Aufeinander aufbauende Übungen

Die Übungen bauen aufeinander auf. Sie beginnen mit dem ersten Übungsteil (Dauer etwa 15 Minuten). Bei der nächsten Sitzung (Teil 2) wiederholen Sie zunächst den ersten Übungsteil.

Dann folgen die neuen Schritte. Wenn Sie sich schließlich mit Teil 3 beschäftigen, wiederholen Sie zunächst die vorherigen Übungen, also Teil 1 und Teil 2, bevor Sie die nächsten Schritte trainieren.

Das vollständige PMR-Programm dauert ungefähr 30 Minuten. Die »Ruheort«-Fantasie, die Sie im weiteren Verlauf dieses Kapitels kennenlernen werden, können Sie an die Muskelentspannungsübungen anhängen, sobald Sie deren Ablauf erlernt haben. In jedem Fall sollten Sie erst dann zu einem neuen Abschnitt übergehen, wenn Sie die vorangegangenen Teile sicher beherrschen.

Viele Menschen empfinden es als besonders angenehm, wenn die Entspannung einer Muskelgruppe etwa doppelt so lang dauert wie die Anspannung. Hier kann es durchaus sinnvoll sein, ein wenig zu experimentieren, bis Sie eine Herangehensweise gefunden haben, die auf Sie zugeschnitten ist.

Im Übungstext verwende ich die Ich-Form, um Ihnen den Zugang zur Progressiven Muskelentspannung zu erleichtern. Einige Formulierungen wiederholen sich immer wieder, was den gewünschten Trancezustand (mehr dazu finden Sie in Kapitel 9), der einer Selbsthypnose entspricht, verstärken soll. Nach jedem Übungsschritt folgt der Satz: »Wahrscheinlich (oder »vermutlich«) spüre ich einen Unterschied zwischen der Anspannung eben und dem entspannten Gefühl jetzt.« In dieser Zeit konzentrieren Sie sich darauf, den Wechsel von Anspannung und Entspannung möglichst intensiv wahrzunehmen.

Entweder schauen Sie vor jeder neuen Trainingseinheit ins Buch, oder Sie lernen die Sätze auswendig. Wenn Sie Lust haben, können Sie den Text auch auf eine Audiokassette sprechen oder eine MP3-Datei auf Ihrem Computer anlegen. Außerdem gibt es im Fachhandel und bei vielen Krankenkassen verschiedene Audio-CDs mit PMR-Programmen. Ob Ihnen die jeweilige Sprechstimme zusagt, prüfen Sie am besten vor dem Kauf.

Sie können Entspannungsübungen auch mit Musik Ihrer Wahl kombinieren, wobei leise, beruhigende Klänge, etwa meditative Harfenmusik oder Mozart, vermutlich geeigneter sind als Heavy Metal oder Hardcore-Techno in Clublautstärke. Wenn Sie etwas Passendes gefunden haben, sollten Sie immer bei der gleichen Aufnahme bleiben. So verbindet sich der Erholungszustand bald mit bestimmten Songs oder einer Komposition. Mit der Zeit genügen dann oft die ersten Takte, um eine umfassende Entspannungsreaktion auszulösen. Ob mit oder ohne Musik: In jedem Fall sollten Sie Ihre Angehörigen bitten, Sie beim Üben nicht zu stören, und in dieser Zeit Ihr Telefon ausschalten.

Die Progressive Muskelentspannung kann man im Sitzen und im Liegen auf dem Rücken durchführen, wobei die liegende Haltung die Wahrscheinlichkeit erhöht, beim Üben einzuschlummern. Daher eignet sie sich besonders gut für Menschen mit Schlafstörungen, die es dann auf den nächsten Morgen verschieben, in die Alltagswirklichkeit zurückzukehren.

Meistens gelingt es im Sitzen leichter, in einen angenehmen Zustand zwischen Wachsein und Schlaf überzugehen, ohne dabei einzuschlafen. Diese Tranceerfahrung muss jedoch trainiert werden.

Die in diesem Kapitel dargestellte Variante der Progressiven Muskelentspannung verwende ich, abgesehen von der hier dargestellten Ich-Formulierung, in der psychotherapeutischen Praxis.

Sind Sie bereit, sich zu entspannen?

Falls Sie im Sitzen üben möchten, empfiehlt sich eine Position im Sessel, bei der Ihr Rücken gut gestützt wird. Die Oberschenkel stehen ungefähr im rechten Winkel zu den Unterschenkeln, die Haltung der Beine sollte möglichst komfortabel sein. Ihre Hände liegen ohne Anspannung auf den Oberschenkeln, und zwar so, dass sie mit den Innenflächen nach oben weisen.

 Sie sollten wirklich bequem sitzen. Wenn das nicht der Fall ist, rücken Sie sich ein wenig zurecht. Die Augen können Sie schließen oder zunächst noch offen lassen, bei den meisten Menschen schließen sie sich mit der fortschreitenden Entspannung bald wie von selbst.

Es geht in den nächsten Minuten nicht darum, etwas besonders gut hinzubekommen oder zu leisten, sondern nur darum, den eigenen Körper intensiv zu spüren und zu beobachten, wie er sich mehr und mehr entspannt.

 Falls Ihnen währenddessen ein Gedanke oder eine Erinnerung durch den Kopf gehen sollte oder Sie etwas Ungewöhnliches hören, sind das ganz normale Wahrnehmungen, die manchmal kurz auftauchen, ohne dass Sie sie loswerden oder festhalten müssten. Meistens verschwinden sie bald von selbst, sodass Sie sich problemlos wieder dem Anspannen und dem Entspannen Ihres Körpers zuwenden können.

Übung 1: Einstieg in die Entspannung, Konzentration auf Hände und Arme

Ich atme einige Male tief in den Bauch hinein und wieder heraus, das heißt, meine Bauchdecke hebt sich beim Einatmen etwas und sinkt beim Ausatmen zurück. Dann überlasse ich meinen Atem wieder ganz sich selbst, ohne ihn langsamer oder schneller zu machen. Es atmet sich sozusagen von allein.

Nun konzentriere ich mich zunächst auf meinen rechten Arm (Linkshänder beginnen mit dem linken Arm) und das Handgelenk, das auf meinem Oberschenkel liegt. Ich drücke die rechte Hand kurz mit dem Handrücken gegen den Oberschenkel, halte die Spannung im Arm einen Moment aufrecht und lasse dann Hand und Arm wieder weich, entspannt und locker werden. Nacheinander nehme ich die Finger der rechten Hand wahr, vom Daumen bis zum kleinen Finger. Vielleicht spüre ich schon jetzt einen kleinen Unterschied zwischen der Anspannung eben und dem entspannteren Gefühl im rechten Arm jetzt.

Dann bleibe ich noch ein wenig mit meiner Aufmerksamkeit beim rechten Arm, den ich nun langsam vom Bein hochnehme. Ich balle die rechte Hand so, dass es auf jeden Fall angenehm bleibt, zur Faust und halte die Spannung im Arm kurz aufrecht. Dann lockere ich die Hand wieder und lasse den Arm langsam zum Bein zurücksinken. Vielleicht spüre ich auch hier einen kleinen Unterschied zwischen der Anspannung eben und dem entspannteren Gefühl im ganzen rechten Arm jetzt.

 Lassen Sie sich für diese Übungen ausreichend Zeit, bis Sie das Anspannen und das Entspannen der betroffenen Muskelgruppen deutlich wahrnehmen können und Ihren eigenen Rhythmus gefunden haben.

Nun gehe ich mit der Konzentration zum linken Arm über. Ich presse auch hier zuerst die Hand mit dem Handrücken kurz gegen den Oberschenkel, halte die Spannung einen Moment aufrecht und lasse dann Hand und Arm wieder weich, entspannt und locker. Dann nehme ich die einzelnen Finger wahr, vom Daumen bis zum kleinen Finger. Vielleicht spüre ich einen Unterschied zwischen der Anspannung eben und dem entspannteren Gefühl im linken Arm jetzt.

Wieder bleibe ich mit der Aufmerksamkeit noch ein wenig beim linken Arm, den ich nun langsam vom Bein hochnehme und die Hand so zur Faust balle, dass es angenehm bleibt. Ich halte die Spannung einen Moment aufrecht. Dann lockere ich meine Hand wieder und lasse den Arm langsam zum Bein zurücksinken. Möglicherweise spüre ich auch hier einen Unterschied zwischen der Anspannung eben und dem entspannteren Gefühl im ganzen linken Arm jetzt.

Dann wiederhole ich den ersten Übungsteil. Und vielleicht wird ja mit jedem Atemzug, der fast von selbst aus mir herausströmt, dieses angenehme Entspannungsgefühl in beiden Händen, in beiden Unterarmen, in beiden Oberarmen und in meinem ganzen Körper noch ein wenig stärker.

Es folgen, wenn ich Lust habe und es als angenehm empfinde, einige Minuten, in denen ich mich auf das entspannte Körpergefühl konzentrieren kann, bis ich die erste Übung der Progressiven Muskelentspannung mit der »Rücknahme« beende.

 Die Rücknahme ist der Abschluss jeder PMR-Sitzung, wenn Sie das Programm nicht als Einschlafhilfe nutzen wollen. Dabei verlassen Sie den Trancezustand und konzentrieren sich wieder auf Ihre Alltagswahrnehmung.

Rücknahme: Sicher in die Alltagswirklichkeit zurückkehren

Ich verabschiede mich langsam vom Zustand der Entspannung, in den ich, wann immer ich Zeit dafür habe, zurückkehren kann. Vielleicht nehme ich etwas von dem erholsamen Gefühl mit, für den Rest meines Tages und meiner Woche.

Dann zähle ich innerlich rückwärts von 3 bis 1. Bei der Zahl 3 bewege ich zunächst meine Beine und rekle mich ein bisschen, um wieder ganz in der äußeren Wirklichkeit anzukommen. Bei 2 nehme ich meine Arme dazu, die ich ebenfalls strecke, um wach zu werden und in die Alltagsgegenwart zurückzukehren. Mit der Zahl 1 bewege ich schließlich meinen Kopf in angenehme Richtungen, dann öffne ich meine Augen.

Übung 2: Entspannen Sie Ihr Gesicht

Nachdem ich mich bequem hingesetzt oder hingelegt habe, atme ich ein paarmal tief in den Bauch hinein und überlasse dann den Atem wieder ganz sich selbst, ohne ihn langsamer oder schneller zu machen.

Nach den Armübungen richte ich meine Konzentration auf das Gesicht, zunächst auf beide Augenbrauen.

 Die gleichmäßige und ruhige Ausführung der Übungen ist wichtig, doch auch hier sollte Ihr individueller Rhythmus, den Sie mit der Zeit fast von selbst finden, zum Maßstab werden.

Ich hebe die Augenbrauen gleichzeitig langsam nach oben, Richtung Haaransatz. Dort halte ich sie einen Moment, bis ich beide Brauen wieder langsam in die entspannte Lage zurücksinken lasse. Wahrscheinlich spüre ich auch hier einen Unterschied zwischen der Anspannung eben und dem entspannten Gefühl in der Gegend von Stirn und Augenbrauen jetzt.

Meine Aufmerksamkeit bleibt noch ein wenig bei den Augenbrauen, die ich nun beide gleichzeitig nach unten in Richtung der Augen zusammenziehe. Die Spannung in Augenbrauen und Augenlidern halte ich kurz aufrecht und lasse die Brauen dann wieder nach oben wandern. Auch hier spüre ich vermutlich einen Unterschied zwischen der Anspannung eben und dem entspannten Gefühl in der Gegend von Augenbrauen und Augenlidern jetzt.

Dann wandert meine Konzentration hinunter zur Nase, deren Nasenflügel ich einen Moment lang, soweit es angenehm ist, weit öffne. Auch hier halte ich die Spannung kurz aufrecht, bis ich meine Nase wieder weich, entspannt und locker lasse. Wahrscheinlich spüre ich auch in diesem Körperbereich einen Unterschied zwischen der Anspannung eben und dem entspannten Gefühl jetzt.

Nun richtet sich meine Aufmerksamkeit auf Ober- und Unterkiefer und auf die Zähne, die ich ein wenig, aber so, dass es auf jeden Fall angenehm bleibt, aufeinander presse. Ich halte die Spannung kurz aufrecht und lasse dann wieder locker. Vermutlich spüre ich einen Unterschied zwischen der Anspannung eben und dem entspannten Gefühl in der Gegend von Kiefern und Zähnen jetzt.

Meine Konzentration richtet sich nun auf Mund und Lippen. Ich presse meine Lippen einen Moment aufeinander, halte die Spannung kurz aufrecht und lasse den Mund dann wieder weich, entspannt und locker werden. Wahrscheinlich spüre ich einen Unterschied zwischen der Anspannung eben und dem entspannten Gefühl in der Mundgegend jetzt.

Und vielleicht wird ja mit jedem Atemzug, der aus mir herausströmt, das Gefühl der tiefen Entspannung in meinem Gesicht und im ganzen Körper noch ein wenig stärker. Vor dem Aufwachen konzentriere ich mich, wenn ich Lust habe, noch eine Zeit lang auf diese angenehmen Empfindungen.

 Genießen Sie die Entspannung – diese Übungen sollten nicht nach dem Leistungsprinzip ausgeführt werden. Bei manchen Menschen wird es jedoch eine Zeit lang dauern, bis sie das gewünschte Erholungsgefühl wirklich spüren können.

Dann leite ich die Rücknahme ein, indem ich langsam von 3 bis 1 rückwärts zähle und mich dabei ein bisschen bewege, um wieder ganz im Alltag anzukommen.

Übung 3: Vom Hals bis zu den Füßen

Nachdem ich es mir richtig bequem gemacht habe, atme ich einige Male tief in den Bauch hinein und wieder heraus, bevor ich meinen Atem wieder ganz sich selbst überlasse.

Nach den Arm- und Gesichtsübungen richtet sich meine Aufmerksamkeit auf Kopf und Hals. Ich bewege meinen Kopf langsam nach vorn zur Brust und halte ihn dort einen Moment lang fest. Dann lasse ich ihn langsam wieder in die aufrechte Lage zurückwandern.

Vermutlich spüre ich einen Unterschied zwischen der Anspannung eben und dem entspannten Gefühl in der Gegend von Hals und Kopf jetzt.

Meine Konzentration geht nun zu den Schultern. Ich hebe beide Schultern kurz nach oben, halte sie einen Moment in dieser Stellung und lasse sie dann wieder in die entspannte Lage nach unten sinken. Auch hier spüre ich wahrscheinlich einen Unterschied zwischen der Anspannung eben und dem entspannten Gefühl im Kopf- und Nackenbereich jetzt.

Nun sind Rücken und Wirbelsäule an der Reihe. Ich presse meine Wirbelsäule ein wenig nach hinten, Richtung Sessel oder Couch, aber so, dass es auf jeden Fall angenehm bleibt. Dann lasse ich mein Rückgrat wieder nach vorn wandern. Vermutlich spüre ich einen Unterschied zwischen der Anspannung eben und dem entspannten Gefühl im Rückenbereich jetzt.

Anschließend konzentriere ich mich auf meinen Bauch. Je nachdem, wie es für mich angenehmer ist, ziehe ich ihn kurz ein oder ich drücke ihn heraus. Auf jeden Fall lasse ich die Bauchmuskeln gleich darauf wieder weich, entspannt und locker. Wahrscheinlich spüre ich auch hier einen Unterschied zwischen der Anspannung eben und dem entspannten Gefühl in der Bauchgegend jetzt.

Nun richte ich meine Aufmerksamkeit auf die Füße. Ich hebe gleichzeitig beide Fußspitzen vom Boden ab, während die Fersen weiter ruhen. Dann halte ich die Spannung kurz, bis ich beide Fußspitzen wieder entspannt auf den Boden zurücksinken lasse. Vermutlich spüre ich den Unterschied zwischen der Anspannung eben und der Entspannung in Beinen und Füßen jetzt.

Meine Konzentration bleibt noch einen Moment bei diesem Körperbereich, bei Füßen und Beinen. Nun hebe ich beide Füße vom Boden ab, wobei es völlig ausreicht, diese Bewegung nur anzudeuten. Ich halte die Spannung kurz aufrecht und setze meine Füße dann wieder auf den Boden. Wahrscheinlich spüre ich den Unterschied zwischen der Anspannung eben und dem entspannten Gefühl in den Beinen und Füßen jetzt.

 Es geht hier nicht um sportliche Anstrengung, sondern um tiefe Entspannung. Wenn es Ihnen angenehm ist, können Sie, sobald Sie den Ablauf der Übungen erlernt haben, alle Bewegungen auf ein Minimum reduzieren, zum Beispiel indem Sie die verschiedenen Muskelgruppen nur ganz kurz anspannen und sich länger auf das Erholungsgefühl konzentrieren.

Und vielleicht wird ja mit jedem Atemzug, der aus mir herausströmt, das Gefühl der tiefen Entspannung in Kopf und Hals, in den Schultern, im Rücken und im Bauchbereich, in beiden Beinen, in den Füßen und im ganzen Körper noch ein bisschen stärker.

Bevor ich langsam von 3 bis 1 rückwärts zähle und wieder im Alltag ankomme, konzentriere ich mich, wenn ich Lust darauf habe, noch ein paar Minuten auf diese angenehmen Empfindungen.

Autogenes Training (AT)

Eine weitere bewährte Entspannungsmethode ist das Autogene Training (AT), das von dem deutschen Nervenarzt Johann Heinrich Schultz ungefähr zeitgleich zur Progressiven Muskelentspannung entwickelt wurde. Im Gegensatz zur Progressiven Muskelentspannung wird hier die gewünschte Erholung nicht durch ein aktives An- und Entspannen der Muskeln erreicht. Vielmehr geht es beim Autogenen Training um eine Art inneres »Umschalten«, weg vom Alltagsstress hin zu einer direkten Erholung.

»Autos« ist das griechische Wort für das Selbst, »gen« steht für das Werden. Autogen bedeutet »selbsttätig«. Das klingt komplizierter, als es ist, und soll eigentlich nur beschreiben, dass Sie durch formelhafte Selbstbeeinflussung (Autosuggestion) im Rahmen bestimmter Übungen lernen können, Ihren Körper schrittweise zu entspannen.

Während Sie also bei der Progressiven Muskelentspannung eher aktiv vorgehen, um einen Zustand der Ruhe zu erreichen, sind Sie beim Autogenen Training in einer passiv-beobachtenden Rolle.

Genauso wichtig wie bei der Progressiven Muskelentspannung ist hier allerdings das regelmäßige Üben. Ärzte und Psychologen, die mit dieser Methode arbeiten, empfehlen zwei, mindestens aber eine Übung im Autogenen Training pro Tag, möglichst kontinuierlich und über mehrere Monate, um die gewünschte Wirkung zu erzielen.

Die einzelnen Übungen steigern sich in ihrer Dauer von anfangs zwei oder drei bis auf etwa 15 oder 20 Minuten zum Ende der sogenannten Grundstufe hin. Jedes Mal ergänzt sich die Schrittabfolge des Vortags um eine weitere Übung.

Die sieben Grundstufen-Lektionen stelle ich jetzt vor, wobei wie bei der Progressiven Muskelentspannung gilt, dass Sie erst dann zur nächsten Übung übergehen sollten, wenn Sie die vorherige sicher beherrschen. Oft bedarf es mehrerer Durchgänge, um die gewünschte Wirkung einer Übung körperlich und seelisch wahrnehmen zu können.

Das Wirkungsprinzip ist immer das gleiche: Ihr Körper lernt mit der jeweiligen Suggestivformel, die Sie in der Vorstellung einige Male wiederholen, eine angenehme Reaktion zu verknüpfen, zum Beispiel: »Mein rechter Arm ist ganz schwer.« Später reicht dann irgendwann häufig schon der erste Gedanke oder die erste Vorstellung der Übungsfolge aus, um den gewünschten Entspannungszustand herzustellen.

Schalten Sie den Stress ab

Es ist möglich, die Übungen des Autogenen Trainings im Liegen oder im Sitzen durchzuführen, immer möglichst bequem, mit gestütztem Rücken und aufliegenden Armen, die Beine in einer Position, die Ihnen angenehm ist. Die Abfolge der einzelnen Übungen werden Sie sich wahrscheinlich bald gut eingeprägt haben.

Auch in diesem Übungstext verwende ich die Ich-Form, sodass Sie ihn entweder auswendig lernen oder auf einen Tonträger sprechen können. Außerdem gibt es im Fachhandel und bei vielen Krankenkassen Programme zum Autogenen Training für den CD-Player, die manchmal mit beruhigender Musik verbunden sind. Nicht zuletzt bieten viele Volkshochschulen und andere Bildungseinrichtungen Kurse im Autogenen Training an.

Auch bei den hier dargestellten Übungen empfiehlt es sich, dass Sie, wie bei der Progressiven Muskelentspannung, etwaige Störungen durch die Außenwelt auf ein Minimum beschränken: Nehmen Sie sich ein bisschen Zeit für sich selbst, schalten Sie das Telefon aus, dämpfen Sie Licht und Lärm und bitten Sie Ihre Familie um eine halbe Stunde Ruhe. Je weniger Ablenkungen, desto erfolgreicher die Wirkung der Selbstsuggestionen.

 Bei allen Übungen des Autogenen Trainings setzen oder legen Sie sich zunächst bequem hin. Wenn Sie müde sind, ist es besser, im Sitzen zu üben. Nachdem Sie einige Male kräftig in den Bauch hinein und wieder herausgeatmet haben, überlassen Sie Ihren Atem sich selbst, ohne ihn langsamer oder schneller zu machen. Falls Ihnen ein Gedanke oder eine Erinnerung durch den Kopf geht, ist das kein Problem. Meistens verschwinden diese inneren Eindrücke bald ganz von selbst, ohne dass Sie sie festhalten oder loswerden müssten.

Übung 1: Spüren Sie die Ruhe in Ihrem Körper

Während ich mich auf die Empfindungen meines Körpers konzentriere, sage ich mir in Gedanken: »Die Ruhe kommt von selbst.«

Wenn ich diese Formel einige Male wiederhole, werde ich mit der Zeit wahrscheinlich spüren, dass sich tatsächlich eine wohlige Ruhe in mir ausbreitet. Falls ich Lust habe, kann ich jetzt auf eine Reise durch meinen Körper gehen. Spüre ich die Ruhe in den Armen und Händen? In den Beinen und Füßen? Im Oberkörper und im Unterleib? In Kopf und Hals?

Nachdem ich dieses angenehme Gefühl eine Zeit lang wahrgenommen habe, folgt die Rückkehr in den Alltag. Ich zähle langsam von 3 bis 1 rückwärts.

Bei der Zahl 3 strecke ich die Beine, bei der Zahl 2 nehme ich die Arme dazu und rekle mich ein bisschen. Bei 1 bewege ich den Kopf in angenehme Richtungen, atme tief durch und öffne schließlich meine Augen.

 Diese Rücknahme beendet jeden Übungsdurchgang, es sei denn, Sie wollen das Autogene Training als Einschlafhilfe verwenden, um Schlafstörungen zu reduzieren.

Übung 2: Spüren Sie die Schwere Ihrer Arme und Beine

Nachdem ich mich gemütlich hingesetzt oder hingelegt habe, atme ich wieder einige Male tief durch, überlasse dann meinen Atem sich selbst und konzentriere mich auf die Empfindungen meines Körpers. Mit dem Gedanken »Die Ruhe kommt von selbst«, den ich einige Male wiederhole, beruhige ich mich, bis ich spüre, wie mich ein angenehmes Ruhegefühl durchströmt.

Dann richtet sich meine Wahrnehmung auf den rechten Arm. (Linkshänder beginnen mit dem linken Arm.)

Ich sage mir innerlich: »Mein rechter Arm ist ganz schwer.« Diesen Satz wiederhole ich ein paarmal, bis ich die Schwere im Arm deutlich fühlen kann.

Anschließend gehe ich zum anderen Arm über und denke dabei: »Mein linker Arm ist ganz schwer«, bis ich auch hier die Schwere wirklich spüre.

Dann richtet sich meine Wahrnehmung auf das rechte Bein, und ich verwende die Formel »Mein rechtes Bein ist ganz schwer«, so lange, bis ich sein Gewicht empfinde.

Schließlich folgt das linke Bein, und ich sage mir innerlich einige Male: »Mein linkes Bein ist ganz schwer.«

Ich konzentriere mich noch eine Weile auf das Körpergefühl, angenehm schwer zu sein. Dann kehre ich in den Alltag zurück, indem ich von 3 bis 1 rückwärts zähle und mich dabei bewege, bis ich wieder wach geworden bin.

Übung 3: Lassen Sie die Wärme strömen

Ich setze oder lege mich in eine bequeme Position und atme mehrmals tief in den Bauch, bevor ich meinen Atem wieder ganz sich selbst überlasse.

Durch die Formel »Die Ruhe kommt von selbst« spüre ich, wie ich mehr und mehr zur Ruhe komme. Dann nehme ich meinen rechten Arm wahr, begleitet von dem Gedanken »Mein rechter Arm ist ganz schwer«. Sobald ich diese Schwere deutlich empfinde, gehe ich zum linken Arm über.

Dann konzentriere ich mich mit dem inneren Satz »Mein rechtes Bein ist ganz schwer« auf das Gefühl im rechten Bein. Wenn sich mein rechtes Bein angenehm schwer anfühlt, nehme ich anschließend die Schwere im linken Bein wahr.

Dann konzentriere ich mich auf die wohlige Empfindung von Wärme in meinem Körper. Wieder beginne ich mit meinem rechten (bei Linkshändern dem linken) Arm und verwenden dieses Mal die Formel »Mein rechter Arm ist strömend warm«.

Sobald ich die angenehme Wärme wirklich spüre, gehe ich zum linken Arm über und sage mir dabei: »Mein linker Arm ist strömend warm.«

Jetzt folgt das rechte Bein: »Mein rechtes Bein ist strömend warm.« Wenn ich auch hier die Wärme wahrnehmen kann, konzentriere ich mich auf mein linkes Bein: »Mein linkes Bein ist strömend warm.«

 Nehmen Sie sich die Zeit, die Sie brauchen. Auch für die Übungen des Autogenen Trainings gilt, dass Regelmäßigkeit wichtiger ist als die Dauer der Entspannungssitzungen.

Ich beobachte noch eine Zeit lang, wie wohlig warm sich mein Körper anfühlt. Dann kehre ich wie gewohnt in die Alltagswirklichkeit zurück, indem ich von 3 bis 1 rückwärts zähle und mich bewege.

Übung 4: Atmen Sie ruhig und gleichmäßig

Nachdem ich in einer gemütlichen Position einige Male tief durchgeatmet und meinen Atem dann sich selbst überlassen habe, konzentriere ich mich zunächst auf die Ruheempfindung im ganzen Körper: »Die Ruhe kommt von selbst.«

Nun nehme ich, begleitet von der passenden Formel, die Schwere im rechten und im linken Arm wahr, gefolgt von den Beinen. Anschließend spüre ich das angenehme Wärmegefühl im rechten und im linken Arm, danach konzentriere ich mich auf die Wärmeempfindung im rechten und im linken Bein.

Jetzt beobachte ich meinen Atemrhythmus, ohne ihn zu verändern. Es atmet sich sozusagen von selbst.

Ich lasse das Herein- und Herausströmen der Atemluft einfach geschehen und verbinde meine Wahrnehmung mit dem Gedanken: »Mein Atem ist ganz ruhig.«

Wahrscheinlich spüre ich mehr und mehr, wie ruhig und gleichmäßig ich atme. Ich verweile noch ein wenig bei dieser Empfindung und kehre dann in die Alltagsrealität zurück, indem ich von 3 bis 1 rückwärts zähle und dabei wieder ganz wach werde.

Übung 5: Beobachten Sie Ihren Herzschlag

Ich lege oder setze mich bequem hin, atme tief durch und lasse meinen Atem dann ungehindert fließen. Wieder konzentriere ich mich erst einmal auf das Ruhegefühl.

Dann steht die Schwere in Armen und Beinen im Mittelpunkt meiner Wahrnehmung. Es folgt die Empfindung von Wärme, die zunächst durch meine Arme und danach durch meine Beine fließt.

Nun beobachte ich eine Weile meinen Atem, ohne ihn zu kontrollieren: »Mein Atem ist ganz ruhig.«

Anschließend konzentriere ich mich auf meinen Herzrhythmus und begleite ihn mit der Gedankenformel: »Das Herz schlägt ruhig und regelmäßig.«

 Hier ist es besonders wichtig, dass Sie nichts aktiv verändern wollen. Sollte Ihr Herz zunächst etwas heftiger schlagen, ist das weder ungewöhnlich noch gefährlich. Mit der Zeit wird sich Ihr Herzrhythmus ganz von selbst verlangsamen.

Ich nehme eine Zeit lang wahr, wie ruhig und stetig mein Herz schlägt, während ich im Zustand tiefer Entspannung bin.

Danach kehre ich, indem ich rückwärts zähle, in die Alltagswirklichkeit zurück.

Übung 6: Ihre Körpermitte wird von Wärme durchströmt

Nachdem ich eine bequeme Position gefunden, tief durchgeatmet und den Atem wieder sich selbst überlassen habe, konzentriere ich mich auf das Ruhegefühl in meinem Körper. Dann nehme ich die Schwere in Armen und Beinen wahr.

Jetzt steht die Wärmeempfindung im Fokus, zunächst in den Armen und danach in den Beinen.

Anschließend beobachte ich meinen Atemrhythmus, ohne ihn zu verändern: »Mein Atem ist ganz ruhig.«

Nun konzentriere ich mich auf den Herzschlag, der genau so bleiben kann, wie er ist: »Das Herz schlägt ruhig und regelmäßig.«

Dann nehme ich ein angenehmes Gefühl im Bauchbereich wahr, begleitet von der Gedanken-formel: »Mein Bauch ist strömend warm.«

Wahrscheinlich spüre ich dabei, wie angenehm die Wärme mein Körperzentrum durchflutet. Ich verweile einen Moment bei dieser Empfindung, bis ich wie gewohnt in die Alltagsgegenwart zurückkehre.

Übung 7: Bewahren Sie einen kühlen Kopf

Ich mache es mir wieder gemütlich, atme tief ein und aus und überlasse dann meinen Atem ganz sich selbst. Danach konzentriere ich mich auf die Ruhe, die durch meinen Körper strömt, gefolgt von der angenehmen Schwere in Armen und Beinen.

Nun nehme ich die Wärme in meinen Armen und Beinen wahr. Anschließend beobachte ich gelassen, wie die Atemluft in mich hinein- und wieder herausströmt: »Mein Atem ist ganz ruhig.«

Jetzt spüre ich in einem entspannten Grundgefühl meinen Herzschlag: »Das Herz schlägt ruhig und regelmäßig.«

Dann konzentriere ich mich auf die Empfindungen in meiner Stirngegend. Dabei wiederhole ich einige Male die Formel: »Meine Stirn ist angenehm kühl.«

Tatsächlich bleibt die Stirnpartie auch dann etwas kühler als der übrige Körper, wenn ich mich dort warm und entspannt fühle.

Sobald ich die frische Kühle meines Kopfes wahrnehme, verweile ich noch eine Zeit lang bei diesem angenehmen Gefühl.

Schließlich beende ich die Übung wieder, indem ich von 3 bis 1 rückwärts zähle und mich bewege, bis ich ganz wach geworden bin.

Damit ist die Grundstufe des Autogenen Trainings abgeschlossen.

Eine weitere Übung kann Ihnen helfen, sich in kurzer Zeit zu erholen und Energie zu tanken, wenn Ihr körperlich-seelisches System den Ablauf automatisiert hat: der sogenannte Ruhe- oder Kraftort.

Dabei konzentrieren Sie sich auf einen inneren Platz, an dem Sie sich rundum wohlfühlen und den Sie mit den einzelnen Sinnen in der Fantasie erkunden. Diese Vorstellung lässt sich auch an die Übungen der Progressiven Muskelentspannung oder des Autogenen Trainings anhängen, sobald Sie das jeweilige Entspannungsverfahren beherrschen. Beim ersten Mal kann es ein bisschen dauern, bis Sie Ihren persönlichen Ruheort gefunden haben. Lassen Sie sich so viel Zeit, wie Sie brauchen, und haben Sie, falls es nötig sein sollte, ein wenig Geduld mit sich selbst.

Finden Sie Ihren Ort der Ruhe

Fast jeder Mensch hat irgendwann eine Situation erlebt, in der er mit sich selbst und mit seiner Umgebung völlig zufrieden war, in der er Kraft schöpfen und zur Ruhe kommen konnte. Eine solche Erfahrung ist meistens mit einem bestimmten Ort verknüpft, an den Sie zurückkehren können, wenn Sie Entspannung brauchen.

Dabei sitzen Sie in Ihrem Sessel oder Sie legen sich auf ein Sofa, in einer angenehmen Position und in bequemer Kleidung.

Im folgenden Text verwende ich ebenfalls die Ich-Form. Sie können ihn sich entweder einprägen, oder Sie sprechen ihn auf einen Audio-Tonträger. Bei Bedarf kombinieren Sie die Übung mit leiser, angenehmer Musik. Um Ablenkungen zu verringern, empfiehlt sich auch hier eine CD, die Sie bereits gut kennen und die Ihnen vom Anfang bis zum Ende gefällt.

Den inneren Ruheort erkunden

Bei dieser Übung geht es nicht darum, etwas besonders gut zu machen oder zu leisten, sondern nur darum, einen inneren Ort zu finden, an dem ich mich vollkommen wohlfühle, zu dem mir niemand folgen kann und der mir dabei hilft, zur Ruhe zu kommen und mich wirklich zu erholen.

Zunächst atme ich ein paarmal tief in den Bauch hinein und heraus. Dann lasse ich meinen Atem weiterfließen, ohne jede bewusste Kontrolle. Falls mir ein Gedanke durch den Kopf geht, der nichts mit der Übung zu tun hat, wird er wahrscheinlich bald von selbst verschwinden, ohne dass ich ihn festhalten oder loswerden müsste.

Vielleicht spüre ich jetzt, wie mein Körper immer mehr in den Sessel oder in die Matratze einsinkt. Meine Augen sind geschlossen oder sie schließen sich mit der Zeit fast von selbst.

Dann lasse ich mir genug Zeit, bis ich einen inneren Ort gefunden habe, an dem es mir rundum gut geht. Bei manchen Menschen liegt dieser Ort in der Erinnerung, bei anderen in der Fantasie oder im Traum.

Besonders sinnvoll ist eine Situation, in der ich allein bin und mich dabei wirklich wohlfühle.

Oft haben Naturszenen eine beruhigende Wirkung, zum Beispiel ein Meeresstrand, ein Berggipfel, eine Sommerwiese oder ein lichter Herbstwald.

Wenn ich einen guten Kraftort gefunden habe, betrachte ich ihn zunächst mit meinem inneren Auge.

Wie sieht die Szene aus?

Was ist dort eher in Bewegung und was eher in Ruhe?

Welche Farben, welche Schwarz-, Weiß- oder Grautöne kann ich erkennen?

Welche Gegenstände oder Naturobjekte sind im Vordergrund, was bildet den Hintergrund meiner Fantasie?

 Die Ruheort-Übung lässt sich, wie die Progressive Muskelentspannung oder das Autogene Training, auch als Einschlafhilfe benutzen. Dann lassen Sie die Rücknahme weg, also das Zählen von 3 bis 1. Außerdem bietet sich diese Fantasievorstellung, sobald Ihr Körper den Ablauf sicher beherrscht, für verschiedene Kurzentspannungen an, zum Beispiel beim Bahnfahren oder in einer Arbeitspause.

Nachdem ich meinen Ruheort eine Zeit lang mit dem inneren Auge in mich aufgenommen habe, gehe ich zum Gehörsinn über.

Ist dieser besondere Platz in mir mit einem Geräusch oder einem Klang verbunden, oder mit Musik? Falls ich dort etwas höre, wende ich mich den akustischen Eindrücken zu.

Nun ist mein Geruchssinn an der Reihe. Ich schnuppere ein bisschen und stelle dabei fest, ob mein Kraftort mit einem bestimmten Geruch oder einem Duft verknüpft ist.

Dann gehe ich zum Tastsinn über, ohne mich dabei zu bewegen.

Was fühlen meine Hände? Was spüren meine Arme?

Was empfinde ich in Kopf und Hals? Was im Oberkörper und im Unterleib?

Was fühle ich in meinen Beinen und was in den Füßen?

Kann ich wahrnehmen, wie mein Körper in der Fantasievorstellung mit dem Boden Kontakt hat?

Nun konzentriere ich mich auf mein Grundgefühl. Geht es mir an meinem inneren Ort wirklich rundum gut?

Falls dort etwas noch nicht ganz so ist, wie ich es mir wünschen würde, kann ich es jetzt ändern. Wenn hingegen alles stimmt, lasse ich es, wie es ist.

Ich gebe mir noch ein bisschen Zeit, um meinen persönlichen Ruheort nach Belieben mit allen Sinnen zu erforschen.

Dann verabschiede ich mich langsam innerlich von dieser Situation, in die ich immer dann zurückkehren kann, wenn ich mich erholen oder Kraft schöpfen will. Vielleicht nehme ich etwas von der schönen Erfahrung mit, für den Rest meines Tages und meiner Woche.

Schließlich zähle ich langsam von 3 bis 1 rückwärts. Bei der Zahl 3 bewege ich zunächst meine Beine und rekle mich ein wenig. Bei 2 strecke ich die Arme, um wieder ganz in der Alltagsgegenwart anzukommen. Bei 1 bewege ich meinen Kopf in angenehme Richtungen und öffne dann die Augen.

Fernöstliche Meditationsübungen

In Kapitel 9 stelle ich Ihnen mehrere kurze Meditationsübungen vor. Ich stelle Ihnen nun die buddhistische Vipassana-Meditation vor, wie sie unter anderem in Sri Lanka und in vielen südostasiatischen Ländern gelehrt wird.

»Vipassana« bedeutet in der indischen Pali-Sprache »Auseinander-Sehen«. Gemeint ist ein unterscheidendes, durchschauendes Sehen oder unmittelbares Erfassen der Wirklichkeit, jenseits von Illusionen und Verblendung (»Nichtsehen«). Hierbei wird die Achtsamkeit des Yogis systematisch geschult, wobei ich mich, was die Darstellung der Methode betrifft, auf die ersten, einfacheren Übungen beschränken möchte. Vipassana entstammt dem Früh-Buddhismus, woraus in der Zwischenzeit einige unterschiedliche Ansätze entstanden.

Selbstverständlich können Sie die Übungen auch durchführen, ohne ihre religiös-kulturellen Bezüge zu berücksichtigen. Entspannend und beruhigend wirken sie mit der Zeit – und mit etwas Geduld – ohnehin.

Falls Sie sich jedoch für den philosophischen Hintergrund des Buddhismus interessieren, lesen Sie die folgende kurze Darstellung des Lebens und der Ideen des Siddharta Gautama, genannt Buddha, was im altindischen Sanskrit »Der Erwachte« oder »Der Erleuchtete« bedeutet. Weitere Informationen finden Sie im Buch *Buddhismus für Dummies* von Stephan Bodian, ebenfalls bei Wiley-VCH erschienen.

Buddha: Leben und Lehre

Seine biografischen Daten sind umstritten, vermutlich lebte Siddharta Gautama etwa von 450 bis 370 vor unserer Zeitrechnung in Nordindien und entstammte einem privilegierten, adeligen Elternhaus.

Nach der Legende verließ er den Palast seiner Familie und sah sich auf der Straße mit der Wirklichkeit und dem Leid der Menschen konfrontiert. Es heißt, Siddharta habe einen Greis, einen Schwerkranken und einen Leichnam wahrgenommen, was ihn veranlasste, seine vielleicht wichtigste These aufzustellen: Alles Leben ist Leiden (oder endet im Leid).

Nach dieser Erfahrung lebte Siddharta lange als Asket, um sich von den irdischen Bedürfnissen zu lösen. Doch kurz bevor er den Hungertod zu sterben drohte, erkannte er, dass er zu weit gegangen war und sich seinen Wunsch nach Erleuchtung durch die ständigen Anstrengungen selbst verbaut hatte.

Siddharta verbrachte sein weiteres Leben als Bettelmönch, er aß wieder regelmäßig und war bald von einem Kreis von Schülern umgeben. Meditation betrachtete er als entscheidenden Teil seines »Mittleren Wegs« jenseits der Extreme anderer Religionen und Philosophien. Der spätere Buddha berief sich dabei nicht auf göttliche Offenbarungen, sondern auf Erkenntnisse, die er durch Kontemplation, also durch Selbstversunkenheit gewann.

Der Legende zufolge erlebte Siddharta, nachdem er viele Jahre unter einem Baum meditiert hatte, die Erleuchtung; eine sprachlich nicht vermittelbare Auflösung aller Individualität im Universum. Ins Diesseits zurückgekehrt, übertrug der Buddha seinen Schülern die wichtigsten Grundlagen seiner Lehre, die ohne Gott auskommt, auch wenn die buddhistische Volksfrömmigkeit späterer Jahrhunderte wieder auf Geister und Götter zurückgriff.

Buddhas Ziel war die Auflösung des menschlichen Egos, seiner Begierden und Illusionen, bis hin zum endgültigen Verlassen des »Rades der Wiedergeburt« (Samsara), das er aus dem Hinduismus übernommen hatte, und dem Verlöschen im Nirwana.

Durch ein positives Karma, das ungefähr unserem Ursache-Wirkung-Prinzip durch mehr oder weniger moralisches Handeln entspricht, und dessen nachfolgende Auflösung könne jeder Mensch irgendwann zur Erleuchtung gelangen, ob in diesem Leben oder in einer späteren Existenzform. Da der Meister die überkommene Kasten-Hierarchie der Hindus ablehnte, vergleichbar mit der europäischen Reformation gegen die Verkrustungen des Katholizismus, fand er bei den Angehörigen niederer Kasten besonders viele Schüler. Der Buddhismus verbreitete sich über den indischen Subkontinent und darüber hinaus, bevor er vielerorts durch eine Art Renaissance des Hinduismus und die Entstehung des Islams zurückgedrängt wurde.

Kern der Lehre Buddhas sind die sogenannten »Vier edlen Wahrheiten« und der »Edle Achtfache Pfad«. Siddhartas Anhänger schrieben seine Lehre auf und interpretierten sie unterschiedlich, was später zu verschiedenen buddhistischen Schulen führte.

Buddhas »Vier edle Wahrheiten«

Ob und wieweit Siddharta Gautama diese Grundlagen des Buddhismus selbst geäußert hat, ist umstritten, da erst seine Schüler aus der mündlichen Überlieferung eine schriftliche Tradition machten.

✔ Das Leben im Daseinskreislauf ist leidvoll.

✔ Ursachen dafür sind Begehren, Abneigung und Unwissenheit über die Natur des Leidens.

✔ Durch das Erlöschen der Ursachen erlischt das Leiden.

✔ Zum Erlöschen des Begehrens (und damit des Leidens) führt der »Edle Achtfache Pfad«.

Buddhas »Achtfacher Pfad«

Auch hier bleibt unklar, ob diese Ausführungen auf Siddharta Gautama zurückgehen, denn sie wurden erst von den Schülern des Buddha aufgeschrieben, ähnlich wie bei vielen anderen religiösen Offenbarungen.

1. Rechte (im Sinne von »richtige« oder »vollkommene«) Anschauung und Erkenntnis

2. Rechte Gesinnung und Absicht

3. Rechtes Reden

4. Rechtes Handeln

5. Rechter Lebensunterhalt beziehungsweise Lebenserwerb

6. Rechtes Streben und Üben

7. Rechte Aufmerksamkeit und Achtsamkeit

8. Rechte Sammlung, rechtes Sich-Versenken

Die ersten beiden Punkte entsprechen dem Streben nach Weisheit; 3, 4 und 5 fassen das Ziel der Sittlichkeit oder Moral zusammen; 6, 7 und 8 stehen für Vertiefung und Abkehr vom menschlichen Begehren.

Die buddhistische Vipassana-Meditation

Neben Zen und dem tibetischen Buddhismus ist Vipassana die dritte Hauptströmung des Buddhismus, die sich auch im Westen etabliert hat. Diese Meditationsform wurde aus Lehrreden des Buddha Siddharta Gautama abgeleitet, die seine Schüler schriftlich festhielten.

 Der Einstieg in diese Meditationsform ist etwas schwieriger als bei den Übungen des vorangehenden Kapitels. Doch wirkt dieses Verfahren, wenn Sie es einmal erlernt haben und regelmäßig anwenden, besonders effektiv, wenn es darum geht, Stress abzubauen und sich zu erholen.

Wenn Sie Lust haben, können Sie Vipassana in einer Gruppe erlernen, was unter anderem von vielen buddhistischen Verbänden im deutschsprachigen Raum angeboten wird. Das hat den Vorteil, dass Sie Probleme, die vielleicht irgendwann auftreten, mit Ihrem Lehrer besprechen können. Außerdem hilft eine Gruppe oft dabei, mit ein wenig Selbstdisziplin regelmäßig zu meditieren und die Sitzungen in den Alltag zu integrieren.

Oder Sie versuchen sich selbst an den beschriebenen Übungen, die unter anderem in buddhistischen Klöstern in Sri Lanka gelehrt werden. Die Bewältigung von Schwierigkeiten, die beim Meditieren, aber auch bei der Progressiven Muskelentspannung und dem Autogenen Training eine Rolle spielen können, stelle ich in Kapitel 11 dar.

Sitz- beziehungsweise Liegeposition

Vipassana wird oft in eine abwechselnde Sitz- und Gehmeditation unterteilt, wobei es sich empfiehlt, dass Sie etwa doppelt so lange sitzen, wie Sie anschließend gehen. Beim meditativen Sitzen (oder Liegen) und beim Gehen empfiehlt sich bequeme, luftige Kleidung.

 Lassen Sie sich nicht von den Fernsehdokumentationen entmutigen, die äußerst gelassene buddhistische Mönche in der Lotos- oder Halblotos-Stellung zeigen. Wenn Sie nicht Ihr halbes Leben damit verbracht haben, Ihre Beine gekonnt zu verknoten, ist eine solche Sitzposition fast unerreichbar – oder schlicht extrem schmerzhaft.

Der Schneidersitz auf einer bequemen Unterlage wäre eine gute Alternative, aber nur, wenn Sie darin mehr als ein paar Minuten ohne Schwierigkeiten ausharren können, ohne Rückenprobleme, einschlafende Beine und ohne dass es Ihnen anderswo wehtut. Andernfalls setzen Sie sich in einen gemütlichen Sessel, Kopf und Oberkörper gut abstützt, und legen die Arme auf die Lehnen oder auf die Oberschenkel. Die Beine können Sie im rechten Winkel auf den Boden stellen, oder Sie strecken sie aus. Ihr Wohlbefinden sollte hierbei im Vordergrund stehen.

Eine Variante ist Meditieren im Liegen, wenn Sie nicht so müde sind, dass Sie voraussichtlich einschlafen werden. Hier empfiehlt sich die Rückenlage auf einer Matte oder Matratze, die nicht zu weich sein sollte. Die Arme liegen in diesem Fall ruhig neben Oberkörper und Unterleib.

Ablenkungen vermeiden

Sie sollten absehbare Störungen während der Meditationssitzung so weit wie möglich ausschließen. Da Ihnen vermutlich kein stilles, abgeschiedenes Kloster zur Verfügung steht, müssen Sie selbst dafür sorgen, etwa indem Sie Ihre Familie um einige Minuten Ruhe bitten, Ihr Telefon ausschalten oder den Straßenlärm durch das Schließen der Fenster verringern.

 Musikberieselung wäre, anders als bei der Progressiven Muskelentspannung, dem Autogenen Training oder der »Ruheort«-Übung, bei dieser Meditationsform eher von Nachteil. Denn bei Vipassana geht es unter anderem darum, Ablenkungen, auch angenehme, so weit wie möglich zu verringern, um das Bewusstsein immer wieder auf das gewünschte Objekt der Aufmerksamkeit zurückzuführen. Hier ist dies das Heben und Senken der Bauchdecke beim Ein- und Ausströmen der Atemluft.

Zeitlicher Verlauf

Überfordern Sie sich nicht, was die Dauer Ihrer Übungen betrifft. Anfangs genügt es vollkommen, wenn Sie sich auf fünf Minuten Sitzmeditation beschränken.

Erst wenn es Ihnen gelingt, einen Großteil dieser fünf Minuten mit der Aufmerksamkeit beim Heben und Senken der Bauchdecke zu verweilen, empfiehlt es sich, den zeitlichen Umfang Schritt für Schritt zu erweitern, jedoch nicht über 40 bis 45 Minuten Sitzen und 20 bis 25 Minuten Gehen hinaus.

Regelmäßigkeit ist auch hier deutlich wichtiger als die Dauer der Übungen. Falls es Ihnen gelingt, zwei- oder dreimal pro Woche zu meditieren, können Sie sich wirklich für Ihre Selbstdisziplin beglückwünschen.

Die Sitz- oder Liegemeditation

Zunächst schließen Sie Ihre Augen. Dann konzentrieren Sie sich auf das Heben und Senken der Bauchdecke, ohne Ihre Atmung langsamer oder schneller werden zu lassen, als sie gerade ist.

Das Anheben der Bauchdecke begleiten Sie innerlich mit dem Gedanken »Heben«, das Absenken mit dem Wort »Senken«. Beides trägt dazu bei, die Aufmerksamkeit eine Zeit lang beim Meditationsobjekt, eben den Bewegungen Ihrer Bauchdecke, verweilen zu lassen.

Dennoch wird es, gerade wenn Sie mit den Übungen beginnen, immer wieder zu Ablenkungen kommen. Falls Sie bemerken, dass Ihnen ein Gedanke durch den Kopf geht, machen Sie sich diesen Vorgang durch das innere Wort »Denken« bewusst, das Sie gerne ein- oder zweimal wiederholen können, bis es Ihnen schließlich gelingt, Ihre Konzentration wieder auf das Anheben und Absenken der Bauchdecke zu richten, abwechselnd begleitet von den Gedanken »Heben« und »Senken«.

Wenn Sie gerade etwas aus der Außenwelt hören und sich Ihre Aufmerksamkeit dem akustischen Reiz zuwendet, verdeutlichen Sie sich diesen Prozess durch das gedachte Wort »Hören«, falls nötig einige Male, bis Sie erneut zum Anheben (»Heben«) und Absenken (»Senken«) der Bauchdecke zurückkehren.

Falls Sie feststellen, dass innere Bilder in Ihnen aufsteigen oder dass Sie in einem Moment die Augen öffnen, vergegenwärtigen Sie sich auch diesen körperlich-seelischen Prozess und begleiten ihn so lange mit dem Gedanken »Sehen«, bis Sie Ihre Konzentration wieder auf das Heben und Senken der Bauchdecke zurückführen.

Mit kurzfristigen Schmerzen oder einem Juckreiz verfahren Sie ebenso, indem Sie Ihr Bewusstsein einen Augenblick auf diese Empfindung richten (verbunden mit dem Gedanken »Schmerzen« beziehungsweise »Jucken«) und sich anschließend erneut dem Anheben (»Heben«) und Absenken (»Senken«) der Bauchdecke zuwenden.

Gerade Meditationsanfänger sollten keinesfalls unterschätzen, wie schwierig es sein kann, sich für kurze Zeit auf alle bewussten Wahrnehmungsprozesse zu konzentrieren und dennoch immer wieder zum gewünschten inneren Objekt, hier den Bewegungen der Bauchdecke, zurückzukehren. Daher reicht es vollkommen, wenn Sie zunächst jedes Mal nur ein paar Minuten üben, bis sich die beschriebene Vorgehensweise irgendwann automatisiert hat.

Zwei bis drei Minuten Gehmeditation, am besten im Anschluss an das meditative Sitzen, genügen zunächst vollkommen. Später können Sie den zeitlichen Umfang langsam erweitern, doch Sie sollten sich dabei nicht überfordern. Regelmäßigkeit ist auch in diesem Fall deutlich wichtiger als die Dauer der Übungen.

Die Gehmeditation

Buddhistische Lehrer empfehlen, beim meditativen Gehen so zu tun, als sei man fast blind und taub. Dieser ungewöhnlich klingende Rat hilft Ihnen, die Eindrücke der Außenwelt so weit wie möglich auszuklammern, damit Sie sich vor allem auf Ihre Körperbewegungen, also auf Ihr Inneres konzentrieren können.

Hierbei geht es nicht um sportliche Ertüchtigung, sondern um ein langsames Gehen, gleichsam in Zeitlupe. Da solche Übungen in der westlichen Öffentlichkeit einigermaßen merkwürdig erscheinen dürften, wäre ein Gartengrundstück, ein abgelegener Wald oder ein langer Korridor in Ihrer Wohnung für die Gehmeditation vermutlich angemessener als ein Stadtpark mit vielen Joggern oder ein voller Fußweg.

Die Augen halten Sie nur halb geschlossen, sodass keine Gefahr besteht, mit einem Gegenstand zu kollidieren. Luftige und bequeme Kleidung empfiehlt sich auch hier.

Wenn Sie Ihr linkes Bein wie in Zeitlupe bewegen, richten Sie Ihre Aufmerksamkeit auf diesen Vorgang, indem Sie ihn innerlich mit den Worten »linkes Bein« begleiten. Der nachfolgende Schritt wird mit dem Gedanken »rechtes Bein« verbunden.

Auch bei der Gehmeditation wird es immer wieder zu Ablenkungen kommen, denen Sie sich, wie beim Sitzen, kurz zuwenden, bis sich Ihre Konzentration erneut auf die Bewegungen Ihrer Beine (»linkes Bein«, »rechtes Bein«) richtet.

Falls Ihnen ein Gedanke durch den Kopf geht, begleiten Sie ihn mit dem inneren Wort »Denken«, das Sie, wie oben beschrieben, wiederholen können, und wenden sich anschließend wieder dem Gehen zu. Wenn Ihre Aufmerksamkeit von einem inneren oder äußeren Bild gefesselt ist, machen Sie sich dies einen Moment lang durch den Gedanken »Sehen« bewusst, bis Sie zu Ihren Beinbewegungen zurückkehren. Ebenso verfahren Sie mit vorübergehenden akustischen Reizen (»Hören«). Für Schmerzen (»Schmerzen«) oder Hautirritationen (»Jucken«) gilt das Gleiche.

Ausblick auf den weiteren Verlauf der Vipassana-Meditation

Bei der nächsten Stufe der buddhistischen Meditation soll sich der Yogi vor jeder Körperbewegung das Bedürfnis bewusst machen, sich zu bewegen. Das gilt auch für andere Wünsche und es beschränkt sich nicht nur auf die Sitz- und Gehübungen, denn ganz normale Alltagsverrichtungen können ebenfalls meditativ ausgerichtet werden.

 Auch hier raten Lehrer dazu, so zu tun, als sei man fast blind und taub, damit die Reize der Außenwelt weniger stark ins Bewusstsein drängen als die Erfahrungen der Innenwelt. Wieder empfiehlt es sich, alle Bewegungen sehr langsam durchzuführen.

 Versuchen Sie es mit dem »meditativen Zähneputzen«: Bevor Sie die Bürste zum Mund führen, sagen Sie sich innerlich »Arm bewegen wollen«, und bei der nachfolgenden motorischen Aktion »Arm bewegen«. Vor dem Ausspülen begleiten Sie Ihren Wunsch mit dem Gedanken »Ausspucken wollen«, anschließend tun Sie es und denken dabei das Wort »Ausspucken«.

Auf einer späteren Vipassana-Stufe ist es dann nicht mehr nötig, die Wahrnehmung der Außenwelt durch bewusste Einschränkungen (»als sei man fast blind und taub«) zu verringern, denn die Aufmerksamkeit des Yogi ist dann so gut trainiert, dass er sie ebenso erfolgreich auf das Äußere richten kann wie auf sein Inneres.

Irgendwann nimmt er das Werden und Vergehen der Außenwelt wie im Zeitraffer wahr, nach buddhistischer Lehre ein weiterer Schritt zur Auflösung von Ego, Begehren und Illusion. Andere Stufen folgen, was in einigen Fällen bis zur Erleuchtung geht.

 Abgesehen davon, dass Sie den religiös-philosophischen Hintergrund dieser Lehre getrost ignorieren können, wenn Sie sich »nur« entspannen wollen, würde ich Ihnen raten, sich auf den ersten Schritt der Vipassana-Meditation zu beschränken. Einen guten Zugang zur eigenen Innenwelt zu finden, vermittelt durch das Bewusstsein, ist schwierig genug.

 Falls Sie die Übungen später auf einer höheren Stufe fortführen möchten, empfiehlt sich eine Gruppe mit einem qualifizierten Lehrer, mit dem Sie mögliche Probleme besprechen und Wege zu deren Auflösung finden können, ohne Ihre seelisch-geistige Gesundheit zu gefährden.

Zum Abschluss dieses Kapitels möchte ich Ihnen einen Mann vorstellen, der anderthalb Wochen in einem buddhistischen Kloster in Sri Lanka meditiert hat und die Nachwirkungen dieser Zeit beschreibt.

Meditative Erfahrungen

Rainer Lindauer, 44, verbrachte Anfang der 1990er-Jahre einen längeren Urlaub auf der Insel vor Indiens Südostküste. Sein Klosteraufenthalt in der Nähe der Hauptstadt Colombo sei der beeindruckendste Teil der Reise gewesen, auch wenn es eine Weile gedauert habe, bis er von den Meditationen, »täglich frühmorgens bis zum Schlafengehen«, profitieren konnte.

Nach einer Woche selbstdisziplinierter Übungen, berichtet Rainer Lindauer, sei er ungefähr zehn Minuten langsam durch den Klostergarten spaziert, bis ihm auffiel, dass ihm in dieser Zeit »kein einziger Gedanke durch den Kopf ging«. Eine erstaunliche Erfahrung, die ihm völlig neu war.

Anschließend wandte sich Rainer Lindauer zum ersten Mal an seinen Nachbarn, einen Mönch, der aus Amerika stammte, und fragte ihn, wie es nach diesem Erlebnis wohl weitergehen würde. Der kahl geschorene Klosterbewohner lächelte und antwortete ihm, irgendwann könne er sein Bewusstsein gleichsam von außen beobachten, begleitet vom Gedanken »Wissen, wissen«. »So weit ist es dann doch nicht gekommen«, erzählt Rainer Lindauer, er habe dafür nicht mehr genug Zeit gehabt.

Doch auch ohne diese höhere Stufe der Vipassana-Meditation zu erreichen, waren die Veränderungen zum Positiven nach den anderthalb Wochen Kloster deutlich spürbar. »Als ich in einem Reisebus zu einem buddhistischen Festival gefahren bin, musste ich mich nur ein paar Sekunden auf das Heben und Senken meiner Bauchdecke konzentrieren, um vollkommen ruhig zu werden«, sagt Rainer Lindauer. Akustische Außenreize habe sein Gehör damals automatisch ausgeblendet, ohne dass ihm diese ungewöhnliche Erfahrung unangenehm gewesen sei. Hierdurch vertiefte sich der meditative Trancezustand, und nach der Übung hörte er wieder so gut wie zuvor.

Nachdem sich Rainer Lindauer nach der Busfahrt ein Fahrrad ausgeliehen hatte, um sein nächstes Reiseziel zu erkunden, stellte er fest, dass er stundenlang bergauf und bergab fahren konnte, ohne jede Anstrengung und ohne dass sich sein Puls merklich erhöht hätte.

Von diesem guten körperlich-seelischen Grundgefühl profitierte er auch nach seiner Heimkehr nach Deutschland noch eine Zeit lang. »Da man im Kloster nicht rauchen durfte, habe ich mir damals sogar die Zigaretten abgewöhnt«, berichtet Rainer Lindauer.

Leider hielt er diesen Vorsatz nur ein paar Wochen durch, ebenso wie sein Ziel, auch in der Heimat täglich zu meditieren. »Aber wenn ich mich heute entspanne, fällt es mir leicht, schnell abzuschalten«, meint der 44-Jährige. In dieser Zeit reduziert sich Rainer Lindauers akustische Wahrnehmung, wie in Sri Lanka, vorübergehend, was es ihm erleichtert, seine Aufmerksamkeit eine Weile auf die Prozesse im Körperinnern zu richten.

Entspannungstechniken: Probleme erfolgreich bewältigen

In diesem Kapitel

▶ Häufige Schwierigkeiten bei Entspannung und Meditation

▶ Wege zur Auflösung der Probleme

▶ Entspannung sicher in den Alltag integrieren

Zunächst erfahren Sie, welche Probleme oft bei der Progressiven Muskelentspannung, dem Autogenen Training, der Meditation und anderen Entspannungsmethoden auftreten. Ich stelle Ihnen verschiedene Lösungsansätze zur Bewältigung dieser Schwierigkeiten vor, die durch eine Fallgeschichte veranschaulicht werden.

Im weiteren Verlauf beschreibe ich das Hauptproblem, das viele Menschen davon abhält, eine zuvor erlernte Entspannungstechnik regelmäßig einzusetzen: die Integration ins Alltagsleben. Praxisorientierte Hinweise, wie Sie den »inneren Schweinehund« überwinden können, ergänzen das Kapitel.

Ein weiterer Schwerpunkt ist die Behandlung von psychosomatischen Erkrankungen, zum Beispiel Kopf- oder Rückenschmerzen, durch regelmäßige Entspannungssitzungen. Hier handelt es sich um Krankheitsbilder, bei denen häufig erst mittel- bis langfristig Erfolge erzielt werden, ohne dass Sie sich davon entmutigen lassen sollten.

 Abschließend geht es um seelische Störungen, bei denen es sich empfiehlt, Entspannungsmethoden besser nicht zu verwenden. Dazu gehören zum Beispiel Wahnerkrankungen und das sogenannte posttraumatische Stresssyndrom.

Schwierigkeiten bei der Entspannung und Tipps zur Problembewältigung

Gerade Menschen, die beruflich oder privat stark unter Stress stehen, fällt es oft nicht leicht, für ein paar Minuten abzuschalten und sich den eigenen Körperwahrnehmungen zuzuwenden, etwa im Rahmen des Autogenen Trainings oder einer Meditation (mehr dazu finden Sie in Kapitel 10).

Häufig ist die Funktionsweise des autonomen Nervensystems so stark verschoben, dass es nur noch im Schlaf von Erregung (Sympathikus-Zustand) auf den Erholungsmodus (Parasympathikus-Zustand, siehe auch Kapitel 9) umschalten kann. Bei massiveren Burn-out-Tendenzen, die fast immer mit zunehmenden Ein- oder Durchschlafstörungen einhergehen, gelingt oft nicht einmal das auf zufriedenstellende Weise.

Machen Sie sich klar, dass beim Entspannen nicht eine Fortsetzung des »Höher, schneller, weiter« im Mittelpunkt stehen sollte, das vermutlich einiges zu Ihrer chronischen Stresssituation beiträgt. Da es meist einige Monate oder Jahre dauerte, bis sich ein einigermaßen ausgeglichenes Verhältnis von Erregung und Erholung in Richtung eines fast ständigen Erregungszustands verändert hat, brauchen Sie Zeit und Geduld, bis Sie, wenn Sie sich trotz allem nicht vom Entspannen abhalten lassen, kleine Verbesserungen wahrnehmen können.

Welche Entspannungsübung ist angemessen?

Am besten beschränken Sie sich zunächst auf wenige Minuten Üben, täglich oder alle zwei Tage. Bei einem Burn-out ist die Progressive Muskelentspannung oft geeigneter als eher passive Ansätze wie das Autogene Training, Ruheort-Übungen oder Meditation, da dieses Verfahren durch den ständigen Wechsel von Anspannung zu Entspannung mehr bewusste Aktivitäten erlaubt. Über das Anspannen der einzelnen Muskelgruppen gelingt es auch vielen gestressten Menschen mit der Zeit, die anschließende Entspannung zu spüren.

Bei hartnäckigen Schwierigkeiten können Sie durchaus zufrieden mit sich sein, wenn Sie es schaffen, die Übungen zumindest als nicht unangenehm zu empfinden. Falls Sie dranbleiben, wird sich Ihr Körper irgendwann automatisch auf den Erholungsmodus umstellen, auch wenn das im Allgemeinen umso länger dauern wird, je länger und stärker Sie sich zuvor, ohne dies wirklich zu wollen, an übermäßige Erregungszustände gewöhnt haben.

Teilweise bewegungsorientierte Entspannungsverfahren wie Yoga, Tai Chi oder Qi Gong (siehe Kapitel 9) sind ebenfalls besonders geeignet für Menschen, die am besten über leichte Aktivierungen in den Erholungsmodus hineinfinden können.

Dass solche Methoden am besten in einer Gruppe trainiert werden, hat einen weiteren Vorteil: Während des Kurses, der oft an einer Volkshochschule oder in privaten Institutionen angeboten wird, sind Sie vermutlich motiviert, regelmäßig zu üben, was Ihnen helfen kann, in das Verfahren hineinzufinden und mögliche Schwierigkeiten zeitnah zu klären.

Doch auch in diesem Fall gilt, dass Sie anschließend einen Weg finden sollten, die erlernte Technik in Ihr tägliches Leben einzubauen, um auch in schwierigen Zeiten davon zu profitieren und weitere Fortschritte zu machen.

Falls es Ihnen hingegen weniger schwerfällt, ein paar Minuten »nichts« oder kaum etwas zu tun, empfehlen sich die passiveren Entspannungsansätze, unter anderem Autogenes Training oder Meditation. Aber auch bei diesen Verfahren wird es normalerweise einige Zeit dauern, bis Sie sich, beim Üben und danach, wirklich erholt fühlen.

Doch Sie können schon beim Ausprobieren feststellen, ob Ihnen die gelassene Beobachtung Ihres Körpers, begleitet durch autosuggestive Formeln (beim Autogenen Training und beim »Ruheort«) oder durch bestimmte Gedanken (etwa bei der Vipassana-Meditation) zusagt. Wenn Sie die ersten Sitzungen einer passiven Methode und die damit verbundene innere Haltung eher angenehm finden, spricht einiges dafür, dabeizubleiben. Mit der Zeit erlauben Ihnen Techniken wie Autogenes Training oder Meditation nämlich besonders tiefgehende und erholsame Entspannungszustände.

 Falls Ihnen passive Verfahren grundsätzlich liegen, ohne dass Sie sich intensiv mit bestimmten Selbstbeeinflussungsformeln oder Gedanken, die Ihre Aufmerksamkeit auf bestimmte Körperwahrnehmungen richten, befassen wollen, eignen sich Erholungsmethoden, bei denen Sie sich eine Weile »berieseln« oder aus dem Alltag tragen lassen, besonders gut. Dazu gehören alle Fantasiereisen (siehe Kapitel 9), aber auch Entspannung durch beruhigende Musik oder, zum Beispiel, das Betrachten eines Lager- oder Kaminfeuers.

Einschlafprobleme und Schwierigkeiten mit der Übungsposition

Wenn Sie, unabhängig davon, welches Entspannungsverfahren Sie verwenden, Schmerzen spüren, die sich vermutlich auf Ihre Sitzhaltung zurückführen lassen und nicht nach mehrmaligem Üben verschwinden, sollten Sie die eingenommene Position verändern.

Haltungsbedingte Rücken- und Genickschmerzen verringern sich häufig, wenn Sie in einem Sessel mit gerader, nicht zu weicher Lehne und einer guten Kopfstütze sitzen.

Manchmal hilft auch eine Veränderung der Arm- oder Beinhaltung. Experimentieren Sie ruhig ein wenig, bis Sie eine Körperhaltung entdeckt haben, die Sie wirklich bequem finden – unabhängig davon, welche Position für die entsprechende Methode empfohlen wird.

Falls es Ihnen, etwa bei der Progressiven Muskelentspannung (siehe Kapitel 10), besser geht, wenn Sie die Beine ausstrecken, als wenn Sie sie im 90-Grad-Winkel abknicken, bleiben Sie bei Ihrer Variante. Auch die Hände können Sie mit den Innenflächen nach unten auf die Beine oder auf die Sessellehne legen, anstatt sie nach oben offen zu halten. Übungen, die Ihnen weniger guttun, lassen Sie weg, oder Sie suchen nach einer Variante, die Ihnen gefällt.

Liegen statt Sitzen

Erfahrungsgemäß am seltensten treten haltungsbedingte Schmerzen bei einer liegenden Entspannungsposition auf. Ich rate Ihnen, in diesem Fall eine Matte oder eine Matratze zu verwenden, die etwas härter ist und den Rücken daher gut unterstützt. Bei Bedarf bedecken Sie Ihren Körper mit einer leichten, dünnen Decke und stützen Ihren Kopf mit einem Kissen, das ebenfalls nicht zu weich sein sollte.

 Falls Sie es sich in der liegenden Haltung über das Ziel der Schmerzfreiheit hinaus *allzu* bequem machen, erhöht sich die Wahrscheinlichkeit, beim Üben einzuschlummern. Das kann sehr sinnvoll sein, wenn es Ihnen darum geht, Einschlafprobleme zu bewältigen, in anderen Fällen ist es eine weniger erwünschte Nebenwirkung.

Entspannung und Einschlafen

Auch wenn Sie beim Entspannen sitzen, gerade bei starker Müdigkeit, wird es gelegentlich vorkommen, dass Sie eine Weile dösen und sich in dieser Zeit naturgemäß nicht auf die weiteren Schritte der gewählten Methode konzentrieren können.

Das ist zunächst einmal ein durchaus positives Zeichen, denn Sie machen dabei die Erfahrung, dass Ihr autonomes Nervensystem tatsächlich von einem übermäßigen Erregungszustand in den Erholungsmodus umschaltet.

Andererseits dauert es mitunter ganz schön lange, bis Ihr Gehirn lernt, in den Zwischenzustand jenseits von Wachheit und Schlaf hineinzufinden, also den Alphawellenbereich, den ich in Kapitel 9 beschreibe. Lassen Sie sich nicht davon entmutigen, wenn Sie zunächst immer wieder beim Üben einschlafen. Irgendwann wird es Ihnen gelingen, den angenehmen Trancezustand zu erleben, der sich bei regelmäßigem Entspannungstraining einstellt, bei der Progressiven Muskelentspannung, dem Autogenen Training, der Ruheort-Übung, Meditation oder anderen Methoden.

Unter der Voraussetzung, dass Sie es als schmerzfrei und angenehm empfinden, lässt sich die Wahrscheinlichkeit, einzuschlummern, deutlich verringern, indem Sie sich eine aktivere Entspannungstechnik – wie Progressive Muskelentspannung oder Yoga – aussuchen und Ihre Übungen, statt im Liegen eher im Sitzen durchführen. Außerdem empfiehlt es sich, eine Tageszeit zu wählen, bei der Sie wach und fit sind.

Unklare oder unangenehme Körperwahrnehmungen

Bei allen Entspannungsverfahren kann es, vor allem zu Beginn der Übungen, dazu kommen, dass Sie sich auf uneindeutige oder unangenehme Körpersignale konzentrieren.

Der längere Blick nach innen ist zunächst oft gewöhnungsbedürftig. Viele Menschen, die unter Stress stehen, haben gelernt, sich auf Außenreize zu konzentrieren, zum Beispiel auf den neuen Arbeitsauftrag, auf Kundentelefonate oder das abendliche Zusammensein mit der Familie. Spätestens wenn aus den chronischen Stressempfindungen ein Burn-out-Syndrom entstanden ist, neigen viele Betroffene dazu, ihren Körper weitgehend zu ignorieren. Sie nehmen dann, neben den eigenen Grübeleien, nur noch unangenehme Krankheitszeichen wie Erkältungen oder Kopfschmerzen wahr.

Wenn Sie sich in dieser Beschreibung wiedererkennen, versucht Ihr Körper, Sie durch wiederholte Warnsignale daran zu erinnern, dass Sie sich dauerhaft überlasten und einen anderen Lebensweg finden sollten. Burn-out-Kranke tun oft einiges dazu, die inneren Hinweise auszublenden, indem sie sich darauf konzentrieren, ihren äußeren Anforderungen um jeden Preis gerecht zu werden. Oft verschlimmern sich die unangenehmen Empfindungen durch diese Herangehensweise.

Erhöhte Aufmerksamkeit für lang ignorierte Körpersignale

Falls Sie nun tatsächlich etwas dazu beitragen wollen, Ihre Bedürfnisse und Grenzen erfolgreicher zu berücksichtigen als in der Vergangenheit, etwa indem Sie eine Entspannungstechnik erlernen, stehen die mehr oder weniger stark ausgeblendeten negativen Körpersignale zunächst im Fokus Ihres Bewusstseins.

Vielleicht spüren Sie in der Erholungsphase, wie sich Ihr Herzschlag oder Ihre Atmung erhöht. Möglicherweise tut Ihr Rücken weh, das Gesicht juckt oder Sie nehmen Ihre chronische Erschöpftheit so deutlich wahr, dass Sie sich kaum noch auf die Ruheformel beim Autogenen Training oder auf das Entspannen der verschiedenen Muskelgruppen bei der Progressiven Muskelentspannung konzentrieren können.

Obwohl solche Gefühle recht unangenehm sind, belegen sie doch, dass es Ihnen wieder gelingt, nach innen zu sehen, ohne das, was Sie dort empfinden, auszublenden. Das ist durchaus ein Zeichen dafür, dass die Erholungsübungen zu wirken beginnen und dass Sie sich, wenn es auch zunächst ungewohnt ist, spürbar Ihrer Innenwelt zuwenden.

 Hier hilft vor allem Geduld. Irgendwann werden Sie den wiederholten Blick in Ihren Körper als etwas Positives erleben, wenn Sie dranbleiben und trotz der zunächst wenig erfreulichen Erfahrungen regelmäßig Ihr bevorzugtes Entspannungsverfahren trainieren. Nachhaltige körperlich-seelische Umstellungsprozesse brauchen Zeit.

Entspannung ohne Leistungsdenken

Denken Sie außerdem daran, dass Sie an die gewünschten Erholungsphasen besser nicht mit dem Anspruch herangehen sollten, so schnell wie möglich Erleichterung zu finden. Ihr Leistungsdenken hat vermutlich einiges dazu beigetragen, Dauerstress auszulösen, und es hält die Schwierigkeiten im Allgemeinen auch aufrecht.

 Mit den Entspannungsübungen wollen Sie dieser Überforderungstendenz ja eigentlich etwas Wirksames entgegensetzen. Leistungsansprüche und das Ziel, auch im Erholungsbereich perfekt zu sein, behindern eine eher gelassene Wahrnehmung körperlicher Vorgänge und das Umschalten auf einen angenehmen Trancezustand. Es genügt vollkommen, wenn Sie den Mut aufbringen, sich diesen inneren Prozessen eine Weile auszusetzen, ohne sie sofort verändern zu wollen.

Umgang mit langfristig unangenehmen Entspannungserfahrungen

Bei anhaltenden unangenehmen Empfindungen, die eine Entspannungsmethode begleiten, kann es sinnvoll sein, sich ein anderes Verfahren zu erschließen. Die teilweise aktiv strukturierten Techniken, etwa Progressive Muskelentspannung, Gehmeditation (siehe Kapitel 10) oder Yoga (siehe Kapitel 9) sind häufig geeigneter als passive, selbststrukturierte Ansätze wie »Ruheort«, Autogenes Training oder Sitzmeditation (siehe Kapitel 10).

 Manchmal empfiehlt es sich sogar, eine Methode zu wählen, bei der die Vorgänge im Körper keine entscheidende Rolle spielen, um gut in die Entspannung hineinzufinden und nicht ständig von unklaren oder schmerzhaften Signalen abgelenkt zu werden. Das gilt vor allem für Fantasiereisen, beruhigende Hörbücher oder angenehme Musik (siehe Kapitel 9), also für alle Techniken, bei denen Sie sich »wegtragen« lassen, indem Sie sich eher auf positive Außenreize konzentrieren als auf Ihr Inneres.

So lernt Ihr Körper-Seele-System ebenfalls, sich zu erholen, und mit der Zeit kommt es auch hier zu Alphawellen-Trancezuständen (mehr dazu finden Sie in Kapitel 9).

 Der einzige Nachteil ist, dass Sie, wenn Sie sich zum Beispiel auf einer Dienstreise oder im Urlaub entspannen wollen, die entsprechende CD und ein Abspielgerät mitnehmen müssen. Bei selbststrukturierten Verfahren ohne technische Geräte ist das überflüssig. Zudem gibt es nicht wenige Menschen, die es trotz anfänglicher Schwierigkeiten spannend finden, sich ihrem Inneren zuzuwenden, selbstbestimmt und ohne elektronisches »Zubehör«.

Zum Thema »Umgang mit unangenehmen Empfindungen« möchte ich Ihnen einen Fall vorstellen. Noch einmal geht es um die Erfahrungen, die der 44-jährige Rainer Lindauer mit der Vipassana-Meditation (siehe Kapitel 10) in einem Kloster auf Sri Lanka gemacht hat.

Probleme beim Meditieren

»Bevor ich spüren konnte, wie positiv sich meine anderthalb Wochen Meditation in dem buddhistischen Kloster ausgewirkt haben, hatte ich dort ein paar ziemlich schwierige Tage«, erinnert sich Rainer Lindauer.

Deren Hintergrund war die Regel, sich bei allen körperlichen Schmerzsignalen eine Weile innerlich auf diese Reize zu konzentrieren und die Empfindungen mit dem Gedanken »Schmerzen« oder »Jucken« zu begleiten, bevor Rainer Lindauer seine Wahrnehmung bei der Sitzmeditation wieder auf das Anheben und Absenken seiner Bauchdecke richten sollte.

»In der tropischen Schwüle gab es unzählige Mücken«, berichtet der 44-Jährige, »und manche sahen genau so aus wie die Malariamoskitos aus den Naturfilmen.« Da ihm eine weitere Klosterregel verbot, Tiere bewusst zu schädigen oder zu töten, sah sich Rainer Lindauer den ständigen Insektenattacken hilflos ausgesetzt.

Als er sich auf jeden Juckreiz konzentrierte, der ihm ins Bewusstsein trat, wurde es zunehmend schwieriger, anschließend zum Heben und Senken seiner Bauchdecke zurückzukehren. Denn die unangenehmen Gefühle verschwanden keineswegs nach ein oder zwei Sekunden, vielmehr verstärkten sie sich ständig, sodass an eine halbwegs gelassene Innenschau nicht mehr zu denken war.

»Irgendwann habe ich abends versucht, einzuschlafen«, sagt Rainer Lindauer, »aber mein ganzer Körper brannte wie Feuer.« Es sei ihm so vorgekommen, als spüre er gleichzeitig

40 oder 50 Mückenstiche am Rücken, an den Armen und Beinen. Als er schließlich weg-dämmerte, angestrengt und zutiefst erschöpft, erlebte er eine Nacht voller wilder, nicht unbedingt angenehmer Träume.

»Am nächsten Nachmittag hatte ich zum Glück einen Gesprächstermin mit dem Mönch, der für mich zuständig war«, erinnert sich der Meditationstourist. Nachdem er dem Meister von seinen Problemen erzählt hatte, bekam Rainer Lindauer einen ungewöhnlichen Rat-schlag. »Der Mönch meinte, ich sollte die Klosterregeln nicht allzu ernst nehmen, sie dienten nicht dazu, die Menschen einzuschränken, sondern ihnen bei der Selbstversen-kung zu helfen.« Der deutsche Yogi sollte vorübergehend das Kloster verlassen und eine Zeit lang durch das umliegende Dorf spazieren. Ohne meditative Haltung oder Leistungs-ansprüche.

»Dieser Ausflug war für mich eine unglaubliche Befreiung«, berichtet Rainer Lindauer. Er wisse nicht, wie lange er damals durch den Ort spaziert sei, doch er sei zum ersten Mal seit dem Beginn seiner Übungen wirklich entspannt gewesen.

Als er in das Kloster zurückgekehrt war, fiel ihm das Meditieren um ein Vielfaches leichter. Auf seine Schmerzwahrnehmungen konzentrierte sich Rainer Lindauer nur noch wenige Sekunden, und er versuchte dabei, diese Eindrücke möglichst gelassen wahrzunehmen, ohne sie unbedingt loswerden zu wollen. Bald hielt sich das Jucken in erträglichen Gren-zen, und im weiteren Verlauf seines Klosteraufenthalts verschwanden die Schmerzen größtenteils.

»Irgendwann, als mich eine besonders aufdringliche Mücke bei der Sitzmeditation in den Arm gestochen hat«, sagt Rainer Lindauer und grinst, »hab ich sie einfach erschlagen, alte buddhistische Gesetze hin oder her.«

Innere und äußere Ablenkungen

Ähnlich wie in der Fallgeschichte kommt es bei fast allen Entspannungsmethoden häufig zu Ablenkungen von dem, worauf Sie sich eigentlich konzentrieren wollen, gerade bei Anfängern.

Störende innere Reize

Vielleicht erinnern Sie sich daran, dass ich die Übungstexte zur Progressiven Muskelentspan-nung und zum Autogenen Training zu Beginn durch eine selbstsuggestive Formel ergänzt habe: »Wenn mir in der Entspannung ein Gedanke durch den Kopf geht, falls mir eine Erin-nerung in den Sinn kommt oder wenn ich etwas Ungewöhnliches höre, dann sind das ganz normale Wahrnehmungen, die manchmal kurz auftauchen und meistens von selbst wieder ver-schwinden, ohne dass ich sie festhalten oder loswerden müsste, sodass ich mich bald wieder auf das Anspannen und das Entspannen meines Körpers (bei der Progressiven Muskelentspannung, beim Autogenen Training »auf die Wahrnehmung meines Körpers«) konzentrieren kann.«

Solche positiven Selbstbeeinflussungsgedanken sind häufig sehr sinnvoll, um überflüssige Anstrengungen in Erholungsphasen zu vermeiden. Gerade das fortgesetzte Bestreben, *nicht* an etwas Bestimmtes zu denken, führt bei jedem Menschen zum genauen Gegenteil.

 Wenn Sie Lust haben, probieren Sie es aus und denken einmal kurze Zeit *nicht* an einen winzigen rosafarbenen Elefanten ... Unabhängig davon, dass Ihnen vermutlich noch nie ein derart merkwürdiges Tier in den Sinn kam, werden Sie feststellen, dass der Versuch, diesen Gedanken bewusst zu vermeiden, automatisch das Bild eines kleinen pinkfarbenen Elefanten in Ihnen aufsteigen lässt.

Gelassener Umgang mit inneren Ablenkungen

Anstatt also jede »unpassende« Überlegung mit Macht aus der eigenen Aufmerksamkeit drängen zu wollen, ist es deutlich sinnvoller, Gedanken und andere innere Ablenkungen einigermaßen wertfrei und gelassen zu betrachten und sich anschließend wieder den Entspannungsgefühlen zuzuwenden.

 Manchmal hilft es auch, diese »störenden« Wahrnehmungen in der Fantasie auf einer weißen Wand (oder mit einem Himmel-Hintergrund) zu visualisieren und zu beobachten, wie sie anschließend von selbst verblassen. Wenn Sie sich diesen Reizen nur kurz, also wenige Sekunden, zuwenden und Ihr Bewusstsein danach wieder auf das eigentliche Objekt Ihres Interesses richten, besteht zudem eine geringere Gefahr, dass Sie von einer Ablenkung zur nächsten übergehen.

Entspannung bei psychosomatischen Problemen

Der Einstieg in die Entspannung ist häufig besonders schwierig, wenn Sie unter mehr oder weniger stark ausgeprägten psychosomatischen Krankheitszeichen leiden, zum Beispiel unter Kopf-, Rücken- oder Magenschmerzen. Oft spüren Sie, wenn Sie mit den Sitzungen beginnen, die Schmerzen besonders intensiv. Das liegt daran, dass die bewusste Wendung ins Körperinnere eben auch einen klaren Blick auf das mit sich bringt, was gerade nicht in Ordnung ist.

Andererseits sind regelmäßige Entspannungsübungen, wissenschaftlich betrachtet, das Mittel der Wahl, wenn Sie langfristig etwas dazu tun wollen, von den psychosomatischen Problemen wegzukommen und einen angemesseneren Weg zu finden, mit Dauerstress umzugehen.

 Sie erinnern sich vielleicht daran, dass seelisch mitbeeinflusste somatische Erkrankungen als wiederholtes Signal dafür gelten können, dass Sie Ihre Bedürfnisse und Grenzen erfolgreicher berücksichtigen sollten als in der Vergangenheit. Die entsprechenden körperlichen Reaktionen haben sich im Allgemeinen über einige Monate oder Jahre aufgebaut, bis Sie sie irgendwann kaum noch ertragen konnten.

Nach einer Faustregel dauert es ungefähr ebenso lange, bis sich die unangenehmen Wahrnehmungen wieder zurückbilden, vollständig oder mit geringen Einschränkungen Ihrer Lebensqualität –, unter der Voraussetzung, dass Sie Entspannung regelmäßig trainieren und diese Sitzungen tatsächlich einige Monate oder Jahre durchhalten.

Geduld und ein nicht unerhebliches Maß an Selbstdisziplin helfen auch hier. Überfordern Sie sich nicht, was die Dauer und die Regelmäßigkeit Ihrer Übungen angeht, suchen Sie sich auf jeden Fall eine Sitz- oder Liegeposition, die Sie gut aushalten können, und lassen Sie sich nicht davon entmutigen, wenn Ihre ersten Entspannungserfahrungen nicht so angenehm sind wie erhofft. Irgendwann werden Sie davon profitieren.

Probleme mit der Stille beim Entspannen

Gerade für Menschen, deren beruflicher und privater Alltag oft stressig und aufregend ist, kann es mitunter zur Belastung werden, wenn sie bei ihren Entspannungssitzungen zur Ruhe kommen wollen und dabei 20 oder 30 Minuten Stille erleben. Nicht selten trägt dann die ungewohnte Ruhephase, vor allem zu Beginn der Übungen, dazu bei, dass dem Betroffenen ein Gedanke nach dem anderen durch den Kopf geht. Anscheinend gleicht das Bewusstsein den Mangel an äußeren Reizen durch »störende« innere Prozesse wie Erinnerungen oder Fantasien aus.

Falls Sie gelegentlich solche Erfahrungen gemacht haben, können Sie durchaus dranbleiben und weitertrainieren, denn nach einigen Tagen oder Wochen wird sich Ihr körperlich-seelisches System auf die äußere Stille einstellen. Meistens gehen die inneren Ablenkungen mit der Zeit von selbst zurück, außerdem erleben Sie es vielleicht als Bereicherung, Ruhe auszuhalten oder irgendwann sogar genießen zu können.

Wenn Sie sich jedoch durch die äußere Stille mittel- bis langfristig demotiviert fühlen, Ihre Entspannungsübungen fortzusetzen, empfehle ich Ihnen, die Sitzungen mit beruhigender Musik zu kombinieren. Die Musik sollte Ihnen von Anfang bis Ende gefallen, und sobald Sie etwas Passendes gefunden haben, bleiben Sie am besten dabei. So muss sich Ihre Aufmerksamkeit nicht immer wieder auf neue Songs oder Kompositionen einstellen, und Sie haben genug Raum, um sich mit Ihren aktuellen Innenwahrnehmungen zu beschäftigen.

Wenn schlimme Erinnerungen auftauchen

Falls Ihnen beim Entspannen gelegentlich unangenehme Erinnerungen durch den Kopf gehen, die nicht irgendwann von selbst verschwinden, kann es sinnvoll sein, sich nach der Sitzung in einer ruhigen Stunde damit zu befassen oder mit einem Vertrauten darüber zu sprechen.

Zunächst ist es kein schlechtes Zeichen, wenn Ihre Abwehrmechanismen beim Blick nach innen nicht mehr so gut funktionieren wie in der Alltagswelt. Vielleicht kommt Ihnen etwas in den Sinn, das Sie bislang eher als unsichtbare Last empfunden haben und mit dem Sie sich gerade jetzt erfolgreich auseinandersetzen können. Meistens verringert sich die Tendenz, negative Erinnerungen zu verdrängen, gerade dann, wenn der Betroffene über genug Kraft verfügt, sich mit ihnen zu beschäftigen.

Eine Ausnahme sind quälende Erinnerungen, die sich auf ein lebensgeschichtliches Trauma beziehen, Ereignisse, die Ihnen, möglicherweise in einer Erholungsphase oder in wiederholten

Albträumen, ständig wieder »hochkommen« und die beim Versuch, sich damit auseinanderzusetzen, immer unerträglicher werden. Psychologen sprechen hier von einer posttraumatischen Belastungsstörung (PTSD).

 Wenn Sie solche Erfahrungen machen, verzichten Sie auf Entspannungsübungen und konsultieren Sie einen Psychiater oder Psychotherapeuten. Eine posttraumatische Belastungsstörung ist eine ernsthafte psychische Erkrankung, bei der Sie professionelle Unterstützung brauchen, um die schlimmen Erinnerungen irgendwann in Ihr Leben integrieren zu können und sinnvolle Selbstschutzmöglichkeiten zu finden. Bis dies geschehen ist, werden Sie Entspannung nicht als erholsam empfinden. Vielmehr fühlen Sie sich durch solche Sitzungen eher destabilisiert als gekräftigt.

Störende Außenreize

Manche Außenwahrnehmungen, die eine Entspannungssitzung beeinträchtigen können, lassen sich relativ einfach ausblenden. Sie können zum Beispiel das Fenster schließen, falls Sie der Straßenlärm nervt, oder ein abgeschiedenes Plätzchen in der Natur aufsuchen, wenn Ihre Kinder zu klein sind, um sich an die Vereinbarung zu halten, Ihre Erholungsphasen nicht zu unterbrechen.

Andere äußere Störungen haben ihre Ursache darin, dass sich die Betroffenen nicht trauen, sie eine Weile auszuschalten. Vielleicht möchte Sie ja beim Entspannen jemand erreichen, der Ihnen einen entscheidenden beruflichen Auftrag vermitteln will, möglicherweise duldet die nächste E-Mail, die auf Ihrem Rechner blinkt und tönt, keinen Aufschub, oder Ihr Lebensgefährte bräuchte eigentlich Unterstützung beim Tischdecken.

 Hier hilft es, sich selbst bewusst zu machen, dass Erholung im Moment wahrscheinlich Ihr größter Wunsch ist. Falls Sie aus dem Dauerstress nicht Schritt für Schritt herausfinden, ist Ihre berufliche Leistungsfähigkeit erheblich beeinträchtigt, und auch Familie und Privatleben leiden zunehmend darunter.

Vorübergehend nicht erreichbar sein

Wenn Sie anderen wichtigen Bedürfnissen nachkommen, etwa beim Sex oder bei einem Theaterbesuch, schalten Sie Ihr Handy wahrscheinlich aus, und Sie schauen bestimmt nicht alle zehn Minuten in Ihre Mails. Was spricht dagegen, es beim Entspannen ebenso zu halten? In einer halben Stunde können Sie sich bei jedem Interessenten zurückmelden, ohne dass dies unangemessen wäre. Und auch Ihr Partner wird vermutlich damit zurechtkommen, wenn Sie ihn freundlich darum bitten, den Tisch allein zu decken, während Sie üben.

Falls man Sie einmal wirklich dringend braucht, etwa bei einem familiären Notfall, hat das natürlich Vorrang, doch die allermeisten Angelegenheiten können Sie durchaus regeln, nachdem Sie sich erholt haben. Feste Entspannungszeiten erleichtern es Ihren Angehörigen zudem, sich darauf einzustellen.

Regelmäßigkeit und Integration in den Alltag

Die weitaus häufigsten Probleme, die mit Entspannung einhergehen, sind die mangelnde Regelmäßigkeit beim Üben und die Schwierigkeiten vieler Menschen, die Erholungsphasen erfolgreich in ihren Alltag einzubauen.

 Wenn Sie gerade mit Ihren Übungen anfangen, ist die Gefahr normalerweise am größten, die Sitzungen bald wieder abzubrechen. Schließlich hat sich Ihr Körper noch nicht an die Entspannung gewöhnt, vielleicht empfinden Sie den Blick in Ihr Inneres zunächst als eher unangenehm, Ihnen gehen viele störende Gedanken durch den Kopf oder Sie schlafen immer wieder dabei ein.

Realistisches Maß der Entspannungsansprüche

Im Allgemeinen dauert es einige Wochen oder Monate, bis Sie wirklich von den Übungen profitieren können, und Sie benötigen umso mehr Zeit und Geduld, je stärker Sie unter Stress stehen. Selbstdisziplin hilft auch hier. Sie müssen sich ja nicht täglich eine halbe Stunde entspannen, egal ob Sie sich die Progressive Muskelentspannung, Autogenes Training, eine Fantasiereise oder eine Meditationsform ausgesucht haben. Zwei- bis dreimal pro Woche eine 10- oder 15-minütige Sitzung einzuplanen und dieses Ziel dann durchzuhalten, genügt vollkommen.

 Überfordern Sie sich nicht. Falls Sie vorhaben, Ihren Alltag mit Erholungsübungen zuzupflastern, um »endlich« etwas Wirksames gegen den Dauerstress zu unternehmen, gehen Sie nicht nur mit einem starken Leistungsdenken an die Sache heran, also mit der gleichen Haltung, die Sie vermutlich in den Burn-out geführt hat. Außerdem erhöhen Sie so das Risiko, vor den selbstgesetzten Ansprüchen zu kapitulieren, vor allem wenn sich die Erfolge nicht so schnell einstellen wie gewünscht.

Angemessene Planung

Eine gute Alternative zu dieser Herangehensweise wäre, sich in einer stillen Stunde Gedanken zu machen, wann und an welchen Wochentagen Sie langfristig Gelegenheit und Muße haben, einige Minuten zu entspannen. Erfahrungsgemäß eignet sich dazu bei den meisten Menschen die Zeit nach der Rückkehr von der Arbeit besonders gut, also eine Situation, in der Sie Erholung wirklich brauchen können. Andere bevorzugen abendliche Sitzungen vor dem Schlafengehen.

Wenn Sie zwei (oder drei) Wochentermine gefunden haben, bleiben Sie am besten dabei, außer Sie stellen fest, dass sich einer der geplanten Zeitpunkte nicht für Ihr Vorhaben eignet. (In diesem Fall finden Sie bestimmt einen angemesseneren Ausweichtermin.)

Vielleicht unterstützt Sie ein Zettel an der Tür oder ein Eintrag in Ihren Kalender dabei, sich an Ihr »Entspannungsprojekt« zu erinnern. Anderen Menschen hilft es, ihre Angehörigen zu informieren, etwa wenn sie um Ruhe bei den Sitzungen bitten. Das hat den Vorteil einer erhöhten Motivation, denn wer möchte schon Erholungsübungen ankündigen, um irgendwann zerknirscht einräumen zu müssen, dass er sie doch nicht durchgehalten hat.

Motivation durch Kurse

Ein anderer Weg zur Selbstdisziplin ist die Teilnahme an einer Entspannungsgruppe. Das kann zum Beispiel ein Yoga- oder ein Meditationskurs sein, oder ein Training der Progressiven Muskelentspannung.

Den meisten Gruppenmitgliedern gelingt es, das gewählte Verfahren so lange zu trainieren, bis sich erste Erfolge abzeichnen. Auch wenn Sie es vorziehen, allein zu üben, haben Sie, sobald Sie merken, dass Ihnen die Sitzungen guttun, die erste wichtige Hürde genommen. In jedem Fall ist es einfacher, sich regelmäßig zu erholen, wenn Sie es angenehm finden und Ihr Körper bereits lernen konnte, auf den vegetativen Erholungsmodus und auf einen mentalen Trancezustand umzuschalten.

 Viele Betroffene genießen diese Anfangserfolge zwar, doch sie »vergessen« anschließend, die Übungen in ihren Lebensalltag zu integrieren. Das führt dann dazu, dass sich die Entspannungserfolge mehr oder weniger schnell zurückbilden, und irgendwann wieder alles beim Alten ist: beruflicher Stress, der zum Dauerproblem wird und sich mit der Zeit auch negativ auf das private Umfeld auswirkt.

Auch hier empfiehlt es sich sehr, einen Weg zu suchen, der es Ihnen erlaubt, zwei- oder dreimal pro Woche zu Hause weiterzutrainieren. Dadurch festigt sich das, was Sie bereits gelernt haben, und Sie errichten eine Art persönlichen Schutzwall für stressigere Lebenssituationen.

Urlaub und Entspannung

Ein anderer häufiger Knackpunkt ist die Urlaubszeit. Falls es Ihnen bereits so gut geht, dass Sie eine Ferienreise mit positiven Erholungsgefühlen verbinden, kann es sein, dass Sie daran denken, in Zukunft auf Entspannungssitzungen zu verzichten.

 Sie müssen keineswegs auch im Urlaub trainieren, gerade wenn Sie ihn richtig genießen. Doch es wäre sinnvoll, zu Hause mit den Übungen fortzufahren. Schließlich besteht nicht Ihr ganzes Leben aus Ferien, und im Alltag warten wieder viele Herausforderungen auf Sie. Nach aller Erfahrung lassen sich die potenziellen Belastungen deutlich besser bewältigen, wenn Sie sich regelmäßige Auszeiten gönnen, und ein besonders erfolgversprechender Weg ist eben ein Entspannungsverfahren.

Wann wird Entspannung problematisch?

Es war bereits davon die Rede, dass sich Erholungssitzungen nicht empfehlen, wenn sie immer wieder von traumatischen Erinnerungen begleitet werden. Ärzte sprechen hier von einer »Kontraindikation«.

Patienten mit akuten oder chronischen Wahnerkrankungen (Psychosen) sollten ebenfalls auf Entspannungsübungen verzichten, weil es im Trancezustand dazu kommen kann, dass die Wahnzustände zurückkehren oder, bei akuten Psychosen, weiter verstärkt werden.

Außerdem empfinden Menschen, die unter starken Stimmungsschwankungen leiden, die zum Schwarz-Weiß-Denken, zu schnellen Kontaktabbrüchen und zu Aggressionen gegen die eigene Person neigen (Borderline-Syndrom), solche Sitzungen häufig als negativ, da sie beim Blick nach innen von schlimmen Erinnerungen und Fantasien gequält werden und dann oft das Gefühl haben, noch stärker neben sich zu stehen als in anderen Situationen. Auch hier empfiehlt sich eine Psychotherapie.

Ungünstige Eigenschaften

Einige Charaktermerkmale erschweren den Zugang zu Erholungs- und Tranceerfahrungen, auch wenn sie es nicht unmöglich machen, Entspannung zu erlernen. Das gilt vor allem für

✔ Menschen, die trotz einer starken Anspruchshaltung wenig motiviert sind, etwas in ihrem Leben zu verändern.

✔ erlebnis- und fantasiearme Persönlichkeiten.

✔ ausgeprägte Hypochonder, also Menschen, die sich intensiv vor Krankheiten fürchten, die sie nicht haben.

✔ Persönlichkeiten, die sehr zwanghaft strukturiert sind und in allen Lebenssituationen die Kontrolle aufrechterhalten wollen.

✔ Menschen, die von ihrer Erkrankung eher profitieren, als darunter zu leiden (zum Beispiel durch wiederholte Krankschreibungen, die vom beruflichen Stress entlasten, oder eine beantragte Erwerbsminderungsrente).

 Solche Charaktermerkmale verbieten es nicht grundsätzlich, ein Entspannungsverfahren zu erlernen, doch sie führen oft dazu, dass es deutlich länger dauert, bis die Betroffenen davon profitieren können. Die eher unangenehmen ersten Erholungserlebnisse verringern dann oft die Motivation, damit fortzufahren und Entspannung irgendwann erfolgreich ins eigene Leben zu integrieren. Geduld und Selbstdisziplin helfen auch hier.

Teil IV

Selbst aus Erschöpfungskrisen herausfinden

The 5th Wave   By Rich Tennant

Der große Dompteur Alexander »die Peitsche«
Magnus tritt nun ein wenig kürzer.
Statt Löwen und Tiger dressiert er jetzt
Ballontiere.

In diesem Teil ...

In diesem Teil geht es um effektive Selbsthilfemaßnahmen, die Ihnen helfen können, aus einer stärker ausgeprägten Burn-out-Krise herauszukommen. Bestimmte Berufsfelder, die häufig mit Ausbrenntendenzen einhergehen, werden näher dargestellt und mit Ideen zur Bewältigung der typischen Probleme verbunden. Danach beschreibe ich, wie sich weitverbreitete burn-out-bedingte Konflikte am Arbeitsplatz auflösen lassen und was Sie tun können, wenn Sie den Eindruck haben, im Beruf gemobbt zu werden.

Anschließend steht der Umgang mit selbstzerstörerischen Gedanken und anderen ablenkenden Faktoren im Mittelpunkt dieses Buchteils. Außerdem möchte ich Ihnen einige hilfreiche Hinweise geben, wie Sie private Konflikte, die oft im Verlauf einer Ausbrennkrise entstehen, entschärfen können.

Gesünderer Umgang mit beruflichen Problemen

12

In diesem Kapitel

▷ Ideen zum Ausstieg aus den späteren Burn-out-Phasen

▷ Chronischen Arbeitsstress bewältigen

▷ Konflikte mit Kollegen und Vorgesetzten entschärfen

▷ Gegen Mobbing vorgehen

Nun stelle ich Ihnen verschiedene Selbsthilfemaßnahmen und andere auf den beruflichen Alltag bezogene Ideen vor, durch die Sie einen Weg finden können, der Sie aus der Burn-out-Krise herausführt.

Zunächst stehen noch einmal die Burn-out-Phasen im Mittelpunkt. Nachdem ich in Kapitel 6 beschreibe, wie Sie aus den Phasen 1 bis 2 herauskommen können, geht es hier um Vorschläge zum Ausstieg aus den stärker ausgeprägten Burn-out-Stufen 3 bis 8.

 Danach stelle ich die typischen Probleme einiger Berufsfelder dar, die besonders häufig mit Burn-out-Gefahren verbunden sind, zum Beispiel pädagogische Tätigkeiten oder Führungsaufgaben. Hinweise, wie sich diese Belastungen erfolgreich bewältigen lassen, ergänzen den Text.

Da Burn-out-Symptome häufig auch die Qualität der sozialen Beziehungen im Beruf beeinträchtigen, beschreibe ich anschließend, was Ihnen möglicherweise hilft, solche Schwierigkeiten in Grenzen zu halten.

Das Kapitel endet mit einer Darstellung der Kriterien für Mobbing am Arbeitsplatz, eine weitere häufige Ursache für Burn-out-Probleme, und umfasst einige Vorschläge, durch die Sie den wiederholten Angriffen etwas Wirksames entgegensetzen können.

Ideen zum Ausstieg aus den Burn-out-Phasen

Die einzelnen Phasen des achtstufigen Burn-out-Modells beschreibe ich in Kapitel 5 ausführlich. In Kapitel 6 folgen einige Hinweise, wie Sie das »Hamsterrad« in den ersten beiden Phasen verlassen können.

Emotionale Reaktionen: Vorschläge zur Bewältigung der Probleme

Die dritte Phase des Burn-out ist durch Schuldzuschreibungen, Wut und Depression gekennzeichnet. Betroffene, die sich selbst für ihre beruflichen und privaten Schwierigkeiten verantwortlich machen, erleben eher depressive Verstimmungen und einen Hang zur Grübelei, während Menschen, die anderen die Schuld an ihren Problemen zuweisen, häufig aggressiv werden.

Beides, Depression und eine dauerhaft zornige Grundhaltung, kann als verdeckter Hilferuf gelten, wobei die meisten »Ausbrenner« auf dieser Stufe ihre Schwäche und ihr Bedürfnis nach Unterstützung nicht offen zugeben können.

Stattdessen neigen sie oft dazu, ihre hohen Ideale und ihren Perfektionismus beizubehalten und sich auch weiterhin chronisch zu überfordern. Einige Wissenschaftler sprechen von »mangelnder Anpassungsleistung«, da die Betroffenen ihre übermäßigen Ansprüche an sich selbst nicht angemessen verringern und mit dem abgleichen, was sie momentan tatsächlich leisten können. Häufig entsteht hier das Gefühl, in einer Sackgasse zu stecken.

Experten empfehlen, zu prüfen, welche Anteile an den Schwierigkeiten selbst verursacht sein könnten, ohne sich dabei auf depressive Weise zu verurteilen.

 Es empfiehlt sich außerdem, sich mit den inneren Überzeugungen zu beschäftigen, die Sie antreiben und die Sie möglicherweise in die Burn-out-Sackgasse geführt haben. Viele dieser Denkmuster basieren auf den frühen Erfahrungen im Elternhaus, und oft lassen sie sich in einem Satz zusammenfassen.

Die sogenannte Transaktionsanalyse, eine etwas aus der Mode gekommene therapeutische Behandlungsmethode aus den 1970er Jahren, nennt einige weitere Überzeugungen, die sich häufig destruktiv auswirken:

✔ Sei immer perfektionistisch in deinen Ansprüchen, dir selbst und anderen gegenüber.

✔ Erledige alles schnell.

✔ Sei in jeder Lebenslage stark.

✔ Mach es stets allen Menschen recht.

✔ Streng dich bei allem an, was du tust.

Diesen zumeist unerfüllbaren Forderungen stellt man individuelle »Erlaubnisse« gegenüber, die Sie sich in einem längeren Prozess erarbeiten können, um in Zukunft weniger unter Druck zu stehen als bisher.

Zum Beispiel indem Sie der Überzeugung, es allen recht machen zu müssen, mit dem Gedanken begegnen, dass jemand, der es allen recht macht, sich selbst nicht mehr gerecht werden kann.

 Wenn Sie Lust haben und zuvor Ihre konstruktiven oder destruktiven Glaubenssätze schriftlich festgehalten haben, können Sie versuchen, den eher problematischen Grundüberzeugungen jeweils einen erlaubenden Satz gegenüberzustellen, den Sie sinnvoll finden und der Ihnen guttun könnte. Doch vergessen Sie dabei nicht, dass emotionale Veränderungen zum Positiven eine Menge Zeit benötigen und dass Sie mit vorübergehenden Rückschlägen rechnen müssen.

Leistungsabbau und Persönlichkeitsveränderungen: Ideen zum Problemausstieg

Bei der vierten Burn-out-Stufe lassen sich die nachteiligen Entwicklungen des Betroffenen auch von außen erkennen. Meistens stehen Angst und Panik im Hintergrund, und die Fähigkeit, sich selbst infrage zu stellen oder ein kritisches Feedback von anderen Menschen zu ertragen, geht deutlich zurück.

Oft herrschen Wut und längerfristige Ressentiments auf die wichtigen Vertrauten vor, deren Hilfsangebote immer wieder zurückgewiesen werden, wenn sie den Betroffenen nicht mit allergrößter Schonung behandeln. Ein Blick, der sich über den »eigenen Tellerrand« hinaus auf die Bedürfnisse und Grenzen der Angehörigen richtet, gelingt nur noch selten oder gar nicht mehr.

In diesem Stadium verleugnen viele Burn-out-Kranke ihren desolaten seelischen Zustand, selbst wenn sich ihre schlechte Verfassung kaum noch übersehen lässt. Oft versuchen sie zudem, ihre Schwierigkeiten durch verstärkte Leistungsansprüche zu »bewältigen«.

 Trotz allem – oder genau deswegen – gehen die beruflichen Fähigkeiten in der vierten Burn-out-Phase deutlich zurück, es kommt immer wieder zu Fehlern, Ablenkung durch häufige Grübeleien, Unzuverlässigkeit und einem starken Motivationsabfall. Die andauernden Frustrationen führen häufig auch zu depressiven oder aggressiven Durchbrüchen.

Experten raten, spätestens auf dieser Burn-out-Stufe Hilfe anzunehmen und einzusehen, dass sich etwas Grundlegendes in Ihrem Leben verändern sollte. Es wäre sinnvoll, wenn es Ihnen gelänge, auf Ihre Freunde und Verwandten zu hören und deren Außenperspektive als Korrektiv zum »Schmoren im eigenen Saft« zu nutzen. Allerdings müssen Ihre Angehörigen eine hohe Frustrationstoleranz mitbringen, damit sie nicht durch Ihren Dauergroll und Ihre zunehmende Verzweiflung abgeschreckt werden.

Anstatt sich neben den beruflichen Stressfaktoren auch noch zu Fitnessleistungen zu zwingen, sollten Sie Ihre Belastungssituation akzeptieren und sich auf leichte Bewegung und viel Ruhe im häuslichen Umfeld beschränken. Wenn Sie etwas Sinnvolles für sich tun wollen, behandeln Sie sich mit Fürsorge und Freundlichkeit, anstatt den äußeren Druck durch eine innere Druckhaltung weiter zu verstärken.

Gegenmaßnahmen zu Verflachung und Zynismus

Auf der fünften Burn-out-Stufe kommt es zunehmend zum Rückzug aus dem wirklichen Leben und zu deutlichen Schwierigkeiten, zwischen wichtigeren und weniger wichtigen Alltagsaspekten zu unterscheiden. Die Verleugnung der eigenen Bedürfnisse führt beim Betroffenen häufig zu einer Missachtung aller Gefühle, die er noch wahrnehmen kann.

Oft distanzieren sich Burn-out-Kranke in dieser Phase innerlich von ihren Vertrauten, oder sie vermeiden alle engeren Kontakte. Orientierungslosigkeit und Verzweiflung steigen, doch sie werden nicht selten überspielt. Vor allem bei Männern steigt die Gefahr, die Probleme durch Suchtverhalten auszublenden (siehe auch Kapitel 8).

Aus Selbstschutzgründen nehmen Betroffene die Menschen, denen sie im Beruf und privat begegnen, häufig nur noch als lästige Objekte wahr, was Sarkasmus und Zynismus verstärkt. Starke Einsamkeitsempfindungen und Verbitterung stehen im Hintergrund.

Experten raten, in dieser fortgeschrittenen Burn-out-Stufe darüber nachzudenken, was Ihnen vor der Krise wichtig war. Was gehörte damals für Sie zu einem zufriedenstellenden Leben, was waren Ihre Wünsche, was wollten Sie auf keinen Fall?

In der fünften Burn-out-Phase empfiehlt es sich außerdem, professionellen Rat zu suchen, etwa im Rahmen eines Coachings oder einer ambulanten oder stationären Psychotherapie.

Massive psychosomatische Reaktionen: Vorschläge zur Bewältigung der Probleme

Spätestens in der sechsten Phase lassen sich starke psychosomatische Symptome beobachten, eine Folge der dauerhaften Stressempfindungen und der Übererregung des vegetativen Nervensystems (mehr dazu finden Sie in Kapitel 9). Die nachhaltigen seelisch-emotionalen Schwierigkeiten werden dabei auch körperlich spürbar, zum Beispiel durch Ein- und Durchschlafstörungen, Appetitmangel, Infektanfälligkeit, Kopfweh, Rücken- oder Magenschmerzen.

Es ist ratsam, sich nicht auf eine Behandlung der somatischen Symptome zu beschränken. Hier empfehlen sich Entspannungsübungen, die den Betroffenen in der sechsten Burn-out-Phase allerdings zunächst sehr schwerfallen. Außerdem sind die Angehörigen ein wichtiger Schutzfaktor, um ein weiteres Abgleiten zu verhindern.

Häufig führt das Gefühl der Hoffnungs- und Ausweglosigkeit, das auf der sechsten Burn-out-Stufe vorherrscht, dazu, dass sich die Erkrankten weigern, professionelle Hilfe in Anspruch zu nehmen. »Das bringt mir doch nichts« ist eine häufig beobachtete Grundhaltung, gerade bei ausgebrannten Männern.

Spätestens in dieser Phase der Problematik führt kein Weg mehr an einer ambulanten oder stationären Psychotherapie vorbei. Auch wenn es Ihnen seit Langem schlecht geht, gibt es einen gesunden, unverletzten Kern in Ihrem Innern. Doch ohne wirksame Unterstützung durch andere Menschen wird Ihnen der Ausstieg aus der sechsten Burn-out-Stufe erfahrungsgemäß nicht gelingen.

Verzweiflung und totale Erschöpfung: Was hilft?

Die letzten beiden Phasen beschreiben den abschüssigen Weg von tiefer Verzweiflung (7) bis zum völligen seelisch-körperlichen Zusammenbruch (8). Oftmals besteht Suizidgefahr, begleitet von einem Rückzug von den wichtigsten Angehörigen.

Falls einer Ihrer Vertrauten so tief in der Burn-out-Sackgasse steckt, dass Sie Schlimmes befürchten, lassen Sie sich nicht von seinen Kontaktabwehrtendenzen entmutigen. Möglicherweise sind Sie einer der wenigen Menschen, mit denen sich der Betroffene noch unterhält. Bleiben Sie also dran und scheuen Sie sich nicht, dem Erkrankten dringend professionelle Hilfe ans Herz zu legen, auch wenn er solche Empfehlungen erst einmal zurückweist und sich von Ihnen unverstanden fühlt.

Falls es Ihnen selbst so schlecht geht, dass Sie aus Verzweiflung und Sinnlosigkeit nicht mehr herausfinden, nehmen Sie die Gelegenheit wahr, möglichst bald einen qualifizierten Psychotherapeuten aufzusuchen.

Auch eine längere Krankschreibung und ein Antidepressivum, das begleitend zur Therapie von einem Facharzt verordnet wird, kann sich empfehlen, um etwas Druck aus Ihrer Lebenssituation zu nehmen. Schließlich sind Sie kein übersensibler Hypochonder, sondern ernsthaft krank. Außerdem empfiehlt es sich in diesem Burn-out-Stadium, eine stationäre Therapie in einer psychosomatisch-psychotherapeutischen Klinik in Erwägung zu ziehen. Mehr zu diesem Thema finden Sie in den Kapiteln 14 und 15.

Chronischen Arbeitsstress bewältigen

Grundsätzlich treten mehr oder weniger starke Burn-out-Symptome in allen Arbeitsbereichen auf. Doch bei manchen Tätigkeiten lässt sich ein Ausbrennen der Beschäftigten besonders oft beobachten. Die entsprechenden Berufe werden in diesem Kapitelabschnitt dargestellt, ergänzt um praxisorientierte Empfehlungen, wie Sie den jeweiligen Burn-out-Gefahren etwas Wirksames entgegensetzen können.

Lehrer und andere sozialpädagogische Berufe

Nach einer finnischen Studie von 2003 leiden 10 bis 35 Prozent aller Lehrkräfte am Burn-out-Syndrom. Einzelne Symptome der Störung treten bei 58 Prozent der Lehrer auf. Diese Werte könnten in der Realität noch höher ausfallen, da die Wissenschaftler nur Befragte mit ausgeprägtem Gesundheitsbewusstsein und einer hohen Sensibilität für Veränderungen zum Negativen berücksichtigt haben. Außerdem gilt das finnische Schulsystem weltweit als vorbildlich. In Deutschland sind Lehrer wahrscheinlich noch häufiger ausgebrannt.

Hintergrund der häufigsten Probleme

Die Erkrankten nehmen sich beruflich häufig eher zu viel als zu wenig vor, und sie zeigen eine besonders stark ausgeprägte Leistungsbereitschaft. Nach dem Motto: »Ich muss mich für meinen Beruf aufopfern und meine eigenen Beeinträchtigungen in Kauf nehmen.« Das Burn-out-Risiko ist dabei umso höher, je mehr Arbeitsstunden ein Lehrer hat.

Später gehen zwar, erkrankungsbedingt, die Fähigkeiten des Betroffenen zurück, Höchstleistungen zu erbringen, doch es bleibt oft bei den unrealistisch hohen Erwartungen an die eigene Person, was die Frustrationsgefühle verstärkt.

Ausgebrannte Lehrkräfte gefährden dabei nicht nur ihre Gesundheit, was in diesem Beruf unter anderem an der hohen Zahl von Frühpensionierungen deutlich wird. Zusätzlich übertragen sie ihr Leid häufig unbewusst auf Schulklassen, Kollegen und das Schulklima.

Und nicht zuletzt fühlen sich viele Lehrer durch die »Bildungs-Reformbaustellen« der letzten Jahre (Pisa-Studien-Schock, Verringerung der Gymnasialzeit auf acht Jahre, Zusammenlegung von Haupt- und Realschulen, Ganztagsangebote und so weiter) chronisch überfordert, was die Ausbrenntendenzen weiter verstärkt.

Sinnvolle Ansätze zur Vorbeugung und Behandlung

Im Frühstadium eines Burn-outs empfiehlt sich die Teilnahme an einer Supervisions- oder Selbsterfahrungsgruppe mit anderen Betroffenen, die am besten psychotherapeutisch geleitet werden sollte. Bei einem fortgeschrittenen Krankheitsverlauf ist eine ambulante Psychotherapie hilfreich.

Hinzu kommen einige individuelle Maßnahmen:

✔ Beschränken Sie sich, wenn Sie ein burn-out-gefährdeter Lehrer sind, auf realistische Leistungserwartungen, im Verhältnis zu sich selbst, zu den Schülern, Eltern und Kollegen.

✔ Setzen Sie sich mit Faktoren, die Arbeit und Gesundheit beeinflussen, auseinander und entwickeln Sie eine Sensibilität für solche Zusammenhänge.

✔ Aktivieren Sie Ihre persönlichen Schutzmechanismen, verbessern Sie Ihre Arbeitsorganisation (siehe Kapitel 7) und nutzen Sie Ihre privaten Möglichkeiten zur Erholung, anstatt sich vom Beruf »auffressen« zu lassen. Ihre Kraftquellen können Stress in gewissem Umfang abpuffern.

Viele Schulen sind nur unzureichend auf die Vorbeugung und Behandlung von Burn-out-Symptomen eingestellt. Gerade in Deutschland fehlt oft ein regelmäßiger Austausch im Lehrerzimmer. An den meisten Universitäten werden Lehramtsstudenten zwar inhaltlich geschult, doch eine fundierte didaktisch-pädagogische Ausbildung, gerade für häufige Problemsituationen oder den Unterricht an »sozialen Brennpunkten«, ist Mangelware.

✔ Nutzen Sie bereits als Anfänger Eignungstests, Praktika und Fortbildungsangebote, um eine angemessene Berufswahl zu treffen und den typischen »Praxisschock« in der Referendarzeit abzumildern.

✔ Nehmen Sie an Seminaren über häufige schulische Problemsituationen teil.

✔ Scheuen Sie sich nicht, Ihre Kollegen um Supervision zu bitten. Viele erfolgreiche Schulen zeichnen sich dadurch aus, dass andere Lehrer den Unterricht besuchen und im Anschluss, in einem Vieraugengespräch, Positives loben und Verbesserungsvorschläge machen.

Unterstützung für besonders gefährdete Lehrer

Es gibt viele Hilfsmaßnahmen, die sich besonders für burn-out-gefährdete Persönlichkeitstypen dieses Berufsstands eignen.

Manche Lehrkräfte überfordern sich dauerhaft, sie engagieren sich exzessiv, neigen zum Perfektionismus und verringern deshalb ihre Widerstandskräfte ebenso wie ihr Wohlbefinden.

 Hier sollte der Stellenwert des Unterrichts im Verhältnis zu anderen Lebensbereichen relativiert werden. Die beruflichen Anforderungen müssen in einem angemessenen Gleichgewicht zu den häuslichen Aufgaben und den Freizeitaktivitäten stehen. Auch eine Verbesserung von Arbeitsorganisation und Zeitmanagement kann sinnvoll sein (siehe Kapitel 7).

Bei vielen Lehrern kommt es zu chronischen emotionalen Erschöpfungszuständen, wachsender Frustration im Beruf und einem Verlust der Widerstandsfähigkeit. Motivation und Engagement sind zumeist schon seit längerer Zeit reduziert.

In diesem Fall empfiehlt sich eine systematische Förderung von Konfliktbewältigungsstrategien und Selbstsicherheit mit dem Ziel einer nachhaltigen emotionalen Stabilisierung. Hierfür eignen sich Gruppenfortbildungen, aber auch eine ambulante oder stationäre Psychotherapie.

Erzieher und Sozialpädagogen

Nach der oben erwähnten finnischen Studie, die man zum Teil auf deutsche Verhältnisse übertragen kann, leiden »nur« etwa 10 Prozent der Erzieher unter einem Burn-out-Syndrom, also deutlich weniger als im Lehrerberuf.

Realistische Erwartungen können helfen

Über die Gründe lässt sich nur spekulieren: Einerseits könnte dieser Umstand damit zusammenhängen, dass der Umgang mit kleineren Kindern oft zufriedenstellender ist als, zum Beispiel, der Unterricht in einer heftig pubertierenden Schulklasse.

 Andererseits haben es viele Menschen mit einem sozialpädagogischen Beruf vermutlich gelernt, ihre Erwartungen an die tatsächlichen Möglichkeiten ihrer Klientel anzupassen. Wer etwa vorhätte, geistig Schwerbehinderte dem Abitur zuzuführen, würde immer wieder an seinen Ansprüchen scheitern und wäre definitiv ungeeignet für die Arbeit in einer Behindertenwerkstatt oder einem Heim.

Realistische Erwartungen wiederum sind eine der wichtigsten Schutzmaßnahmen für die eigene Gesundheit und sie verringern häufig auch die Gefahr, im Beruf bald auszubrennen.

Selbsthilfe-Ideen für burn-out-gefährdete Sozialpädagogen

Dennoch gibt es bei sozialpädagogischen Berufen einige Faktoren, die diese Arbeit chronisch belasten können. Dazu gehört zum Beispiel der Umgang mit schwer traumatisierten Kindern, etwa nach jahrelangem sexuellem Missbrauch, aber auch die Unterstützung von drogenkranken oder delinquenten Jugendlichen mit schlechten Behandlungsaussichten.

Auch hier können den betroffenen Erziehern, Sozialpädagogen oder Sozialarbeitern einige Maßnahmen zur eigenen emotionalen Stabilisierung helfen. Zum Beispiel:

✔ Regelmäßige kollegiale oder extern geleitete Supervisionssitzungen

✔ Gutes Betriebsklima mit Gelegenheiten, sich regelmäßig über die bestehenden Schwierigkeiten auszutauschen, und innerbetriebliche Solidarität

✔ Ausgleich der beruflichen Belastungen durch ein zufriedenstellendes Privatleben

✔ Angemessene Delegation von Tätigkeiten an die Mitarbeiter beziehungsweise eine Verringerung von Überstunden, falls Sie sich gerade akut oder chronisch schwer belastet fühlen

Burn-out-Bewältigung bei Ärzten oder Krankenpflegern

Gerade Menschen in Pflegeberufen sind häufig vom Burn-out-Syndrom betroffen. Nach einer Schweizer Studie leiden etwa 25 Prozent der Ärzte und Pflegekräfte in der emotional besonders anstrengenden psychiatrischen Krankenversorgung unter einem Burn-out-Syndrom.

 Auch die Selbstmordrate von Psychiatern ist erschreckend hoch. Mitarbeiter von Intensiv-, Krebs- und Aidsstationen sind tendenziell noch stärker betroffen: In diesen Berufen erleben in Deutschland 40 bis 60 Prozent der Pfleger sowie 15 bis 30 Prozent der Ärzte eine Burn-out-Krise.

Hintergrund der häufigsten Schwierigkeiten

Für diesen Befund sind viele Probleme verantwortlich, die mit der Tätigkeit in einer Klinik (oder, in etwas geringerem Ausmaß, in einer Arzt- oder Psychotherapiepraxis) einhergehen:

✔ Die andauernde Beschäftigung mit somatisch oder seelisch Erkrankten, mit chronischen und lebensbedrohlichen Krankheiten, Sterben und Tod.

✔ Die strenge Hierarchie in den meisten Kliniken, die den ohnehin überlasteten Assistenz-ärzten keine einigermaßen gleiche »Augenhöhe« zum Oberarzt oder zum Chefarzt er-möglicht. Beruflicher Aufstieg wird zumeist durch ein besonders autoritäres Gehabe er-leichtert, was den Druck auf alle Beteiligten weiter erhöht.

✔ Dauerhafte Organisations-, Informations- und Planungsdefizite verringern bei vielen das Gefühl, die berufliche Tätigkeit einigermaßen unter Kontrolle zu haben.

✔ Wechselnde Drei-Schichten-Dienste bei Krankenpflegern und der nächtliche Bereitschafts-dienst bei Klinikärzten sind zusätzliche Stressfaktoren und bringen immer wieder den Tag-Nacht-Rhythmus durcheinander.

✔ Viele Schwestern und Pfleger leiden unter den körperlich und psychisch hochgradig an-strengenden Tätigkeiten, die zudem noch schlecht bezahlt werden. Hier macht sich der Rückgang der physischen Leistungsfähigkeit im Alter besonders stark bemerkbar.

✔ Niedergelassene Ärzte klagen oft über die ausufernde Bürokratie, bedingt unter anderem durch wechselnde Gesundheitsreformen und ständige Veränderungen der Abrechnungs-modalitäten. Gespräche mit Patienten werden im Vergleich zur »Apparatemedizin« kaum noch finanziell vergütet. Um über die Runden zu kommen, müssen die Betroffenen oft so viele Erkrankte behandeln, dass die persönlichen Belastungsgrenzen immer wieder überschritten werden.

Hilfe für Menschen mit medizinischen Berufen

Wenn Sie in einem medizinischen Beruf arbeiten, können Sie trotz der häufig eher ungüns-tigen Rahmenbedingungen einiges tun, um mit chronischem Stress besser zurechtzukommen und die Burn-out-Gefahr zu verringern.

 Gehen Sie auch im Kollegenkreis offen mit Ihrer Überlastung um. Wer seine Arbeitsprobleme ausschließlich mit sich selbst ausmacht, ist deutlich burn-out-gefährdeter als jemand, der darüber sprechen kann, ohne ständig zu jammern.

✔ Regen Sie in der Klinik, in der Sie arbeiten, an, eine regelmäßige Supervisionsgruppe ein-zurichten, und ermutigen Sie die anderen Beschäftigten, diese Gruppe zum Austausch über die eigene Befindlichkeit und über mögliche Schwierigkeiten zu nutzen. Oft befürchten vor allem die weniger selbstbewussten Krankenhausmitarbeiter, dass sie sich angreifbar machen und dass ihnen Nachteile entstehen, wenn sie in der Supervision über Fehler, Schwächen oder zwischenmenschliche Konflikte sprechen.

✔ Falls es eine solche Gruppe bereits gibt, sie aber kaum zum offenen Austausch oder zu ehrlichen Rückmeldungen genutzt wird, können Sie dieses Problem zum Thema machen, oder Sie fangen in der Supervision selbst damit an, über sich und Ihre Gefühle zu reden. Wenn Sie dabei nicht übertreiben, kann Ihr Verhalten für die anderen zum Vorbild werden.

✔ Vernetzen Sie sich gut mit Ihren Mitarbeitern, unabhängig von der Hierarchieebene, und tauschen Sie sich mit ihnen auch über private Aspekte aus. Das erhöht nicht nur die Wahrscheinlichkeit, dass Sie, wenn nötig, angemessen unterstützt werden, sondern auch

Ihre Chancen, über wichtige gemeinschaftliche Belange sobald wie möglich informiert zu sein.

✔ Scheuen Sie sich nicht, Arbeiten zu delegieren, wenn Ihre Belastungsgrenze erreicht oder überschritten ist. Diese Unterstützung setzt natürlich Vertrauen voraus. Wechselseitige Hilfe kann bei Ihren Kollegen dem Eindruck vorbeugen, von Ihnen ausgenützt zu werden. Wenn gegenseitige Unterstützung nicht möglich sein sollte, etwa bei der Delegation von Verwaltungsaufgaben an die Praxis-Sprechstundenhilfe, wäre es sinnvoll, die Angestellten um eine ehrliche Rückmeldung zu bitten, falls sie Gefahr laufen, sich chronisch zu überfordern.

✔ Gesunde private Gegengewichte zur beruflichen Sorge für die Kranken aufzubauen, ist besonders wichtig. Freundschaften, Liebesbeziehung und Familie können Ausbrenntendenzen vorbeugen und bestehende Burn-out-Probleme deutlich abmildern.

✔ Experten raten zu einer Einrichtung von Krankenhaus-»Schutzräumen« für die Mitarbeiter, um den Austausch zu erleichtern und den Betroffenen Erholungspausen zu ermöglichen.

✔ Es empfiehlt sich, Fortbildungsseminare zu gesundheitsförderlichem Verhalten, Stress- und Burn-out-Prävention zu besuchen und die entsprechenden Erkenntnisse in den Klinikalltag zu integrieren. Flachere Hierarchien und eine Stärkung des Austausches zwischen Ärzten und Pflegekräften wären ebenfalls gut, aber das ist, wie so vieles, leichter gesagt als getan.

Burn-out bei Führungskräften

Einer Untersuchung zufolge brennen in Deutschland etwa 25 Prozent der Führungskräfte aus. In manchen Branchen sollen sogar bis zu 50 Prozent der Manager chronisch beeinträchtigt sein. Damit ist Deutschland internationaler Spitzenreiter bei Erschöpfungszuständen und chronischem Arbeitsstress im Unternehmensleitungsbereich.

Hintergrund der häufigsten Schwierigkeiten

Oft sind gerade besonders motivierte und leistungsstarke Führungskräfte betroffen. Im Hintergrund steht der massive Leistungsdruck, den viele Manager noch um den inneren Druck ergänzen, bloß keine falschen Entscheidungen zu treffen oder gar einen folgenschweren Fehler zu machen.

Globalisierung, dauerhafte zeitliche Überforderung bei wenig Schlaf und die vielerorts wahrnehmbare Reduktion von Unternehmenszielen auf die Steigerung der Renditeerwartungen verschärfen die Schwierigkeiten. In Deutschland berichten nur 44 Prozent der Leitungskräfte, sie kämen im Allgemeinen mit ihrem täglichen Arbeitspensum zurecht, ohne ständig Überstunden zu leisten.

Ein weiteres Problem kommt hinzu: Das Burn-out-Syndrom wird von vielen Managern als »Stell-dich-nicht-so-an-Krankheit« betrachtet. Nur die wenigsten Führungskräfte haben im beruflichen Umfeld das Gefühl, in ihrer Krise angemessene Unterstützung zu bekommen. Die Gefahr einer chronischen Burn-out-Entwicklung steigt besonders, wenn die Betroffenen feststellen, dass ihre Arbeitsbelastung zunimmt, während die Anerkennung für ihre Leistungen im Job durch Vorgesetzte, Gleichrangige oder Untergebene zurückgeht.

Schwierigkeiten, angesichts des zeit- und kraftraubenden Berufsalltags die Anforderungen von Arbeit, Familie, Freizeit, Gesundheit und Weiterbildung unter einen Hut zu bringen, bergen vor allem für hoch motivierte Führungskräfte ein beträchtliches Konflikt- und Krankheitspotenzial.

Gerade wenn beide Partner in einer Beziehung berufstätig sind, besteht ein hoher Abstimmungsbedarf, um den Alltag zu bewältigen. Traditionelle rollentypische Verhaltensmuster (»Für Haushalt und Kinder ist selbstverständlich meine Frau zuständig«) erschweren eine gerechte Verteilung der familiären Lasten. Ohnehin fehlt chronisch erschöpften Berufstätigen oft die Kraft, sich über die Jobanforderungen hinaus privat zu engagieren, was auch die Wahrscheinlichkeit für nachhaltige häusliche Konflikte verstärkt.

Burn-out bei Führungspersonen ist häufig die Folge eines gestörten Gleichgewichts zwischen Arbeits- und Lebenssituation, zwischen den Anforderungen im Job und den eigenen Bedürfnissen und Grenzen. In der Krise können Arbeitsqualität, Arbeitszufriedenheit und Leistungsvermögen erheblich zurückgehen.

Weiterbildung zu Vorbeugung und Umgang mit einem Burn-out

Unter www.wellnessverband.de werden Maßnahmen genannt, die dazu beitragen können, einem Burn-out-Syndrom im Beruf vorzubeugen oder dessen Auswirkungen langfristig zu verringern. Hierzu dienen vor allem Weiterbildungsseminare, die, neben vielen anderen privaten Institutionen, auch auf dieser Verbandshomepage angeboten werden.

✔ Berufliche Herausforderungen sollten möglichst mit den Lebenszielen und Werten der Beteiligten übereinstimmen. In Fortbildungen für Führungskräfte werden die positiven Aspekte dieser Aufgaben herausgearbeitet. Hier wird angestrebt, die Herausforderungen mit den eigenen Lebens- und Wertmaßstäben zu verbinden und die seelisch-emotionalen Kräfte der Betroffenen zu stärken, sodass sie das Gelernte erfolgreich in ihren Alltag einbauen können.

✔ Ein wichtiger Schwerpunkt ist das persönliche Belastungsmanagement, das häufig durch Wahrnehmungs-, Erlebnis- und Entspannungsübungen ergänzt wird. Hinzu kommen Ideen, wie sich Führungskräfte gesundheitsgerechter verhalten und dem »Schneller, höher, weiter« im Job etwas Wirksames entgegensetzen können.

✔ Oft stehen in diesen Seminaren Maßnahmen zu einer besseren Vereinbarkeit von Beruf, Freizeit und Familie im Fokus.

✔ Manchmal geht es auch um Warnsignale, durch die sich eine Burn-out-Gefährdung bei Kollegen und Untergebenen erkennen lässt, und um Wege, mit solchen Krisen gut umzugehen.

Strategien zur Krisenbewältigung

Einige Strategien zur Krisenbewältigung können Sie, falls Sie betroffen sind, auch ohne Weiterbildungsseminare ausprobieren. Dazu gehören unter anderem folgende Maßnahmen:

✔ Begegnen Sie den Ausbrenntendenzen durch ein besseres Arbeitsorganisations- und Zeitmanagement (mehr dazu finden Sie in Kapitel 7).

✔ Passen Sie, soweit das möglich ist, die beruflichen Anforderungen an Ihre Kräfte an. Arbeiten vertrauensvoll an andere Menschen delegieren zu können, ist besonders wichtig.

✔ Bewerten Sie ehrliche, gegebenenfalls kritische Rückmeldungen von Ihren Kollegen eher als Gewinn, nicht als unzumutbare Belästigung. Wer sich stattdessen als Führungskraft mit rückgratlosen Jasagern umgibt, braucht sich nicht zu wundern, wenn ihm Informationen, die nicht zu seinen Erwartungen passen, systematisch vorenthalten werden.

✔ Nehmen Sie Hilfe an, etwa durch einen (möglichst betriebsfremden) Coach oder einen Therapeuten, wenn Ihr Akku schon seit längerer Zeit leer ist. Betrachten Sie Ihren Wunsch nach professioneller Unterstützung nicht als Ausdruck einer persönlichen Schwäche, sondern als Signal dafür, dass Sie wirklich etwas für sich tun wollen, um in Zukunft Belastungen erfolgreicher bewältigen zu können.

 Entspannung, Gespräche und »Nichtstun« im Privatleben sind ein besserer Ausgleich für einen objektiv und subjektiv anstrengenden Berufsalltag als zwanghaftes »Kampf-Joggen« oder das Durchexerzieren diverser Diätpläne zur Steigerung der körperlichen Fitness.

Hilfreiche Veränderungen der Unternehmenskultur

Andere Maßnahmen helfen nicht nur Führungspersonen, die Gefahr laufen, auszubrennen. Sie verringern auch die Burn-out-Risiken der Mitarbeiter, sie verbessern die Unternehmenskultur und erhöhen vermutlich langfristig auch den wirtschaftlichen Erfolg der Firma.

✔ Passen Sie, soweit das möglich ist, die Arbeitsinhalte und die organisatorischen Strukturen an die Fähigkeiten und Grenzen Ihrer Kollegen an.

✔ Versuchen Sie, Ihre Mitarbeiter weder chronisch zu unterfordern noch dauerhaft zu überfordern. Überstunden sollten eher eine Ausnahme als eine Regel sein.

✔ Beziehen Sie die Kollegen, wo immer es Ihnen möglich ist, in die Gestaltung der Arbeitsabläufe ein. Das erhöht die Motivation und das Gefühl, die jeweiligen Tätigkeiten kontrollieren zu können.

✔ Suchen Sie in Ihrem Unternehmen gezielt nach angemessener Unterstützung und tragen Sie das Ihre zu Austausch, Offenheit und einem positiven, angstfreien Betriebsklima bei.

✔ Nehmen Sie spezielle Trainingsangebote für Leitungskräfte wahr, die sich mit effektiver Mitarbeiterführung befassen.

Bürotätigkeiten: Krisen und Lösungsvorschläge

Ähnlich wie bei vielen anderen Berufsbildern machen burn-out-gefährdete Büroangestellte häufig die Erfahrung, in einem Teufelskreis zu stecken, aus dem sie kaum noch herausfinden.

 Die schon erwähnte finnische Studie ergab, dass etwa 3 Prozent aller Büroangestellten unter einem Burn-out-Syndrom leiden. 22 Prozent der Befragten schilderten einzelne Symptome der Erkrankung, und vermutlich lassen sich diese Werte ungefähr mit den deutschen Verhältnissen vergleichen.

Burn-out im Büro: Ein Teufelskreis

Erhöhte berufliche Belastung führt auf längere Sicht zu chronischer Erschöpfung und dem Gefühl, nicht mehr mithalten zu können. Mehrarbeit trägt zwar zu kurzfristigen Erfolgen bei, doch sie verringert durch das Ignorieren der eigenen Grenzen mittelfristig die Belastbarkeit des Betroffenen.

Überlastung, Motivationsrückgang und eine negative Einstellung zu allem, was mit der jeweiligen Tätigkeit zusammenhängt, vermindern anschließend das Leistungsniveau, was die Wahrscheinlichkeit erhöht, dass es dem Mitarbeiter nicht mehr gelingt, den Berufsanforderungen gerecht zu werden. Das bestätigt die Misserfolgserwartungen des Betroffenen. Dennoch versucht er, beruflich noch mehr zu leisten, weit über seine persönlichen Grenzen hinaus, was ihn noch stärker erschöpft, und so weiter.

 Einige Selbsthilfemaßnahmen, die einen Burn-out verhindern oder verringern können, habe ich bereits beschrieben. Es ging vor allem um Stress-, Organisations- und Zeitmanagement, um Bestrebungen, Beruf und persönliche Lebensziele erfolgreicher aufeinander abzustimmen, und um regelmäßige Erholungspausen. Außerdem wäre es ratsam, durch ein freundliches, kollegiales Verhalten für Unterstützung zu sorgen, am besten, bevor die eigene Situation unerträglich geworden ist.

Konflikte mit Kollegen und Vorgesetzten entschärfen

In diesem Abschnitt geht es um individuelle und zwischenmenschliche Schwierigkeiten, die häufig die Gefahr erhöhen, ein Burn-out-Syndrom zu erleiden, da betrieblichen Außenseitern bei der Bewältigung ihrer Probleme normalerweise wenig geholfen wird. Nicht selten kann es sogar zum Mobbing kommen, also zum Herausekeln des Betroffenen aus dem Job (mehr dazu weiter hinten in diesem Kapitel). Das Gegenteil davon, also effektive soziale Unterstützung, ist einer der wichtigsten Faktoren zur Vorbeugung und Verringerung von Ausbrennsymptomen am Arbeitsplatz.

Problematische Kommunikation am Arbeitsplatz

Einige Persönlichkeits- und Kommunikationsfaktoren erschweren oder verhindern die kollegiale Hilfe in einer Krisensituation. In extremen Fällen können diese Charaktereigenschaften sogar dazu führen, dass jemand am Arbeitsplatz irgendwann vollkommen isoliert ist.

✔ Betroffene spielen gegenüber Gleichrangigen immer wieder den Chef und verhalten sich übermäßig dominant.

✔ Kritik wird wiederholt ignoriert oder zurückgewiesen, eine Korrektur der eigenen Fehler findet nicht statt oder sie werden Dritten angelastet.

✔ Betroffene vermeiden entspannte Gespräche mit Kollegen über private Belange, reagieren humorlos oder wirken auf andere Weise unsympathisch.

✔ Eine ausgeprägt zwanghafte oder perfektionistische Herangehensweise an sich selbst und an die Kollegen verringert die Arbeits- und Lebensfreude aller Beteiligten.

✔ Wer im Beruf dauernd seine Bedürfnisse nach Anerkennung und Bewunderung auslebt und kein wirkliches Interesse an den Kollegen hat, braucht sich nicht zu wundern, wenn ihm die anderen in einer seelischen Krise ebenfalls nicht mit Mitgefühl und Unterstützung begegnen. (Das gilt natürlich auch, wenn sich ein Vorgesetzter auf diese Weise verhält.)

 Solche Menschen sind häufig kaum dazu in der Lage, nonverbale Signale beim Gegenüber, vor allem ablehnende, richtig zu deuten. Kommt es dann irgendwann zu einer Konfrontation mit den Kollegen oder dem Chef, ist es oft bereits zu spät, die ramponierten zwischenmenschlichen Beziehungen zu reparieren.

✔ Vorgesetzte, die von ihren Mitarbeitern immer wieder deutlich mehr Unterstützung in Anspruch nehmen, als sie ihnen zurückgeben, werden in einer Burn-out-Krise am Arbeitsplatz, also in einem Zustand der Schwäche, häufig alleingelassen.

Hilfreiche zwischenmenschliche Kommunikation

Um dem Ausbrennen wirksam vorzubeugen oder eine Burn-out-Entwicklung durch kollegiale Hilfe abzumildern, gibt es einige sinnvolle Verhaltensweisen:

✔ Anstatt Kollegen nach dem Motto »Hoppla, jetzt komm ich« zu begegnen, oft eher ein Ausdruck mangelnder, denn wirklicher Selbstsicherheit, wäre es ratsam, sich gerade als Betriebsneuling zunächst zurückzuhalten. Vorübergehende Schüchternheit kommt im Allgemeinen deutlich besser an als Platzhirschgebaren.

✔ Es empfiehlt sich, etwaige Kritik durch Kollegen oder Vorgesetzte, auch wenn das schwerfällt, ruhig anzuhören und auf Rechtfertigungen ebenso zu verzichten wie auf unzutreffende Schuldzuweisungen an andere. Die viel zitierte »Beratungsresistenz« ist ebenso wenig ein Ausdruck von Selbstsicherheit wie eine ständig übermäßig selbstkritische Grundhaltung.

✔ Wer sich, ohne es zu übertreiben, immer wieder mit seinen Kollegen austauscht, auch über private Belange, schafft eine gute Grundlage für wechselseitige Sympathie und webt gleichzeitig erfolgreich an einem sozialen Netz. Außerdem hilft es, nicht nur in Notsituationen, sehr, rechtzeitig über wichtige organisatorische oder persönliche Veränderungen informiert zu werden, und das gelingt im Allgemeinen deutlich besser, wenn Sie Ihren Kollegen als Mensch begegnen und nicht als »Arbeitsroboter«.

✔ Gehen Sie freundlich mit sich und anderen um. Ihre Kollegen werden gelegentlich Fehler machen und individuelle Schwächen haben, so wie Sie selbst. Überstarker innerer und äußerer Druck hat bei Ihnen vermutlich einiges zur aktuellen Burn-out-Krise beigetragen. Wenn es Ihnen gelingt, von Ihren perfektionistischen Ansprüchen wegzukommen und fehlertoleranter zu werden, verbessert sich häufig auch das Verhältnis zu den ebenfalls »allzu menschlichen« Kollegen.

✔ Blicken Sie gelegentlich über den eigenen Tellerrand hinaus: Es geht nicht immer um Sie und Ihre Bedürfnisse, und natürlich auch nicht ausschließlich um den Erfolg des Unternehmens, in dem Sie tätig sind. Auch Ihre Kollegen haben Erfahrungen, Wünsche und Grenzen, die Sie nur kennenlernen werden, wenn Sie sich wirklich für sie interessieren. Selbstverständlich müssen Sie nicht auf alle Mitmenschen gleichermaßen neugierig sein, und manche können Sie vielleicht nicht einmal leiden. Umso wichtiger wäre es, den sympathischen Kollegen Interesse entgegenzubringen und sich regelmäßig mit ihnen auszutauschen. In einer Krise sind Sie dann nicht allein – und auch Ihre Kollegen sollten auf Sie bauen können, wenn es ihnen einmal schlecht geht.

Allerdings ist es sehr schwierig, die eigenen Erlebens- und Kommunikationsformen erfolgreich zu verändern, erst recht in einer seelischen Ausnahmesituation. Manchmal empfiehlt sich hier eine Psychotherapie (siehe Kapitel 14 und 15).

Burn-out: Wie sag ich's meinem Chef?

Es ist anstrengend genug, an chronischen Erschöpfungszeichen, Ängsten und depressiven Symptomen zu leiden. Die eigene Befindlichkeit am Arbeitsplatz auch noch dauerhaft zu überspielen, lässt die Belastungen zumeist ins Unerträgliche steigen.

 Wenn Sie schon seit Längerem in einer beruflichen Burn-out-Krise stecken, spricht einiges dafür, dass sich Ihr seelischer Zustand nur begrenzt vor den Mitarbeitern verstecken lässt – und dass der Versuch, ihn zu verbergen, die Problematik noch verstärkt.

Außerdem hilft es bekanntlich sehr, zu wissen, dass Sie zumindest die beruflichen Vertrauten so akzeptieren, wie Sie sind, und Ihnen in der schwierigen Situation beistehen.

Ein Burn-out wirkt sich nicht nur negativ auf die eigene Belastbarkeit und das Leistungsvermögen aus, sondern auch auf das Kommunikationsverhalten und die Fähigkeiten der Betroffenen, Konflikte bewältigen zu können. Umso besser, wenn Sie in dieser unangenehmen Situation zumindest das Gefühl haben, einigen Kollegen vertrauen zu können und von ihnen, soweit möglich, unterstützt zu werden.

Natürlich müssen Sie keineswegs mit Ihrer Seelenlage hausieren gehen, indem Sie jedem Kollegen davon berichten – und dann vielleicht irgendwann vor der Kündigung stehen. Doch der Austausch mit ausgewählten Kollegen kann durchaus den Druck in der Krise verringern und zu neuen Ideen beitragen, durch die sich die Problematik langfristig entschärfen lässt.

Wenn Sie vorhaben, Ihrem Vorgesetzten Ihre Befindlichkeit zu schildern, etwa nach regelmäßigen Krankschreibungen, einer burn-out-bedingten Fehlentscheidung, nach dauerhaften Leistungseinbußen oder vor einem Kurantrag, gilt es jedoch, einige Punkte im Hinterkopf zu behalten.

Sie wollen wahrscheinlich weder den Status eines »Daueropfers« bekommen, das von allen geschont wird, noch wegen Ihrer derzeitigen Belastungen auf der »Abschussliste« Ihres Chefs stehen. Hierzu nun einige Hinweise.

✔ Vermutlich ist es auch Ihrem Vorgesetzten nicht verborgen geblieben, dass Sie derzeit unter Problemen leiden. Die »Gerüchteküche« funktioniert in den allermeisten Firmen hervorragend, selbst wenn vieles von dem Gerede übertrieben oder unfair dargestellt wird. Zudem hat sich Ihre nachlassende Arbeitskraft, gerade bei einem fortgeschrittenen Burn-out-Syndrom, möglicherweise bereits nachteilig auf die Leistung ausgewirkt. Das merkt auch der Chef.

✔ Meistens empfiehlt sich ein Vieraugengespräch, außer Sie fühlen sich von Ihrem Vorgesetzten ausgegrenzt oder gemobbt. Dann kann es sinnvoll sein, einen Betriebsrat oder einen Vertrauten zur Unterstützung hinzuzuziehen.

Was Sie Ihrem Chef erzählen, hängt davon ab, wie viel Vertrauen Sie zu ihm haben. Im Allgemeinen können Vorgesetzte mehr mit Begriffen wie »zu viel Stress«, »Burn-out«, »Konzentrationsprobleme« oder »heftige Kopfschmerzen am Arbeitsplatz« anfangen als mit »klinischen« Symptomen aus dem seelischen Bereich (etwa »Depression«, »Angststörung« oder »Selbstmordgedanken«). Die »harmloseren« Beschreibungen bringen zudem den Vorteil mit sich, dass eine deutlich geringere Gefahr besteht, als »psychisch krank« zu gelten.

✔ Wenn Ihr Chef nun genug weiß, um Ihre Situation sinnvoll einzuordnen, können Sie sich bei ihm erkundigen, welche Möglichkeiten der Entlastung infrage kommen. Das hat den Vorteil, dass der Vorgesetzte nicht den Eindruck hat, Sie nähmen ihm das Heft aus der Hand.

✔ Lassen Sie sich genug Zeit, um in Ruhe über die Lösungsideen nachzudenken, und besprechen Sie sie möglichst auch mit Ihren Angehörigen.

Falls Sie der Chef in dem Gespräch bitten sollte, selbst einen Vorschlag zu machen, wäre es gut, wenn Sie sich schon vor der Unterhaltung überlegt haben, was Ihnen wirklich helfen könnte, die chronische Stresssituation zu entschärfen. Dazu kann zum Beispiel eine Verringerung Ihrer Überstunden gehören, Unterstützung durch einen versierten Kollegen, ein unbezahlter Urlaub oder ein stationärer, psychosomatisch orientierter Kuraufenthalt.

Gegen Mobbing vorgehen

Mobbing am Arbeitsplatz durch Vorgesetzte oder Kollegen ist eine häufige Ursache für einen Burn-out. Mobbingprobleme können aber auch die Folge eines krisenhaften Ausbrennens sein, da ein Burn-out häufig die kommunikativen Kompetenzen, das Einfühlungsvermögen und die Fähigkeit zur Konfliktbewältigung beeinträchtigt.

 »To mob« bedeutet im Englischen übrigens »anpöbeln« oder »schikanieren«. Doch nicht alle Mobbinganzeichen sind so deutlich zu erkennen wie offene Aggressionen gegenüber dem Betroffenen.

Die Mobbingopfer-Webseite `www.anti-gewalt-massnahmen.de` beschreibt, unabhängig von den Ursachen, einen typischen Verlauf für die systematische Ausgrenzung am Arbeitsplatz:

✔ Schon vor der Phase einer offenen Diskriminierung werden den Betroffenen oft berufliche Aufgaben zugewiesen, die sie deutlich überfordern. Die Rahmenbedingungen machen dabei die Erledigung dieser Arbeiten in der gewünschten Form unmöglich.

✔ Manchmal wird auch der umgekehrte Weg eingeschlagen: Der Chef erteilt seinem »Opfer« längere Zeit primitive Aufgaben, die es chronisch unterfordern und zudem die weiteren beruflichen Perspektiven verschlechtern: Ein Ingenieur etwa, der monatelang nur Unterlagen vernichtet, am Kopierer steht oder den Kaffee für seine Kollegen kocht, ist bald nicht mehr fit genug für sein eigentliches Arbeitsfeld, auch wenn er irgendwann zermürbt ist, aufgibt und die Stelle wechseln möchte.

✔ Betroffene werden mehr und mehr von wichtigen Informationsflüssen ausgeschlossen, was sowohl sachbezogene Tätigkeiten als auch die zwischenmenschlichen Beziehungen betreffen kann. Ein »Klassiker« ist das Gespräch der Kollegen das jedes Mal abrupt verstummt, sobald das »Opfer« den Pausenraum betritt.

 Häufig erscheint die Vorphase einer offenen Diskriminierung langsam und schleichend, was es den Betroffenen besonders schwer macht, die entsprechende Intention zu erkennen.

Die Mobbingopfer-Homepage stellt den weiteren Ausgrenzungsverlauf und die Gegenmaßnahmen in einem dreistufigen Phasenmodell dar, wobei, wie bei den meisten theoretischen Modellen, individuelle Abweichungen möglich sind und einzelne Stufen manchmal vertauscht oder übersprungen werden.

Die erste Mobbing-Phase

Aus einem berufsbezogenen Konflikt, der viele Hintergründe haben kann, entsteht eine persönliche Diskreditierung des Betroffenen. Häufig wird das Opfer aus seinem bisherigen Wirkungsfeld herausgenommen, verbunden mit Vorwürfen des Chefs wie »Niemand will mehr mit Ihnen zusammenarbeiten« oder Forderungen, »endlich mehr für Ihre Akzeptanz« zu sorgen.

Nicht selten kommt es in dieser Phase auch zu Drohungen, dass »Ihr Verhalten, wenn Sie es nicht ändern, nicht ohne Folgen bleiben wird«.

Sinnvolle Gegenmaßnahmen

Experten raten dazu, alles, was gegen Sie unternommen wird, schriftlich zu dokumentieren, zum Beispiel per Mail. Empfehlenswert ist die Einbeziehung mindestens einer anderen Person. Das kann zum Beispiel ein Mitglied des Betriebsrats oder ein Kollege sein. Am besten protokollieren Sie die Auseinandersetzungen in der Firma so detailliert wie möglich und senden sie dem Verursacher zur Kenntnisnahme zu, selbst wenn es ihn noch wütender macht. Behalten Sie im Hinterkopf, dass es wahrscheinlich irgendwann zu einem Prozess vor dem Arbeitsgericht kommen wird, den Sie schon jetzt schriftlich vorbereiten können.

 Falls Sie unter einer fortgeschrittenen Burn-out-Krise leiden, wird Ihnen ein derart entschlossenes Vorgehen sehr schwerfallen, schließlich geht chronische Stressbelastung zumeist mit Energiemangel, Abgrenzungsproblemen und wiederholten depressiven Selbstvorwürfen einher. Dennoch sollten Sie sich in einer Mobbingsituation so weit wie möglich selbst schützen und für Ihre Rechte kämpfen, da sich Ihre Lage andernfalls deutlich verschlechtern wird.

Suchen Sie außerdem nach Unterstützung durch vertraute Kollegen, denn wenig ist so belastend wie das Gefühl, von allen verlassen zu sein.

Die zweite Mobbing-Phase

Auf der zweiten Diskriminierungsstufe kommt es oft zu einer Abmahnung vom Chef, ohne wirkliche sachliche Grundlage und nicht selten überraschend. Wenn eine Abmahnung in der Personalakte landet, ohne dass dem Betroffenen eine Gelegenheit zur Stellungnahme eingeräumt wurde, gilt dies juristisch als unzulässiger Vorgang.

Sinnvolle Gegenmaßnahmen

In diesem Fall wird empfohlen, sofort auf die Rechtswidrigkeit der Abmahnung hinzuweisen, am besten schriftlich. Ihre Gegendarstellung muss Ihrer Personalakte beigefügt werden. Sie sollten nichts unterschreiben, was Ihnen vorgelegt wird, auch nicht den Erhalt der Abmahnung. Andere beliebte Angriffe sind die Ankündigung einer deutlichen Gehaltskürzung oder eine »Strafversetzung«, intern oder an einen anderen Ort.

Es wäre ratsam, den Vorgesetzten des Aggressors, der die gegen Sie verhängten Maßnahmen häufig unterstützt, per Mail – einen Ausdruck davon behalten Sie, wie in allen Mobbing-Phasen, für sich selbst – mit nachvollziehbaren Argumenten um Hilfe zu bitten. Der Leiter des Betriebs ist nämlich gesetzlich dazu verpflichtet, Ihnen beizustehen. Auch wenn natürlich einiges dafür spricht, dass er nichts dergleichen unternehmen wird, kann sich sein ignorantes Verhalten bei einem Prozess vor dem Arbeitsgericht als Fallstrick erweisen.

Außerdem ist es sinnvoll, falls es in Ihrem Unternehmen einen Betriebsrat gibt, ihn schriftlich aufzufordern, gegen die von Ihnen dokumentierten Rechtswidrigkeiten vorzugehen, denn ihm obliegt eine gesetzliche »Kontroll- und Aufsichtspflicht«. Wenn der Betriebsrat die entsprechenden Vorgänge gegenüber den zuständigen Personalleitern zum Thema macht, wird es für die Chefetage schwieriger, die Angelegenheit totzuschweigen.

Allerdings merken Experten an, dass Ihre »Gegner«, sobald sie Widerstand spüren, die Bemühungen vervielfachen werden, Sie aus Ihrem Arbeitsplatz herauszuekeln. Dennoch: Falls Sie aus Angst vor Konfrontation passiv bleiben und hoffen, dass sich alles irgendwann »von selbst« klären wird, haben Sie bereits verloren – und Ihre Burn-out-Gefahr erhöht sich weiter.

In dieser Phase empfiehlt sich der Besuch eines Psychiaters, der kein Betriebsarzt sein sollte. Lassen Sie sich dort Ihre psychischen oder somatischen Symptome bescheinigen, die aus der Ausgrenzungssituation entstanden oder von ihr verstärkt wurden. Von diesem Gutachten setzen Sie Ihren Vorgesetzten schriftlich in Kenntnis, was juristisch gesehen eine Art Schutzschild gegen weitere Angriffe ist, die Ihre seelische Lage verschlechtern.

Sie können bei fortgesetzter Diskriminierung sogar Strafanzeige gegen den Aggressor wegen Körperverletzung bei der Staatsanwaltschaft einreichen, allerdings maximal drei Monate nach der entsprechenden Tat, die nicht mit körperlichen Aggressionen einhergehen muss. Seelische Gewalt genügt. Bei einer Klage auf Schmerzensgeld sind die nachweisbaren Vorfälle erst nach drei Jahren verjährt. Am besten erkundigen Sie sich bei Ihrem Anwalt.

Die dritte Mobbing-Phase

Auf der dritten Stufe wird das Opfer in seiner Firma häufig als »psychisch Kranker« stigmatisiert. Chefetage, Personalabteilung oder Mitarbeitervertretung werden sich besorgt zeigen und Sie mehr oder weniger subtil dazu drängen, den Betriebsarzt aufzusuchen.

Im Hintergrund steht die zumeist unausgesprochene Vermutung, Sie seien durch eigenes Verschulden seelisch erkrankt und bedürften einer angemessenen Behandlung. Oft werden die Betroffenen in dieser Ausgrenzungsphase von den Vorgesetzten und den Kollegen nicht mehr ernst genommen, da sie ja als wenig belastbar und dauerhaft geschwächt gelten.

Sinnvolle Gegenmaßnahmen

Die Opfer-Homepage rät dringend dazu, keinerlei Kontakt zum Betriebsarzt aufzunehmen, denn er kann nach einem Besuch in seiner Praxis eine »ärztliche Beurteilung« in Ihre Personalakte aufnehmen. Häufig werden dort Ausführungen über Ihren »schwierigen Charakter« auftauchen, was auch Ihre späteren beruflichen Perspektiven beeinträchtigen kann. Kein Arbeitgeber darf, juristisch betrachtet, Ihr Recht auf freie Arztwahl einschränken. Gehen Sie also lieber zu einem Psychiater/Neurologen oder zu einem Facharzt für Psychotherapie, der Ihnen unter anderem von einer Anti-Mobbing-Organisation empfohlen werden kann.

Anschließend haben Sie die Möglichkeit, den »besorgten Helfern« in Ihrer Firma zu erklären, dass Sie sich bereits behandeln lassen und damit alles Ihnen Mögliche tun, um die beruflichen Probleme zu lösen.

 In schweren Fällen kann auch eine längere Krankschreibung oder eine stationäre Rehabilitationskur sinnvoll sein – selbst wenn sich dadurch Ihre Chancen nicht verbessern, den Angriffen am Arbeitsplatz erfolgreich entgegenzutreten.

Doch bevor Sie gänzlich aufgeben, denken Sie nicht in erster Linie an Ihre Berufschancen oder an die negativen Auswirkungen auf Ihren Kampf gegen die Mobbingangriffe, sondern an sich selbst und an Ihre psychisch-emotionale Gesundheit.

Sich und anderen guttun

13

In diesem Kapitel

▷ Selbstzerstörerische Gedanken abbauen

▷ »Unerledigte Geschäfte«: Chronische Ablenkungen ernst nehmen und berücksichtigen

▷ Beziehungsprobleme und private Krisen bewältigen

Zunächst stelle ich verschiedene Ideen vor, durch die es Ihnen möglicherweise gelingt, innere und äußere Begleiterscheinungen einer Burn-out-Krise zu verringern. Der Schwerpunkt liegt bei ständig wiederkehrenden destruktiven Grübeleien, die Sie mit einer Methode aus der Verhaltenstherapie abbauen können, dem sogenannten »Gedankenstopp«.

Anschließend beschreibe ich, was sich empfiehlt, wenn Sie, etwa im Beruf, immer wieder von Erinnerungen oder bevorstehenden Aufgaben abgelenkt werden, also von Ihrer Vergangenheit oder Ihrer Zukunft. Hier geht es um das psychologische Modell der »unerledigten Geschäfte« und um wirksame Wege, diese »Geschäfte« erst einmal aufzuschieben oder sich sofort um sie zu kümmern, damit Sie den Kopf wieder freibekommen.

 Ein weiterer Abschnitt behandelt den angemessenen Umgang mit privaten Konflikten, die oft mit einer Burn-out-Symptomatik verbunden sind, ob als Ursache oder als Folge der chronischen Stressbelastung. Zum Thema »konstruktives Streiten« stelle ich Ihnen einige Ideen vor, die eine Eskalation der Auseinandersetzungen verhindern und den Konflikt mittelfristig auflösen können.

Selbstzerstörerische Gedanken abbauen

In Kapitel 2 geht es um Grübeleien, die einen Burn-out begleiten, wenn die Krise, wie so oft, mit depressiven oder angstbezogenen Symptomen verbunden ist. Zu diesen Gedanken können Selbstabwertungen (zum Beispiel »Das schaffe ich sowieso nicht« oder »Ich bin für meine Aufgaben völlig ungeeignet«) ebenso gehören wie Überlegungen, die aus Furcht entstanden sind (etwa »Wenn mein Chef merkt, wie viele Fehler ich mache, schmeißt er mich bestimmt raus«) oder die persönliche Zukunft schwarzmalen (»Jemand, der so unfähig ist wie ich, findet keinen anderen Job mehr.« oder »Ich fühle mich schon so lange schlecht, dass es nur noch eine Frage der Zeit ist, bis mich mein Partner verlässt.«).

Hartnäckige Grübeleien

In manchen Fällen können Sie solche destruktiven Gedanken, die eine Burn-out-Krise verstärken und besonders unangenehm machen, auf ein erträgliches Maß reduzieren, indem Sie sich bewusst auf Ihre Fähigkeiten oder auf schöne Aspekte Ihres Lebens konzentrieren (mehr dazu finden Sie in Kapitel 6). Auch die Entspannungsübungen der Kapitel 9 und 10 helfen, falls es Ihnen gelingt, Erholung regelmäßig in Ihren Alltag einzubauen.

Es kommt recht häufig vor, dass negative Grübeleien hartnäckig sind. Wenn Sie feststellen, dass Sie immer wieder von den gleichen Gedanken gequält werden, etwa vor oder während der Arbeit, im Privatleben oder bei Ein- und Durchschlaf-störungen, empfiehlt sich eine Technik, die »Gedankenstopp« genannt wird. Die Umsetzung dieser Methode dauert oft länger als gewünscht, und sie wirkt auf viele Betroffene zunächst ziemlich künstlich – aber sie wirkt.

Die Gedankenstopp-Technik

Die Methode wird häufig in der ambulanten Verhaltenstherapie eingesetzt. Natürlich können Sie nicht ohne Begleitung eine Psychotherapie durchführen und ohne die Chance, Ihre aktu-ellen oder chronischen Probleme mit einem Menschen zu besprechen, der dazu ausgebildet wurde, mit solchen Schwierigkeiten angemessen umzugehen.

Trotz dieser Einschränkungen möchte ich Ihnen, wenn Sie unter hartnäckigen Grübeleien leiden, raten, den Gedankenstopp eine Zeit lang auszuprobieren und dabei herauszufinden, ob Sie von der Technik profitieren. Falls Sie keine Verbes-serungen bemerken, können Sie immer noch überlegen, ob eine Psychotherapie sinnvoll wäre.

Wenn Sie Lust haben, sich an der Gedankenstopp-Methode zu versuchen, sollten Sie im Hin-terkopf behalten, dass es erfahrungsgemäß einige Wochen dauert, bis die Grübeleien, die Sie belasten, seltener auftreten oder, im besten Fall, ganz verschwinden. Hier empfehlen sich Selbstdisziplin und Durchhaltevermögen.

Unerwünschte Gedanken detailliert notieren

Der erste Schritt ist nicht besonders angenehm, aber mittelfristig sehr sinnvoll: Schreiben Sie alle Grübeleien, die Sie als destruktiv empfinden und die sich häufig wiederholen, in einer ruhigen Stunde auf einen Zettel. Falls Ihnen zu Hause nicht alle negativen Überlegungen in den Sinn kommen, legen Sie einen Block neben Ihren Arbeitsplatz und ergänzen den Text jedes Mal, wenn Sie bemerken, dass Ihnen ein Gedanke nicht wirklich guttut.

Anschließend können Sie sich in Ihrer Freizeit mit der Frage beschäftigen, wie sich die jewei-ligen Grübeleien auf Ihr Wohlbefinden, Ihr Selbstbild und Ihre Leistungsfähigkeit auswirken. Diese Folgeerscheinungen notieren Sie ebenfalls auf dem Zettel, neben dem entsprechenden Gedanken. Ein Beispiel: »Wenn ich befürchte, dass ich heute mit meiner Arbeit auf keinen Fall fertig werde, kann ich mich kaum noch auf die Aufgabe konzentrieren, fühle mich unfähig und neige dazu, Überstunden zu machen.«

Positive Gegengedanken finden

Um den destruktiven Grübeleien wirksam zu begegnen, überlegen Sie in einem zweiten Schritt, welcher Gedanke Ihnen helfen könnte, sich ein bisschen besser zu fühlen.

Da es viel zu kompliziert wäre, jeder Grübelei etwas anderes entgegenzusetzen, suchen Sie am besten *einen* Gedanken, durch den es Ihnen besser geht, unabhängig davon, wodurch Sie sich bislang im Einzelnen gequält haben. Einige Beispiele:

✔ »Ich werde das schon schaffen.«

✔ »Ich möchte lieber freundlich zu mir sein.«

✔ »Ich bleibe gelassen.«

Dieser innere Satz soll irgendwann ein angemessenes »Gegengift« zum Grübeln werden. Suchen Sie also nach einer Überlegung, die Sie wirklich überzeugend finden können, auch wenn es Ihnen bis jetzt noch nicht gelungen ist, sie in Ihrem Bewusstsein zu verankern. Geduld und ein wenig Zeit für sich selbst helfen auch hier.

 Sie nehmen nicht an einer Gehirnwäsche teil, bei der Sie glauben sollen, was ein anderer glaubt, sondern unterstützen sich selbst dabei, Ihr Verhalten positiv vorzubereiten und zu begleiten – ungefähr so wie ein fürsorglicher Elternteil, der sein Kind lobt und ihm die meisten Fehler nachsieht, anstatt sie jedes Mal lautstark zu kritisieren.

Wenn Sie einen positiven und überzeugenden Gegen-Gedanken gefunden haben, schreiben Sie ihn ebenfalls auf Ihren Zettel. Am besten heben Sie ihn mit einem Textmarker hervor.

Negative Gedanken stoppen: Der erste Versuch

Nun zur eigentlichen »Stoppreaktion«. Nehmen Sie noch einmal, wieder in einer ruhigen Stunde, Ihr Blatt zur Hand und gehen Sie Ihre Negativgedanken in der Vorstellung durch, möglichst ohne sie innerlich zu Ende zu führen.

Anstatt die jeweilige Grübelei vollständig durchzudenken, blockieren Sie sie durch das Wort »Stopp!«.

Das können Sie zunächst bei sich zu Hause laut aussprechen, um den Vorgang möglichst effektiv einzuüben. Anschließend wiederholen Sie diesen Prozess innerlich und arbeiten dabei alle destruktiven Überlegungen durch, die Sie sich zuvor aufgeschrieben haben. Manchen Betroffenen hilft es, sich dabei ein rotes Stoppschild vorzustellen, andere beschränken sich auf den entsprechenden Gedanken, der durchaus so deutlich sein darf wie ein Befehl.

Nach dem Stoppsignal folgt jedes Mal die positive, konstruktivere Überlegung, die Sie zuvor herausgefunden haben. Zwei Beispiele:

✔ »Diese Aufgabe gelingt mir auf keinen ... Stopp! Das schaffe ich schon.«

✔ »Heute fühle ich mich schon wieder so mü ... Stopp! Das schaffe ich schon.«

Gedankenstopp im Alltag

Der letzte Schritt ist auch hier am schwierigsten und erfordert viel Geduld: den Gedankenstopp erfolgreich ins Arbeits- und Privatleben zu integrieren.

Immer wenn Ihnen auffällt, dass Ihnen ein destruktiver Satz durch den Kopf geht, blockieren Sie den Gedanken innerlich mit »Stopp«, entweder rein verbal oder in Verbindung mit einem visuellen Stoppschild, gefolgt von der positiven Überlegung, also Ihrem persönlichen »Gegengift«.

Es wird nach aller Erfahrung eine ganze Weile dauern, bis Sie diesen Prozess automatisiert haben. Oft tauchen die unangenehmen Gedanken in der ersten Zeit sogar häufiger auf als bisher. Außerdem spricht einiges dafür, dass Sie den früheren Ablauf ungewollt über viele Jahre trainiert haben, etwa indem Sie sich bei jeder beruflichen Frustsituation einredeten, dass es Ihnen auf keinen Fall gelingen werde, die Herausforderung zu meistern.

Diesen Teufelskreis, also eine schwierige Situation, in der Sie sich niedermachen, wodurch Sie sich schlecht fühlen, gefolgt von nachvollziehbaren Leistungseinbußen, die wiederum die Wahrscheinlichkeit dafür erhöhen, auf die nächste schwierige Situation ebenfalls mit dem »passenden« destruktiven Gedanken zu reagieren, haben Sie gelernt und irgendwann zu einer Gewohnheit gemacht.

Sich auf einen anderen Ablauf umzustellen, dauert seine Zeit, selbst wenn Ihnen längst bewusst geworden ist, dass Ihnen die früheren Gewohnheiten nicht guttun. Geben Sie also nicht zu schnell auf und rechnen Sie mit vorübergehenden Rückschlägen.

Es empfiehlt sich, etwa zweimal täglich fünf bis zehn Minuten zu üben, die wichtigsten selbstzerstörerischen Gedanken durch den inneren Stopp-Befehl im Ansatz abzuwürgen und durch die positive Gegen-Überlegung zu ersetzen. Hierfür können Sie die Grübeleien verwenden, die Sie zuvor auf dem Zettel notiert haben. Zusätzlich wäre es sinnvoll, jedes Mal, wenn Sie sich im Alltag bei einem solchen destruktiven Gedanken ertappen, genauso zu verfahren. Falls Sie es gelegentlich vergessen, macht das nichts – außer Sie geben zu schnell auf.

Distanzieren statt Unterdrücken: Eine Alternative

Die beschriebene Technik hat sich in der kognitiven Verhaltenstherapie bewährt. Doch es gibt auch eine Gegenposition: Manche Experten gehen davon aus, dass sich unerwünschte Gedanken, vor allem zwanghafte, schlecht unterdrücken lassen und dass es erfolgversprechender wäre, sich von ihnen zu distanzieren.

Vielleicht erinnern Sie sich an das kleine Experiment aus Kapitel 11: Dort versuchen Sie, eine Zeit lang *nicht* an einen winzigen, rosafarbenen Elefanten zu denken. Obwohl es diese Dickhäuter bekanntlich nicht gibt und Sie vor der Übung wahrscheinlich noch nie über ein solches Tier fantasiert haben, genügte die Aufforderung, nicht darüber nachzudenken, und schon hatten Sie den pinkfarbenen Mini-Elefanten deutlich vor dem inneren Auge.

Der gleiche paradoxe Ablauf lässt sich beobachten, wenn Sie feststellen, dass Ihre destruktiven Gedanken bei jedem Versuch, sie bewusst zu blockieren, umso häufiger auftreten. In vielen Fällen verringert sich das nach einigen Tagen oder Wochen, was dafür spräche, die Gedankenstopp-Methode beizubehalten.

 Falls Sie jedoch langfristig die Erfahrung machen, dass es bei dieser Reaktion bleibt und die Unterdrückung Ihrer Grübeleien immer wieder dazu führt, dass sie Ihnen verstärkt in den Sinn kommen, können Sie Ihre Strategie verändern, indem Sie die störenden Gedanken zulassen, ohne sie allzu ernst zu nehmen.

Ein sinnvoller Weg wäre, genauso vorzugehen wie bei »lästigen« Erinnerungen oder anderen inneren Ablenkungen, die bei den Entspannungsübungen aus Kapitel 10 häufig auftauchen, vor allem, wenn Sie gerade erst mit dem Training begonnen haben: Sie machen sich gedanklich bewusst, dass es immer wieder zu solchen Störungen kommen kann, ohne dass Sie sie loswerden oder festhalten müssen.

Sie können sich die Ablenkungen auch auf einer weißen Wand oder vor einem blauen Himmel vorstellen, wo sie im Allgemeinen nach kurzer Zeit wie von selbst verblassen, sodass Sie bald wieder auf Ihr eigentliches Vorhaben achten.

Das gilt auch für destruktives Grübeln, nur dass es dann vermutlich länger dauern wird, bis die Gedanken wieder verschwinden, da sie mit starken Emotionen, hier ziemlich unangenehmen, verbunden sind. Ein gelassenes, sicheres Grundgefühl hilft dabei sehr. Trainieren Sie das »Verblassen« negativer Grübeleien also am besten im entspannten Zustand (siehe Kapitel 9 und 10).

Eine Alternative, die bisweilen von Psychologen vorgeschlagen wird, ist die folgende Anleitung, die ein wenig an Hypnose erinnert und bei der die unerwünschten Gedanken mit einem Lastwagen-Bild beschrieben werden. Der Text, den Sie sich innerlich immer wieder vorsagen können, am sinnvollsten im Entspannungszustand, wurde von mir etwas abgewandelt und in die Ich-Form übertragen.

»Ich stelle mir meinen Gedankenstrom wie einen fließenden Verkehr vor. Manche Gedanken bemerke ich nicht weiter, so wie normale Autos. Daneben gibt es aber auch Lastwagen, die mir auffallen, weil sie besonders groß und schwer sind. Wenn ich mich nun auf die Straße stelle und versuche, einen solchen Lastwagen zu stoppen, werde ich höchstwahrscheinlich überfahren. Stattdessen kann ich jedoch am Straßenrand stehen und mir sagen: Aha, da war mal wieder ein Lastwagen. Dadurch distanziere ich mich von dem Gedanken und trete ihm nicht entgegen.«

Die Idee der »unerledigten Geschäfte«

Manche länger dauernden Ablenkungen bestehen nicht aus ständig wiederkehrenden destruktiven Grübeleien, sondern hängen mit bestimmten Bedürfnissen zusammen, die häufig im »unpassenden Moment« ins Bewusstsein treten, zum Beispiel bei der Arbeit. Ein gutes Erklärungs- und Bewältigungsmodell für solche Vorgänge sind die »unerledigten Geschäfte«, eine Idee, die von dem deutsch-amerikanischen Arzt und Begründer der Gestalttherapie Fritz Perls (1893 bis 1970) stammt.

Verschiedene Wege der Bedürfnisbefriedigung

In Perls' Vorstellungswelt stehen die verschiedenen Wünsche normalerweise nacheinander in einer Reihe, der wichtigste zuerst, wie Gäste vor dem Eingang eines Clubs.

 Perls geht davon aus, dass es angemessene und weniger angemessene Wege gibt, die eigenen Bedürfnisse umzusetzen: Wer sich zum Beispiel nach tiefen Bindungen sehnt, kann seinen Partner darum bitten, mehr für ihn da zu sein. Weniger angemessen wäre die Haltung einer Person, die aus Angst vor dem Alleinsein Beziehungen sucht, in denen sie immer wieder ausgenutzt wird. Nach dieser Sichtweise ist jedes echte Bedürfnis ein Mangelzustand, den der Mensch ausgleichen möchte.

Wenn Sie zum Beispiel vor Hunger nicht einschlafen können, sollten Sie etwas essen. Bald darauf ist der Hunger vergessen, und Sie können dem nächsten Bedürfnis nachgehen, indem Sie einschlummern.

Unterdrückte Wünsche: Risiken und Nebenwirkungen

Der jeweils wichtigste Wunsch sollte also zuerst befriedigt werden. Doch falls Ihr »innerer Türsteher« den Eingang blockiert, weil er bestimmte Bedürfnisse nicht zulässt, drängt dieser Wunsch, direkt (»Ich habe Hunger, aber ich muss doch arbeiten«) oder verschoben (»Wenn ich jetzt schnell eine Zigarette rauche, spüre ich den Hunger nicht mehr«), immer wieder in Ihr Bewusstsein.

 Oft lässt der »Türsteher« bestimmte Wünsche nicht zu, weil sie dem Betroffenen in Kindheit oder Jugend verboten wurden, etwa sexuelle oder aggressive Bedürfnisse. Besonders häufig kommt es vor, dass jemand seine eigenen Wünsche weniger ernst nimmt als die Interessen anderer Menschen.

Bei einer Burn-out-Symptomatik ist das sogar eher die Regel als die Ausnahme. Einige Beispiele:

✔ »Ich bin so müde, aber ich muss meinem Chef heute unbedingt noch die Präsentation vorlegen.«

✔ »Ich könnte meinem Abteilungsleiter wegen der vielen Überstunden eine reinhauen. Es ist besser, ich schlucke alles runter und mache gute Miene zum bösen Spiel.«

✔ »Ein bisschen Entspannung nach der Arbeit wäre schön, doch ich muss meinen Kindern bei den Hausaufgaben helfen.«

Selbstverständlich sind manchmal die Bedürfnisse anderer Personen tatsächlich wichtiger als die eigenen. Vielleicht führt an einem bestimmten Tag kein Weg daran vorbei, Ihre Müdigkeit zu ignorieren, um die Präsentation fertigzustellen. Möglicherweise schreibt Ihr Sohn morgen eine wichtige Schularbeit, bei der nur Sie ihm helfen können. Und auf jeden Fall wäre es keine besonders prickelnde Idee, Ihren Wutgefühlen auf den Abteilungsleiter freien Lauf zu lassen, indem Sie ihn verprügeln.

 Aber wenn Sie Ihre Wünsche, in der Krise oder darüber hinaus, dauerhaft zurückstellen, besteht die Gefahr, dass Sie diese unbefriedigten Bedürfnisse irgendwann kaum noch wahrnehmen und sie erst recht nicht mehr umsetzen. Mitunter tauchen solche unterdrückten Wünsche dann nur noch als lästige innere Ablenkungen auf und vermindern dauerhaft Ihre Lebensfreude oder Ihr Leistungsvermögen, ohne dass Ihnen klar wäre, was Sie eigentlich tun oder erleben wollten.

Der Psychotherapeut Perls spricht hier von »unerledigten Geschäften«, die zunächst abgeschlossen werden sollten, bevor man sich, einigermaßen unbelastet, anderen Dingen zuwenden kann.

Hierzu können Sie eine kleine Übung machen.

Wünsche in der Warteschlange

Wenn Sie gerade ein paar ruhige Minuten haben, schließen Sie Ihre Augen und konzentrieren sich auf Ihr Innenleben. Welches Bedürfnis steht gerade in Ihrer »Club-Warteschlange« ganz vorn? Geht Ihnen eine Erinnerung durch den Kopf, mit der Sie sich näher beschäftigen wollen, oder denken Sie an etwas, das Ihnen in Zukunft bevorsteht? Haben Sie im Moment einen körperlichen Wunsch, etwa nach Essen, Bewegung, Schlaf oder Nähe? Möchten Sie sich mit einem bestimmten Menschen unterhalten, streiten oder etwas unternehmen? Würden Sie sich gerne erholen, Musik hören, einen Film sehen, dieses Buch weiterlesen – oder lieber ein ganz anderes?

Nach der Übung, für die Sie sich ein bisschen Zeit lassen sollten, haben Sie die Möglichkeit, das Bedürfnis, das Ihnen augenblicklich am wichtigsten ist, in die Tat umzusetzen und so ein »unerledigtes Geschäft« angemessen abzuschließen. Wie haben Sie sich zuvor gefühlt, wie geht es Ihnen danach?

Ganz ähnlich können Sie mit chronischen Ablenkungen umgehen, die möglicherweise Ihre Arbeit oder Ihr Privatleben beeinträchtigen und zu Burn-out-Gefühlen beitragen. Hierzu ein Beispiel:

Angenommen, Sie arbeiten nachmittags zu Hause am Computer ein Projekt aus und nehmen sich vor, auf keinen Fall von dieser wichtigen Tätigkeit abgelenkt zu werden. Nach einigen Minuten fällt Ihnen auf, dass Sie vergessen haben, Ihre Einkäufe vom Vormittag im Kühlschrank zu verstauen. Fast ein »unerledigtes Geschäft« im wörtlichen Sinne.

Falls Sie nun versuchen, bei Ihrer eigentlichen Arbeit zu bleiben, drängt sich wahrscheinlich alle paar Minuten der bildliche Eindruck schmelzender Tiefkühlkost in Ihr Bewusstsein, sodass es Ihnen immer schwerer fällt, an das Projekt zu denken. Deshalb gehen Sie irgendwann in die Küche, packen die Lebensmittel aus und legen sie in den Kühlschrank, um dann in Ruhe weiterarbeiten zu können.

Wenn Sie sich das nächste Mal auf eine bestimmte Aufgabe konzentrieren möchten, ob beruflich oder privat, und Ihnen dabei eine »sachfremde« Erinnerung, ein »unpassender« Wunsch oder ein ablenkender Gedanke durch den Kopf geht, konzentrieren Sie sich so lange auf die entsprechende Überlegung oder das Gefühl, bis Sie herausgefunden haben, was Ihnen im Moment wichtiger vorkommt als das, was Sie »eigentlich« tun wollten. Anschließend denken Sie darüber nach, wie Sie am besten mit dieser Ablenkung umgehen könnten, ohne sie zu ignorieren. Etwa indem Sie

✔ den Gedanken zu Ende denken, falls er sich nicht als destruktiv erweist, oder sich eine Weile mit der eben aufgetauchten Erinnerung befassen.

✔ dem jeweiligen Bedürfnis, wenn dies ohne negative Nebenwirkungen möglich ist, sofort nachkommen und danach zu Ihrer Haupttätigkeit zurückkehren.

✔ den ablenkenden Impuls im Hinterkopf behalten (oder diesen Anstoß zur Sicherheit auf einem Zettel notieren), um ihm zu einem späteren Zeitpunkt nachzukommen, und erst einmal die wichtige Hauptaufgabe zu Ende bringen.

Wahrscheinlich wird es Ihnen mit ein bisschen Übung auch auffallen, welche Ihrer Wünsche weniger mit einem echten Bedürfnis zusammenhängen als mit dem Bestreben, die Beschäftigung mit Ihrer Haupttätigkeit zu vermeiden.

Ein bekannter »Klassiker« ist hier der Student, der so wenig Lust hat, sich angemessen auf seine Prüfungen vorzubereiten, dass ihm eine Ablenkung nach der anderen in den Sinn kommt, die keinesfalls den geringsten Aufschub duldet: Das Bad müsste mal wieder geputzt werden, die Katze braucht Zuwendung, das Sortieren der Kontobelege ist überfällig und außerdem wartet die Mutter bestimmt schon seit Tagen sehnsüchtig auf einen Anruf …

Anstatt dann, wie üblich, erst im allerletzten Moment mit dem Lernen zu beginnen, wäre es hier um ein Vielfaches sinnvoller, Selbstdisziplin zu üben und feste Zeiten für die Arbeit zu nutzen, ohne sich dabei zu überfordern. Regelmäßige Pausen und Selbstbelohnungen am Abend sind deutlich befriedigender, als einer Ablenkung nach der anderen nachzugehen und sich dabei mit den entsprechenden Ausreden selbst zu betrügen.

Beziehungsprobleme und private Krisen bewältigen

Ein Burn-out kann sich auf unterschiedliche Weise negativ auf das Privatleben und die Fähigkeit, häusliche Konflikte angemessen zu verarbeiten, auswirken. Einige Beispiele:

✔ Die Betroffenen leiden so stark unter Erschöpfung, depressiven oder angstbedingten Symptomen, dass sie kaum noch über den »eigenen Tellerrand« hinausblicken und dadurch die Bedürfnisse und Grenzen ihrer Familie nicht mehr wahrnehmen.

✔ Da massive Burn-out-Probleme das Selbstbewusstsein beeinträchtigen und mehr oder weniger unterdrückte Wutgefühle auslösen, sind viele Erkrankte auch im Alltag ziemlich dünnhäutig. Das verringert die Fähigkeit, Konflikte zu bewältigen. Zudem trauen sich viele Angehörige kaum noch, ihre eigenen Schwierigkeiten anzusprechen, um es dem Betroffenen »nicht noch schwerer« zu machen. Auch in diesem Fall werden die familiären Schwierigkeiten eher unterdrückt oder ignoriert als gelöst.

✔ Wer sich in einer berufsbedingten Krise aus Angst immer stärker an den Erwartungen von Kollegen und Vorgesetzten orientiert, vernachlässigt seine Bedürfnisse und Grenzen. Manchmal überträgt sich diese Haltung auch auf das Privatleben. Dann verhindert die Missachtung der eigenen Wünsche jede Auseinandersetzung mit Freunden und Verwandten, denn bei solchen Streitigkeiten geht es nun einmal darum, die Bedürfnisse und Grenzen aller Beteiligten besser miteinander zu vereinbaren als in der Vergangenheit.

✔ Umgekehrt können ungelöste Beziehungskonflikte die Fähigkeiten des Betroffenen beeinträchtigen, einigermaßen gut mit chronischem Arbeitsstress zurechtzukommen. Das verringert fast automatisch die Möglichkeit, sich zu Hause oder im Kontakt mit den Freunden zu regenerieren und für den nächsten Tag Kraft zu schöpfen. Je mehr Lebensbereiche vom Burn-out betroffen sind, desto schwieriger wird es, positive Gegengewichte aufzubauen, damit sich die Krankheitssymptome irgendwann zurückbilden.

Schwierigkeiten in der Partnerschaft

Private Konflikte können Ihre Beziehung ebenso belasten wie den Umgang mit Ihren Kindern, das Verhältnis zu anderen Verwandten oder den Kontakt zu Ihren Freunden und Bekannten.

 Viele Paartherapeuten haben festgestellt, dass partnerschaftliche Konflikte auch ohne Burn-out-Krise häufig nach einem bestimmten Muster verlaufen: Die Frau merkt, dass es ein ungeklärtes Problem gibt, und versucht einige Male, ihren Lebensgefährten darauf hinzuweisen. Der Mann beschwichtigt sie eher, als sich den Schwierigkeiten zu stellen, zum Teil so lange, bis die Beziehung völlig zerrüttet oder zerbrochen ist.

Dem können Sie etwas Wirksames entgegensetzen, selbst wenn Sie durch Ihre beruflichen Probleme stark belastet sind.

Was Männer bei Paarkonflikten tun können

Ausnahmsweise möchte ich Ihnen ein paar geschlechtsspezifische Empfehlungen geben, um Auseinandersetzungen in der Partnerschaft angemessen zu klären, zunächst für meine männlichen Leser:

✔ Richten Sie sich nicht nur nach dem, was Ihre Lebensgefährtin sagt, sondern nehmen Sie auch ihr nonverbales Verhalten wahr. Viele Frauen trauen sich nicht, die Karten auf den Tisch zu legen und den aktuellen Konflikt zum Thema zu machen. Stattdessen gehen sie oft indirekt vor, etwa durch Bemerkungen wie »Findest du, dass bei uns alles in Ordnung ist?«. Falls Sie solche Fragen rundum bejahen, verhindern Sie eine Auseinandersetzung über das, was für Ihre Partnerin eben *nicht* in Ordnung ist.

✔ Nach dem gleichen Schema zeigen viele Frauen ihre Wut in der Liebesbeziehung nicht direkt, sondern auf Umwegen. Diese Umwege sind häufig eher passiv- als aktiv-aggressiv. Dazu gehören zum Beispiel spitze Bemerkungen, eine abweisende Körpersprache, ein bewusstes Nicht-Eingehen auf Ihre Bedürfnisse oder ständiges »Lästern« mit den Freundinnen. Beschwichtigen hilft hier wenig.

✔ Bitten Sie stattdessen aktiv, aber in freundlichem Ton um ein Gespräch über die zugrunde liegenden Probleme und wiederholen Sie diese Bitte mehrmals, falls Ihre Partnerin Angst empfindet und behauptet, keine Schwierigkeiten mit Ihnen zu haben, obwohl Sie etliche nonverbale Signale beobachten, die das Gegenteil vermuten lassen. In der Körpersprache ist es deutlich schwieriger, die Unwahrheit zu sagen, als auf der Ebene der Worte.

✔ Sparen Sie sich bei Auseinandersetzungen Ironie und Zynismus. Es ist einfacher, mit offenen Gefühlen zurechtzukommen, auch mit Aggression oder Traurigkeit, als mit verdecktem Zorn in sarkastischer Verkleidung.

✔ Halten Sie sich, wenn der Konflikt irgendwann aktiv ausgetragen wird, mit Ratschlägen zurück. Die meisten Frauen wollen, wenn es ihnen schlecht geht, keine Tipps, wie sie das Problem so schnell wie möglich aus der Welt schaffen können, sondern jemanden, der versteht, dass sie Schwierigkeiten haben. Auch wenn es Ihnen als Mann vermutlich ganz schön schwerfällt, die Position der Stärke als väterlicher Ratgeber zu verlassen: »Einfach nur zuhören« ist die erfolgversprechendere Perspektive.

 Selbstverständlich beschränken sich die eben dargestellten »weiblichen« Kommunikationsmuster nicht nur auf Frauen und die unten beschriebenen »männlichen« Kommunikationsweisen nicht nur auf Männer. Doch auch wenn Sie als Frau eher »männlich« oder als Mann eher »weiblich« reagieren, wäre es wichtig, einen Weg zu finden, sich erfolgreich in Ihr Gegenüber hineinzuversetzen, in der Partnerschaft, bei Freundschaften oder im Verhältnis zu Ihren Familienangehörigen.

Was Frauen bei Paarkonflikten tun können

Nun folgen einige Hinweise an meine Leserinnen, die Ihnen dabei helfen können, partnerschaftliche Streitigkeiten auf konstruktive Weise anzugehen, um sie schließlich zu bewältigen:

✔ Verzichten Sie, wenn es geht, auf Auseinandersetzungen über schwer verständliche Umwege und warten Sie nicht so lange, bis das Kind bereits in den Brunnen gefallen ist. Die allermeisten Männer können besser mit direkten Konfrontationen umgehen als mit indirekten.

✔ Auch sogenannte Doppelbotschaften sind problematisch, etwa ein »Schön, dass du da bist«, begleitet von einem unerfreuten Gesichtsausdruck. Es ist praktisch unmöglich, diese entgegengesetzten Signale sinnvoll unter einen Hut zu bringen, denn sie verwirren, indem sie gleichzeitig verbale Nähe und nonverbale Distanz ausdrücken.

✔ Viele Frauen haben in ihrem Elternhaus gelernt, dass es sich für ein Mädchen nicht gehört zu streiten oder dass die Herstellung von familiärer Harmonie die wichtigste weibliche Aufgabe ist. Obwohl es sich als schwierig erweist, solche Denk- und Gefühlsmuster zu durchbrechen, kann es Ihnen und Ihrer Beziehung guttun, wenn Sie es immer wieder versuchen.

✔ Die Alternative sind Wut- und Verzweiflungsempfindungen, die sich, wenn Sie dabei bleiben, sie zu unterdrücken, indirekt äußern, zumeist durch passiv-aggressives Verhalten: Vielleicht gucken Sie böse, ignorieren die Wünsche Ihres Lebensgefährten, nörgeln oder ziehen sich ganz aus der partnerschaftlichen Verbundenheit zurück. Wechselseitige Frustrationen können dann zu ständig schwelenden, aber nie geklärten Auseinandersetzungen führen, also zum Gegenteil der gewünschten Harmonie. Ein offener Streit, möglichst schon im Vorfeld einer solchen unheilvollen Entwicklung, tut Ihnen und Ihrer Beziehung sicherlich besser.

✔ Falls Ihr Partner noch nicht begriffen hat, dass etwas Ernstes zwischen Ihnen steht, wird er häufig durch kleine Geschenke oder andere Beschwichtigungen dafür sorgen wollen, dass die Wolken am Horizont verschwinden. Sehen Sie dieses Verhalten nicht als Versuch, sich billig »freizukaufen«, sondern als hilflosen Ausdruck seines Wunsches, das partnerschaftliche Problem, das er nicht wirklich versteht, »irgendwie« aufzulösen.

✔ Die Neigung vieler Männer, Ihnen bei einer echten Auseinandersetzung einen Ratschlag nach dem anderen zu erteilen, wirkt zwar so, als ob Ihnen Ihr Partner Ihre eigenen Gefühle erklären und Ihnen die Verantwortung für Ihr Leben abnehmen wolle. Ihr Ärger ist also nachvollziehbar. Doch die meisten Männer haben große Schwierigkeiten mit Konflikten, die sich nicht nach dem Schema »Problemerkennung« → »sofortige Lösung« → »kein Problem mehr« abhandeln lassen.

Außerdem lernen etliche Männer schon in ihrer Kindheit, dass sie auf jede Frage eine Antwort und für jedes Problem einen Lösungsvorschlag haben sollten. So wenig hilfreich sich diese Haltung im späteren Leben erweist, so sehr ist sie Ausdruck des Wunsches, Ihnen als wichtigstem Ansprechpartner bei den wechselseitigen Schwierigkeiten zu helfen. Wirkliches Zuhören ohne Bewertung oder nervende Tipps müssen die meisten Männer erst lernen. Auch wenn das natürlich eine Weile dauern wird: Unterstützen Sie Ihren Partner dabei, zum Beispiel durch möglichst direkte gefühlsorientierte Rückmeldungen.

Wenn der Druck langsam nachlässt: Nebenwirkungen im Privatleben

Angenommen, es gelingt Ihnen irgendwann zunehmend besser, Ihre aktuelle Burn-out-Krise zu bewältigen. Dann werden Sie vermutlich lernen, Ihre Wünsche besser zu berücksichtigen als bisher und sich im Notfall erfolgreich von anderen Menschen abzugrenzen. Doch diese positive Entwicklung hat einen Preis: Sie sind, ob im Beruf oder im Verhältnis zu Ihren Angehörigen, ein gutes Stück »egoistischer«. Das gefällt nicht jedem, und auch Ihre Vertrauten müssen sich zunächst daran gewöhnen, dass Sie Ihre Bedürfnisse und Grenzen ernster nehmen als vor der Erkrankung.

»Ich mache nicht mehr alles mit«

Fritz Kitzinger, 32, ist seit einigen Jahren in ambulanter psychotherapeutischer Behandlung. Als Versicherungsangestellter mit Zeitvertrag litt er lange Zeit unter massivem beruflichem Stress, bedingt durch ungeduldige Kunden, übermäßige Bürokratie, häufige Überstunden, schlecht gelaunte Vorgesetzte und den Wechsel von einer Abteilung zur nächsten. Depressive Symptome und psychosomatisch beeinflusste Magenschmerzen an den meisten Werktagen waren die Folge.

Außerdem fühlte sich Fritz Kitzinger immer wieder von Bekannten ausgenutzt. Vor allem seine Exfreundin, die längst mit einem anderen Mann zusammen ist, ging jahrelang davon aus, dass sie jederzeit ein Recht darauf habe, sich von ihrem ehemaligen Lebensgefährten mit dem Auto von A nach B bringen zu lassen. Auch hielt sie es für eine Selbstverständlichkeit, dass Fritz Kitzinger ihr jedes Mal freundlich zuhörte, wenn sie über ihre aktuellen Partnerschaftskonflikte sprach.

Der 32-Jährige ist zwar ein guter und mitfühlender Zuhörer, doch er war nach diesen Telefonaten häufig wie erschlagen und dachte an die verpassten Chancen seiner früheren Beziehung. »Wenn es mir selbst schlecht geht, helfen mir meine Freunde nur, wenn es ihnen in den Kram passt«, bemerkte Fritz Kitzinger einmal in einem Therapiegespräch. Oft fiel ihm dann nichts anderes ein, als ziellos bis zur totalen Erschöpfung mit dem Rennrad über die Landstraßen zu fahren, um seine Wutgefühle loszuwerden.

Nachdem Fritz Kitzinger von seiner Krankenversicherung eine psychotherapeutische Kur bewilligt bekam, halfen ihm die Entspannungs- und Erlebnisübungen, auf den beruflichen Stress deutlich seltener psychosomatisch zu reagieren. Außerdem lernte er, bei Bedarf Nein zu sagen. »Seitdem mache ich nicht mehr alles mit«, erklärte er mir in einer ambulanten Therapiesitzung.

Er nahm sich vor, seine Exfreundin nur noch zu unterstützen, wenn er selbst genug Kraft und zudem Lust darauf hat. Und er wolle sich auch nicht mehr regelmäßig fühlen wie ein fünftes Rad am Wagen, wenn ihn seine Freunde, fast ausschließlich Paare, zu einer gemeinsamen Unternehmung einladen würden. »Manchmal kann ich es ertragen, der einzige Single zu sein, und manchmal eben nicht«, sagte Fritz Kitzinger. Diese Gefühle gelte es in Zukunft zu berücksichtigen.

Vor allem die ehemalige Freundin war nicht wirklich begeistert von den Veränderungen, denn sie betrafen ihre Eigeninteressen, die sie nicht mehr so bequem durchsetzen konnte wie in der Vergangenheit. Zunächst versuchte sie noch, Fritz Kitzinger daran zu erinnern, dass er, nicht sie, derjenige sei, der sein Verhalten überdenken müsse, doch später gab sie diese Spielchen auf. Seitdem haben die beiden seltener Kontakt als bisher, doch Fritz Kitzinger stellte erfreut fest, dass seine Exfreundin, wenngleich eher widerwillig, sein Nein akzeptierte und ihn nicht mehr um weitere Autofahrten bat.

Da sich der 32-Jährige auch anderen Freunden gegenüber abgrenzte, zum Beispiel wenn sie ihn zu einem der Pärchenabende einluden, unter denen er so oft still gelitten hatte, verkleinerte sich sein Bekanntenkreis. »Aber die Leute, die mir geblieben sind, können mich jetzt besser einschätzen, und ich habe kaum noch Angst, jemanden zu verletzen, oder ein schlechtes Gewissen, wenn ich einen solchen Termin absage«, berichtet Fritz Kitzinger. Unter diesen verbesserten Umständen falle es ihm auch leichter, mit den beruflichen Belastungen zurechtzukommen. Und sein Körper signalisiert ihm viel seltener, etwa durch gelegentliche Magenschmerzen, dass er seine eigenen Belastungsgrenzen längere Zeit ignoriert hat.

Freundschaftliche Abgrenzungen

Es gibt unterschiedliche Wege, freundlichere und weniger freundliche, durch die Sie Ihren Vertrauten oder Ihren Arbeitskollegen die eigenen Wünsche und Grenzen deutlich machen können.

 Falls es Ihnen, ähnlich wie Fritz Kitzinger, irgendwann besser gelingt, Ihre Interessen umzusetzen, als vor der Burn-out-Krise, können Sie sich beglückwünschen. Das schafft wirklich nicht jeder Betroffene. Sie müssen jedoch damit rechnen, dass Ihre Weiterentwicklung nicht allen Menschen gefällt, denn Sie sind dadurch weniger »pflegeleicht« und verharren auch nicht mehr duldsam in einer Opferrolle.

Es lässt sich nachvollziehen, dass persönliche Beleidigungen oder ein massives Auftrumpfen Kontakte eher verschlechtern und Beziehungen mitunter sogar zerstören.

Einige erfolgversprechendere Alternativen:

✔ Grenzen Sie sich, falls es nötig ist, freundlich von Ihren Mitmenschen ab und lassen Sie ihnen Zeit, sich an Ihre veränderte Herangehensweise zu gewöhnen.

✔ Ein überzeugender Grund für Ihr Nein genügt vollkommen. Wer ein Argument nach dem anderen vorbringt, weckt Zweifel an der eigenen Glaubwürdigkeit. Notfalls wiederholen Sie Ihren Beweggrund so lange, bis Ihr Gegenüber kapituliert. Verhaltenstherapeuten nennen das die »Technik der gesprungenen Schallplatte«: Nein, ich möchte heute nichts unternehmen, ich brauche Zeit für mich ... Nein, ich will heute nichts unternehmen, weil ich etwas Zeit für mich brauche ... und so weiter.

✔ Rechnen Sie damit, dass Ihre Vertrauten, sobald sie irgendwann eingesehen haben, dass ein »Nein« bei Ihnen ein »Nein« bleibt, Sie mit der Zeit deutlich seltener mit entsprechenden Anfragen belästigen werden, denn die allermeisten Menschen wollen ihrem Gegenüber ja nicht mit ständiger Bedürftigkeit auf die Nerven gehen. Stattdessen haben Sie Ihre Bekannten über einen längeren Zeitraum so eingeschätzt, dass Sie gerne und bedingungslos für andere da sind. Wenn sie dann merken, dass auch Sie jemand mit eigenen Wünschen und Grenzen sind, wächst der Respekt vor Ihnen und Ihren Interessen.

✔ Nur überaus penetrante Leute stellen sich dann nicht vor einer etwaigen Forderung an Sie die Frage, ob es wirklich dringend ist. Außerdem werden Sie nach diesem Umstellungsprozess erfahrungsgemäß eher vorsichtig um etwas gebeten und können dann ohne großen Druck entscheiden, ob Sie gerade Zeit und Lust darauf haben, Ihre eigenen Wünsche eine Zeit lang zurückzustellen.

Konstruktiv streiten

Wie lassen sich partnerschaftliche Auseinandersetzungen so gestalten, dass der Streit weder eskaliert noch ignoriert wird? Gerade bei festgefahrenen Konflikten, die zumeist nach einem destruktiven Muster verlaufen, das sich mit der Zeit ständig wiederholt, hilft es, nach einer bestimmten »Streitordnung« vorzugehen.

Sich auf Regeln für das Gespräch einigen

Es versteht sich fast von selbst, dass Sie in einer ruhigen, möglichst ungestörten Stunde und nur unter vier Augen mit Ihrem Lebensgefährten über Ihre Schwierigkeiten reden sollten. Den passenden Termin können Sie einige Tage im Voraus vereinbaren.

Eine gute Grundlage für das Gespräch sind Regeln, die beide Beteiligten zuvor festgelegt haben, um wechselseitige, zerstörerische Vorwürfe zu vermeiden. Ein solcher Grundsatz kann zum Beispiel der Wunsch sein, sich gegenseitig ausreden zu lassen, oder der Versuch, auf Vorhaltungen zu verzichten, von denen der Partner weiß, dass sie sein Gegenüber immer wieder zur Weißglut gebracht haben.

 Wenn Sie wollen, notieren Sie die Gesprächsregeln auf einem Blatt Papier und ergänzen sie gegebenenfalls um wichtige Punkte, die Ihnen oder Ihrem Lebensgefährten während der Unterhaltung deutlich werden. Den Zettel sollten Sie beide im Auge behalten, damit Sie, falls es nötig ist, die Chance haben, sich an die vereinbarten Grundsätze zu erinnern, und das möglichst freundlich.

Ein Thema für die Auseinandersetzung festlegen

Wenn Sie schon einmal dabei sind, einen Konflikt auszutragen, legen Sie am besten die Karten offen auf den Tisch. Vor dem Gespräch empfiehlt es sich, alle Streitthemen zu sammeln, etwa auf einem Blatt Papier, und Notizen hinzuzufügen, falls Ihnen oder Ihrem Partner später noch etwas in den Sinn kommt.

 Beschränken Sie sich dabei nicht auf die Probleme, die Sie selbst wahrnehmen, sondern geben Sie auch Ihrem Lebensgefährten die Gelegenheit, seine Schwierigkeiten in der Beziehung zum Thema zu machen. Hier kann es sinnvoll sein, wenn Sie beide ein oder zwei Tage vor der geplanten Unterhaltung in einer stillen Stunde überlegen, was Sie derzeit belastet, und, jeder für sich, die entsprechenden Stichpunkte aufschreiben.

Formulieren Sie Ihre Probleme, schriftlich und mündlich, ohne Ihr Gegenüber zu beschuldigen, denn Schuldvorwürfe führen fast immer zu Rechtfertigungen aus Selbstschutzgründen – oder zu einem schlechten Gewissen beim Gegenüber.

Stattdessen empfiehlt sich eine Strategie, die Psychologen »Ich-Botschaften« nennen, in Abgrenzung zur sogenannten »Du-Botschaft«: Erfahrungsgemäß reagieren Menschen sehr viel aufgeschlossener, wenn sie zum Beispiel hören: »Ich würde gerne mehr Zeit mit dir verbringen«, als wenn ihnen jemand sagt: »Dir sind andere Leute viel wichtiger als ich.« Einerseits beinhaltet der zweite Satz eine Unterstellung (»Du magst mich weniger als deine Freunde«), andererseits gibt er Ihrem Partner die Schuld für das aktuelle Beziehungsproblem, denn es wird ja nicht eine bestimmte Verhaltensweise kritisiert, sondern sein Charakter. Auf so etwas kann niemand aufgeschlossen reagieren.

Konstruktives Streiten bedeutet also unter anderem, die eigene Gefühls- und Gedankenwelt zu vermitteln, anstatt dem Lebensgefährten Vorwürfe zu machen, und eher ein bestimmtes, konkretes Verhalten zu bezweifeln als die Persönlichkeit des Betroffenen. Kritik anzunehmen ist schwierig genug, und vermutlich würden auch Sie sich wehren, wenn Ihnen ein wichtiger Mensch eine zweifelhafte Motivation für Ihre Handlungen oder gar einen schlechten Charakter unterstellt.

Sobald Sie und Ihr Partner alle derzeitigen Streitthemen herausgefunden und notiert haben, können Sie sich darüber unterhalten, welche Punkte für Sie und Ihr Gegenüber gerade am entscheidendsten sind, und sortieren dann die Konflikte auf einem Zettel nach ihrer subjektiven Wichtigkeit.

 Entweder Sie beschränken das Gespräch zunächst auf die obersten Punkte, also auf das, was Ihnen und Ihrem Lebensgefährten am meisten auf den Nägeln brennt, und verschieben den Rest auf einen späteren Termin, oder Sie arbeiten die Liste wechselseitiger Schwierigkeiten von oben nach unten ab. Ihr Vorgehen wird vermutlich davon abhängen, über wie viel Kraft Sie und Ihr Partner gerade verfügen und ob es Ihnen gelingt, den Streit fair zu gestalten.

Falls sich einer der Beteiligten irgendwann in die Ecke gedrängt fühlt, falls Vorwürfe und Rechtfertigungen die Unterhaltung bestimmen, kann es sinnvoll sein, sich einen Tag Pause zu gönnen und es anschließend noch einmal zu versuchen – vielleicht auch mit veränderten, angemesseneren Gesprächsregeln.

Wenn Sie es beide schaffen, dem Lebensgefährten bei aller sachlichen Kritik mit Respekt zu begegnen, müssen Sie keineswegs jedes entscheidende Thema vollständig »ausdiskutieren«, denn es genügt häufig schon, dem anderen und seiner Sicht auf die Schwierigkeiten zuzuhören, bis man ihn verstanden hat und sich auch von ihm verstanden sieht.

 Die weniger wichtigen Konflikte der Liste sollten Sie zwar nicht dauerhaft ignorieren, doch mitunter ist es besser, die erste Auseinandersetzung mit einem guten Grundgefühl zu beenden und einen weiteren Gesprächstermin für die anderen Probleme zu vereinbaren, als auf Biegen und Brechen jeden einzelnen Punkt abzuhandeln, bis beide Partner vollkommen erschöpft sind.

Die unterschiedlichen Sichtweisen erläutern und verstehen

Es ist sinnvoll, wenn Sie nicht nur Wert darauf legen, sich Ihrem Lebensgefährten verständlich zu machen, sondern auch versuchen, Ihrem Gegenüber genug Raum für seine eigene Sichtweise zu lassen. Zuhören ist, gerade wenn es um Probleme geht, die Ihr Partner mit Ihnen hat, deutlich schwieriger, als den anderen zu kritisieren – aber umso entscheidender für einen konstruktiven Verlauf der Auseinandersetzung.

Die Beteiligten können sich hier an einigen hilfreichen Fragen orientieren:

✔ Worum geht es mir, möglichst konkret?

✔ Welches Bedürfnis oder welche Grenze steht hinter meinen Schwierigkeiten?

✔ Was würde ich mir stattdessen wünschen?

✔ Woran würde ich eine Lösung des Problems erkennen? Was muss für mich sichergestellt sein, damit die Angelegenheit geklärt ist?

Experten raten dazu, dass beide Lebensgefährten ihr Gegenüber ausreden lassen und zuhören, ohne zu unterbrechen oder das Gesagte sofort zu kommentieren. Falls es nötig ist, können Sie zuvor eine nicht allzu lange Redezeit festlegen, zum Beispiel ungefähr zwei oder drei Minuten, die selbstverständlich abwechselnd für beide Beteiligten gelten sollte.

 Nach dem »Kurzvortrag« Ihres Partners, vielleicht schreiben Sie dabei die wichtigsten Stichpunkte auf ein Blatt Papier, empfiehlt es sich, dass Sie, auch wenn es Ihnen schwerfällt, in Ihren eigenen Worten wiedergeben, worum es Ihrem Lebensgefährten vermutlich geht. Danach hat Ihr Gegenüber die Möglichkeit, Ihre Sichtweise auf seine Probleme ein wenig zurechtzurücken, wenn er sich noch nicht in allen Punkten richtig verstanden fühlt.

Anschließend wechseln Sie die Rollen und verdeutlichen Ihrem Partner, was Ihnen derzeit Schwierigkeiten macht. Er fasst dann das Gehörte zusammen, und Sie können ihn gegebenenfalls freundlich korrigieren, bis auch für Sie sichergestellt ist, dass er Sie richtig verstanden hat.

Beide Sichtweisen auf die Probleme miteinander verbinden

Dieser Schritt ist zunächst ziemlich ungewohnt und erfordert viel Vertrauen: Versuchen Sie, die wechselseitigen Schwierigkeiten so zu beschreiben, dass sowohl Ihre eigenen Bedürfnisse und Grenzen als auch die Ihres Lebensgefährten berücksichtigt werden. Etwa durch Formulierungen wie: »Wir suchen nach einer Lösung für unseren Konflikt, die für dich garantiert, dass dein Wunsch X erfüllt ist, und für mich, dass mein Wunsch Y befriedigt wird.«

Unterschiedliche Lösungswege finden

Kommunikationsexperten raten in dieser Konfliktbewältigungsphase dazu, die verschiedensten Lösungsmöglichkeiten in Erwägung zu ziehen, auch solche, die Ihnen oder Ihrem Partner zunächst vollkommen abwegig erscheinen.

 Notieren Sie beide alle Ideen, die Ihren Interessen – oder zugleich denen Ihres Lebensgefährten – dienen könnten, ohne die Vorschläge sofort zu bewerten oder zu kommentieren. Für diesen Schritt sollten Sie sich hinreichend Zeit lassen. Er muss also nicht ein Teil des aktuellen Problemgesprächs sein, vielmehr empfiehlt es sich, dass Sie und Ihr Gegenüber eine Weile überlegen, bis Ihnen möglichst viele Ideen in den Sinn gekommen sind. Nicht selten werden Ihnen besonders kreative Vorschläge erst einfallen, wenn Sie über die naheliegenderen nachgedacht haben.

Anschließend, vielleicht an einem anderen Tag, besprechen Sie die Ergebnisse, indem Sie die Ideen wechselseitig durchgehen. Nachdem Sie aufmerksam zugehört haben, können Sie jetzt beide die vorgestellten Konfliktlösungswege beurteilen, ohne Ihren Partner dabei abzuwerten.

Sinnvoll wäre eine Einordnung nach den Bedürfnissen, die Sie sich zuvor verdeutlicht haben: Ist diese Idee wirklich geeignet, meine Wünsche und Grenzen besser umzusetzen als in der Vergangenheit? Und gilt das vielleicht auch für dich?

Verhandeln und Absprechen

Der letzte Schritt, die verbindliche Absprache und die Umsetzung einer passenden Lösungsidee in die Praxis, ist nicht der einfachste. Dabei versuchen Sie, einen Weg zu finden, der sowohl für Sie als auch für Ihren Lebensgefährten aus den Schwierigkeiten hinausführt, die Sie zuvor klar definieren konnten.

 Um einen tauglichen Vorschlag zu finden, müssen Sie nicht unbedingt auf die Listen zurückgreifen, die Sie und Ihr Partner erstellt haben. Manchmal lassen sich verschiedene Ideen auch kombinieren oder bestimmte Teilaspekte zusammenführen.

Sprechen Sie darüber, was Sie Ihrem Gegenüber zubilligen würden, wenn es einer Lösung zustimmt, die Ihnen weiterhilft – und umgekehrt. Sinnvoll wäre ein Blick auf den größten gemeinsamen Nutzen eines Vorschlags. Mitunter empfiehlt sich auch, einen »Versuchszeitraum« festzulegen und anschließend zu prüfen, ob sich die Idee im Alltag bewährt.

 Diese Übertragung auf den Alltag ist ein häufiger Knackpunkt von Bestrebungen zur Konfliktlösung. Dem können Sie vorbeugen, indem Sie schon im Vorfeld gemeinsam überlegen, ob sich der Vorschlag tatsächlich umsetzen lässt. Reden Sie, möglichst konkret, über entscheidende Situationen, die sich verändern sollten oder, sozusagen als Nebenwirkung der Idee, vielleicht verändern werden. Fragen Sie sich, ob die jeweilige Lösung den Alltagstest bestehen kann oder ob zusätzliche Voraussetzungen nötig sind.

Abschließend halten Sie Ihre Abmachung fest, etwa durch eine Umarmung oder durch eine schriftliche Vereinbarung, auf die Sie sich beide in Zukunft berufen können. Falls einer der Beteiligten später Probleme mit der Umsetzung hat oder kaum bedachte Schwierigkeiten auftreten, ermutigen Sie sich gegenseitig, möglichst bald darüber zu sprechen. Das beugt der Eskalationsgefahr ebenso vor wie dem Gefühl, emotionale Krisen ausschließlich mit sich selbst ausmachen zu müssen.

Teil V

Professionelle Unterstützung suchen

The 5th Wave   By Rich Tennant

»Sie müssen eindeutig kürzer treten. Ihr Arbeitspensum hält niemand dauerhaft durch ... 24 Stunden pro Tag, sieben Tage die Woche ...!«

In diesem Teil ...

In diesem Teil erfahren Sie, in welchen Fällen Selbsthilfe-maßnahmen ausreichen, um aus einer Burn-out-Krise her-auszukommen, und wann sich professionelle Unterstützung empfiehlt. Dabei kann es, je nach Art und Schwere der Symp-tomatik, sinnvoll sein, an einer Selbsthilfegruppe teilzuneh-men, eine Psychotherapie zu beginnen oder einen Psychiater aufzusuchen. Danach stelle ich Ihnen die wichtigsten Therapie-formen vor und beschreibe Ihnen die Modalitäten, die Finan-zierung und die Kassenleistungen bei einer ambulanten oder stationären Behandlung. Anschließend berichten Burn-out-Patienten, was ihnen geholfen hat, ihre Problematik zu verrin-gern oder sie, im besten Fall, vollständig abzubauen.

An den Grenzen der eigenen Kraft

In diesem Kapitel

▷ Woran Sie erkennen können, dass Sie Unterstützung brauchen

▷ Teilnahme an einer Selbsthilfegruppe

▷ Burn-out-Symptome, die für eine Psychotherapie sprechen

▷ Gefährliche Krisen und psychiatrische Hilfe

Zunächst erfahren Sie, wie es Ihnen gelingen kann, Ihre Burn-out-Symptomatik Schritt für Schritt zu verringern, selbstständig oder mithilfe Ihrer Vertrauten.

Anschließend beschreibe ich einige Kennzeichen, die darauf hindeuten, dass professionelle Hilfe sinnvoll wäre. Abhängig von der Schwere Ihrer Erkrankung kann das zum Beispiel eine Selbsthilfegruppe sein, eine Psychotherapie oder der Besuch eines Psychiaters.

Die inhaltlichen, organisatorischen und finanziellen Rahmenbedingungen einer ambulanten oder stationären therapeutischen Behandlung beschreibe ich ausführlich in Kapitel 15.

Symptome, bei denen professionelle Hilfe sinnvoll wäre

Folgende Liste kann Ihnen einige Tipps vermitteln, in welchen Fällen sich ärztliche oder therapeutische Unterstützung empfiehlt, die im ambulanten oder stationären Rahmen stattfinden kann.

 In Zweifelsfällen richten Sie sich am besten nach Ihrem Grundgefühl. Wenn Ihre Bezüge zu sich selbst und zu Ihrer Innenwelt durch die Krise stark beeinträchtigt sind, eigentlich ein klarer Hinweis auf die Notwendigkeit professioneller Hilfe, hören Sie auf Ihre Vertrauten.

Einige Kennzeichen, die für therapeutische Unterstützung sprechen:

✔ Ihre Burn-out-Krise umfasst bereits einen Zeitraum von einigen Monaten oder Jahren, ohne dass sich etwas Wesentliches zum Positiven verändert hätte.

✔ Alles, was Sie versucht haben, um die Problematik aufzulösen, führte höchstens zu vorübergehenden Verbesserungen.

✔ Sie bemerken, dass sich körperliche Warnsignale wie Schmerzsymptome, Ess-, Verdauungs- oder Schlafstörungen über Monate nicht verringern oder weiter zunehmen.

✔ Sie stellen fest, dass es Ihnen trotz aller Bemühungen nicht gelingt, die Teufelskreise zu verlassen, in denen Sie sich befinden. Dazu gehört zum Beispiel der Ablauf »Angst vor der

Arbeit, ständige berufliche Überforderung und Probleme mit Chef und Kollegen → Grübeln und Leistungseinbußen → Unzufriedenheit mit sich selbst und Angst vor dem nächsten Arbeitstag«.

✔ Ihr Gefühl eines belastenden Kontrollverlusts im Berufs- oder Privatleben geht nicht zurück, was auch immer Sie dagegen unternehmen.

✔ In Ihrer Freizeit und im Urlaub bekommen Sie nicht mehr genug Kraft, um Ihren Berufs- alltag durchzuhalten. Die Maßnahmen, die Sie getroffen haben, um Ihr Privatleben erfreu- licher zu gestalten (etwa regelmäßige Entspannung oder Gespräche mit Ihren Vertrauten), fruchten kaum oder gar nicht.

✔ Sie fühlen sich langfristig durch depressive, angstbezogene, aggressive oder psychoso- matische Störungen beeinträchtigt, wodurch sich Lebensfreude und Lebensmut weiter reduzieren.

✔ Sie müssen sich immer häufiger krankschreiben lassen.

✔ Sie ziehen sich mehr und mehr von den Menschen zurück, die Sie lieben, oder Sie verlassen Ihre Wohnung nur noch, wenn es sich nicht vermeiden lässt.

✔ Sie halten Ihre Arbeitsbelastung (oder die privaten Schwierigkeiten) nur noch durch, indem Sie auf Suchtmittel wie Alkohol, Drogen oder Medikamente zurückgreifen.

✔ Ihre Familie und Ihre Freunde sorgen sich nachhaltig um Sie. Hier wäre es sinnvoll, um ein entsprechendes Feedback zu bitten und gemeinsam zu überlegen, welche Konsequenzen sich empfehlen.

 Falls Sie feststellen, dass mehrere dieser Punkte auf Sie zutreffen, empfiehlt sich professionelle Hilfe. Je nachdem, wie massiv und belastend Ihre Symptome sind, kann das der Besuch einer Selbsthilfegruppe sein, eine ambulante Psychotherapie, eine Behandlung beim Psychiater oder ein stationärer Klinikaufenthalt.

Selbsthilfegruppen als Anlaufstelle

Selbsthilfegruppen sind selbstorganisierte Gemeinschaften von Menschen, die ein bestimmtes Anliegen haben oder unter ähnlichen Problemen leiden und gemeinsam etwas dagegen un- ternehmen wollen.

 In Deutschland schätzt man die Zahl der Selbsthilfegruppen auf ungefähr 70.000 bis 100.000. Etwa 9 Prozent der erwachsenen Bevölkerung sind hierzulande Teil- nehmer an einer Selbsthilfegruppe.

Organisationsform, Zielsetzung und Förderung

Zumeist geht es bei Selbsthilfegruppen um einen Erfahrungs- und Informationsaustausch von Betroffenen und ihren Angehörigen, um praxisorientierte Hilfe, gegenseitige emotionale

Unterstützung und die Motivation, die eigenen Lebensumstände wirklich zu verändern. Viele dieser Gruppen sind eingetragene Vereine, andere gelten als informelle Zusammenschlüsse ohne Rechtsform.

Normalerweise wird eine Selbsthilfegruppe ehrenamtlich geführt. Die meisten Leiter sind also keine professionellen Kräfte, obwohl einige von ihnen eine Fortbildung im Beratungsbereich absolviert haben.

Unter bestimmten Voraussetzungen können diese Gruppen im Rahmen der sogenannten Selbsthilfeförderung nach Paragraph 20 c des Fünften Sozialgesetzbuchs beantragen, dass man ihnen die Unkosten für Räume, Verwaltung und Öffentlichkeitsarbeit erstattet. Gesundheitsorientierte Gruppen, etwa zum Thema Burn-out, werden manchmal auch von den gesetzlichen Kranken- und Rentenversicherungen, von Bundesländern und Kommunen unterstützt.

Dachverband deutscher Burn-out-Selbsthilfegruppen

Seit 2004 haben sich viele Selbsthilfegruppen, die sich mit der Vorbeugung und Bewältigung eines Burn-outs befassen, unter der Dachorganisation »Bundesverband der Burnout Initiativen Deutschland« (BBID e. V.) zusammengeschlossen (http://burnout-ev.de).

Neben internen Fortbildungen für Leiter bietet der BBID unter anderem Gratishilfe beim Aufbau neuer Gruppen an und organisiert kostenpflichtige Seminare für Burn-out-Betroffene, zum Beispiel 2008 einen Sommerkurs in Portugal. Eine kurze Programmbeschreibung: »Eine Woche lang werden wir gemeinsam mit Künstlern aus der Region lernen, wie wir unseren Geist durch bestimmte Arten von Kunst stärken können.« Auf der BBID-Homepage suchen außerdem Gruppen, die sich einmal pro Monat versammeln und »durch gegenseitige Unterstützung aus dem Burn-out herauskommen« wollen, neue Mitglieder.

Chancen und Grenzen

Eine Burn-out-Selbsthilfegruppe eignet sich gut für Betroffene, deren Gesundheit geringfügig bis mäßig eingeschränkt ist, und für Angehörige von Erkrankten, die unsicher sind, wie sie mit der Problematik umgehen sollen.

Auch wenn sich Ihre Burn-out-Krise langsam zurückbildet, etwa durch erfolgreiche Selbsthilfemaßnahmen, tut es Ihnen wahrscheinlich gut, wenn Sie in einer solchen Gruppe feststellen, dass Sie mit Ihren Schwierigkeiten nicht allein sind und mit anderen Betroffenen darüber reden können.

Sie haben in einer Selbsthilfegruppe die Chance, verschiedene Lösungsmöglichkeiten auszuprobieren, die Ihnen bisher unbekannt waren, und erfahren von den anderen Teilnehmern, was sie versucht haben, um aus der Problematik herauszukommen, was sich bewährte und was vielleicht weniger erfolgreich war. Zudem erhöht sich bei vielen Ausgebrannten, die eine

Selbsthilfegruppe besuchen, die Motivation, einen gesünderen Weg weiterzugehen und sich nicht von Rückschlägen entmutigen zu lassen.

Falls Sie unter einer massiveren Burn-out-Entwicklung leiden und sich Ihre Schwierigkeiten durch eigene Maßnahmen oder die Unterstützung von Vertrauten nicht reduziert haben, empfiehlt sich hingegen eine professionelle Psychotherapie. Anders als die meisten Leiter von Selbsthilfegruppen sind Mediziner und Psychologen, die ambulante Therapien anbieten, darin geschult, krisenhafte Verläufe zu erkennen und angemessen mit ihnen umzugehen (mehr dazu finden Sie in Kapitel 15). Ein Facharzt für Psychiatrie wird Ihnen außerdem in manchen Fällen, etwa wenn Sie sehr depressiv sind, zur Unterstützung ein passendes Medikament verordnen.

Wenn es Ihnen dann irgendwann deutlich besser geht, können Sie immer noch an einer Burn-out-Selbsthilfegruppe teilnehmen, sich mit anderen Betroffenen austauschen und gemeinsam nach Wegen zu einer vollständigen Gesundung suchen.

Depression, Ängste und Dauererschöpfung: Chancen durch Psychotherapie

In diesem Abschnitt beschreibe ich einige Kriterien, die dafür sprechen, eine ambulante Psychotherapie durchzuführen. Behandlungsformen, die von den Krankenkassen bezahlt werden, stelle ich Ihnen in Kapitel 15 vor.

In schweren Fällen empfiehlt sich die Verordnung eines passenden Medikaments durch einen Facharzt, das Sie mittelfristig stabilisieren kann.

Falls Sie feststellen, dass eine der folgenden Darstellungen auf Sie zutrifft, überwinden Sie am besten Ihren »inneren Schweinehund« und suchen sich einen Psychotherapeuten, zu dem Sie Vertrauen haben.

Depressionen, die unter anderem durch eine längere Burn-out-Krise ausgelöst werden können, unterteilt man nach ihrem Schweregrad in leichte, mittlere und schwere Episoden. Einige depressive Zustände treten im Verlauf eines Lebens mehrfach auf, zumeist ausgelöst durch negative Ereignisse, in anderen Fällen bleibt es bei einer einzigen Episode – die allerdings genauso belastend sein kann wie eine zweite oder dritte Depression.

Beim Wiederauftreten einer depressiven Störung kommt es nicht zu Gewöhnungsprozessen nach dem Motto »Ich bin mal wieder zutiefst deprimiert, aber das kenne ich ja schon, dann ist es nicht mehr so schlimm«. Jede Depression ist unerträglich, und die meisten Betroffenen würden ihre Symptome gerne gegen nahezu alle körperlichen Erkrankungen eintauschen, wenn das möglich wäre. Auch die Rate von Selbstmordversuchen und vollendeten Suiziden bei Depressiven ist erschreckend hoch.

Symptome einer Depression

Das aktuelle Diagnosehandbuch ICD-10, das weltweit gilt, unterteilt jede behandlungsbedürftige Depression in die Bereiche A bis C.

✔ **A:**

- Die Mindestdauer der seelischen Störung liegt bei zwei Wochen. Sie kann aber auch Monate oder Jahre anhalten.

✔ **B:**

- Depressive Stimmung, die fast täglich auftritt, die meisten Stunden umfasst und durch die Lebensumstände kaum beeinflusst wird (sich also nicht durch potenziell angenehme Erfahrungen von selbst auflöst)

- Verlust von Freude und Interesse an Aktivitäten, die vor der Erkrankung positiv bewertet wurden

- Der Antrieb des Betroffenen geht zurück, häufig kommt es auch zu verstärkter Ermüdbarkeit

✔ **C:**

- Verlust des Selbstvertrauens und des positiven Selbstwertgefühls

- Unbegründete Selbstvorwürfe oder ausgeprägte, unangemessene Schuldgefühle

- Wiederholte Gedanken an den Tod oder an Selbstmord (oder suizidales Verhalten)

- Klagen über vermindertes Denkvermögen oder verringerte Konzentrationsfähigkeiten; Unentschlossenheit

- Die motorischen Bewegungen sind längere Zeit gehemmt oder übererregt

- Schlafstörungen jeder Art (also Ein- und Durchschlafstörungen, oft mit »Morgentief«, oder übermäßiger Schlafdrang, manchmal auch verstärktes Auftreten von Albträumen)

- Appetitverlust oder gesteigerter Appetit (im Sinne von »Frustessen«) und entsprechende Gewichtsveränderungen

Burn-out und Angststörungen

Viele Depressionen gehen mit bestimmten Ängsten einher. Zum Beispiel mit Befürchtungen, zu versagen, mit Angst vor der Zukunft, vor der Selbstbehauptung, vor Abwertungen und Zurückweisungen durch die Mitmenschen, mit Furcht vor dem Alleinsein oder vor neuen beruflichen oder privaten Aufgaben.

Solche Angsterkrankungen können durchaus auch ohne depressive Symptome auftreten, allerdings umfassen die meisten Burn-out-Krisen Niedergeschlagenheit, chronische Erschöpfung und andere Krankheitszeichen einer Depression.

Bei manchen Betroffenen kommt es zu Panikattacken, zum Teil in problematischen Situationen, etwa am Arbeitsplatz, aber auch in Lebenslagen, die nichts mit der Erschöpfungskrise zu tun haben. Sie erleben dann minutenlang intensive Angst, etwa davor, vollkommen die Kontrolle zu verlieren, »verrückt« zu werden oder zu sterben.

Keine dieser Befürchtungen wird sich bewahrheiten, dennoch ist ein Panikanfall mit seinen Begleiterscheinungen (vor allem Herzrasen, flaches, schnelles Atmen, Schwindelgefühle, Schweißausbrüche, Zittern, Beklemmung, Hitze- oder Kälteempfindungen) äußerst unangenehm. Wer in einer solchen Lage einen Arzt aufsucht oder die Notfallnummer wählt, wird normalerweise nach der Untersuchung erfahren, dass ihm körperlich nichts fehlt, selbst wenn es ihm schwerfällt, diese Diagnose zu akzeptieren.

Da sich Panikattacken unbehandelt häufig auf verschiedene Lebenssituationen ausweiten und schon die Angst davor, wieder einen solchen Anfall zu erleiden, die Wahrscheinlichkeit dafür erhöht, dass es tatsächlich dazu kommt, empfiehlt es sich bei dieser Symptomatik sehr, einen ambulanten Psychotherapeuten aufzusuchen und im Rahmen der Therapie Übungen im Aushalten von Ängsten durchzuführen, bis das Ausmaß und die Häufigkeit der Störung auf ein erträgliches Maß zurückgegangen ist.

Gefährliche Krisen und psychiatrische Hilfe

Bei manchen Symptomen, die mit einer massiven Burn-out-Erkrankung einhergehen können, ist eine ambulante oder stationäre psychotherapeutische Behandlung nicht angemessen – und Selbsthilfemaßnahmen verfehlen ohnehin ihr Ziel. Zu diesen gefährlichen Krankheitszeichen, die sich ohne psychiatrische Hilfe nicht bewältigen lassen, gehören, neben der Abhängigkeit von Alkohol, von manchen Medikamenten und illegalen Drogen, vor allem Suizidalität und wahnhafte Entwicklungen.

Erhöhtes Selbstmordrisiko

Wenn Sie in Ihrer Krise immer wieder feststellen, dass Ihnen Gedanken an einen Freitod durch den Kopf gehen, dass Ihnen kein anderer Ausweg aus Ihrer Problematik mehr einfällt, als Ihrem Leben ein Ende zu setzen, oder wenn Sie sich sogar schon mit konkreten Selbstmordplänen beschäftigen, sind Sie in höchster Gefahr.

Es kann Sie, falls Sie wirklich sterben wollen, zwar niemand, auch kein professioneller Behandler, wirklich davon abhalten. Sollte es jedoch in Ihnen einen Persönlichkeitsbereich geben, der gerne leben würde, wenn auch unter deutlich besseren Bedingungen, oder einen Teil, der um Hilfe ruft, haben Sie die Chance, diese dringende Bitte um Unterstützung anders zu äußern als durch einen Selbstmordversuch. Solche Versuche können ja auch dann »gelingen«, wenn Sie eigentlich weiterleben wollen, und dann ist es definitiv zu spät, sich noch einmal umzuentscheiden.

Hören Sie also im schlimmsten Fall auf Ihre innere Stimme und berücksichtigen Sie auch die berechtigten Sorgen Ihrer Angehörigen. Wenn Sie sich noch so weit selbst steuern können, um einen Facharzt für Psychiatrie aufzusuchen, vereinbaren Sie einen baldigen Termin – oder setzen Sie sich zu den Sprechzeiten ins Wartezimmer. Die Arzthelferin wird Ihnen, wenn Sie ihr deutlich machen, dass es wirklich dringend ist, auch ohne Voranmeldung ein Gespräch mit dem Psychiater vermitteln.

Sollten Sie zu diesem Schritt nicht mehr in der Lage sein, alarmieren Sie den medizinischen Notdienst über die Feuerwehr-Rufnummer 112, die bundesweit gültig ist. Dem Notarzt wird, wenn Sie ihm den Ernst der Lage schildern, nach einer ersten Versorgung nichts anderes übrig bleiben, als Sie in die stationäre Psychiatrie einzuweisen. Dazu ist er sogar, wenn akute »Selbst- oder Fremdgefährdung« besteht, nach dem Psychisch-Kranken-Gesetz (kurz PsychKG) verpflichtet.

Selbstverständlich ist es für jeden Menschen eine massive Kränkung, wenn er sich in einer Lebenskrise plötzlich in der »Klapsmühle« wiederfindet. Doch im Vergleich zu einer Kurzschlusshandlung, die Ihr Leben endgültig beendet, kann dies der geringere Preis sein.

Eine Zwangsunterbringung in der Psychiatrie wegen Selbstmordgefährdung können Sie übrigens vermeiden, indem Sie freiwillig in die Klinik gehen oder sich mit dem Krankenwagen hinfahren lassen. Die Vergabe von Medikamenten, sinnvoll ist häufig ein Antidepressivum, sprechen Sie dann mit den Ärzten ab, die bestimmt auch Ihre Ängste vor möglichen Nebenwirkungen ernst nehmen werden.

Häufig klingen suizidale Entwicklungen nach einigen Tagen oder Wochen ab. Sobald Sie sich stabilisiert haben und deutliche Anzeichen dafür erkennbar sind, dass Sie wieder leben wollen, vielleicht mit Unterstützung durch Freunde und Verwandte, können Sie mit Ihrem stationären Psychiater über Ihre Entlassung sprechen.

Der Aufenthalt in der Klinik war dann nur eine kurze Episode in einer massiven Krisensituation, und die Erinnerung daran muss Sie nicht langfristig quälen. Im Gegenteil: Sie haben es trotz widrigster Umstände geschafft, nicht vollkommen zu verzweifeln, und wirklich etwas für sich selbst getan.

Wahnsymptome

Andere gefährliche Entwicklungen, die auch aus einer extremen Burn-out-Krise entstehen können, gipfeln unter ungünstigen Umständen in einer Wahnerkrankung (Psychose).

Beim Vollbild der Symptomatik dauert es einige Wochen oder Monate, bis die Betroffenen in der stationären Psychiatrie wieder normal werden, vorausgesetzt, sie nehmen die verschriebenen Psychopharmaka regelmäßig ein. Ohne diese Medikamente, die sogenannten Antipsychotika (oder Neuroleptika), gelingt das fast nie. Inzwischen gibt es, anders als noch vor wenigen Jahrzehnten, etliche Präparate, die kaum unerwünschte Nebenwirkungen haben.

Die Behandlungsaussichten sind jedoch besonders gut, wenn es Ihnen gelingt, schon im Vorfeld einer Psychose zu erkennen, dass Sie gefährdet sind, und wenn Sie es schaffen, rechtzeitig einen Facharzt für Psychiatrie aufzusuchen, oder, in akuten Notfällen, freiwillig für einige Tage in eine psychiatrische Klinik zu gehen.

Wichtige Symptome, die einer Wahnerkrankung vorangehen können, sind:

✔ Schlaflosigkeit über mehrere Tage (oder nur kurze Schlafperioden voller wirrer Träume)

✔ Das Gefühl, ständig neben sich zu stehen oder immer wieder zu beobachten, dass sich die Umgebung auf seltsame Weise verändert hat

✔ Massive Aufmerksamkeits-, Gedächtnis- und Konzentrationsstörungen, die nicht mit einer wahnfreien Depression zusammenhängen und auch in ruhigeren Lebenssituationen kaum abklingen

✔ Länger andauernde Verwirrtheitszustände, die Ihnen selbst oder Ihren Angehörigen auffallen

✔ Verfolgungsängste, die Sie früher nicht kannten und die zu starken Rückzugstendenzen führen können

✔ Wiederholte, ungewöhnliche Sinneseindrücke, die nur Sie wahrnehmen, nicht aber Ihre nähere Umgebung

✔ Hauptsächlich akustische Halluzinationen (»Stimmen hören«); merkwürdige, Ihnen bislang unbekannte Vorstellungen, zum Beispiel verzerrte religiöse, esoterische oder verschwörungstheoretische Ideen; Beeinflussungserlebnisse ohne realen Hintergrund

 Solche Krankheitszeichen können auch nach der Einnahme von Halluzinogenen wie LSD auftreten, die ohnehin die Gefahr von Psychosen stark erhöhen, sie spielen mitunter auch nach massiven traumatischen Erfahrungen (posttraumatisches Stresssyndrom) und bei einigen anderen seelischen Störungen eine Rolle. Eine Abklärung durch einen Psychiater ist also unabdingbar.

Je schneller Sie sich in einer psychoseähnlichen Krise medikamentös behandeln lassen, ambulant oder, bei stärker ausgeprägten Symptomen, in der Psychiatrie, desto größer sind Ihre Chancen auf baldige Genesung und desto geringer ist die Gefahr, dass aus den ersten Warnsymptomen eine ausgeprägte Wahnerkrankung entsteht. Bei einem stationären Aufenthalt genügen dann häufig einige Tage oder wenige Wochen in der Klinik, bis die Schwierigkeiten wieder abklingen.

Medizinische und therapeutische Begleitung

In diesem Kapitel

▶ Besuche bei Ihrem Arzt und medikamentöse Behandlung

▶ Ambulante Behandlungen, die von der Kasse finanziert werden

▶ Gespräche mit einem Heilpraktiker und Beratung durch einen Coach

▶ Kuren und weitere stationäre Psychotherapien

*N*un stelle ich Ihnen verschiedene Wege professioneller Unterstützung vor, die Ihnen helfen, aus einer massiveren Burn-out-Krise herauszufinden.

Dazu gehören Termine bei einem Facharzt, der Ihnen, wenn es sinnvoll ist, auch ein passendes Medikament verordnen kann. Anschließend beschreibe ich kurz die Psychotherapieverfahren, die von den Krankenkassen finanziert werden, von den ersten Vorgesprächen bis zur Bewilligung und den methodischen Hintergründen. Einige Anmerkungen zu Gesprächen mit Heilpraktikern und Coaches folgen.

 Ein weiterer Abschnitt befasst sich mit Rehabilitationskuren und anderen stationären Psychotherapien, mit der Frage, wann sich solche Behandlungsformen empfehlen, und wie Sie davon profitieren können.

Arztbesuche und Medikamente

In problematischen Lebenssituationen wie bei einer starken Burn-out-Krise ist es häufig sinnvoll, einen Facharzt für Psychiatrie, für Psychiatrie/Neurologie oder für Psychotherapeutische Medizin aufzusuchen.

Fachärzte und ihre Qualifikationen

Ambulante Psychiater sind Experten für alle seelischen Probleme, also auch für die Behandlung von Burn-out-Krisen, wozu Erschöpfungssyndrome, Depressionen und Angststörungen gehören können.

 Der Doppel-Facharzttitel »Psychiatrie/Neurologie« bedeutet, dass ein Mediziner außerdem für die Behandlung von organischen Nervenleiden (wie Folgeschäden von Alkohol- und Drogenabhängigkeit, Demenz oder neurologische Erbkrankheiten) qualifiziert ist. Mit einem Psychiater oder einem Psychiater/Neurologen

können Sie Gespräche führen, die allerdings im Normalfall eher begleitend als psychotherapeutisch ausgerichtet sind.

Einige andere Ausbildungsgänge in der Erwachsenenbehandlung gibt es noch nicht sehr lange.

Die Facharztausbildung in Psychotherapeutischer Medizin wurde erst in den letzten Jahrzehnten etabliert. Diese Ärzte haben nach dem Medizinstudium eine psychotherapeutische Zusatzausbildung absolviert, einschließlich einiger Jahre Arbeit auf psychiatrischen, psychotherapeutischen und anderen Klinikstationen.

Obwohl sich die zukünftigen Fachärzte bei der Fortbildung auf eines der wichtigsten Therapieverfahren spezialisieren, Tiefenpsychologie/Psychoanalyse oder Verhaltenstherapie, umfasst die Ausbildung beide Psychotherapieansätze, was die methodische Vielfalt deutlich erweitert.

Außerdem gibt es einen relativ neuen Facharzttitel »für Psychiatrie und Psychotherapie«, der die traditionelle psychiatrische Behandlung mit einer psychotherapeutischen Weiterbildung verbindet. Auch hier spezialisiert sich der Mediziner auf Tiefenpsychologie oder Verhaltenstherapie, er wird jedoch auch im jeweils anderen Verfahren ausgebildet.

Ohne Sie noch mehr verwirren zu wollen: Der Zusatz »Psychoanalyse« bedeutet bei allen psychiatrischen oder psychotherapeutischen Fachärzten, dass sie als geschulte Analytiker dazu berechtigt sind, »klassische« psychoanalytische Behandlungen durchzuführen, die häufig einige Jahre und manchmal mehrere Gespräche pro Woche umfassen.

Bei einem Facharzt für Psychotherapeutische Medizin und bei allen Ärzten, die eine Zusatzbezeichnung »Psychotherapie« oder »Psychoanalyse« angeben, besteht die Möglichkeit einer psychotherapeutischen Behandlung mit Sitzungen, die normalerweise 50 Minuten dauern.

Anders als Psychologische Psychotherapeuten kann Sie jeder Haus- oder Facharzt krankschreiben und Ihnen zudem Medikamente zur Linderung Ihrer psychischen Schwierigkeiten verordnen. Wenn es um Psychopharmaka geht, etwa um ein Antidepressivum, empfiehlt es sich in jedem Fall, einen Experten aufzusuchen, also einen Psychiater, einen Psychiater/Neurologen oder einen Facharzt für Psychotherapeutische Medizin, denn diese Experten wissen, anders als manche Allgemeinärzte, viel über die Wirkungen und Nebenwirkungen der Präparate und können, wenn es sinnvoll ist, ein verschriebenes Medikament gegen ein anderes auswechseln, das besser zu Ihnen und zu Ihrer Problematik passt.

Vor- und Nachteile von Psychopharmaka

Manche Menschen schließen es in einer seelischen Krise kategorisch aus, Medikamente einzunehmen. Oft befürchten sie eine Abhängigkeit oder unerwünschte Nebenwirkungen oder sie haben Vorbehalte gegenüber chemisch hergestellten Mitteln. Ein guter Facharzt wird Ihre Bedenken ernst nehmen, ohne Sie zu »missionieren«, und tatsächlich lassen sich viele Burnout-Entwicklungen gut mit einem ausschließlich psychotherapeutischen Ansatz behandeln.

 Doch vor allem bei einer stark ausgeprägten depressiven Symptomatik, die aus einem Burn-out entstehen kann, ist eine medikamentöse Begleitung unter bestimmten Umständen sinnvoll. Nicht als Alternative zu einer Psychotherapie, sondern als Ergänzung, bis Sie so weit stabilisiert sind, dass Sie Ihre Schwierigkeiten, mit professioneller Unterstützung, selbst bewältigen können.

Hier einige Fakten zu den häufigsten Präparatklassen, die bei seelischen Störungen verordnet werden. Hinweise auf ausgewählte, gebräuchliche Handelsmedikamente sind mit einem ® gekennzeichnet.

Tranquilizer (Beruhigungsmittel)

Tranquilizer wirken angstlösend und entspannend. Sie werden oft bei Angst- und Unruhezuständen eingesetzt und auch bei Schlafstörungen verordnet. Beispiele für häufig veschriebene Wirkstoffe und Medikamente: Diazepam (zum Beispiel Valium®), Bromazepam (zum Beispiel Bromazanil®), Chlordiazepoxid (zum Beispiel Librium®).

Problematisch ist die Gefahr einer Abhängigkeit, wenn Sie diese Präparate über einen längeren Zeitraum einnehmen. Ärzte empfehlen eine niedrige Dosierung und eine Beschränkung der Vergabe von Beruhigungsmitteln auf vier bis sechs Wochen.

Antipsychotika (Neuroleptika)

Neben Wahnerkrankungen (mehr dazu finden Sie in Kapitel 14) werden Antipsychotika, niedrig dosiert, auch bei bestimmten Angstzuständen eingesetzt. In solchen Fällen wirken sie ähnlich wie Tranquilizer, also beruhigend, angstlösend und schlaffördernd. Beispiele für häufig verordnete Wirkstoffe und Medikamente: Haloperidol (zum Beispiel Haldol®), Perazin (zum Beispiel Taxilan®).

Neuere, sogenannte atypische Neuroleptika gehen mit deutlich weniger Nebenwirkungen einher. Dazu gehören unter anderem Clozapin (zum Beispiel Leponex®) und Risperidon (zum Beispiel Risperdal®).

Eine Suchtgefahr besteht hier nicht. Allerdings kommt es bei manchen Patienten zu starken Nebenwirkungen, zum Beispiel einem Zittern des Körpers oder dem Gefühl, vor dem Einschlafen die Beine bewegen zu müssen. Wegen dieser unerwünschten Begleiterscheinungen sollte die Verordnung von Neuroleptika, wenn es nicht um Psychosen geht, zeitlich stark begrenzt und auf schwere Angsterkrankungen beschränkt werden.

Hypnotika (Schlafmittel)

Hypnotika werden oft bei psychisch bedingten Schlafstörungen verschrieben. Neben der Schlafförderung wirken sie beruhigend. Beispiele für häufig verordnete Wirkstoffe und Medikamente: Midazolam (zum Beispiel Dormicum®), Lormetazepam (zum Beispiel Noctamid®). Ein neuerer gebräuchlicher Wirkstoff ist Zolpidem (zum Beispiel Stilnox®).

Da es bei diesen Medikamenten zu einer Abhängigkeitsentwicklung kommen kann, sollten sie zeitlich begrenzt und eher gering dosiert verordnet werden.

Antidepressiva

Weil jede längere Depression mit einer nachhaltigen Umstellung der Botenstoffe im Gehirn einhergeht, werden Antidepressiva eingesetzt, damit sich der Stoffwechsel wieder normalisieren kann. Das trägt dann zu einer Stimmungsaufhellung bei.

Einige Antidepressiva wirken außerdem antriebsdämpfend, andere aktivieren und manche beeinflussen den Antrieb des Erkrankten nicht. Welches Medikament Ihnen Ihr Facharzt verordnet, hängt von Ihrer Symptomatik ab.

 Ein Antidepressivum wirkt nicht sofort, sondern, abhängig vom Präparat, erst ein, zwei oder maximal sechs Wochen nach der ersten Einnahme. Bis zur Besserung Ihres seelischen Zustands wird es also eine Zeit lang dauern, wenn Sie das Medikament regelmäßig einnehmen. Geduld und ein wenig Selbstdisziplin helfen auch hier.

Antidepressiva machen grundsätzlich nicht abhängig, dennoch kommt es nicht selten zu unerwünschten Nebenwirkungen, vor allem zu Beginn der Behandlung.

 Bei den sogenannten »klassischen« Antidepressiva, die im Fachjargon »trizyklisch« heißen, sind das vor allem Mundtrockenheit, verstärkte Müdigkeit und, langfristig, eine Gewichtszunahme. Neuere Präparate (Fachbegriff »selektive Serotonin-Wiederaufnahmehemmer«) führen nicht zu Ermüdung und einem erhöhten Körpergewicht. Bei diesen Medikamenten können stattdessen, vor allem in den ersten Wochen, morgendliche Übelkeit und ein Gefühl von innerer Unruhe auftreten. Eine sehr seltene Nebenwirkung sind Kopfschmerzen.

Beispiele für häufig verordnete Wirkstoffe und Medikamente: Zu den älteren trizyklischen Wirkstoffen gehören Imipramin (zum Beispiel Tofranil®), Amitriptylin (zum Beispiel Saroten®) und Desipramin (zum Beispiel Pertofran®). Beispiele für die neueren selektiven Serotonin-Wiederaufnahmehemmer sind Paroxetin (etwa Paroxat®), Citalopram (zum Beispiel Citalopram Hexal®) und Fluoxetin (zum Beispiel Fluctin®).

Wenn Sie stark depressiv sind und Ihnen ein Antidepressivum verschrieben wird, sollten Sie auf jeden Fall mit Ihrem Facharzt ausführlich über die positiven und negativen Wirkungen des Präparats sprechen und den Verlauf der Einnahme regelmäßig kontrollieren lassen.

Irgendwann, am sinnvollsten mit der Unterstützung durch einen Psychotherapeuten, sind Sie dann wieder so gesund, dass Sie das Medikament nicht mehr brauchen. Ihr Gehirnstoffwechsel hat sich normalisiert, und die Erfolge in der Therapie tragen dazu bei, dass das auch so bleibt. Das antidepressive Präparat hat dann seinen Zweck erfüllt und kann ausgeschlichen, also schrittweise abgesetzt werden, immer in Absprache mit Ihrem Arzt.

Ambulante Psychotherapien

Kurz gesagt, nutzt eine Psychotherapie das regelmäßige Gespräch und die Vertrauensbeziehung des Patienten zum Therapeuten, um dem Erkrankten dabei zu helfen, sich und seine Lebenssituation zu verstehen, innere Blockaden zu überwinden und die eigenen Bedürfnisse und Grenzen besser umzusetzen als in der Vergangenheit.

 Viele Menschen haben Angst davor, einen Ärztlichen oder Psychologischen Psychotherapeuten aufzusuchen. Sie befürchten, als schwach, als Versager oder gar als verrückt zu gelten, wenn sie professionelle Hilfe in Anspruch nehmen, auch wenn diese Ängste nichts mit der Wirklichkeit zu tun haben. Kein guter Psychotherapeut wird Ihnen einreden, was Sie angeblich tun müssen, um gesund zu werden, und er wird Ihnen auch nicht die Verantwortung für Ihr Leben abnehmen. Stattdessen geht es hier eher um Begleitung, um das Auffangen von Krisen und die Unterstützung Ihrer Selbstheilungskräfte.

Wer darf Psychotherapie anbieten?

Die Begriffe »Psychotherapeut« und »Psychotherapeutin« sind in Deutschland gesetzlich geschützt und dürfen in der Erwachsenenbehandlung nur von Ärzten oder Diplompsychologen mit abgeschlossener therapeutischer Zusatzausbildung und einer kassenärztlichen Genehmigung verwendet werden. Für das Wort »Psychotherapie« gilt das bizarrerweise nicht, sodass zum Beispiel auch Heilpraktiker, die privat bezahlt werden, eine »Praxis für Psychotherapie« eröffnen können, sich dabei aber nicht als »Psychotherapeut« bezeichnen dürfen.

Es gibt nur zwei Therapierichtungen, die zur Abrechnung mit den gesetzlichen Krankenversicherungen berechtigen, wenn ein Behandler in einer ambulanten Praxis tätig ist und, abhängig vom Bedarf und von der regionalen Auslastung, durch die Kassenärztliche Vereinigung in die psychotherapeutische Versorgung aufgenommen wurde: Verhaltenstherapie und tiefenpsychologisch fundierte Therapie beziehungsweise Psychoanalyse, die unter dem Begriff »Richtlinienverfahren« zusammengefasst werden.

Wenn auf einem Praxisschild eines Therapeuten oder beim Eintrag in die Gelben Seiten »alle Kassen« vermerkt ist, erfüllt der Arzt oder Psychologe diese Bedingungen und Ihre Versicherung wird die Behandlung bezahlen, falls Ihre seelischen Probleme »Krankheitswert« aufweisen. Mit solchen Feinheiten müssen Sie sich allerdings nicht beschäftigen, das ist die Aufgabe Ihres Psychotherapeuten.

Kassenfinanzierte ambulante Behandlungen

Im 20. Jahrhundert sind Dutzende, wenn nicht Hunderte verschiedener Psychotherapieschulen entstanden. Ich beschränke mich auf eine kurze Darstellung der wichtigsten Richtungen.

Zunächst soll es um Tiefenpsychologie/Psychoanalyse und Verhaltenstherapie gehen, die den entsprechend ausgebildeten Psychotherapeuten dazu berechtigen, die Behandlungen mit den gesetzlichen Krankenversicherungen abzurechnen.

Auch viele private Krankenkassen bezahlen solche Therapieverfahren, abhängig vom abgeschlossenen Vertrag.

Alle kassenärztlich zugelassenen Therapeuten unterliegen der Schweigepflicht, außer sie werden, etwa für einen kollegialen Austausch zwischen Psychologe und Arzt, schriftlich vom Patienten von der Schweigepflicht entbunden.

Psychoanalyse und tiefenpsychologisch fundierte Therapie

Die Psychoanalyse (oder Tiefenpsychologie), begründet von Sigmund Freud und seinen Schülern, ist die bekannteste Therapieform. Heutzutage verstehen die meisten Tiefenpsychologen seelische Erkrankungen als Ergebnis einer Beziehungsstörung im Verhältnis zu anderen Menschen, deren Ursprung häufig in frühen Lebenserfahrungen liegt.

Ein solches gestörtes Beziehungsmuster wird dann ständig wiederholt, ohne dass den Betroffenen die wahren Hintergründe ihrer Probleme klar sind. Meistens hoffen die Patienten unbewusst, ihre destruktiven Erfahrungen in neuen Beziehungen korrigieren zu können, doch die alten Erlebensmuster verhindern jeden Erfolg. Diese Störungen lassen sich nach psychoanalytischer Auffassung in einer intensiven therapeutischen Arbeitsbeziehung auflösen, indem sie der Tiefenpsychologe schrittweise ins Bewusstsein treten lässt und sie emotional erfahrbar macht. Die meisten Analytiker halten sich, was aktive Deutungen und Interpretationen betrifft, eher zurück.

Ziele und Therapieverlauf

Die Weiterentwicklung der Patienten beschränkt sich nicht auf den verbalen Austausch über Probleme, er findet vor allem auf der Gefühlsebene statt. Bei einer Psychoanalyse geht es also weniger darum, reale, definierte Probleme einer Lösung zuzuführen, sondern um ein gemeinsames Verstehen der zugrunde liegenden Konfliktmuster vor dem lebensgeschichtlichen Hintergrund der Betroffenen. Seit den Arbeiten von Freud gilt die ständige Beachtung der Empfindungen, die der Analytiker bei den Patienten auslöst und bei denen die Erkrankten ihre früheren Beziehungserfahrungen unbewusst wiederholen (Übertragung), als entscheidend für die Behandlung.

Mit dem Fortschreiten der Therapie kann es den Patienten durchaus gelingen, ihre Schwierigkeiten besser zu bewältigen und neue Wege auszuprobieren, jedoch eher als erfreuliche Begleiterscheinung von emotionalen Entwicklungsprozessen, weniger als primäres Ziel. Zweck der Psychoanalyse ist es, den Betroffenen zu ermöglichen, ihre Genuss-, Liebes- und Arbeitsfähigkeit wiederzuerlangen.

Unterschiede zwischen Psychoanalyse und tiefenpsychologisch fundierter Therapie

Eine tiefenpsychologisch fundierte Therapie wird oft als »abgespeckte Variante« der Psychoanalyse bezeichnet. Die Fortbildungsgänge ähneln sich, aber die klassische psychoanalytische Schulung ist umfassender, sie dauert länger und umfasst eine vollständige Eigenanalyse, die jeder Kandidat im Rahmen seiner Ausbildung bei einem erfahrenen Kollegen absolvieren muss.

 Nur bei einem Psychoanalytiker ist es möglich, eine sogenannte Große Psychoanalyse zu machen, die normalerweise auf der Couch durchgeführt wird, um Ablenkungsfaktoren zu verringern, und traditionell drei- bis fünfmal pro Woche stattfindet. Wenn Sie eine solche Behandlung in Erwägung ziehen, sollten Sie neben dem nicht unerheblichen Zeitaufwand auch die Kraft berücksichtigen, die es erfordert, sich an mehreren Wochentagen mit bislang ungelösten Beziehungsmustern und deren Auswirkungen auf das »Hier und Jetzt« zu beschäftigen. Doch viele Psychoanalytiker bieten ihren Patienten auch Behandlungen an, die sich auf einen wöchentlichen Termin beschränken.

Bei der anderen Variante, der tiefenpsychologisch fundierten Therapie, spielen Ihre aktuellen Schwierigkeiten eine größere Rolle. Hier geht es häufig darum, »reifere« Lösungsmuster zu erarbeiten und dabei besser zu verstehen, warum Ihre bisherigen Problemverarbeitungsstrategien nicht wirklich funktioniert haben.

 Tiefenpsychologisch fundierte Therapien beschränken sich normalerweise auf eine 50-minütige Sitzung pro Woche und meistens finden sie nicht auf der Couch statt, sondern im Sitzen. Im Gegensatz zu einer umfassenden Psychoanalyse wird hier nur ein begrenztes Konfliktgebiet bearbeitet, zum Beispiel eine berufliche oder private Burn-out-Symptomatik. Tiefenpsychologische Therapien setzen eine gewisse Bereitschaft zur Umstellung voraus.

Dauer, Stundenumfang und Burn-out-Behandlungsansatz

Die meisten »klassischen« psychoanalytischen Behandlungen dauern einige Jahre. Höchstens 180 Sitzungen pro Jahr werden in Deutschland von den gesetzlichen Krankenversicherungen bezahlt. Insgesamt kann eine kassenfinanzierte Psychoanalyse bis zu 300 Stunden umfassen. Normalerweise genügen jedoch, je nach Verlauf, maximal 160 Sitzungen.

Da sich die tiefenpsychologisch fundierte Therapie im Gegensatz zur Analyse auf eine umgrenzte Problematik beschränkt, verringert sich hier auch der Stundenumfang, den die Krankenversicherung trägt. Im Regelfall sind das 50 Sitzungen, was sich, wenn es erforderlich ist, auf insgesamt 100 Stunden erweitern lässt.

 Viele Psychoanalytiker und Tiefenpsychologen werden bei der Therapie einer Burn-out-Symptomatik klären, vor welchem biografischen Hintergrund die Patienten dazu neigen, sich chronisch zu überfordern und ihre Bedürfnisse dauerhaft zurückzustellen. Die Durcharbeitung dieser Konfliktmuster und die emotionale

Weiterentwicklung sollte es den Betroffenen später ermöglichen, sich selbst und die eigenen Gefühle ernst zu nehmen, um die Krise nachhaltig zu bewältigen.

Verhaltenstherapie (VT)

Die andere ambulante Behandlungsform, die bei einer »seelischen Störung mit Krankheitswert« von den Krankenkassen finanziert wird, ist die Verhaltenstherapie (VT). Das Verfahren wurde ursprünglich in strenger Abgrenzung von der Psychoanalyse entwickelt, doch inzwischen mehren sich die Anzeichen, dass Anhänger dieser beiden unterschiedlichen Therapieschulen den Austausch suchen, um voneinander profitieren zu können.

Die Verhaltenstherapie entstand aus den Erkenntnissen der Lernpsychologie, die sich ursprünglich mit der Frage befasste, wie Tiere neue Verhaltensweisen erlernen und frühere Handlungsmuster verlernen, vor allem in Laborexperimenten.

Manche dieser Erkenntnisse ließen sich auf den Menschen übertragen. Seit den 1970er Jahren stehen bei der Verhaltenstherapie, neben beobachtbaren Verhaltensweisen, auch die Gedanken und Gefühle der Patienten im Fokus der Behandlung.

Ziele und Therapieverlauf

Verhaltenstherapeuten begreifen seelische Erkrankungen als Ergebnis von unangemessenen Lernprozessen, gedanklichen Verzerrungen, destruktiven Weltbildern oder Lerndefiziten. Wer zum Beispiel davon ausgeht, er müsse seine eigenen Bedürfnisse ständig zurückstellen, hat dieses Lebensmotto meistens von seinem Elternhaus übernommen. Als Erwachsene merken die Betroffenen dann immer wieder, dass sie ihre Wünsche nur selten verwirklichen können.

In der Verhaltenstherapie werden zunächst die auslösenden und aufrechterhaltenden Bedingungen der Störung analysiert. Anschließend geht es darum, mit den Patienten einen Weg zu finden, durch den sie ihr altes Lebensmotto infrage stellen und selbstsichere Handlungsmuster ausprobieren können.

Bei diesem Prozess stehen nicht die Ziele des Therapeuten im Vordergrund, sondern das, was die Patienten »eigentlich« wollen. Die meisten Verhaltenstherapeuten strukturieren die Sitzungen jedoch deutlich stärker und intervenieren häufiger, als es ein Psychoanalytiker tun würde.

Der vergleichsweise aktive therapeutische Zugang macht sich auch bei den Methoden bemerkbar, die in der Verhaltenstherapie eingesetzt werden. Dazu gehören oft sogenannte »Hausaufgaben«, die die Patienten zwischen den Therapiestunden bearbeiten sollen, zum Beispiel das Ausfüllen von Selbstbeobachtungsprotokollen.

Indem sie jeden Tag notieren, was sie erlebt haben, wie sie sich dabei fühlten und welche Gedanken ihnen durch den Kopf gingen, können sie später im Gespräch mit dem Therapeuten herausfinden, was ihnen hilft, weniger traurig und verzweifelt zu sein, und diese positiveren Herangehensweisen in das Alltagsleben einbauen.

Ein anderes weitverbreitetes Verfahren aus der Verhaltenstherapie ist die systematische Desensibilisierung bei Angststörungen: Hier werden die Patienten im Zustand der Entspannung mit ihren wichtigsten Befürchtungen konfrontiert, zunächst durch eine Situation, die vergleichsweise wenig Angst auslöst, bis die Erregung irgendwann abklingt. Anschließend geht es um zunehmend schwierigere Angstfantasien, die die Betroffenen so lange aushalten, bis die Furchtreaktion erträglich geworden ist. Mit der Zeit können die Patienten dann auch ihre Alltagsängste bewältigen.

Neben solchen programmartigen Methoden werden in einer guten Verhaltenstherapie die Gefühle und Gedanken im »Hier und Jetzt«, bislang ungelöste Konflikte, Erfahrungen aus der Vergangenheit und die Erwartungen an die Zukunft ebenso eine wichtige Rolle spielen wie die möglichen Schattenseiten einer persönlichen Veränderung. Wer zum Beispiel damit beginnt, seine Bedürfnisse wirklich ernst zu nehmen, stößt damit nicht selten auf Unverständnis bei Kollegen und Angehörigen, denn er ist jetzt weniger »pflegeleicht«.

Vielleicht ermutigt Sie dann der Therapeut, bei Ihrem Vorsatz zu bleiben, möglicherweise findet sich im Gespräch auch eine Herangehensweise, durch die Sie Ihre Vertrauten weniger vor den Kopf stoßen oder durch die Sie ihnen Ihre Motive erklären können.

Dauer, Stundenumfang und Burn-out-Behandlungsansatz

Meistens findet eine Therapiesitzung pro Woche statt. Manche Verhaltenstherapeuten verringern diese Frequenz in Absprache mit dem Patienten auf eine Stunde alle 14 Tage, wenn die Probleme nicht mehr so belastend sind und sich die Behandlung dem Ende nähert.

Eine kurzzeitige Verhaltenstherapie, die sich vor allem bei weniger massiven, klar umgrenzten Schwierigkeiten empfiehlt, umfasst 25 Sitzungen mit jeweils 50 Minuten. Eine Langzeittherapie, sinnvoll bei einer stärker ausgeprägten, umfassenden Problematik, dauert 45 Stunden.

Insgesamt bezahlen die Krankenkassen, wenn es nötig ist, bis zu 80 Sitzungen Verhaltenstherapie, falls der Therapeut die entsprechenden Verlängerungsanträge überzeugend begründet. Diese Vorgehensweise gilt auch für psychoanalytische beziehungsweise tiefenpsychologisch fundierte Therapien, bei denen das maximale Stundenkontingent in einem höheren Bereich liegt.

Viele Verhaltenstherapeuten werden, nachdem sie die individuellen Auslöser und die aufrechterhaltenden Bedingungen einer Burn-out-Symptomatik identifiziert haben, verschiedene Methoden verwenden, im Praxisraum und als »Hausaufgaben«, durch die es die Patienten mit der Zeit lernen, destruktive Gedanken und Verhaltensweisen durch konstruktivere zu ersetzen. Dazu können, neben der therapeutischen Beziehung, Fragebögen, Rollenspiele oder »Gedankenstopp« gehören.

Kassenfinanzierte Behandlungen im Vergleich

Sowohl Verhaltenstherapie als auch Psychoanalyse und tiefenpsychologisch fundierte Therapien wurden wissenschaftlich immer wieder überprüft. Bei Depressionen und Ängsten, zum Beispiel im Rahmen einer Burn-out-Problematik, ist die gute Wirksamkeit dieser Verfahren erwiesen. Nur bei langen psychoanalytischen Behandlungen wurde, in Fachkreisen umstritten, festgestellt, dass die Veränderungen zum Positiven zumeist schon im ersten Therapiejahr stattfinden. Anschließend kommt es häufig nur noch zu kleineren Verbesserungen.

Ihre Wahl hängt also davon ab, welche Behandlungsform Ihnen eher liegt. Am wichtigsten dürfte jedoch der Eindruck sein, den Ihnen der Therapeut vermittelt, von dem Sie sich behandeln lassen wollen.

Ein positives Grundgefühl, Vertrauen und die Empfindung, bei Ihrem Gegenüber gut aufgehoben zu sein, wird das entscheidende Kriterium dafür sein, ob Sie bei einem Arzt oder Psychologen eine Therapie machen wollen. Manchmal hilft es auch, sich für die Entscheidung Zeit zu lassen. Außerdem können Sie, wenn Ihnen nicht ganz klar ist, welchen Ansatz ein Behandler verfolgt, nachfragen. Die Antwort des Therapeuten hilft Ihnen vielleicht dabei festzustellen, ob seine Weltsicht zu Ihrer eigenen passt.

Von den Probestunden bis zur Therapiebewilligung

Alle gesetzlichen Krankenversicherungen bezahlen fünf Probestunden, sogenannte probatorische Sitzungen bei Verhaltenstherapie und tiefenpsychologisch fundierter Therapie, damit Sie die Möglichkeit haben, Ihren potenziellen Therapeuten kennenzulernen, und damit sich auch der Arzt oder Psychologe ein Bild von Ihnen machen kann. Bei der Psychoanalyse werden bis zu acht Probestunden finanziert.

Manche Therapeuten verkürzen die Zahl dieser Probestunden. In jedem Fall haben Sie einige Wochen Zeit, um sich für oder gegen eine Psychotherapie zu entscheiden, und das gilt auch für den Behandler.

Auch wenn das ziemlich selten geschieht: Normalerweise wird es Ihnen ein Therapeut schon nach der ersten Probestunde deutlich machen, wenn er sich nicht vorstellen kann, mit Ihnen zu arbeiten, um nicht über mehrere Wochen ein Vertrauensverhältnis aufzubauen, das er dann wieder zerstört.

Sie können im Rahmen dieser Probestunden so viele niedergelassene Psychotherapeuten aufsuchen, wie Sie wollen, bis Sie den richtigen gefunden haben. Allerdings sollten Sie sich, wenn Sie feststellen, dass Sie an etlichen Behandlern etwas auszusetzen haben, überlegen, ob das tatsächlich am professionellen Gegenüber liegt oder ob es in Wirklichkeit mit Ihrer fehlenden Motivation zusammenhängen könnte, eine Therapie zu beginnen.

Falls Sie sich zur Psychotherapie entschieden haben, müssen Sie einen Antrag unterschreiben. Außerdem wird Ihnen ein Diplompsychologe ein Arztberichtsformular mitgeben, das Ihr Haus- oder Facharzt ausfüllen und unterzeichnen sollte.

Ärztliche Psychotherapeuten können dieses Formular selbst bearbeiten. In jedem Fall wird es der Behandler dem Antrag für Ihre Krankenversicherung beilegen. Das entsprechende Gutachten schreibt dann der Therapeut.

Aus Datenschutzgründen erfährt Ihre Krankenkasse nur, dass Sie eine Psychotherapie machen wollen. Alle Unterlagen, aus denen hervorgeht, unter welchen Problemen Sie leiden und welche Lebensumstände zu den aktuellen Schwierigkeiten geführt haben, werden in einem verschlossenen Umschlag an einen externen Gutachter geschickt, der von der Krankenversicherung beauftragt wurde, zu überprüfen, ob eine Therapie notwendig und erfolgversprechend ist. Dieser Gutachter bekommt die Daten in anonymisierter Form, und die Kasse orientiert sich an seiner Beurteilung, also der Befürwortung oder Ablehnung des Antrags.

Sie müssen daher keine Angst haben, dass Ihre Versicherungssachbearbeiterin etwas über Ihre Seelenlage oder den Verlauf der Behandlung mitbekommt.

Bis eine Psychotherapie bewilligt wird, dauert es eine Weile. Erfahrungsgemäß vergehen zwischen der Antragsstellung und der Befürwortung ungefähr zwei bis vier Wochen. In manchen Fällen lässt sich der Gutachter etwas mehr Zeit, vor allem wenn er Rückfragen an den Therapeuten hat.

Manche Ärzte und Psychologen überbrücken diese mehrwöchige Therapiepause, indem sie ihren Patienten anbieten, telefonischen Kontakt zu halten. Andere verweisen für den Notfall auf einen psychiatrischen Kollegen oder eine Krisenstation. Meistens gelingt es den Betroffenen jedoch, den Zeitraum zwischen Antrag und Bewilligung durchzustehen und auf das zurückzugreifen, was sie bislang halbwegs stabilisiert hat, zum Beispiel der Austausch mit den Angehörigen.

Sobald sich das bewilligte Stundenkontingent dem Ende nähert, kann der Therapeut in Absprache mit dem Patienten einen Verlängerungsantrag stellen, vorausgesetzt, es gibt überzeugende Gründe für eine Fortführung der Behandlung. Über das jeweils festgelegte Stundenmaximum hinausgehende Therapien (80 Sitzungen bei Verhaltenstherapie, 100 bei tiefenpsychologisch fundierter Therapie, 300 bei einer Psychoanalyse) werden selten und nur in außergewöhnlichen Fällen vom Gutachter bewilligt. Selbstverständlich können Sie jede Behandlung in Absprache mit Ihrem Therapeuten auch abschließen, bevor die bewilligten Sitzungen beendet sind.

Kombinierte Therapieverfahren und Kassenfinanzierung

Manche Psychotherapeuten haben mehrere Zusatzausbildungen absolviert. Wer zum Beispiel eine anerkannte Fortbildung in Hypnose oder Entspannungstechniken vorweist, kann ergänzend zur eigentlichen Richtlinienbehandlung auch Hypnotherapie beziehungsweise Progressive Muskelentspannung und Autogenes Training (mehr dazu finden Sie in den Kapiteln 9 und 10) mit den Krankenkassen abrechnen. Das gilt zumindest für Verhaltenstherapeuten und, mit gewissen Einschränkungen, für tiefenpsychologisch fundierte Therapeuten, nicht jedoch für Psychoanalytiker.

Einige Therapeuten sind, neben individuellen Behandlungen, berechtigt, Gruppentherapien zu leiten und diese Leistungen von den Krankenversicherungen finanziert zu bekommen, allerdings nur, wenn auch regelmäßige Einzelgespräche mit den Patienten stattfinden.

 Falls ein Verhaltenstherapeut oder Tiefenpsychologe mit Kassenzulassung außerdem eine Fortbildung in einem weiteren Verfahren abgeschlossen hat, etwa Gestalt- oder Familientherapie, kann er auf ein breiteres Repertoire an Interventionsmöglichkeiten zurückgreifen, ohne dass Sie befürchten müssten, dafür extra zu bezahlen. Voraussetzung ist jedoch, dass eine »psychische Störung mit Krankheitswert« vorliegt, dass der Therapieantrag bewilligt wurde und die »eigentliche« Behandlung tiefenpsychologisch oder verhaltenstherapeutisch ausgerichtet ist.

Gespräche mit einem Heilpraktiker und Beratung durch einen Coach

Zunehmend suchen Burn-out-Patienten Hilfe bei Heilpraktikern und Coaches. Diese Behandlungsformen, die, anders als eine ambulante oder stationäre Psychotherapie, vor allem für milde Burn-out-Symptome geeignet sind, möchte ich Ihnen nun kurz vorstellen.

Heilpraktikerbehandlungen

Das deutsche Recht schreibt vor, dass alle, die heilkundlich tätig sind, eine staatliche Genehmigung benötigen. Dazu zählt auch der sogenannte Kleine Heilpraktikerschein, mit der die Antragsteller nach einer psychotherapeutisch orientierten Prüfung eine eingeschränkte Erlaubnis bekommen, seelische Leiden zu behandeln.

 Wenn ein Heilpraktiker eine »Praxis für Psychotherapie« eröffnet, kann er mit manchen privaten Krankenversicherungen abrechnen. Für die gesetzlichen Krankenkassen gilt das im Allgemeinen nicht, hier bleibt den Patienten nichts anderes übrig, als selbst zu zahlen. Die staatliche Heilpraktikerprüfung beim Gesundheitsamt verlangt unter anderem Kompetenzen in Diagnostik und Therapie sowie ein Grundwissen über Psychopharmaka und die Ursachen seelischer Probleme. Sicheres Verhalten in Krisensituationen wird ebenso vorausgesetzt wie die Fähigkeit, Gefahren und die Grenzen der eigenen Möglichkeiten zu erkennen.

Für den Kleinen Heilpraktikerschein sind jedoch weder eine Ausbildung an einer Heilpraktikerschule noch Kurse an einem anerkannten psychotherapeutischen Institut erforderlich. Nachweise über praktische Erfahrungen in der Behandlung von psychisch erkrankten Patienten werden ebenso wenig gefordert wie die Teilnahme an einer Supervisionsgruppe. Außerdem gibt es im Bereich der Heilpraktikerschulen keinerlei staatliche Kontrolle.

 Einige »Heilpraktiker für Psychotherapie« arbeiten nicht psychotherapeutisch im engeren Sinne, sondern »energetisch«, »spirituell« oder körpertherapeutisch. Vor allem wenig gefestigte Patienten mit ernsthaften Störungen werden durch solche Herangehensweisen eher destabilisiert als sinnvoll unterstützt. Nicht alle Heilpraktiker erkennen stets, wann es ratsam wäre, den Hilfesuchenden an einen Psychiater oder einen Therapeuten zu verweisen.

Dennoch profitieren viele Menschen mit leichteren seelischen Schwierigkeiten vom Einfühlungsvermögen, den Fähigkeiten beim Zuhören und den naturmedizinischen Methoden eines qualifizierten Heilpraktikers. Die persönliche Bewertung, das Vertrauen und das gute Grundgefühl sollten auch hier die wichtigste Richtschnur sein.

 Körpertherapeutische Methoden wie Massage, Rolfing oder Feldenkrais sollen auf direktem, nonverbalem Wege den Zugang der Burn-out-Patienten zu ihren Gefühlen verbessern, Anspannung und emotionale Panzerungen auflösen und die seelisch-körperlichen Energien der Betroffenen wieder fließen lassen.

Hilfe durch einen Coach

Coaching, ein Begriff, der sich in den letzten Jahren auch in Deutschland etabliert hat, richtet sich an Menschen, deren Selbststeuerungsfähigkeiten funktionieren und die eine systematische Veränderung ihrer Lebens- und Arbeitswelt anstreben. Anders als bei einer Psychotherapie geht es hier also nicht um die Behandlung psychischer Störungen, sondern um Verbesserungen einer unbefriedigenden Situation, etwa einer leichteren Burn-out-Krise.

Gerade in Wirtschaftskreisen ist es zur Mode geworden, ausgebrannte Mitarbeiter zu einem Coach zu schicken, da bei allem, was nach »Psychotherapie« oder gar »Psychiater« klingt, Schwäche oder seelische Erkrankung mitschwingt, und das ist in fast allen Unternehmen tabu.

 Coaching-Termine werden von vielen größeren Firmen finanziert, wenn ein Angestellter Burn-out-Symptome hat, in anderen Fällen muss der Betroffene selbst für die Behandlung aufkommen. Viele Coaches verfügen über eine Ausbildung an einem entsprechenden Institut, sie sind Experten für berufliche An- und Überforderungen und haben gelernt, die richtigen Fragen zu stellen.

Ein Coach erkundigt sich eher nach dem, was sein Gegenüber wirklich will und was es von seinem Leben erwartet, als Ratschläge zu erteilen. Meistens läuft alles auf die Frage hinaus: »Was wollen *Sie*«, nicht Ihr Chef, Ihre Kollegen oder Ihre Familie. Und was können Sie dazu tun, Ihre Interessen und Grenzen besser zu verwirklichen als in der aktuellen Problemsituation. Oft wird mit Karteikarten, Flipcharts und Diagrammen gearbeitet, damit der Klient die Chance hat, seine Schwierigkeiten im Zusammenhang zu sehen und die Konsequenzen eines bestimmten Klärungsversuchs zu erkennen.

 Das Ziel ist häufig eine Auflösung der aktuellen Probleme in einem möglichst kurzen Zeitrahmen. Hier liegt, neben dem Ansatz der beruflichen Effizienzsteigerung und der »Selbstoptimierung«, auch der Hauptkritikpunkt an solchen Coaching-Maßnahmen: Sie verschärften die Leistungserwartungen an den Einzelnen und dienten

der Anpassung an ungesunde berufliche Strukturen, die nicht infrage gestellt würden. Dennoch können solche Coaching-Termine bei Burn-out-Tendenzen, die nicht so massiv sind, dass eine Psychotherapie erforderlich wäre, durchaus sinnvoll sein. Ein gutes Grundgefühl und eine echte Vertrauensbasis ist auch beim Coaching unabdingbar.

Kuren und andere stationäre Psychotherapien

Eigentlich gibt es den Begriff »Kur« seit der Gesundheitsreform des Jahres 2000 nicht mehr. Dennoch weiß jeder, was damit gemeint ist, und die entsprechenden Behandlungsformen haben sich nicht verändert.

Rehabilitationsbehandlungen

Unter der neuen Bezeichnung »medizinische Vorsorge« beziehungsweise »Rehabilitation« bezahlen die Kassen diese stationären Therapien nach wie vor, so ähnlich, wie es vor dem Jahr 2000 geschah.

Stationäre Rehabilitationen, etwa in einer Burn-out-Krise, werden nur finanziert, wenn eine ambulante Behandlung nicht ausreicht. Normalerweise trägt die gesetzliche Rentenversicherung den Krankenhausaufenthalt, abgesehen von den Zuzahlungssätzen, die bei allen stationären Therapien fällig sind. Sie müssen die Kur also normalerweise bei der Rentenversicherung Bund (früher BfA) oder bei Ihrer Berufsgenossenschaft beantragen. Nur wenn die Rentenkassen nicht zuständig sind, finanziert die gesetzliche Krankenversicherung die Behandlung.

Bei Behandlungen in spezialisierten psychosomatischen Fachkliniken steht meistens die berufliche Wiedereingliederung im Vordergrund. Kranken oder verletzten Patienten soll es zudem ermöglicht werden, eine bleibende Behinderung oder ständige Pflegebedürftigkeit abzuwenden oder zumindest die Auswirkungen der Erkrankung auf das tägliche Leben zu verringern.

Therapieprogramm in psychosomatischen Rehakliniken

Manche psychosomatische Kliniken haben sich unter anderem auf eine verhaltenstherapeutische Behandlung von Depression und berufsbedingtem Burn-out spezialisiert. Das Ziel der Therapie ist die Veränderung der depressiven Gedanken und Grundeinstellungen, zum Beispiel Hoffnungslosigkeit und Hilflosigkeit.

Die Patienten sollen außerdem die Erfahrung machen, die eigene Situation und den emotionalen Zustand aktiv verändern zu können.

Ein Beispiel: Jede Behandlung in einer Gruppe dauert sechs Wochen. Die Betroffenen haben in der Regel zweimal wöchentlich 50 Minuten Einzeltherapie. Darüber hinaus sollten die Patienten an körperlich aktivierenden Verfahren der Physikalischen Abteilung und an einem Entspannungstraining teilnehmen.

Das Programm umfasst 15 Gruppentermine und konzentriert sich in den ersten vier Stunden auf die Bedeutung und die Folgen einer Depression. Im Mittelpunkt der fünften bis zwölften Sitzung steht die Herausarbeitung einer zentralen destruktiven Einstellung, die das Gruppenmitglied verändern möchte. Themen wie Selbstwertgefühl, Suizidalität, Schuld- und Schamgefühl werden ebenfalls behandelt.

In der 14. Stunde prüft man, ob die neuen Einstellungen in konkreten Situationen tatsächlich mit einem positiven Gefühl verbunden sind oder ob sie modifiziert werden müssen. In der letzten Sitzung wird für jeden Patienten ein individueller »Notfallkoffer« zusammengestellt, der effektive Maßnahmen gegen einen Rückfall in die Depression enthält.

Stationäre Psychotherapien

Rechtlich davon abzugrenzen sind Psychotherapien in einer Klinik, auch wenn es inhaltlich viele Überschneidungen zu einer stationären Rehabilitationskur gibt. Diese Behandlungen werden nicht von den Rentenversicherungen, sondern von den Krankenkassen getragen, falls eine ambulante Therapie nicht genügt.

Stationäre Psychotherapien finden an Kliniken »für Psychiatrie und Psychotherapie« sowie an Krankenhäusern »für Psychosomatik und Psychotherapie« statt und eignen sich für Menschen mit den unterschiedlichsten seelischen Störungen. Allerdings schließen fast alle Therapiestationen Patienten mit Wahnerkrankungen oder Alkohol- beziehungsweise Drogenabhängigkeit von der Behandlung aus. Ein gewisses Maß an Steuerungsfähigkeit ist also unabdingbar.

Stationäre Therapien, die meistens vier bis sechs Wochen dauern, sind oft ziemlich anstrengend. Neben Gruppen- und Einzelbehandlungen stehen Entspannungsverfahren im Zentrum, und es werden häufig auch Mal-, Musik-, Erlebnis- und Körperwahrnehmungstherapien integriert.

Informationen zu einem Antrag auf eine Rehakur oder eine stationäre Psychotherapie bekommen Sie von Ihrem Haus- oder Facharzt, der die Dringlichkeit einer solchen Behandlung in einem Bericht an die Klinik bescheinigt. Häufig schickt Ihnen dann das Krankenhaus ein Anmeldungsformular zu, das Sie selbst ausfüllen und zurücksenden müssen. Hier empfiehlt sich eine Absprache mit Ihrem Allgemeinmediziner oder einem ambulanten Psychiater.

Normalerweise müssen Sie sowohl bei einer Rehakur als auch bei einer Krankenhaus-Psychotherapie mit mehrwöchigen bis mehrmonatigen Wartezeiten rechnen. Für die Behandlung auf einer psychiatrischen Krisenstation in einer akuten Notfallsituation gilt das natürlich nicht.

Vor- und Nachteile von Rehakuren und stationären Psychotherapien

Auch bei Rehabilitationskuren oder stationären Psychotherapien gibt es einige grundsätzliche Aspekte, Vorzüge und Nachteile, die bei der Entscheidung bedacht werden sollten.

Vorteile

✔ Vielfältige Möglichkeiten, neue Verhaltens- und Erlebensweisen in einem »geschützten Raum« auszuprobieren.

✔ Austausch mit anderen Patienten, die manchmal unter ähnlichen Symptomen leiden, wertvolle Tipps und das Gefühl, mit den eigenen Schwierigkeiten nicht allein zu sein.

✔ Gerade soziale und kommunikative Probleme lassen sich im Kontakt mit anderen Menschen (Gruppentherapien, Rollenspiele, Feedbacks) gut abbauen.

✔ Die Integration von Entspannung, Kreativitäts- und Körperwahrnehmungsübungen hilft Ihnen, über den sprachlichen Bereich hinausgehend, einen guten Bezug zu sich selbst herzustellen.

Nachteile

✔ Wer eine Kur als eine Art verlängerter »Wellnessferien« versteht, wird sich wahrscheinlich während der Behandlung zunehmend besser fühlen. Die Gefahr dabei, wie nach jedem Urlaub: Wenige Tage Berufsleben genügen, bis die alten Stressempfindungen wieder da sind.

✔ Das gilt, ob bei einer Kur oder einer stationären Psychotherapie, auch für manche Fähigkeiten, die Sie sich in der Klinik schrittweise erarbeitet haben. Zum Beispiel ist es für viele Patienten problematisch, ein erlerntes Entspannungsverfahren in ihren Alltag zu integrieren. Was im Krankenhaus ohne Schwierigkeiten funktioniert, klappt zu Hause oft weniger gut.

 Viele Veränderungen zum Positiven lassen sich auch in einer ambulanten Psychotherapie erreichen. Hier ist die Behandlung oft näher am Arbeits- und Privatleben, und es kann immer wieder überprüft werden, welche Ideen sich bewähren und welche abgewandelt werden sollten, damit sie zur individuellen Situation passen. Eine Kombination von ambulanter und stationärer Psychotherapie kann, falls sie dem Krankheitsbild angemessen ist, ein guter Kompromiss sein.

Aufbruch zu neuen Ufern

In diesem Kapitel

▶ Wenn der Druck mit der Zeit zurückgeht:
Positive Entwicklungen

▶ Was Burn-out-Betroffenen am meisten geholfen hat

Zunächst beschreibe ich einige Hinweise, die dafür sprechen könnten, dass Sie, was die Bewältigung Ihrer Burn-out-Symptome betrifft, inzwischen auf einem guten Weg sind. Wenn Sie Lust haben, überprüfen Sie, welche Aussagen, die auf eine positive Entwicklung deuten, auf Sie und Ihre Lebenssituation zutreffen.

Anschließend berichten Burn-out-Betroffene, was ihnen im Verlauf einer Psychotherapie geholfen hat, aus der Krise herauszufinden, und welche Veränderungen sie sich noch wünschen würden.

Wenn der Schmerz langsam nachlässt

Vermutlich ging es Ihnen längere Zeit nicht besonders gut. Woran können Sie erkennen, dass Sie nach einer mehr oder weniger stark ausgeprägten Burn-out-Entwicklung auf einem guten Weg sind?

Eindeutige Kriterien gibt es hier leider nicht, denn Verlauf, Aussehen und Abbau einer Erschöpfungskrise, die durch beruflichen Dauerstress ausgelöst worden ist, können recht unterschiedlich sein. Doch vielleicht helfen Ihnen einige praktische Hinweise, die eher Faustregeln sind als wissenschaftlich überprüfte Symptomdarstellungen.

Hinweise auf eine positive Entwicklung

Folgende Checkliste kann Ihnen helfen, zu erkennen, ob es wieder aufwärtsgeht. Meistens machen sich die Verbesserungen, die Sie bei sich wahrnehmen, zunächst in kleinen Schritten bemerkbar.

✔ Sie stellen fest, dass Ihre Ein- und Durchschlafstörungen langsam zurückgehen und Ihre Schlafqualität besser wird.

✔ Mit der Zeit verringern sich Ausmaß und Dauer Ihrer Erschöpfungszustände.

✔ Lebensfrust, Rückzugstendenzen und allgemeine Unzufriedenheit treten deutlich seltener auf.

✔ Sie leiden weniger häufig und umfassend unter den körperlichen Anzeichen einer Burn-out-Entwicklung (wie stressbedingten Kopf-, Magen-, Rücken- oder Gliederschmerzen, Verdauungsstörungen oder Hautproblemen).

✔ Ihre Erholungsfähigkeiten haben sich verbessert und vielleicht ist es Ihnen sogar gelungen, eine Entspannungsmethode (mehr dazu finden Sie in den Kapiteln 9 und 10) in Ihr Alltagsleben einzubauen.

✔ Ihre Freizeit empfinden Sie zunehmend als wohltuenden Ausgleich für die beruflichen Belastungen.

✔ Suchtprobleme wie regelmäßiges Trinken, starkes Rauchen, »Frustessen« oder die Einnahme von Schmerz-, Beruhigungs- oder Schlafmitteln gehen zurück.

✔ Sie haben wieder mehr Spaß an körperlicher Bewegung und sinnlichen Erlebnissen.

✔ Sie grübeln seltener über Ihre beruflichen oder privaten Probleme und stellen sich weniger häufig infrage als zu Beginn der Krise.

✔ Sie bemerken, dass Ihre frühere Konzentrations- und Leistungsfähigkeit mit der Zeit zurückkehrt.

✔ Ihre Ängste vor beruflichen Herausforderungen (oder, bei starken Burn-out-Symptomen, vor dem nächsten Tag) verringern sich.

✔ Eine veränderte innere Haltung oder ein anderer Umgang mit den Aufgaben, die Ihre Arbeit mit sich bringt, führt dazu, dass Sie häufiger das Gefühl haben, die Aspekte Ihres Berufsalltags kontrollieren zu können, die sich kontrollieren lassen.

✔ Es macht Ihnen wieder mehr Freude, sich mit Kollegen, Familie und Freunden auszutauschen, als vor der Krise.

✔ Ihre früheren kommunikativen Fertigkeiten und Ihr Einfühlungsvermögen kehren allmählich zurück.

✔ Ihre Angehörigen oder Ihre Kollegen stellen fest, dass es Ihnen inzwischen offenbar deutlich besser geht, und geben Ihnen entsprechende Rückmeldungen.

Selbsteinschätzungen vergleichen

Das entscheidende Kriterium dafür, langsam aus einem Burn-out herauszufinden, ist ein verbessertes Grundgefühl im Beruf und im Privatleben. Doch gerade emotionale Weiterentwicklungen benötigen viel Zeit.

 Wenn Sie wollen, können Sie auch den Selbsteinschätzungsfragebogen aus Kapitel 3 noch einmal bearbeiten. Falls Sie Ihre früheren Antworten auf die Fragen aufgehoben haben, vergleichen Sie sie einfach mit Ihrer aktuellen Selbsteinschätzung. Damit bekommen Sie die Gelegenheit, alle wichtigen Veränderungen, zum Positiven wie zum Negativen, zu registrieren.

Was Burn-out-Betroffenen am meisten geholfen hat

Im Folgenden berichten Betroffene, was ihnen geholfen hat, einen Weg aus der persönlichen Krise zu finden. Neben den Erfolgen geht es bei den Fallgeschichten auch um das, was sich die ehemaligen Burn-out-Patienten für die Zukunft wünschen.

Ein besseres Selbstwertgefühl

Andrea Schmitt ist 58 Jahre alt, als sie sich zu einer Psychotherapie entschließt. Bei ihrer Arbeit als Einzelhandelskauffrau in einem großen Warenhaus fühlt sie sich von einer redseligen Kollegin ausgegrenzt und zum »Sündenbock« für alle berufs- oder frustrationsbedingten Probleme gemacht. Hinzu kommen abfällige Bemerkungen wie »Du solltest allmählich wirklich mal abnehmen«.

 Andrea Schmitt versucht in solchen Situationen zunächst, sich verbal zu wehren, kapituliert aber irgendwann vor der Kollegin und sagt nichts mehr, obwohl es ihr dann den ganzen Tag schlecht geht. Sie grübelt viel und ist am Morgen meistens schon um vier oder fünf Uhr wach, was zu starker Müdigkeit und chronischen Erschöpfungszuständen führt.

Privat fühlt sie sich oft ausgenutzt. Sie tue stets viel für ihre Freunde, doch die Bekannten täten nichts für sie. Auf ihren Freund, der häufig mit anderen Frauen flirtet und Andrea Schmitt nur beachtet, wenn er etwas von ihr will, ist sie sehr eifersüchtig. Die beste Freundin redet nur über sich selbst, wenn sie sich mit Andrea Schmitt verabredet, und lässt ihr keinerlei Raum für die Darstellung der eigenen Gefühle und Probleme.

Die alte Mutter lebt seit einigen Jahren in einer betreuten Wohnung, und da sich die anderen Kinder nicht um sie kümmern, sieht sich Andrea Schmitt in der Pflicht, für ihre Mutter zu sorgen. Deshalb hat sie eine eigentlich dringend notwendige Knieoperation jahrelang zurückgestellt, trotz chronischer Schmerzen, die ihr die Arbeit an der Kasse zusätzlich verleiden. Es könnte ja sein, dass die Mutter gerade dann ihre Hilfe braucht, wenn Andrea Schmitt im Krankenhaus ist. »Ich möchte gerne selbstbewusster werden«, sagt die Patientin zu Beginn der Therapie.

Was hat geholfen, was ist noch offen?

»Es hat mir gutgetan, mich anderen gegenüber abzugrenzen, anstatt immer alles mitzumachen und meine Wut runterzuschlucken«, berichtet Andrea Schmitt vor dem Ende der neunmonatigen Behandlung.

Ihre übergriffige Kollegin hält sich mittlerweile etwas zurück, obwohl Andrea Schmitt sich noch nicht getraut hat, ihr offen eine kritische Rückmeldung zu geben. Allein die nonverbalen Distanzsignale und der Verzicht darauf, »zu allem Ja und Amen« zu sagen, genügten anscheinend, um nicht mehr so verletzbar und weniger wie ein »williges Opfer« zu wirken.

Ihrer Chefin gegenüber verhält sich Andrea Schmitt deutlich selbstbewusster als bisher. Als sie zum Beispiel lange im Voraus einen Urlaubstag beantragt hatte, um den 70. Geburtstag eines Bekannten zu feiern, und dieser Antrag abgelehnt wurde, ließ sie es nicht dabei bewenden, sondern beschwerte sich beim Betriebsrat und dem Personalchef. Sie war sehr stolz auf sich, als sie schließlich mit ihrem Vorhaben Erfolg hatte.

In Andrea Schmitts Privatleben hat sich am meisten verändert. Regelmäßige Entspannungsübungen mit schöner Musik halfen ihr dabei, besser durchzuschlafen und weniger körperliche Schmerzen zu empfinden. Dem Lebensgefährten machte sie erstmalig deutlich, dass sie sich nicht immer gut fühlt und oft verletzt reagiert, wenn er sich mehr mit anderen Frauen beschäftigt als mit ihr. Seine ignorante Reaktion, sie solle doch »so sein wie früher«, konterte sie mit der Bemerkung: »Das kann ich nicht, wir verändern uns doch alle.«

Besonders erfreulich empfand es Andrea Schmitt, dass sich ihre beste Freundin erkennbar Mühe gibt, sie wirklich zu Wort kommen zu lassen und ihr zuzuhören. Diese positive Entwicklung hinge wohl damit zusammen, dass sie sich nach einigen Treffen, bei denen sie sich »wie ein fünftes Rad am Wagen« vorkam, aktiv abgegrenzt und ihre schlechte Befindlichkeit verdeutlicht habe.

Als Andrea Schmitt außerdem den Mut hatte, eine ihrer Schwestern darum zu bitten, sich eine Zeit lang um die pflegebedürftige Mutter zu kümmern, konnte sie einen Termin für die medizinisch seit Langem angezeigte Knieoperation ausmachen. An dieser Stelle wurde die Psychotherapie beendet, und Andrea Schmitt freute sich darauf, ihren Alltag in Zukunft wahrscheinlich ohne starke Schmerzmittel zu bewältigen.

Bedürfnisse und Grenzen deutlich machen

Viele Burn-out-Krisen hängen mit der mangelnden Fähigkeit des Betroffenen zusammen, die eigenen Bedürfnisse und Grenzen ernst zu nehmen und sie anderen Menschen zu vermitteln.

Fritz Kitzinger, 32 Jahre alt, litt lange Zeit unter massiven beruflichen und privaten Erschöpfungsproblemen, die in eine Depression mündeten. Über eine Zeitarbeitsfirma war er zu seiner aktuellen, auf ein Jahr befristeten Tätigkeit bei einer Versicherung gekommen.

Neben der Unsicherheit, ob irgendwann eine Festanstellung folgen würde, litt Fritz Kitzinger unter dem schlechten Betriebsklima: »Kaum jemand redet mit den anderen Kollegen, es gibt nicht mal so was wie eine Abstimmung gemeinsamer Aufgaben«, klagte er in einer Therapiestunde. Starke Magenschmerzen begleiteten die meisten Arbeitstage, nur in extremen Fällen ließ sich der 32-Jährige von seinem Hausarzt krankschreiben.

Zudem fühlte sich Fritz Kitzinger ziemlich allein. Seine Mutter geht davon aus, er solle »nicht so empfindlich sein« und habe eigentlich gar keine Probleme. Kurze, schon nach wenigen Wochen beendete Liebesbeziehungen verstärkten die Empfindung, »dass mich keiner wirklich versteht«.

Obwohl er viele Kontakte in einem Internetforum pflegt und dort als guter Zuhörer gilt, hatte Fritz Kitzinger den Eindruck, auf niemand zählen zu können, wenn es ihm selbst schlecht geht. Mitunter wurde der Leidensdruck so stark, dass er auf sein Rennrad stieg und bis zur völligen Erschöpfung durch die Gegend fuhr. Der Druck ging dann etwas zurück, doch am Grundgefühl »Keiner ist wirklich für mich da« änderte sich wenig.

 Diese Fallgeschichte ist typisch für einen Burn-out-Verlauf, bei dem sich die beruflichen Probleme mit der Zeit auch negativ auf die Zufriedenheit im Privatleben auswirken.

Was hat geholfen, was ist noch offen?

Nach zwei Jahren ambulanter Psychotherapie, die wegen einer stationären Rehabilitationsbehandlung für einen Monat unterbrochen wurde, hat sich einiges zum Positiven verändert, sagt Fritz Kitzinger.

Seit der Kur leidet er kaum noch unter Magenschmerzen und er hat sich vorgenommen, Nein zu sagen, wenn ihn seine Freunde auffordern, gemeinsam etwas zu unternehmen, obwohl ihm gerade nicht danach ist, zufriedene Pärchen um sich zu scharen und dadurch an die eigene Einsamkeit erinnert zu werden. An anderen Tagen fühlt sich Fritz Kitzinger besser und plant dann seine Freizeit gerne gemeinsam mit seinen Bekannten.

Die berufliche Situation hat sich ebenfalls deutlich verbessert. Der Vertrag des 32-Jährigen mit der Versicherung wurde inzwischen verlängert und die anfängliche Sprachlosigkeit gegenüber den Kollegen ist verschwunden. »Die meisten Kollegen sind eigentlich ganz nett, und wir reden viel miteinander, wenn wir gerade Pause haben«, erzählt Fritz Kitzinger. Es freut ihn besonders, wenn er erlebt, dass ihn jemand fachlich um Unterstützung bittet.

Von seiner Mutter lässt er sich seine Lebensprobleme nicht mehr ausreden und vom Vater fühlt er sich besser verstanden als in der Vergangenheit. In den letzten Therapiestunden berichtet Fritz Kitzinger, dass er mit einer jungen Frau zusammengekommen ist, die sich wirklich für ihn interessiere und der er eine erste »Gebrauchsanweisung« übermittelt habe, damit sie weiß, wie sie ihn und sein Verhalten sinnvoll einordnen kann. »Ich bin ja kein ganz einfacher Mensch«, meint Fritz Kitzinger, »aber wir lassen uns gegenseitig Zeit und wollen uns nicht überfordern.«

Seine früheren Frustventile, etwa das Rasen mit dem Rennrad, braucht er nur noch selten. Was würde er sich außerdem wünschen? »Das Gefühl, dass ich meinem Glück trauen kann«, antwortet Fritz Kitzinger, »und keine Angst haben muss, dass es gleich wieder verschwindet.«

Gelassener durch den Berufsalltag

Bei Sabine Walter, 31, mündete chronischer Arbeitsstress in heftige Kopfschmerzattacken, die morgens und am Vormittag besonders belastend waren und immer wieder bis zur Krankschreibung gingen.

 Die Sachbearbeiterin fühlte sich durch die vielfältigen, häufig wechselnden Aufgaben, durch viele Überstunden und Urlaubsvertretungen ziemlich überfordert. Hinzu kamen starke Konzentrationsschwierigkeiten, die Sabine Walter auf den Lärm und die ständigen Störungen in dem Großraumbüro zurückführte, in dem sie arbeitet.

»Ich würde gerne auch mal die Tür zumachen, wenn ich meine Ruhe haben will, aber das geht nicht«, sagte die 31-Jährige zu Beginn der Psychotherapie, die bald, nach dem üblichen wöchentlichen Abstand, nur noch alle 14 Tage stattfindet.

Was hat geholfen, was ist noch offen?

Zweieinhalb Jahre später berichtet Sabine Walter, dass sie nur noch selten und für kurze Zeit unter ihren Kopfschmerzen leidet. »Bestimmt hat es geholfen, dass ich mich dreimal pro Woche nach der Arbeit entspanne«, meint die Sachbearbeiterin, die die Progressive Muskelentspannung (mehr dazu finden Sie in Kapitel 10) während der Therapie erlernt hat.

Zunächst ist es Sabine Walter sehr schwergefallen, innerlich loszulassen. Immer wenn sie versuchte, ihr vegetatives Nervensystem (mehr dazu erfahren Sie in Kapitel 9) von Erregung auf Erholung umzustellen, atmete sie so heftig, dass man es deutlich hören konnte. »Manchmal haben mich die Kollegen in der Arbeit sogar darauf angesprochen, dass ich stark schnaufe, wenn ich sehr beschäftigt bin«, erzählte Sabine Walter einmal.

Inzwischen wirkt die 31-Jährige tatsächlich entspannt, wenn sie sich auf ihren Körper und ihr persönliches »Ruheort-Bild« konzentriert. Außerdem verbesserte sich ihre Selbstsicherheit im Beruf. Die Ideen, wie sie ihre Aufgaben erfolgreicher organisieren könne, seien dabei weniger wichtig gewesen als der Hinweis, dass es genüge, die verschiedenen Aktenberge, für die sie verantwortlich ist, langsam abzubauen, in ihrem eigenen Tempo und unter Berücksichtigung der jeweiligen Tagesform.

»Heute merke ich, dass ich routinierter und schneller werde, wenn ich mich längere Zeit mit einem neuen Arbeitsgebiet beschäftige«, sagt Sabine Walter. Beruflich und privat denkt sie kaum noch über ihre Schwächen und die möglichen Schrecken des nächsten Tages nach, was es ihr erleichtert, sich auf die aktuellen Herausforderungen zu konzentrieren.

Sport, Bewegung und Unternehmungen mit ihren Freunden trugen dazu bei, dass Sabine Walter ein besseres Verhältnis zu sich selbst aufbauen und ihre sozialen Hemmungen verringern konnte. Was ihr noch fehlt? »Ich möchte gerne einen Mann kennenlernen«, antwortet Sabine Walter, »der wirklich zu mir passt.«

Trotz Mobbing zurück in den Beruf

Gerhard Fritsch ist 36 Jahre alt und arbeitet als Computerexperte in einer mittelständischen Firma. Zu Beginn seiner Psychotherapie sah er sich von einem Kollegen, der ständig seine Grenzen überschritt, respektlos behandelt, was zu Unsicherheitsgefühlen im Beruf und zu depressiven Symptomen wie Grübeleien und starken Schlafstörungen beitrug.

Nach einigen Monaten Therapie hatte sich die Arbeitssituation dramatisch verschärft: Der Vorgesetzte von Gerhard Fritsch, der ihn lange für seine Leistungen gelobt hatte, wurde immer abweisender und ließ ihn mitten im Gespräch einfach stehen. Der 36-Jährige bekam häufig unlösbare Aufgaben mit unklaren Anweisungen und wurde vom Chef für Fehler kritisiert, für die andere Mitarbeiter verantwortlich waren.

Die Depression vertiefte sich, bis Gerhard Fritsch in einem Vieraugengespräch von seinem Vorgesetzten erfuhr, dass er ihn loswerden wolle. Er sei ohnehin unzureichend qualifiziert, eigentlich brauche man für diese Tätigkeit einen Hochschulinformatiker. Wenn Gerhard Fritsch selbst kündigen würde, bekäme er ein »Spitzenzeugnis« und gute berufliche Zukunftsperspektiven.

 Der 36-Jährige tappte nicht in diese Falle und ließ sich sofort von seinem Hausarzt wegen starker Kopfschmerzen krankschreiben. »Zumindest weiß ich jetzt, dass mich mein Chef herausmobben will und dass ich nicht zu wenig belastbar für diese Arbeit bin«, berichtete Gerhard Fritsch in einer Therapiesitzung.

In dieser Zeit schlief er sehr viel, um sich zu erholen, und beriet sich mit einem Gewerkschafter über das weitere Vorgehen. Außerdem beantragte er eine stationäre Rehakur und ging auf das Angebot ein, während der Therapie eine Entspannungsmethode zu erlernen.

Was hat geholfen, was ist noch offen?

Bei einer Zwischenbilanz nach fünf Monaten ambulanter Behandlung wirkt Gerhard Fritsch sehr aufgeräumt. »Es war gut, dass ich nach zwei Wochen Krankschreibung wieder arbeiten gegangen bin«, meint er. Sein Verhältnis zu dem zunächst recht grenzüberschreitenden Kollegen habe sich deutlich gebessert, inzwischen hätten sich beide recht gern und solidarisierten sich miteinander.

In einem Gespräch mit dem Leiter der Firma, also dem Vorgesetzten seines Chefs, stellte sich zudem heraus, dass Gerhard Fritschs berufliche Leistungen durchaus anerkannt werden. »Es kann gut sein, dass der Leiter gar nichts davon wusste, dass mich mein direkter Vorgesetzter rausekeln wollte«, berichtet der 36-Jährige. Für den Computerfachmann besteht anscheinend keine akute Gefahr, durch einen Diplominformatiker ersetzt zu werden, und es gelang ihm auch, deutlich zu machen, dass er für einige Fehler, die ihm der Chef unterstellt hatte, keine Verantwortung trug.

Doch ganz traut Gerhard Fritsch der positiven Entwicklung noch nicht. Er hat sich intensiv mit dem Thema Mobbing auseinandergesetzt und möchte zunächst abwarten, wie sich seine Situation verändert, wenn der unangenehme Vorgesetzte aus seinem Urlaub zurückgekommen ist. Gerhard Fritsch bleibt in Kontakt mit dem Berater von der Gewerkschaft und weiß jetzt auch, welche Fallen er bei einer weiteren Unterredung mit dem Chef tunlichst vermeiden sollte.

Gerhard Fritsch meint, er müsse nicht in allen Dingen perfekt sein, es genüge, seine Arbeit so gut zu machen, wie es eben gehe. Dass der 36-Jährige nicht mehr fruchtlos im Nebel herumstochern und an sich selbst zweifeln muss, hat wohl am meisten dazu beigetragen, dass er heute nicht mehr depressiv ist.

»Selbst wenn sie mich später tatsächlich rausschmeißen«, sagt Gerhard Fritsch, »falle ich nicht mehr in ein tiefes Loch.«

Lebensängste abbauen

Anders als bei den meisten Burn-out-Betroffenen stehen in der nächsten Fallgeschichte kaum depressive Symptome im Vordergrund, sondern massive Ängste, die durch eine berufliche Überforderungssituation ausgelöst wurden.

 Die Biografie von Lisa Karlmann, 28, war von ständigen Veränderungen geprägt. Mit zwei Jahren emigrierte sie mit ihrer Familie aus dem damaligen Ostblock. Wechselnde Aufenthalte bei Eltern und Großeltern in verschiedenen deutschen Städten führten dazu, dass sie immer wieder befürchtete, ihre Vertrauten zu verlieren und sich ständig neu umstellen zu müssen. »Meine ganze Familie ist ängstlich«, berichtet Lisa Karlmann.

Zu Beginn ihrer Psychotherapie pendelte sie zwischen zwei entfernten Bundesländern hin und her, in einem studierte sie Biologie, im anderen lebte sie mit ihrem Ehemann zusammen. »Ich weiß manchmal gar nicht, wo ich hingehöre«, gestand Lisa Karlmann in einer Therapiesitzung.

Dieses Gefühl von Heimatlosigkeit verstärkte sich durch verschiedene Befürchtungen. Als die 28-Jährige einmal allein in die USA flog, hatte sie so massive Flugangst, dass sie danach nur noch in Begleitung von Freunden mit dem Flieger verreiste. Wenn ihr die beruhigende Gegenwart ihres Gatten fehlt, neigt sie zu Hause zu Panikanfällen (mehr dazu finden Sie in Kapitel 14), die bis zum Notarzteinsatz gehen können. Inzwischen alarmiere Lisa Karlmann in solchen Situationen ihre Eltern oder ihren Mann: »Alle kümmern sich dann ganz rührend um mich«, erzählt die Angstpatientin zu Beginn der Behandlung.

Anlass für die Aufnahme einer ambulanten Therapie waren die schlechten Erfahrungen, die Lisa Karlmann bei ihren Studentenjobs als Messehostess gemacht hatte. Dort war vorgeschrieben, dass die jungen Frauen während ihrer Einsätze nichts essen oder trinken dürfen. Nach einigen Stunden im Stehen, begleitet von serviceorientiertem Dauerlächeln, gehe es ihr so schlecht, dass sie befürchte, ohnmächtig zu werden und zusammenzubrechen, meint die 28-Jährige. Zwar halte sie die endlos langen Schichten irgendwie durch, doch sie fühle sich danach den ganzen Abend furchtbar und ziemlich lebensuntüchtig.

Angst vor dem Selbstständigsein war der Hintergrund für Lisa Karlmanns Schwierigkeiten, ihre Diplomarbeit in einem angemessenen Zeitraum zu beenden. Bereits seit drei Jahren beschäftigt sie sich mit der Thematik, und sie vermeidet sogar Telefongespräche mit guten Freunden, um nicht die Frage gestellt zu bekommen, wie weit sie inzwischen vorangekommen ist.

 Viele Angstpatienten haben große Probleme, aktiv Nein zu sagen, und überlassen diese Abgrenzungen lieber ihrer Krankheit, nach dem unbewussten Motto: »Wenn ich etwas nicht machen will und dann einen Panikanfall bekomme, habe ich einen objektiven Grund, denn dann geht es eben nicht«. Auch Lisa Karlmann betont während der Therapie, sie könne sich kaum abgrenzen.

Was hat geholfen, was ist noch offen?

Nach acht Monaten ambulanter Behandlung haben sich die Ängste der 28-Jährigen deutlich verringert. Inzwischen ist sie einige Male geflogen, gelegentlich auch allein. Beim ersten Versuch musste sie noch von einer Stewardess beruhigt werden, danach hörte sie im Flieger über einen CD-Spieler die Musik, die sie zu Hause beim Entspannen begleitet. »Zumindest konnte ich so den Flug durchhalten«, berichtet Lisa Karlmann.

Die Progressive Muskelentspannung erleichterte es ihr auch, die Belastungen durch den Hostessenjob erfolgreicher zu bewältigen als in der Vergangenheit. Lisa Karlmann versetzt sich durch ihre Ruheort-Vorstellung in ein gutes Grundgefühl und denkt dann nicht mehr daran, wie es wäre, wenn sie beim Stehen zusammenbrechen und die Kontrolle über sich verlieren würde. Falls es ihr dennoch einmal schlecht geht, spricht sie kurz mit einer Kollegin und fühlt sich anschließend einigermaßen sicher. Irgendwann traute sie sich sogar, ihren Chef darum zu bitten, in den Kurzpausen etwas trinken zu dürfen, und hatte damit Erfolg.

Ihre Diplomarbeit stellte Lisa Karlmann nach Verlängerung der Abgabefrist fertig, was auch ihre Ängste zurückgehen ließ, ohne berufliche Perspektiven dazustehen und kein selbstständiges Leben führen zu können. Durch die Methode der systematischen Desensibilisierung, eine kontrollierte Konfrontation mit den wichtigsten Befürchtungen im Zustand der Entspannung, reduzierten sich das Ausmaß und die Dauer der Panikattacken.

Was fehlt noch? Lisa Karlmann ist immer noch ungern allein und braucht für jeden neuen Lebensabschnitt eine Menge Zuspruch. »Wahrscheinlich werde ich immer ein relativ ängstlicher Mensch bleiben«, sagt sie gegen Abschluss der Behandlung.

Maßnahmen gegen Austrocknen und Bevormundung

Die 45-jährige Clara Lautenstein wurde nicht wegen einer »klassischen« Burn-out-Erkrankung depressiv, sondern eher wegen Unterforderung und ihrer unglücklichen Ehe.

Sie leidet also unter einer Symptomatik, die von einigen Wissenschaftlern »Dry-out« genannt wird, einem schleichenden seelischen Austrocknen (mehr dazu finden Sie in Kapitel 4).

Als Clara Lautenstein ihren heutigen Mann kennenlernte, war sie zunächst begeistert über seine Freundlichkeit und sein Interesse. Dass sie ihren inzwischen 12-jährigen Sohn allein erzog, ein Junge mit psychischen Schwierigkeiten, der einst von seinem Vater nach der Trennung der Eltern für ein halbes Jahr nach Amerika verschleppt worden war, schien ihrem Freund nichts auszumachen. Außerdem gefiel es der 45-Jährigen, dass sie ihr neuer Partner verwöhnte und zudem eine wichtige berufliche Stellung als Leiter einer staatlichen Behörde ausübt.

Nach der Hochzeit und dem Umzug in das Bundesland, in dem Herr Lautenstein arbeitet, kam das böse Erwachen. »Eigentlich hat er mich nur mit seinem Status und den vielen Freundlichkeiten gekauft«, meint Clara Lautenstein bitter, als sie eine Psychotherapie beginnt.

Ihr Gatte verbiete ihr, als Juristin tätig zu sein, da Frauen seiner Ansicht nach ins Haus gehören. Sie dürfe sich nicht mit ihren Freundinnen treffen und vermisse die alte Heimat sehr. Der private Stress hat dazu geführt, dass Clara Lautenstein unter starken Ekzemen leidet.

Nachdem das Paar eine Tochter bekam, die heute fünf Jahre alt ist, stellte sich heraus, dass Herr Lautenstein keinen Zugang zu Kindern hat. Clara Lautenstein muss ihm das Mädchen abnehmen, sobald es Probleme gibt, und wenn sie die Wohnung verlässt, ruft er alle zehn Minuten an, weil er nicht weiß, was er tun soll.

In extremen Fällen schlägt er sein Kind, und auch Clara Lautenstein ist schon zum Opfer seiner latenten Gewalttätigkeit geworden. »Früher war ich ein sehr lebenslustiger Mensch, inzwischen fühle ich mich oft wie eine 70-Jährige«, klagt sie im Therapiegespräch. Herr Lautenstein sei, neben seiner Dominanz und dem antiquierten Frauenbild, geizig, freudlos und kontaktarm. »Ich möchte mich von ihm trennen, aber ich habe Angst, dass er dann mir oder den Kindern etwas antut«, sagt Clara Lautenstein.

Diese Fallgeschichte ist ein Beleg dafür, dass nicht nur berufliche Überlastungen in eine Erschöpfungskrise führen können, sondern auch massive, dauerhafte private Probleme.

Was hat geholfen, was ist noch offen?

Einige Monate nach Beginn der ambulanten Behandlung stellt die 45-jährige Patientin in einer Zwischenbilanz fest, dass sie sich nicht mehr so viel von ihrem Mann gefallen lässt.

Clara Lautenstein verbringt möglichst einen Nachmittag pro Woche mit ihren Freunden und nimmt es in Kauf, dass ihr Gatte diese Form von Selbstständigkeit missbilligt. Außerdem hat sie wieder angefangen, Sport zu treiben, um sich besser zu fühlen und der häuslichen Enge zu entfliehen.

Als ihr Mann beim Versuch, die fünfjährige Tochter zum Zähneputzen anzuhalten, die Kleine anbrüllte und offenbar kurz davor stand, auch körperlich gewalttätig zu werden, beschützte Clara Lautenstein das Mädchen und teilte ihrem Gatten mit, dass sie ihn sofort verlassen würde, sollte er noch einmal die Hand gegen eines der Kinder erheben.

»Ich vermute, er weiß, dass diese Gefahr im Moment nicht wirklich besteht, aber er hat seitdem weder unsere Tochter noch mich geschlagen und auch nicht mehr damit gedroht«, berichtet Clara Lautenstein.

Doch das ändere nichts daran, dass ihr Mann »ein Psychopath« sei. Dass sie ihr zwölf-jähriger Sohn immer wieder darum bitte, sobald wie möglich zu verschwinden und in eine andere Wohnung zu ziehen, gibt Clara Lautenstein sehr zu denken. »Mein Mann hat ständig etwas an dem Jungen auszusetzen und würdigt ihn jeden Tag herab.« Sie selbst müsse das dann durch verstärkte Zuwendung ausgleichen, auch wenn ihr eigentlich zum Weinen zumute sei.

Clara Lautensteins Depression hat sich etwas verringert, doch sie leidet nach wie vor unter Grübeleien und Schlafstörungen, und auch die psychosomatische Hauterkrankung ist noch ziemlich massiv. Demnächst möchte die Patientin ein wirksames Entspannungs-verfahren erlernen, und sie zieht eine Kur in Erwägung. Allerdings befürchtet sie für den Fall einer stationären Rehabilitationsbehandlung, dass ihr Ehemann seine Frustration an den Kindern abreagiert.

Andere Wünsche, die eigenen Bedürfnisse und Grenzen zu wahren und wieder in ihrem erlernten Beruf zu arbeiten, um sich auch in diesem Bereich gebraucht zu fühlen und den Austrocknungstendenzen entgegenzuwirken, sind Clara Lautenstein zwar bewusst, doch um sie umsetzen zu können, müsste sie sich trauen, ihren Gatten tatsächlich zu verlassen.

»Immerhin hab ich nicht mehr ganz so viel Angst vor diesem Schritt«, sagt Clara Lautenstein im Therapiegespräch. Sie möchte sich in den nächsten Wochen bei einer Frauenberatungs-stelle und bei einem vertrauenswürdigen Anwalt erkundigen, wie sich das Gewaltrisiko vermindern lässt und welche Unterstützungsmaßnahmen, parallel zur Psychotherapie, sinnvoll sein könnten.

Ein besseres Betriebsklima schaffen

Bei der nächsten Fallgeschichte geht es, neben objektiven Schwierigkeiten, die eine Leitungs-position mit sich bringen kann, auch um bestimmte Persönlichkeitsmerkmale des Betroffenen, durch die sich die beruflich ausgelöste Burn-out-Krise verschärft hat.

Martin Gebauer ist 44 Jahre alt und leitet eine Berufsfeuerwehrzentrale am Rand einer Großstadt, in der auch die Freiwillige Feuerwehr der Vorortgemeinden ihren Hauptsitz hat, was häufig zu Kompetenzstreitigkeiten führt. Er definiere sich sehr über sein Arbeitsengagement und habe seit seiner Kindheit ein starkes Anerken-nungsbedürfnis, berichtet Martin Gebauer, als er eine Psychotherapie beginnt. Diese Wünsche nach Respekt und Beachtung werden seit einigen Monaten frustriert, einige Kollegen schneiden ihn, andere verbreiten böse Gerüchte. Der 44-Jährige fühlt sich erschöpft, er ist depressiv und zweifelt an seinen Leitungsfähigkeiten.

Die Konkurrenz von Freiwilliger und Berufsfeuerwehr verstärkt Martin Gebauer ungewollt, indem er die Ehrenamtlichen immer wieder kritisiert und dabei recht schroff wird, obwohl er ihnen offiziell nichts anordnen darf. Sein unausgesprochenes Motto: »Entweder du gehörst zu uns, oder du gehörst zum Feind.« Die Freiwilligen wehren sich, indem sie Martin Gebauer nicht mehr grüßen oder indem sie versuchen, Berufsfeuerwehrmänner auf ihre Seite zu ziehen.

 Problematisch erscheint vor allem das Bestreben des 44-Jährigen, Führungs-kompetenzen durch autoritäres Verhalten und durch unfreundliche Kommunika-tionsformen deutlich zu machen, auch im Verhältnis zu den eigenen Untergebe-nen, und dann verletzt zu reagieren, wenn ihn die Mitarbeiter weder mögen noch bewundern.

Was hat geholfen, was ist noch offen?

Nach zweieinhalb Jahren Psychotherapie hat Martin Gebauer Fortschritte gemacht, sowohl im Umgang mit anderen Menschen als auch im Verhältnis zu sich selbst.

Mit der Zeit ist ihm bewusst geworden, dass er selbst einiges dazu beigetragen hat, was er zunächst als »Mobbing durch meine Mitarbeiter« bezeichnete: Martin Gebauer neigte dazu, seine Kollegen zu überfordern, da er auch von sich selbst erwartete, perfekt zu sein.

Im Gespräch fiel ihm auf, dass er kaum diplomatisch war und vor allem den weniger selbst-sicheren Untergebenen lieber etwas befahl, als sich in ihre Lage hineinzuversetzen. »Dabei kenne ich viele Unsicherheiten auch von mir selbst, aber ich überspiele sie meistens«, sagte Martin Gebauer einmal.

Irgendwann, nach seinem beruflichen Aufstieg, hatte er keine Lust mehr auf die »endlosen Diskussionen« mit den Kollegen, er würgte jede Auseinandersetzung ab und reagierte zunehmend autoritär. »Eigentlich kann ich seit dieser Zeit nicht mehr davon ausgehen, dass mich meine Mitarbeiter toll finden, denn es wirkt nun mal nicht sehr sympathisch, wenn einem jemand dauernd sagt, man solle weniger reden und stattdessen seine Arbeit machen«, bemerkt der 44-Jährige.

Während der Therapie erkannte Martin Gebauer, dass er nicht beides unter einen Hut bekommt: eine Tätigkeit in einer Leitungsposition und das Bedürfnis, allseits geliebt und geachtet zu werden.

»Entweder ich verhalte mich wie ein typischer Vorgesetzter und muss dann damit rech-nen, dass es den Leuten keinen Spaß macht, wenn sie von mir kritisiert werden oder eine unangenehme Aufgabe übertragen bekommen, oder ich gebe mich eher als Kumpel, den alle mögen, und kann dann nichts mehr anordnen oder auch mal ein Leistungsproblem ansprechen«, meint Martin Gebauer gegen Ende der Psychotherapie.

Seitdem ist ihm sein Privatleben wichtiger geworden. Da sich der 44-Jährige einen stabilen Bekanntenkreis aufgebaut und eine neue Partnerin kennengelernt hat, blickt er nicht mehr ausschließlich auf seine eigenen Wünsche und Grenzen, sondern versucht, den Freunden Raum zu geben, sich wirklich für sie zu interessieren und ihnen mit Herzlichkeit zu begegnen. In der Freizeit muss Herr Gebauer nicht den Chef spielen und seine Vertrauten mögen ihn so, wie er ist.

Was fehlt ihm noch? »Ich würde gerne weniger abhängig davon sein, dass mich Menschen bewundern, und es wäre schön, wenn ich im Beruf nicht so perfektionistisch wäre«, antwortet Martin Gebauer.

Die eigene Vergangenheit bewältigen

Die nächste Fallgeschichte ist ein Beispiel dafür, dass die beruflichen Belastungen, die einen Burn-out häufig auslösen, durch die biografischen Erfahrungen des Betroffenen abgemildert oder, wie hier, zunächst deutlich verstärkt werden können.

 Daniel Ehrengut, 48, arbeitete als Vizeabteilungsleiter eines Kaufhauses, bis ihn eine massive Depression, begleitet von aggressiven Durchbrüchen, so stark beeinträchtigte, dass er auch im Beruf Probleme bekam. »Vorher bin ich einigermaßen gut damit zurechtgekommen, dass mein direkter Vorgesetzter nicht besonders freundlich mit seinen Angestellten umgeht, danach klappte das nicht mehr«, erzählt Daniel Ehrengut in der Therapie.

Seiner Freundin fiel auf, dass Daniel Ehrengut seit einem Dreivierteljahr »sehr nervös« ist und sich von anderen Menschen nichts mehr gefallen lässt. Am Arbeitsplatz fühlte sich Daniel Ehrengut zunehmend unkonzentriert, frustriert und wütend. Sein Chef brülle ihn immer wieder an, sagt der 48-Jährige, und sei wohl selbst ziemlich überfordert.

»Ich versuche, meine privaten Probleme möglichst außen vor zu lassen, wenn ich zur Arbeit gehe«, meint Daniel Ehrengut während der Therapie, »und den Kollegen nicht zu zeigen, wie es mir geht«. Doch diese ständige Selbstdisziplin habe Grenzen, er wolle sich einfach nicht mehr schlecht behandeln lassen.

Nach einer depressionsbedingten Krankschreibung befürchtete Daniel Ehrengut, man werde ihm kündigen. Nachts grübelte er und lag oft schon um fünf Uhr wach in seinem Bett, was die Leistungsfähigkeit weiter beeinträchtigte. Außerdem leidet der 48-Jährige seit Langem unter Rückenschmerzen.

Andere Menschen, abgesehen von seiner Freundin, interessieren ihn eigentlich nicht, erklärte Daniel Ehrengut während der Therapie. In der Depression fiel es ihm schwer, sich selbst zu aktivieren und etwas zu unternehmen, wenn er nicht einen Anstoß von außen bekam. Häufig saß er, wenn er nicht arbeiten musste, den halben Tag auf der Terrasse und fühlte sich danach eher noch erschöpfter als zuvor. Auch die Gedanken an seine Vergangenheit, die ihm immer wieder hochkamen, verschlechterten sein Befinden, sagte Daniel Ehrengut in den ersten Therapiewochen.

 Antriebslosigkeit und sozialer Rückzug verschärfen eine depressive Burn-out-Problematik in vielen Fällen, da der Betroffene auf diese Weise den beruflichen Schwierigkeiten kaum noch positive Alltagserlebnisse entgegensetzen kann.

Danach wurde Daniel Ehrengut tatsächlich gekündigt und er hatte Angst davor, im Einzelhandel kaum noch vermittelbar zu sein, da er wegen seiner Rückenprobleme nichts Schweres heben kann und die meisten Tätigkeiten in seinem Beruf körperliche Anstrengungen mit sich bringen.

Was hat geholfen, was ist noch offen?

Ein knappes Jahr nach dem Anfang der ambulanten Behandlung hat sich vieles zum Positiven verändert, wozu vor allem Daniel Ehrenguts Auseinandersetzung mit den dunklen Phasen seiner Biografie beitrug, die er in einem Tagebuch festhalten konnte.

Daniel Ehrengut wuchs in einer zehnköpfigen Familie auf, die man heute wohl als »sozial randständig« bezeichnen würde. Sein Vater verbrachte aus unbekannten Gründen einige Jahre im Gefängnis, die Familie hatte so wenig Geld, dass sich die Kinder die gebrauchten Kleidungsstücke teilen mussten, Vernachlässigung und körperliche Gewalt waren ganz normal.

Als er sieben war, sorgte ein Mitarbeiter vom Jugendamt dafür, dass Daniel in ein kirchliches Internat kam, auch wenn die Eltern offiziell das Sorgerecht behielten. Die Erinnerungen an diese Zeit quälten ihn lange. »Wir wurden geschlagen, wenn jemand seine Aufgaben nicht in der gewünschten Form erledigt hatte, und die Lehrer taten alles, um uns wegen der harmlosesten Kleinigkeiten ein furchtbar schlechtes Gewissen einzureden«, erinnerte sich der 48-Jährige.

Immer wieder litt der kleine Junge unter schrecklichen Albträumen, und sein Misstrauen gegenüber anderen Menschen wurzelt in diesen frühen Erfahrungen. »In der Lehrzeit und bei meiner ersten Anstellung war ich so schüchtern, dass mich die Leute ständig verarscht haben, denn sie wussten, dass ich mich nicht wehren würde«, berichtete Daniel Ehrengut in der Psychotherapie. Auch von seiner damaligen Frau, mit der er einen Sohn hat, ließ er sich ausnutzen, arbeitete für zwei und ertrug ihre wiederholten Wutausbrüche. Nach der Scheidung konnte Daniel Ehrengut nichts dagegen tun, dass die frühere Gattin den Jungen, der heute ein Teenager ist, gegen ihn aufbrachte. Sein Kontakt zum Sohn ist kurz nach der Scheidung abgerissen, was zu wachsendem Zorn und zu starken Verzweiflungsgefühlen führte.

Während der ambulanten Behandlung schrieb Daniel Ehrengut seine Tageserlebnisse einige Wochen in ein Selbstbeobachtungsprotokoll, wodurch er erkannte, dass es ihm deutlich besser geht, wenn er sich überwinden kann und etwas unternimmt, einen Spaziergang, einen Cafébesuch oder ein Treffen mit seinen Freunden. Seitdem verbrachte er als Arbeitsloser weniger Zeit allein auf der Terrasse, und es machte ihm Freude, für seine jetzige Freundin zu kochen und die meisten Aufgaben im Haushalt zu erledigen.

Die Depression ging zurück und bei einer stationären Rehabilitationskur merkte Daniel Ehrengut, dass er sich zunehmend für andere Leute interessierte und dass sich das alte Grundmisstrauen deutlich verminderte. »Am meisten hat mir die Auseinandersetzung mit meiner Vergangenheit geholfen«, sagte der 48-Jährige.

Er könne jetzt das kleine Kind, das er damals war, innerlich an die Hand nehmen und trösten.

Daniel Ehrengut bewirbt sich bei verschiedenen Firmen und ein potenzieller Arbeitgeber lobte ihn sogar dafür, wie ehrlich und direkt er während der persönlichen Vorstellung mit seinen Bandscheibenproblemen umgegangen sei.

Was fehlt noch? »Schmerzfreiheit im Rückenbereich«, antwortet Daniel Ehrengut, »aber die seelischen Schmerzen sind fast weg, und das hätte ich niemals erwartet.«

Dem Leben einen neuen Sinn geben

Johannes Schrader, 37, befasst sich seit vielen Jahren mit seiner Doktorarbeit in Neurophysiologie, zurzeit im dritten Anlauf an der dritten Universität, was seine Lebensqualität stark beeinträchtigt.

 Der eigene hohe Leistungsanspruch, die ständigen Veränderungswünsche und das wenig respektvolle Verhalten der Professoren an den ersten beiden Hochschulen führten Johannes Schrader in eine Burn-out-Krise mit starken depressiven und angstbedingten Symptomen. Der 37-Jährige hatte den Eindruck, in einer Sackgasse zu stecken, aus der er nicht herauskam.

Was hat geholfen, was ist noch offen?

Nach einer ambulanten Psychotherapie und der Teilnahme an einer Burn-out-Selbsthilfegruppe hat sich Johannes Schraders seelischer Zustand deutlich gebessert. Von dem dritten Dozenten, der für seine Doktorarbeit zuständig ist, fühlt er sich gut betreut und menschlich anständig behandelt.

Johannes Schrader hat vor allem sein Privatleben so umgestellt, dass er es viel mehr genießen kann als in den Jahren zuvor: »Ich rieche gerne an Rosen und lausche dem Wind«, sagt der 37-Jährige lächelnd. Er könne sich, auch beruflich, erfolgreicher abgrenzen und belohne sich regelmäßig für seine anstrengende Arbeit, zum Beispiel durch schöne Musik, Sport oder Entspannungsübungen.

Außerdem liebt Johannes Schrader Naturbeobachtungen in ländlichen Gebieten, er bummelt am Wochenende über den Flohmarkt, kümmert sich ehrenamtlich um politisch verfolgte Flüchtlinge und zieht sich nicht mehr so stark zurück wie früher. »Ich mache anderen Leuten Komplimente und kann inzwischen auch selbst Lob annehmen«, berichtet Johannes Schrader.

Dass er sein Leben mit neuem Sinn gefüllt hat und nicht mehr ausschließlich auf seine beruflichen Tätigkeiten blickt, wenn es darum geht, sich selbst anzuerkennen, ist für den 37-Jährigen ein großer Fortschritt. »Aber am wichtigsten sind mir Menschen, die mich darin bestärken, dranzubleiben und mein Projekt zu Ende zu bringen«, meint Johannes Schrader. Erst wenn seine wissenschaftliche Arbeit fertig sei, könne er von sich sagen: »Mein Burn-out ist wirklich vorbei.«

Ihre persönliche Bilanz

Wenn Sie Lust haben, können auch Sie eine Art Zwischenbilanz ziehen und dabei feststellen, was sich bei Ihnen in der letzten Zeit zum Positiven gewandelt hat und welche Veränderungen Sie sich noch wünschen würden.

 Falls Ihre »innere Waage« langsam in eine gute Richtung neigt, falls dem, was Ihnen bisher fehlt, immer mehr von dem gegenübersteht, was Ihnen gefällt, beruflich und privat, spricht einiges dafür, dass Sie aus Ihrer Burn-out-Krise Schritt für Schritt herauskommen und dass Sie etwas für sich und Ihr Leben tun. Glückwunsch!

Teil VI

Der Top-Ten-Teil

The 5th Wave   By Rich Tennant

»Mit dieser Figur erreicht man mehr innere Gelassenheit, mentale Stärke
und dieses Brötchen hinter dem Kühlschrank.«

In diesem Teil ...

In diesem Teil finden Sie verschiedene Listen, die wichtige Aspekte zusammenfassen und um einige nützliche Service-Adressen ergänzen.

Neben zehn Anschriften und Internetadressen zu Burn-out-Selbsthilfegruppen im deutschsprachigen Raum erfahren Sie hier, welche Fachkliniken sich in der Bundesrepublik auf die stationäre Therapie von Burn-out-Erkrankungen spezialisiert haben.

Anschließend geht es um zehn mehr oder weniger gesunde Überzeugungen, die Ausbrenntendenzen verstärken oder abschwächen, und um Tipps, durch die Sie einem Burn-out vorbeugen können. Zuletzt stelle ich Ihnen zehn Fragen vor, deren Beantwortung Ihnen zeigt, ob Sie derzeit gefährdet sind, auszubrennen.

Selbsthilfegruppen und Fachkliniken – eine Auswahl

17

*I*n diesem Kapitel erhalten Sie neben Anschriften und Internetadressen von Burn-out-Selbsthilfegruppen im deutschsprachigen Raum Informationen zu Fachkliniken in der Bundesrepublik, die sich auf die stationäre Therapie von Burn-out-Erkrankungen spezialisiert haben. Diese Listen nennen Ihnen eine nach Regionen differenzierte Auswahl.

Zehn Adressen und Links von Selbsthilfegruppen

Hier finden Sie zunächst Informationen zu zehn Selbsthilfegruppen, an die sich Burn-out-Betroffene und Interessierte wenden können. Einige dieser Gruppen geben Anschrift und Telefonnummer bekannt, andere verweisen, was die Kontaktaufnahme betrifft, nur auf einen Link im Netz. Die Liste enthält lediglich eine Auswahl von Selbsthilfegruppen im deutschsprachigen Raum. Andere Gruppen halten sich in der Öffentlichkeit etwas zurück und inserieren eher in regionalen Zeitungen und Stadtzeitschriften.

✔ Bundesverband der Burnout Initiativen Deutschland e. V. (BBID, berät und unterstützt Selbsthilfegruppen). Kontakt über Barbara Bethke, Niederkasseler Str. 53, 40547 Düsseldorf, Tel. 0211/2712661, barbara.bethke@arcor.de; Verbandshomepage: www.burn-out-ev.de

✔ Burnout-Selbsthilfegruppe in Dresden. Kontakt über Informationsstelle für Selbsthilfe (KISS), Ehrlichstr. 3, 01067 Dresden, Tel. 0351/2061985; kiss-dresden@t-online.de

✔ Hamburger Gruppe »Selbsthilfegruppe Burnout«, Kontakt über www.groops.de/selbsthilfegruppe-burnout

✔ Burnout-Selbsthilfegruppe Minden-Lübbecke, Selbsthilfe-Kontaktstelle Kreis Minden-Lübbecke, Simeonstr. 19, 32423 Minden, Tel. 0571/8280224; mail@selbsthilfe-mi-lk.de

✔ Selbsthilfegruppe Burn-out Bielefeld, Kontakt über Selbsthilfe-Kontaktstelle Bielefeld (BIKIS), Stapenhorststr. 5, 33615 Bielefeld, Tel. 0521/9640696, selbsthilfe-bielefeld@paritaet-nrw.org, www.selbsthilfe-bielefeld.de

✔ Selbsthilfegruppe der Ausgelaugten (SDA), Schützenstr. 29, 46236 Bottrop, Tel. 02041/7669676, info@ausgelaugt.com, www.ausgelaugt.com

✔ Selbsthilfegruppe »Burnout« im Seminarhaus Vulkaneifel, Hauptstr. 38, 54552 Immerath/Kreis Vulkaneifel, Tel. 06573/996404; info@seminarhaus-vulkaneifel.de

✔ Selbsthilfegruppe Burnout, Bürgerhaus »Alte Post«, Kreuzstr. 12, 85049 Ingolstadt, Tel. 0841/3052800; buergerhaus@ingolstadt.de

✔ Österreich: Selbsthilfegruppe für Menschen mit Burnout, pro mente Wien, Schönbrunner Str. 4, A-1040 Wien, Tel. (043) (0)1/5131530-333

✔ Schweiz: Koordination und Förderung von Selbsthilfegruppen in der Schweiz (KOSCH, Dachorganisation), Kontakt über www.kosch.ch

Zehn Adressen von Fachkliniken

Diese Auswahl deutscher Fachkrankenhäuser, die sich unter anderem auf die Behandlung von Burn-out-Problemen spezialisiert haben, beschränkt sich auf Kliniken, deren Behandlungen auch von den gesetzlichen Kranken- oder Rentenversicherungträgern finanziert werden.

✔ Deutsche Klinik für Integrative Medizin und Naturheilverfahren,
Prof.-Paul-Köhler-Str. 3,
08645 Bad Elster,
Tel. 037437/7510-00,
http://dekimed.de,
info@dekimed.de

✔ Heinrich Heine Klinik,
Am Stinthorn 42,
14476 Potsdam,
Tel. 033208/56-0,
www.heinrich-heine-klinik.de,
info.hhk@ebel-kliniken.com

✔ Klinik Norddeich,
Badestr. 15,
26506 Norddeich,
Tel. 04931/985-0,
www.dbkg.de/Kliniken/Klinik-Norddeich,
info.klinik-norddeich@dbkg.de

✔ Brunnen-Klinik,
Blomberger Str. 9,
32805 Horn-Bad Meinberg,
Tel. 05234/906-0,
www.dbkg.de/Kliniken/Brunnen-Klinik,
info.brunnen-klinik@dbkg.de

✔ Klinik Wersbach,
Wersbach 20,
42799 Leichlingen-Witzhelden,
Tel. 02174/398-0,
www.klinik-wersbach.de,
info@klinik-wersbach.de

✔ Klinik Möhnesee,
Schnappweg 2,
59519 Möhnesee,
Tel. 02924/800-0,
www.dbkg.de/Kliniken/Klinik-Moehnesee,
info.klinik-moehnesee@dbkg.de

✔ Klinik Hohe Mark,
Friedländerstr. 2,
61440 Oberursel,
Tel. (kostenpflichtig) 1805/46436275,
www.klinik-hohe-mark.com,
info@hohemark.de

✔ Klinik Hohenfreudenstadt,
Tripsenweg 17,
72250 Hohenfreudenstadt,
Tel. (kostenfrei) 0800/534619-0,
www.klinik-hohenfreudenstadt.de,
info@klinik-hohenfreudenstadt.de

✔ Psychosomatische Klinik Windach,
Schützenstr. 100,
86949 Windach,
Tel. 08193/72-0,
www.klinik-windach.de,
mail@klinik-windach.de

✔ Kiliani-Klinik,
Schwarzallee 10,
91438 Bad Windsheim,
Tel. 09841/93-0,
www.dbkg.de/Kliniken/Kiliani-Klinik,
info.kiliani-klinik@dbkg.de

Zehn ungesunde und gesunde Grundsätze

18

Die folgende Liste ist zwar unvollständig, sie fasst jedoch einige verbreitete, mehr oder weniger gesunde Einstellungen zusammen, die einen Burn-out abschwächen oder verstärken können.

Ungesunde Einstellungen

Zunächst lesen Sie fünf Grundprinzipien oder Glaubenssätze, durch die sich die Gefahr deutlich erhöhen kann, nach chronischem Stress irgendwann eine Ausbrennkrise zu erleben.

✔ Was andere Menschen von mir erwarten, ist wichtiger als meine eigenen Bedürfnisse und Grenzen.

✔ Nur wenn ich im Leistungsbereich perfekt bin, kann ich mit mir zufrieden sein.

✔ Ein Recht auf Erholung habe ich erst, wenn ich alle beruflichen Herausforderungen gemeistert habe.

✔ Ich darf, beruflich oder privat, keine Schwächen zeigen, denn wer schwach ist, wird nicht respektiert.

✔ Ich muss mich mit allen wichtigen Arbeitsaufgaben selbst befassen. Wenn ich etwas delegiere, sinkt der Leistungsstandard.

Gesunde Einstellungen

Die folgenden fünf Grundüberzeugungen verringern häufig das Risiko, dass aus Dauerstress mittelfristig eine Burn-out-Erkrankung entsteht. Auch bei diesen konstruktiven Einstellungen beschränke ich mich auf eine Auswahl.

✔ Wenn ich mich gelegentlich anderen gegenüber abgrenze oder meine Wünsche deutlich mache, tue ich etwas für mich.

✔ Meine Gefühle, positive wie negative, sind eine wichtige Richtschnur für mein Verhalten.

✔ Anstatt stets Perfektion von mir zu verlangen, versuche ich, meine Aufgaben so gut zu erledigen, wie es derzeit geht.

✔ Gegenseitige Unterstützung im Beruf ist eine bessere Grundlage für Zufriedenheit als das Gefühl, für alles allein verantwortlich zu sein.

✔ Wenn ich mich regelmäßig durch Arbeitspausen stärke und meine aktuellen Kräfte berücksichtige, verringere ich das Risiko, mich dauerhaft zu überfordern oder auszubrennen.

Zehn Tipps zur Vorbeugung

Die Ratschläge der folgenden Liste lassen sich am besten umsetzen, wenn aus den chronischen Belastungen noch keine ernsthafte Ausbrennkrise entstanden ist. In diesem Fall können sie die Gefahr einer unheilvollen Entwicklung verringern.

✔ Realistische Erwartungen im Berufsleben: Verlangen Sie nur so viel von sich, wie Sie tatsächlich leisten können.

✔ Legen Sie regelmäßige Erholungspausen ein.

✔ Entspannen Sie sich nach der Arbeit.

✔ Reservieren Sie, wenn möglich, Feierabend und Wochenende für schöne und befriedigende Aktivitäten.

✔ Berücksichtigen Sie körperliche Warnsignale: Häufige Kopf- oder Magenschmerzen nach der Arbeit sind zum Beispiel ein Hinweis darauf, dass Sie sich chronisch überfordern.

✔ Sprechen Sie auch mit Ihren Angehörigen über Ihre Situation und Ihre Gefühle: Reden hilft, nicht nur bei einer Psychotherapie.

✔ Bitten Sie Ihre Vertrauten und nahestehende Kollegen um ehrliche Rückmeldungen: Falls Sie sich zu Ihrem Nachteil verändert haben, sollten Sie wirksame Maßnahmen zur Stressbewältigung einleiten.

✔ Versuchen Sie, Ihre Wünsche und Grenzen auch im Berufsleben zu berücksichtigen: Wer es immer allen Menschen recht machen will, vernachlässigt sich selbst.

✔ Gegenseitige Unterstützung bei der Arbeit hilft und entlastet Sie gleichzeitig von Dauerstresserfahrungen.

✔ Perfektionismus schadet. Es genügt vollkommen, wenn Sie versuchen, Ihre Aufgaben so gut zu erledigen, wie es gerade geht.

Zehn Fragen, die Ihnen zeigen, ob Sie burn-out-gefährdet sind

Die Antworten auf die folgenden zehn Fragen können Ihnen erste Anhaltspunkte dafür geben, wie hoch Ihr Risiko ist, auszubrennen, beruflich und privat. Allerdings geht es hier eher um eine allgemeine Tendenz, weniger um eine wissenschaftlich überprüfte Symptomliste.

✔ Haben Sie den Eindruck, sich bei der Arbeit zunehmend schlechter konzentrieren zu können?

✔ Fällt es Ihnen schwer, sich nach Feierabend, am Wochenende und im Urlaub erfolgreich zu regenerieren?

✔ Leiden Sie unter Schlafstörungen und Grübelgedanken, die sich um Ihre Aufgaben und Ihre Probleme drehen?

✔ Sind Sie, nach anfänglicher Begeisterung, von Ihrem Berufsalltag enttäuscht und frustriert?

✔ Fällt es Ihnen immer schwerer, Ihren Angehörigen, Kollegen und Kunden mit Freundlichkeit, Geduld und Respekt zu begegnen?

✔ Beobachten Sie, dass Sie, wenn Sie sich eigentlich erholen wollen, oft unter körperlichen Symptomen wie Verspannung, Kopf- oder Rückenschmerzen leiden?

✔ Haben Sie zunehmend den Eindruck, dass Ihre Bedürfnisse und Grenzen im Arbeitsumfeld keine Beachtung finden?

✔ Dreht sich Ihr Leben immer mehr um die beruflichen Herausforderungen, sodass Sie sich selbst vernachlässigen?

✔ Möchten Sie nach Feierabend häufig einfach nur abschalten, niemanden mehr sehen und sich nicht mit Ihren Angehörigen beschäftigen?

✔ Leiden Sie unter einem wachsenden Gefühl chronischer Erschöpfung?

Je mehr Fragen Sie mit Ja beantworten, desto größer ist Ihre Gefahr, einen Burn-out zu erleben.

Stichwortverzeichnis

Reiz 30
  akustischer 150
Reizbarkeit 94
Reizbewertung 38
Reizdarmsyndrom 49, 97
Reizerfassung 38
Reizmuster 30
Rentenversicherung 254, 284
Resignation 63
Resilienz 60
Ressource 40, 67
Ressourcenorientierung 116
Richtlinientherapeut 283
Richtlinienverfahren 178
Risikofaktor 67
Robustheit 60
Rolle, maskuline 66
Routinetätigkeit 79
Rückblicks-Tagebuch 300
Rückenschmerzen 49, 299
Rückfall 129
Rückmeldung 112, 125
  ehrliche 143
  gefühlsorientierte 253
Rücknahme 186, 188, 191, 192, 193
Rückschritt 129
Rückzug, sozialer 146
Rückzugstendenz 147, 270, 287
Ruhebild 192
Ruheort 185, 186, 196
Ruheort-Bild 292
Ruhepause 118

S

Sandsack 140
Säuglingsalter 59
Saunabesuch 163
Schamgefühl 285
Schichtarbeit 80, 126
Schlaf 168, 186
Schlafbedürfnis 33
Schlafdrang, übermäßiger 267
Schlaflosigkeit 167, 270
Schlafmangel 32
Schlafmittel 158, 273, 288
Schlafproblem 158
Schlafqualität 126, 145
Schlafstörung 47, 81, 186

Schlankwerden 156
Schlussfolgerung 122
Schmerz, chronischer 87
Schmerzensgeld 241
Schmerzmittel 288
Schmerzsymptom 71, 263
  chronisches 49
Schneidersitz 201
Schock 40
Schreibaby 58
Schuldgefühle 93, 285
Schuldzuschreibung 224
Schuldzuweisung 93, 94, 236
Schutzfaktor 226
Schutzmechanismus 228
Schutzraum 232
Schwäche 141
Schwächeempfindung 141
Schweigepflicht 276
Schweiß 168
Schweißausbruch 31
Schwierigkeit, subjektive 132
Schwimmen 157
Schwindelgefühl 48
Schwitzen 156
Sedativum 160
Sekte 183
Selbstabwertung 134, 243
Selbstachtung, verringerte 93
Selbstanalyse 126
Selbstausbeutung 141
Selbstbeeinflussungsformel 209
Selbstbeeinflussungsgedanken 214
Selbstbehauptung, Angst vor 267
Selbstbelohnung 145, 163
Selbstbeobachtungsbogen 130
Selbstbeobachtungsprotokoll 278, 300
Selbstbestätigung 84
Selbstbetrug 64, 135
Selbstbewusstsein 42
Selbstbild 129
Selbstdisziplin 127, 146
Selbsteinschätzung 57, 288
Selbsteinschätzungsfragebogen 288
Selbsterfahrungsgruppe 228
Selbsterfüllende Prophezeiung 119
Selbstheilungskraft 87, 275
Selbsthilfeförderung 265
Selbsthilfegruppe 263, 264, 265, 266

FÜR DUMMIES

ES GEHT UNS GUT!

Erfolgreiches Stressmanagement
für Dummies
ISBN 978-3-527-70362-3

Meditation für Dummies
ISBN 978-3-527-70280-0

Ordnung halten für Dummies
ISBN 978-3-527-70369-2

Pilates für Dummies
ISBN 978-3-527-70368-5

Power Yoga für Dummies
ISBN 978-3-527-70451-4

Sex für Dummies
ISBN 978-3-527-70340-1

T'ai Chi für Dummies
ISBN 978-3-527-70485 -9

Yoga für Dummies
ISBN 978-3-527-70238-1

DU BIST STÄRKER ALS DU DENKST!

Angstfrei leben für Dummies
ISBN 978-3-527-70346-3

Bewusst trauern für Dummies
ISBN 978-3-527-70431-6

Erfolg für Dummies
ISBN 978-3-527-70510-8

Erfolgreiches Life Coaching für Dummies
ISBN 978-3-527-70347-0

Nicht ärgern für Dummies
ISBN 978-3-527-70372-2

Psychologie für Dummies
ISBN 978-3-527-70145-2

Selbstvertrauen entwickeln für Dummies
ISBN 978-3-527-70373-9

KURZ UND KNACKIG – DIE »POCKETBÜCHER FÜR DUMMIES«

Beim Golf putten, chippen und pitchen
ISBN 978-3-527-70455-2

Die kleine Segelschule für Dummies
ISBN 978-3-527-70453-8

Entspannen durch Meditation
für Dummies
ISBN 978-3-527-70460-6

Stressmanagement für Dummies
ISBN 978-3-527-70467-5

Wohlfühl-Yoga für Dummies
ISBN 978-3-527-70461-3

Zeitmanagement im Job für Dummies
ISBN 978-3-527-70454-5

Die innere Ruhe finden – entspannter und bewusster leben

ISBN 978-3-527-70217-6

Ausgeglichen und voll innerer Ruhe würden alle gern leben. Macht dieser Wunsch den Buddhismus für viele so attraktiv? Leicht verständlich erläutern die Autoren die Grundlagen der fernöstlichen Lehre und beschreiben, wie man Buddhas Pfad in unserer hektischen Zeit folgen kann.

ISBN 978-3-527-70280-0

Wenn man meditieren möchte, muss man nicht zum einsamen Mönch werden, denn Meditation lässt sich auch in den Alltag integrieren. Stephan Bodian zeigt in diesem Buch, wie man durch einfache Meditationen Energie und Kraft tankt und wie man als erfahrener Meditierender mit unterschiedlichen Situationen umgeht. Mit CD.

ISBN 978-3-527-70489-7

Dieses Buch ist ein Begleiter auf der Suche nach spirituellem Bewusstsein, Glück und innerem Gleichgewicht. Sharon Janis zeigt, wie Spiritualität das Leben bereichern kann und stellt spirituelle Praktiken wie Yoga, Meditation und Gebet vor, die dem Körper Energie verschaffen und den Geist fördern und erweitern. Inklusive CD mit spiritueller Musik.

ISBN 978-3-527-70350-0

Heilige Kühe, tausende Götter, weise Männer und der Glaube an das Rad der ewigen Wiederkehr: Johanna Buß führt die Leser in eine der ältesten Weltreligionen ein und erklärt, wie der Hinduismus alle Aspekte des indischen Alltags bestimmt.

DAS LEBEN GENIESSEN LERNEN

Burn-Out für Dummies
ISBN 978-3-527-70470-5

Counselling für Dummies
ISBN 978-3-527-70528-3

Depressionen für Dummies
ISBN 978-3-527-70384-5

Ess-Störungen für Dummies
ISBN 978-3-527-70496-5

Glücklichsein für Dummies
ISBN 978-3-527-70515-3

Hypnotherapie für Dummies
ISBN 978-3-527-70416-3

Kognitive Verhaltenstherapie für Dummies
ISBN 978-3-527-70307-4

Meditation für Dummies
ISBN 978-3-527-70280-0

Neuro-Linguistisches Programmieren
für Dummies
ISBN 978-3-527-70177-3

JETZT GIBT'S ETWAS FÜR DIE OHREN! HÖRBÜCHER FÜR PROFIS

Erfolgreiche Verkaufsabschlüsse
für Dummies
ISBN 978-3-527-70433-0

Führen mit Zielen für Dummies
ISBN 978-3-527-70355-5

Grundlagen der Börse
für Dummies
ISBN 978-3-527-70495-8

Grundlagen des Projektmanage-
ments für Dummies
ISBN 978-3-527-70494-1

Neu in der Führungsrolle
für Dummies
ISBN 978-3-527-70357-9

Stressmanagement-Grundlagen
für Dummies
ISBN 978-3-527-70403-3

Verhandlungstaktiken
für Dummies
ISBN 978-3-527-70434-7

Zeitmanagement für Dummies
ISBN 978-3-527-70356-2